高职高专国际商务核心课程系列

保险实务与案例

张炳达　王晓静　编著

上海财经大学出版社

图书在版编目(CIP)数据

保险实务与案例/张炳达,王晓静编著.—上海:上海财经大学出版社,2012.1
（高职高专国际商务核心课程系列）
ISBN 978-7-5642-1279-7/F•1279

Ⅰ.①保… Ⅱ.①张… ②王… Ⅲ.①保险业务-高等职业教育-教材 Ⅳ.①F840.4

中国版本图书馆 CIP 数据核字(2012)第 000913 号

□ 责任编辑　李宇彤
□ 封面设计　钱宇辰
□ 责任校对　王从远　施春杰

BAOXIAN SHIWU YU ANLI
保险实务与案例
张炳达　王晓静　编著

上海财经大学出版社出版发行
（上海市武东路 321 号乙　邮编 200434）
网　　址:http://www.sufep.com
电子邮箱:webmaster@sufep.com
全国新华书店经销
上海叶大印务发展有限公司印刷装订
2012 年 1 月第 1 版　2012 年 1 月第 1 次印刷

700mm×960mm　1/16　20.5 印张　379 千字
印数:0 001—4 000　定价:34.00 元

前　言

随着中国改革开放和社会主义现代化建设事业的全面推进，中国保险行业的发展正面临着前所未有的机遇。伴随着保险应用领域的不断扩展和保险行业竞争的日趋激烈，人们对保险理论与实务知识的需求不断提升，越来越多的高校和各类社会培训机构开始开设保险类的课程，对保险应用的研究成为社会热点问题。为了全面规范保险行业，国家对保险行业的监管越来越严格和规范，对保险行业从业人员的素质要求越来越高。

本书正是在此背景下策划编辑的。为了给广大有志于从事保险行业工作的人员提供一本融实用性、系统性、科学性于一体的保险实务学习用书，本书作者做了大量调查研究，听取了不少专家学者的指导建议，也参阅了诸多同行的著作文献，力求使本书通俗易懂，且能反映当今保险行业的最新变化与动态。

考虑到高职院校人才培养模式需求的新特点，本书的体例与内容尝试体现"项目导向"、"任务驱动"的教学理念。全书分为六个项目，每一项目包含具体的任务，每一任务先列出"知识目标"，再通过"任务引入"、"任务分析"导入"相关知识"的学习。为了帮助读者更好地理解重点难点以及扩充必要的知识，本书链接了丰富的"案例思考"、"阅读资料"、"提醒您"等辅助资料。在每一项目之后，通过"任务实施"栏目，让学生进行巩固练习、收集资料、思考讨论、撰写调查报告、案例评析、讨论和应用等。其中，巩固练习服务于保险代理人资格考试；收集资料、思考讨论、撰写调查报告、案例评析、讨论和应用等与"任务分析"部分相对应。

本书是编者在一定教学和科研经验基础上的作品。本书既可作为高职高专相关专业的教材，也可作为有志从事保险行业工作的人员的培训指导用书。本书的编写主旨是力求让读者在全面掌握基础知识的同时,着重培养实际应用能力。

本书凝聚了作者的一些思考,但由于自身水平有限,书中难免存在不足,敬请读者多提宝贵意见,以便充实和完善。(编者的 E-mail:128zhang@126.com)

另外,为了方便教师的教学,出版社备有教师教学用的课件,如有需要,请致电或电子邮件联系。联系人:李成军;电话:021—65904706;E-mail:littlelcj2@163.com。

编 者
2012 年 1 月

目 录

前言 …………………………………………………………………（1）

上 篇

项目一 走进保险 …………………………………………………（3）
  任务一 认识保险 ………………………………………………（3）
    一、保险的含义和特征 ………………………………………（4）
    二、保险的要素 ………………………………………………（5）
    三、保险与相似制度比较 ……………………………………（9）
    四、保险的种类 ………………………………………………（10）
    五、保险的业务内容 …………………………………………（13）
    六、保险的中介人 ……………………………………………（18）
  任务二 追溯保险的发展历史 …………………………………（22）
    一、保险的产生 ………………………………………………（23）
    二、国外保险的起源与发展 …………………………………（23）
    三、国内保险的起源与发展 …………………………………（26）

项目二 签订和执行保险合同 ……………………………………（31）
  任务一 认识保险合同 …………………………………………（31）
    一、保险合同的含义和特征 …………………………………（32）

二、保险合同的种类……………………………………………(33)
　　三、保险合同的形式……………………………………………(34)
　任务二　阅读保险合同……………………………………………(39)
　　一、保险合同的基本条款………………………………………(40)
　　二、保险合同的特约条款………………………………………(44)
　任务三　订立、变更、解除和终止保险合同……………………(47)
　　一、保险合同的订立……………………………………………(49)
　　二、保险合同的变更……………………………………………(51)
　　三、保险合同的解除……………………………………………(54)
　　四、保险合同的终止……………………………………………(55)
　任务四　履行保险合同……………………………………………(59)
　　一、投保人履行义务……………………………………………(60)
　　二、保险人履行义务……………………………………………(64)
　任务五　遵守保险合同争议的解释原则…………………………(71)
　　一、保险合同争议的含义………………………………………(72)
　　二、保险合同的解释及其原则…………………………………(72)

项目三　掌握保险的基本原则……………………………………(78)
　任务一　掌握保险利益原则………………………………………(78)
　　一、保险利益及其成立的条件…………………………………(79)
　　二、主要险种的保险利益………………………………………(80)
　　三、保险利益的时效……………………………………………(82)
　任务二　掌握最大诚信原则………………………………………(86)
　　一、最大诚信原则及其存在的原因……………………………(87)
　　二、最大诚信原则的基本内容…………………………………(87)
　　三、违反最大诚信原则的表现和法律后果……………………(90)
　任务三　掌握近因原则……………………………………………(93)
　　一、近因原则的含义……………………………………………(94)
　　二、近因的认定与保险责任的确定……………………………(94)

任务四　掌握损失补偿原则……………………………………(99)
　　一、损失补偿的基本原则………………………………………(100)
　　二、损失补偿原则的派生原则…………………………………(102)

中　篇

项目四　阐述财产损失保险……………………………………(113)
　任务一　认识企业财产保险……………………………………(114)
　　一、企业财产保险的保险标的…………………………………(115)
　　二、企业财产保险的保险责任…………………………………(116)
　　三、企业财产保险价值与保险金额的确定……………………(117)
　　四、保险期限和保险费率………………………………………(118)
　　五、企业财产保险的赔偿处理…………………………………(118)
　　六、其他事项……………………………………………………(119)

　任务二　认识家庭财产保险……………………………………(125)
　　一、家庭财产保险的保险标的…………………………………(126)
　　二、家庭财产保险保险责任……………………………………(127)
　　三、家庭财产保险保险金额的确定……………………………(129)
　　四、家庭财产保险的保险期限和保险费率……………………(130)
　　五、家庭财产保险的赔偿处理…………………………………(130)

　任务三　认识运输工具保险……………………………………(134)
　　一、运输工具保险及其特征……………………………………(135)
　　二、机动车辆保险………………………………………………(135)
　　三、船舶保险……………………………………………………(141)
　　四、飞机保险……………………………………………………(145)

　任务四　认识运输货物保险……………………………………(152)
　　一、海上运输货物保险…………………………………………(153)
　　二、其他涉外运输货物保险……………………………………(157)
　　三、国内货物运输保险…………………………………………(158)

任务五　认识工程保险 …………………………………………… (163)
　　一、建筑工程保险的含义 …………………………………… (164)
　　二、建筑工程保险的保险范围 ……………………………… (165)
　　三、建筑工程保险的保险责任和除外责任 ………………… (166)
　　四、安装工程保险的含义 …………………………………… (168)
　　五、安装工程保险的保险责任和除外责任 ………………… (168)
任务六　认识特殊风险保险 ……………………………………… (172)
　　一、航天保险 ………………………………………………… (174)
　　二、核电站保险 ……………………………………………… (175)
　　三、海洋石油开发保险 ……………………………………… (179)
任务七　认识农业保险 …………………………………………… (181)
　　一、农业保险的含义和特点 ………………………………… (182)
　　二、农业保险的分类 ………………………………………… (182)
　　三、农业保险的经营方式 …………………………………… (189)

项目五　责任保险、信用保险和保证保险 ……………………… (192)
任务一　认识产品责任保险 ……………………………………… (195)
　　一、产品责任 ………………………………………………… (195)
　　二、产品责任的构成要件 …………………………………… (196)
　　三、产品责任保险的含义 …………………………………… (197)
　　四、产品责任保险的保险责任和除外责任 ………………… (198)
　　五、产品责任保险的保险费率 ……………………………… (199)
任务二　认识雇主责任保险 ……………………………………… (201)
　　一、雇主责任 ………………………………………………… (202)
　　二、雇主责任的构成要件 …………………………………… (202)
　　三、雇主责任保险的含义 …………………………………… (203)
　　四、雇主责任保险的责任范围 ……………………………… (204)
　　五、雇主责任保险与法定工伤保险 ………………………… (204)
　　六、雇主责任保险的保险费和赔偿处理 …………………… (205)

任务三 认识职业责任保险 (208)
　一、职业责任 (209)
　二、职业责任保险的含义 (209)
　三、职业责任保险的种类 (209)
　四、职业责任保险的责任范围 (210)
　五、职业责任保险的保险费 (210)
　六、律师职业责任保险 (211)
　七、医疗责任保险 (212)
　八、其他职业责任保险 (214)

任务四 认识公众责任保险 (216)
　一、公众责任保险的含义和种类 (217)
　二、公众责任保险的责任范围 (219)
　三、公众责任保险的保险费 (220)
　四、公众责任保险的赔偿 (220)

任务五 认识信用保险 (221)
　一、信用保险的含义 (222)
　二、国内商业信用保险 (222)
　三、投资保险 (224)
　四、出口信用保险 (225)

任务六 认识保证保险 (229)
　一、保证保险的含义 (230)
　二、保证保险的特征 (230)
　三、保证保险与信用保险 (231)
　四、保证保险与保证 (232)
　五、合同保证保险 (235)
　六、产品质量保证保险 (236)
　七、忠诚保证保险 (239)

下　篇

项目六　熟悉人身保险产品 ……………………………………………(253)

　任务一　认识人寿保险 ……………………………………………(261)

　　一、人寿保险的含义 ……………………………………………(262)

　　二、人寿保险的种类 ……………………………………………(263)

　　三、人寿保险的常用条款 ………………………………………(272)

　任务二　认识人身意外伤害保险 …………………………………(283)

　　一、意外伤害 ……………………………………………………(283)

　　二、人身意外伤害保险的含义 …………………………………(284)

　　三、人身意外伤害保险的种类 …………………………………(285)

　　四、人身意外伤害保险的内容 …………………………………(287)

　任务三　认识健康保险 ……………………………………………(293)

　　一、健康保险的含义和特征 ……………………………………(294)

　　二、健康保险的种类 ……………………………………………(296)

　　三、健康保险的常用条款 ………………………………………(307)

参考文献 …………………………………………………………………(315)

上 篇

上篇

项目一　走进保险

任务一　认识保险

知识目标

掌握保险的含义、可保风险的构成条件；
掌握重复保险和共同保险的含义；
理解保险的构成要素；
理解保险的特征；
理解保险与赌博、社会救济的不同；
理解保险的意义；
识别保险的种类；
了解具体保险公司保险产品的种类；
理解保险的业务内容；
了解保险的中介人。

任务引入

我们的生活充满风险,例如,我们的房屋有遭受火灾、地震、爆炸等导致损失的风险；露天堆放的货物有遭受雨水浸泡等的风险；驾驶机动车有不慎撞人,造成对方伤残或死亡的风险；自然人有生病或遭受意外事故而死亡的风险……人们迫切需要有一种用于对损失进行补偿的有效手段,保险正是一种经济补偿手段。

任务分析

关注网络、书籍、报纸、电视等有关保险的信息；
阐述自己对保险的认识；

介绍一家保险公司(国内或国外)及其保险产品;

讨论保险和风险的关系。

相关知识

1. 保险和风险有紧密的关系

风险是保险产生和存在的基础,风险的发展是保险发展的客观依据。保险是风险处理的传统有效的措施,保险经营效益受风险管理技术的制约。

自留风险和保险转移风险都是风险处理的方法。自留风险是指企业或个人自己承担风险损失;通过保险转移风险是指以交纳保险费为代价,将风险转移给保险公司,当发生风险事故后,由保险公司按照约定向被保险人或指定的受益人给付保险金额。

2. 危险单位是发生一次风险事故可能造成标的物损失的范围

它是保险公司确定其能够承担的最高保险责任的计算基础。我国《保险法》规定:"保险公司对每一危险单位,即对一次保险事故可能造成的最大损失范围所承担的责任,不得超过其实有资本金加公积金总和的百分之十;超过的部分应当办理再保险。"

3. 财产保险中的损余处理

如果保险人按全部损失赔偿,其残值应归保险人所有,或是从赔偿金额中扣除残值部分;若按部分损失赔偿,保险人可将损余财产折价给被保险人,以充抵赔偿金额。

一、保险的含义和特征

(一)保险的含义

保险是集合具有同类风险的众多单位或个人,以合理计算分担金的形式,实现对少数成员约定风险事故所致经济损失或由此而引起的经济需要进行补偿或给付的行为。从不同的角度来讲,保险含义的侧重点有所不同。

案例阅读:申某是银川市一位普通的出租车司机,其单位为之购买了保险产品。2011年1月10日凌晨,不幸降临到他头上。一名乘车男子抢劫后用硫酸泼向申某面部,致使其面部重度毁容,双目失明。申某治疗结束后,于7月17日向新华保险公司提出了理赔申请。经核定,申某属一级伤残,保险公司给予其10万元赔付。

经济角度——保险是分摊意外事故损失的一种财务安排。保险的运行机制是全体投保者交纳保险费,组成保险基金;当某一被保险人遭受损失时,由保

险人从保险基金中对其进行补偿。因此,受损人实际获得的是全体投保人共同的经济支持。

法律角度——保险是一种合同行为,是一方同意补偿另一方损失的一种合同安排。投保人与保险人是在平等自愿的基础上,通过要约与承诺,达成一致并签订合同。在保险合同中,对于投保人和保险人的权利和义务都有明确规定。

社会角度——保险是社会经济保障制度的重要组成部分,实现社会有序生产、人民安居乐业,保险是社会生产和社会生活的"稳定器"。

风险管理角度——保险是风险管理的一种方法,通过保险,可以起到分散风险、消化风险的作用。在各种风险管理形式中,保险是最受企业和个人欢迎的方式之一,是风险转移最重要和最有效的技术。

> **案例阅读**:我国2009年10月1日开始施行的《保险法》第二条规定:"本法所称保险,是指投保人根据合同约定,向保险人支付保险费,保险人对于合同约定的可能发生的事故因其发生所造成的财产损失承担赔偿保险金责任,或者当被保险人死亡、伤残、疾病或者达到合同约定的年龄、期限等条件时承担给付保险金责任的商业保险行为。"

(二)保险的特征

经济性——保险是一种经济保障活动,是整个国民经济活动的一个有机组成部分。而且,保险体现一种经济关系,一种交换关系。此外,保险保障手段都以货币的形式进行补给或给付。

互助性——保险的运行机制是投保人共同出资,通过保险人建立保险基金,当有被保险人遭受损失时,就可以由保险人从保险基金中提取保险金对其进行损失补偿。这体现了"人人为我,我为人人"的互助性。

法律性——从法律角度来说,保险是一种合同行为。保险双方通过合同的形式约定双方的权利和义务,并且合同的履行以及变更等都受到相关法律的制约。而且,保险双方的意愿是通过签订和履行保险合同而体现,双方意愿的改变是通过合同的变更而实现的。

科学性——保险经营需要雄厚的数理基础。在保险经营过程中,保险人运用概率论和大数法则等工具,通过将大量的面临相同风险的个体集中起来,对整体风险发生的概率进行测算,计算出保险产品的价格,从而建立起科学的保险基金,保证保险业的稳健发展。

二、保险的要素

保险的要素是指进行保险经济活动所应具备的基本条件。商业保险的要素包括以下几个方面：

(一)可保风险的存在

可保风险是指符合保险人承保条件的特定风险。理想的可保风险应具备以下条件：

1. 风险必须是纯粹的风险

纯粹风险是相对于投机风险而言的，它只有损失的机会，没有获利的可能。例如，某人患恶性肿瘤，对此人而言只有损失，不可能从中获取利益。如果既有损失的可能，又有获利的可能，例如炒股票有盈有亏，这就是投机风险。

2. 风险必须具有不确定性

就每一个具体单独的保险标的而言，保险当事人事先无法知道风险事故是否发生，发生的时间、原因、结果等。

3. 风险必须使大量标的均有遭受损失的可能

这是由于保险需要大数法则作为保险人建立保险基金的基础，只有单个人或少量标的的危险是不具有该基础的。只有在大量危险事故的基础上，保险人才能通过大数法则进行保险经营，计算危险概率和损失程度，确定准确的保险费率，譬如，人人都会面临的死亡、生存、重大疾病等风险。因此，绝大多数的人寿保险公司都有相关的险别，都将这些风险作为可保风险。

4. 风险必须有导致重大损失的可能性

如果损失程度不高，那么，个人或者企业都没有必要购买保险，自己承担损失即自留风险就可以了。例如，你手中的这支笔丢失了，不会造成重大损失，这就不属于可保风险。又如，流鼻血就不属于重大疾病的可保风险。此外，可保风险除了是一种发生重大损失的可能性较大的风险外，还应该是遭受重大损失机会较小的风险，否则，保险公司就难以开展并经营业务。

5. 风险不能使大多数的保险对象同时遭受损失

即要求损失的发生具有分散性。如果保险公司承保所有投保人同时发生风险事故的风险，那么保险公司无法支付保险金。因此，绝大多数的保险险种都将战争、地震等约定为责任免除的风险。

6. 风险必须具有现实的可测性

这是保险经营要求制定出准确费率所决定的。一旦发生了保险事故，损失发生的原因、时间和地点都应该可以确定，损失程度也可以测定。否则，保险合同中的保险责任、保险期限和保险赔偿金额都无法确定，签订保险合同也就变得无意义了。

(二)大量同质风险的集合与分散

保险的过程既是风险集合的过程，又是风险分散的过程。众多投保人将其面临的同质风险转嫁给保险人;保险人通过承保,将众多风险集合起来,当发生保险责任范围内的损失时,保险人又将少数人发生的风险损失分摊给全部投保人。

同质风险是指风险单位在种类、品质、性能、价值等方面大体相近。如果风险为不同质的风险,那么损失发生的概率就不相同,风险也就无法进行统一的集合与分散。此外,保险风险的集合与分散应该具备两个前提条件:

1. 大量风险的集合体

如果是少数人或个别人的风险,就无所谓集合与分散。这既是分散风险的技术要求,也是概率论和大数法则原理在保险经营中得以运用的前提。

2. 同质风险的集合体

如果风险为不同质的风险,损失发生的频率与幅度是有差异的,倘若进行集合与分散,则会导致保险财务的不稳定,这使保险人难以提供保险供给。

(三)保险费率的厘定

保险费率是指单位保险金额应交付的保险费。保险费率由两部分构成,一部分是纯费率,另一部分是附加费率。保险公司按照纯费率收取的保险费用来支付保险事件发生后形成的保险赔款;按照附加费率收取的保险费,用来支付保险公司的业务费用,如营业费用、监管费、保险税金等。为了保证保险双方当事人的利益,保险费率的厘定要做到以下几点:

(1)遵循费率厘定的基本原则——适度、合理、公平;

(2)以完备的统计资料为基础,运用科学的计算方法;

(3)在国家或政府保险监管机关进行审核或备案。

(四)保险基金的建立

保险基金是用以补偿或给付因自然灾害、意外事故和人体自然规律所致的经济损失、人身损害及收入损失,并由保险公司筹集、建立起来的专项货币基金。保险基金是保险业存在的经济基础,也是保险企业财务稳定性的经济基础。

(五)保险合同的订立

保险所体现的经济保障关系是通过订立保险合同的方式实现的。订立保险合同是保险得以成立的基本要素,也是保险经济关系成立的法律保证。一般来说,保险合同的订立,须经过投保人提出保险要求和保险人同意承保两个阶段。保险合同订立后不一定标志着保险合同生效。订立保险合同是保险得以成立的基本要素,是保险成立的法律保证。

阅读资料:保险投资是指保险企业在组织经济补偿过程中,将积聚的各种保险资金加以运用,使资金增值的活动。

保险企业可运用的保险资金由资本金、各项准备金和其他可积聚的资金组成。运用暂时闲置的大量准备金是保险资金运动的重要一环。投资能增加收入、增强赔付能力,使保险资金进入良性循环。

1. 资本金

资本金是保险公司在开业时必须具备的注册资本。我国设立保险公司需要的注册资本的最低限额为 2 亿元人民币。保险公司注册资本必须为实缴货币资本。保险公司的资本金除按法律规定缴存保证金(我国目前为实缴货币资本的 20%)外,均可用于投资,以获得较高的收益率。

2. 各种责任准备金

责任准备金是保险公司为保障被保险人的利益,从收取的保费中提留的资金,包括未到期责任准备金、未决赔款准备金、总准备金和人身保险的各种准备金。

3. 其他投资资金

在保险经营过程中,还存在着其他可用于投资的资金来源,主要包括结算中形成的短期负债、应付税款、未分配利润、公益金、企业债券等。这些资金可根据其期限的不同做相应的投资。

保险投资的形式是保险公司保险资金投放在哪些具体项目上。合理的投资形式,一方面可以保持保险企业财务的稳定性以及赔付的可靠性和及时性;另一方面可以避免资金过分集中。

一般而言,保险资金可以投资于以下方面:

1. 有价证券

有价证券主要有两种:

(1)债券。包括政府债券、公司债券和金融债券等。一般来说,投资于债券的风险较小,尤其是政府债券。投资于公司债券时,要特别注重该公司的资信和收益的可靠性。

(2)股票。投资股票是有风险的,如果所投资股票的企业经营不善,效益不好,预期利息减少,以及影响股市的其他因素不佳,股票就会跌价。国外对保险企业投资股票都有多种限制,如日本政府保险业法中规定,保险企业购买股票不得超过其总资产的 30%。

2. 抵押贷款

抵押贷款是指期限较长又较稳定的业务,特别适合于寿险资金的长期运用。世界各国保险企业对住宅楼实行长期抵押贷款,大多采用分期偿还、本金递减的方式,收益较好。

3. 寿险保单贷款

寿险保单具有现金价值。保险合同规定，保单持有人可以本人保单抵押向保险企业申请贷款，但需负担利息，这种贷款属于保险投资性质。保单贷款金额限于保单当时的价值，贷款人不用偿还贷款，保单会失效，保险企业无需给付保险金。

实际上，在这种贷款中保险人不担任何风险。在寿险业发达的国家，此项业务十分普遍。

4. 不动产投资

不动产投资是指保险资金用于购买土地、房屋等不动产。此项投资的变现性较差，故只能限制在一定的比例之内。日本对保险企业购买不动产，规定不得超过其总资产的10%。

5. 向为保险配套服务的企业投资

譬如为保险汽车提供修理服务的汽车修理厂；为保险事故赔偿服务的公证行或查勘公司等。这些企业与保险事业相关，把保险资金投向这些企业，有利于保险事业的发展。

在我国，保险公司的资金运用限于银行存款、买卖政府债券、金融债券和国务院规定的其他资金运用等形式。并且特别明确规定，保险公司的资金不得用于设立证券经营机构和向企业投资。

三、保险与相似制度比较

（一）保险与赌博

保险与赌博两者有相似之处，似乎都是以少量的支出，获得多倍于支出的收入，而且是否能获得回报，都是偶然的。然而，它们之间也有本质的区别：

(1)赌博产生一种新的投机性风险；保险能安定社会生活。

(2)赌博是赢者以输者的损失为代价；而保险中的保险人和被保险人在防损方面有着共同的利益。

(3)赌博的目的是侥幸获利；保险是经济补偿。

(4)赌博是一种违法行为；保险是一种合法行为。

（二）保险与社会保险

一般的保险指的是商业保险，它与社会保险相互联系，又相互区别。它们都是以社会公众为保险对象，都体现安定人们生活、促进社会和谐发展的目的，都在资金筹集上要收取保险费等。然而，它们之间有很多不同点：

1. 经营主体和目的不同

商业保险由商业性保险公司经营，以营利为目的，保险人遵循商业经营原则，需要精确制定保险费率，积极运用保险资金，在实现企业自身发展、提高效益的同时为社会经济的稳定发展发挥重要作用。社会保险一般由政府举办，以实施政府社会政策为目的，不以营利为目的。

2. 实施依据和方式不同

商业保险一般以《保险法》为依据，保险人和被保险人双方按照平等、互利、自愿等原则，通过签订保险合同的方式确立民事法律关系。

社会保险以社会保险法律或条例为依据，采取强制方式实施，只要符合法律规定范围的社会成员都必须办理保险。

（三）保险与社会救济

保险与社会救济都是对灾害事故造成损失的一种补偿行为，它们的目标都是努力使社会生活正常和稳定。它们之间的区别主要是：

1. 提供保障的可靠性和水平不同

保险具有合同约定、受法律保护、提供的保障性较高等特点；社会救济要视财政状况而定，提供基本保障水平。

2. 提供保障的资金来源不同

保险赔偿或给付的资金来源于投保人交纳的保险费；社会救济的资金来源于财政收入或社会捐助。

3. 提供保障的主体不同

保险是商业保险公司根据保险合同的约定，对遭受损失的保险人的一种赔偿或给付的有偿行为；社会救济是各级政府对遭受灾害损失的国民实施救助的无偿行为。

四、保险的种类

对保险种类的介绍，有助于公众对保险产品的了解和选择，有助于对保险的深入认识。保险分类的标准多种多样，下面介绍主要的分类。

（一）按保险经营主体划分

按照保险经营主体划分，可以分为公营保险和民营保险。

公营保险由国家、地方政府或自治团体经营。民营保险由私人投资经营。形式主要有股份保险公司、相互保险公司、保险合作社和个人经营的保险等。

（二）按保险经营性质划分

按保险经营性质划分，可分为营利性保险和非营利性保险。

营利性保险，又称商业保险，是指以谋取利润为目的经营的保险。这种保险涉及社会经济生活的方方面面，如企业财产保险、各类人寿保险等。

非营利性保险指的是不是以营利为目的,而一般是出于某种特定的目的,如社会保险。社会保险是国家通过立法形式,对社会成员在年老、疾病、残废、伤亡、生育、失业情况下的基本生活需要给予物质帮助的一种社会保障制度。

> **阅读资料**:我国社会保险的主要种类
> 　　养老保险,指劳动者到达一定年龄被依法确定为丧失劳动能力从而解除其劳动义务后,由国家和社会给予一定物质帮助,以保障其晚年生活的一种社会保障制度。
> 　　失业保险,职工因某种原因暂时丧失职业后,在等待再次就业期间,从社会获得物质帮助的一种保障制度,由国家以法律的形式予以确立。
> 　　疾病保险,国家和企业对职工因患病(含非因工负伤)暂时丧失劳动能力时的治疗与生活给予物质帮助的一种社会保险制度。
> 　　生育保险,对妇女劳动者因生育子女而暂时丧失劳动能力时,给予必要的物质保障的一种社会保险制度。
> 　　工伤保险,劳动者在劳动过程中发生意外事故,负伤、致残、死亡、暂时或永久丧失劳动能力,造成本人及家庭收入中断,生活难以维持,从企业获得赔偿或补偿,从国家和社会获得物质帮助和社会服务权利的一种社会保险制度。

(三)按业务承保方式划分

按业务承保方式划分,保险可分为原保险、再保险、重复保险和共同保险。

原保险是指投保人与保险人直接订立保险合同,当保险标的发生保险合同责任范围内的保险事故时,由保险人直接对被保险人承担责任的保险。

再保险是指保险人为了减轻自身承担的保险风险和责任而将超过自身承保能力的保险风险和责任,部分或全部转嫁给其他保险人而形成的保险关系。即保险人将其承担的保险业务,部分或全部转移给其他保险人。

重复保险是指投保人以同一保险标的、同一保险利益、同一风险事故分别与数个保险人订立保险合同,且保险金额总和超过保险价值。

共同保险是指几个保险人就同一保险利益、同一风险共同缔结保险合同,按承担份额赔偿损失。

> **案例思考**:投保人就同一财产利益分别与保险人甲和保险人乙签订了保险合同,两份保险合同的保险金额分别相当于保险价值。其中,保险人甲又将承保的投保人的财产险转让给了保险人丙。请指出该案例中重复保险、原保险、再保险之间的关系。

(四) 按保险政策划分

按保险政策划分,保险可以分为自愿保险和法定保险。

自愿保险,也称任意保险,是指保险双方当事人通过签订保险合同,或是需要保险保障的人自愿组合、实施的保险。保险双方在是否投保或承保、何时何地投保、保险金额多少等方面,可以进行自由选择。

法定保险,又称强制保险,是根据国家法律规定强制实施、自行生效的保险,即无论被保险人是否愿意投保,也无论保险人是否愿意承保,基于国家有关法律或法令必须形成的保险关系。例如,机动车辆交通事故责任保险在我国是强制保险的。举个例子:《机动车交通事故责任强制保险条例》(简称"交强险")是我国的强制保险,从2006年7月1日以后,未按规定投保交强险并张贴或携带交强险标志的机动车不得上路。

(五) 按保险标的划分

按保险标的划分,保险可以分为财产保险和人身保险。

财产保险是指以各类财产及相关利益、责任以及费用作为保险标的,在保险期间保险人对于因保险合同约定的保险事故发生所造成的保险标的的损失承担经济赔偿责任的保险。具体讲,财产保险包括财产损失保险、责任保险、信用保险等。

人身保险是指以人的身体和生命为保险标的,在保险期间,当被保险人死亡、伤残、疾病或者达到保险合同约定的年龄、期限时,保险人依照约定给付保险金的保险。人身保险包括人寿保险、健康保险、意外伤害保险等。

> **阅读资料**:保险人不得兼营人身保险业务和财产保险业务。但是,经营财产保险业务的保险公司经国务院保险监督管理机构批准,可以经营短期健康保险业务和意外伤害保险业务。

财产保险的种类

名称	常见险种	提示	举例说明
财产损失保险	企业财产保险 家庭财产保险 运输工具保险 货物运输保险 工程保险 特殊风险保险 农业保险	1. 此为狭义财产保险 2. 海洋石油开发保险、航天保险和核电站保险属于特殊风险保险	工程保险常见险种:建筑工程一切险、安装工程一切险、机器损坏保险等

续表

名称	常见险种	提 示	举例说明
责任保险	公众责任保险 产品责任保险 雇主责任保险 职业责任保险	此保险属于广义财产保险	
信用、保证保险	信用保险 保证保险	1. 此保险属于广义财产保险 2. 信用保险是债权人为债务人投保；保证保险是债务人为自己投保	

五、保险的业务内容

（一）保险的销售

阅读资料：保险业有句老话："保险是卖出去的，而不是买进来的。"这意味着保险销售靠主动出去。为什么要采取这样的销售方式呢？原因有：第一，保险承保的风险往往是那些人们比较忌讳的、害怕的、不愿谈论的、生怕谈论会引火烧身的风险，如死亡、癌症、急性心脏病、机动车事故、飞机坠毁、火灾、爆炸等；第二，人们对于保险承保的"小概率、大损失"风险，没有主动管理的欲望，因为这种风险发生的概率实在太小，以至于感受不到它们的存在。被穷追猛打的客户会想，既然东西好，干吗追着我买；既然追着我买，一定不是什么好东西，说不准是传销，是骗子。所以，保险销售是存在一定难度的。

保险营销是指以保险产品为载体，以消费者为导向，以满足消费者的需求为中心，运用整体手段，将保险产品销售给消费者，以实现保险公司长远经营目标的一系列活动。保险营销包括保险市场的调研，保险产品的构思、开发与设计，保险费率的合理厘定，保险分销渠道的选择，保险产品的销售及售后服务等一系列活动。保险营销体现的是一种消费者导向型的理念。保险销售是将保险产品卖出去的一种行为，是保险营销过程中的一个环节。

保险销售的主要环节有：首先，要识别有保险需求、有交费能力、符合核保标准、容易接近的准保户；其次，通过陌生拜访、连锁介绍、直接邮件、电话联络等方式开拓准保户；再次，调查分析准保户所面临的风险（工作状况、健康状况）、准保户的经济状况、准保户的保险需求等并确认准保户的保险需求；然后，对保险公司拟定的保险方案向准保户作出简明、易懂、准确的解释；最后，疑问解答，促成签约，并指导准保户填写投保单。

（二）保险的核保和承保

核保是指保险公司在对投保的标的信息全面掌握、核实的基础上，对可保风险进行评判与分类,进而决定是否承保、以什么样的条件承保的过程。核保的主要目的在于辨别保险标的的危险程度,保证承保业务的质量。严格规范核保工作是降低赔付率、增加保险公司盈利的关键,也是衡量保险公司经营管理水平高低的重要标志。保险核保的信息来源于投保单、销售人员和投保人提供的情况以及通过实际查勘获取的信息。

> **阅读资料:**
> 财产保险的核保要素
> 1. 保险标的物所处环境。
> 2. 保险财产占用性质。
> 3. 保险标的物的主要风险隐患和关键防护部位及防护措施状况。
> (1)检查风险因素。
> (2)关键部位重点检查(建筑物的承重墙体,船舶、车辆发动机的保养)。
> (3)检查风险防范情况(防火设施、报警系统)。
> 4. 有无处于危险状态中的财产(正处在危险状态中的财产,不予承保。必然发生的损失,属于不可保风险)。
> 5. 检查各种安全管理制度的制定和实施情况。
> 6. 查验被保险人以往的事故记录。
> 7. 调查被保险人的道德情况。
> 人寿保险的核保要素
> 人寿保险的核保要素分为非影响死亡率的要素和影响死亡率的要素(重点)。非影响死亡率的要素:保额、险种、交费方式、投保人财务状况、投保人与被保险人及受益人之间的关系。影响死亡率的要素:年龄、性别、职业、健康状况等。
> 1. 年龄和性别。
> 2. 体格及身体情况(癌症和心血管疾病是引起死亡的最主要原因)。
> 3. 个人病危和家族病史(如糖尿病、高血压病、精神病、血液病、结核、癌症)。
> 4. 职业、习惯嗜好及生存环境。

保险承保是指签订保险合同的过程,即投保人和保险人双方通过协商,对保险合同内容取得一致意见的过程。承保工作的程序包括:接受投保单—审核投保单—接受业务—缮制单证等。

(三)保险的索赔和理赔
1. 保险索赔
保险索赔是指保险事故发生后,被保险人或受益人,必须在规定的时间内通过报案向保险人请求赔偿或给付保险金。报案是指通过口头、电话、电报、信函等方式,将投保人的姓名、保单号、出险时间等告知保险公司。

> **提醒您**:人寿保险以外的其他保险的被保险人或者受益人,向保险人请求赔偿或者给付保险金的诉讼时效期间为两年,自其知道或者应当知道保险事故发生之日起计算。人寿保险的被保险人或者受益人向保险人请求给付保险金的诉讼时效期间为五年,自其知道或者应当知道保险事故发生之日起计算。

2. 保险理赔

保险理赔是指保险人在保险标的发生风险事故后,对被保险人或受益人提出的索赔要求进行处理的行为。寿险理赔的流程:接案—立案—初审—调查—核定—复核—审批—结案、归档。

> **提醒您**:对寿险索赔申请人资格的要求(如被保险人、受益人)
> 身故保险金应由合同约定的身故受益人提出申请,若没有指定受益人,则由法定继承人提出申请;若受益人或继承人为无民事行为能力,则由法律监护人提出申请。
> 初审的内容包括:(1)审核出险时保险合同是否有效;(2)审核出险事故的性质;(3)审核证明材料是否完整有效;(4)审核出险事故是否需要理赔调查。
> 核定内容包括:(1)给付理赔计算;(2)拒付;(3)豁免保费计算;(4)理赔计算的注意事项。

非寿险的理赔流程:损失通知—审核保险责任—进行损失调查—赔偿保险金及损余处理—代位追偿。

> **提醒您**:发出损失通知是被保险人必须履行的义务
> (1)时间要求:如财产损失要在24小时内通知保险人;非人寿保险的被保险人或受益人对保险人请求给付保险金的权利,自其知道保险事故发生之日起二年不行使而消灭。
> (2)通知的方式:口头、函电、书面(必需)。
> 如果涉及第三者责任,需要出具权益转让书。
> 审核保险责任的主要内容包括:(1)保险单是否仍有效力;(2)损失是否由所承保的风险引起;(3)损失的财产是否为保险财产;(4)损失是否发生在

保单所载明的地点;(5)损失是否发生在保险单的有效期内;(6)请求赔偿的人是否有权提出索赔;(7)索赔是否有欺诈。

申请保险理赔需要的资料主要包括:保险单或保险凭证的正本、已交纳保费的凭证、有关能证明保险标的或当事人身份的原始文本、索赔清单、出险检验证明、其他根据保险合同规定应当提供的文件。

其中,出险检验证明经常涉及的有:

因发生火灾而索赔的,应提供公安消防部门出具的证明文件。由于保险范围内的火灾具有特定性质—失去控制的异常性燃烧造成经济损失的才为火灾。短时间的明火,不救自灭的,因烘、烤、烫、烙而造成焦糊变质损失的,电机、电器设备因使用过度、超电压、碰线、弧花、走电、自身发热所造成其本身损毁的,均不属于火灾。所以,公安消防部门的证明文件应当说明此灾害是火灾。

因发生暴风、暴雨、雷击、雪灾、雹灾而索赔的,应由气象部门出具证明。在保险领域内,构成保险人承担保险责任的这些灾害,应当达到一定的严重程度。例如,暴风要达到17.2米/秒以上的风速;暴雨则应当是降水量在每小时16毫米以上,12小时30毫米以上,24小时50毫米以上。

因发生爆炸事故而索赔的,一般应由劳动部门出具证明文件。

因发生盗窃案件而索赔的,应由公安机关出具证明。该证明文件应当证明盗窃发生的时间、地点、失窃财产的种类和数额等。

因陆路交通事故而索赔的,应当由陆路公安交通管理部门出具证明材料,证明陆路交通事故发生的地点、时间及其损害后果。如果涉及第三者伤亡的,还要提供医药费发票、伤残证明和补贴费用收据等。如果涉及第三者的财产损失或本车所载货物损失的,则应当提供财产损失清单、发票及支出其他费用的发票或单据等。

因被保险人的人身伤残、死亡而索赔的,应由医院出具死亡证明或伤残证明。若死亡的,还须提供户籍所在地派出所出具的销户证明。如果被保险人依据保险合同,要求保险人给付医疗、医药费用时,还须向保险人提供有关部门的事故证明、医院的治疗诊断证明,以及医疗、医药费用的原始凭证。

阅读资料:因紧急避险引起的保险理赔,保险公司应注意做好的工作

1. 因紧急避险引起的交通事故,应督促交警部门在事故责任认定中认定引起险情人的事故责任

在因紧急避险引起的交通事故的责任认定时，应督促交警部门将险情引起人确定为当事人之一，按其行为及与交通事故的因果关系确定其应负的责任。

2. 自身重视现场查勘工作，确定险情引起人

在交通事故发生后，保险公司应在接到电话报案时，提醒被保险人让险情引起人不要离开现场，提醒被保险人要求交警部门对在现场的险情引起人进行调查；在查勘现场时，注意对交通事故证人的调查取证，以及对险情引起人的调查及确定。

3. 在进行理赔前，积极促成险情引起人向被保险人进行赔偿

在对紧急避险引起的交通事故进行保险理赔时，在引起险情人确定的情况下，保险人应积极促成引起险情人向被保险人进行赔偿。一则，引起险情人承担了赔偿责任，避免其逃避法律责任；二则，节约了保险人的追偿成本。如果先由保险人向被保险人赔偿，后再向引起险情人追偿，则不仅增加了环节，而且增加了成本。但在促成险情引起人向被保险人进行赔偿前，要以赔偿高效、快速为前提，不能以要求被保险人向险情引起人主张权利而影响到被保险人的自由选择权。

（四）保险客户的服务

保险客户是指那些现实和潜在的本公司保险产品的消费者。保险客户的服务是保险公司为社会公众提供的一切有价值的活动。

保险客户的服务包括售前、售中、售后三个环节。售前服务主要有咨询服务、广告宣传服务和风险规划服务等；售中服务主要有迎宾服务、承保服务、技术型服务等；售后服务主要有理赔服务、客户投诉处理服务等。

阅读资料：一般来说，顾客评价保险服务质量主要考虑可靠性、反应性、保证性、同情心、有形化这五个方面。

（1）可靠性，即保险公司能保质保量地完成所承诺的服务。

（2）反应性，即保险公司随时准备提供快捷有效的服务。

（3）保证性，即保险公司员工的友好态度和工作的胜任能力。

（4）同情心，即以"感同身受"的情怀为顾客提供个性化的服务，真诚地关心客户。

（5）有形化，即将无形的服务以实体设施、设备、服务人员以及各种传播材料呈现和反映出来。

六、保险的中介人

保险中介是介于保险人和投保人之间，专门从事保险业务咨询与招揽、风险管理与安排、价值衡量与评估、损失鉴定与理算等中介服务活动，并从中依法获取佣金或手续费的单位和个人。

（一）保险代理人

保险代理人是指根据保险人的委托，向保险人收取代理手续费，并在保险人授权范围内代为办理保险业务的单位或个人。

> **阅读资料**：保险代理关系与劳动雇佣关系之区别
> 　　第一，在社会保险和福利待遇方面。如果是代理关系，保险公司没有义务为代理人办理社会保险、失业保险、住房公积金等福利待遇。如果是劳动关系，用人部门必须为雇员办理社会保险、失业保险、住房公积金等福利待遇。
> 　　第二，在劳动报酬方面。如果是代理关系，用人部门是根据代理人所做的业务量支付一定的佣金，没有额度的限制。如果是劳动关系，用人部门是给员工支付工资。用人部门应该遵守国家对于工资发放的有关标准和限制。

保险代理人分为专业代理人、兼业代理人和个人代理人三种。其中，专业保险代理人是指专门从事保险代理业务的保险代理公司；兼业保险代理人是指受保险人委托，在从事自身业务的同时，指定专用设备专人为保险人代办保险业务的单位，主要有行业兼业代理、企业兼业代理和金融机构兼业代理、群众团体兼业代理等形式；个人保险代理人是指根据保险人的委托，在保险人授权的范围内代办保险业务并向保险人收取代理手续费的个人。

保险代理人因类型不同，业务范围也有所不同。保险代理公司的业务范围是代理推销保险产品，代理收取保费，协助保险公司进行损失的勘查和理赔等。兼业保险代理人的业务范围是代理推销保险产品，代理收取保费。财产保险公司的个人代理人只能代理家庭财产保险和个人所有的经营用运输工具保险及第三者责任保险等；人寿保险公司的个人代理可以代理个人人寿保险、个人人身意外伤害保险和个人健康保险等业务。

> **阅读资料**：专业代理人必须具备的条件
> 　　（1）公司最低实收货币资金为人民币50万元。在公司的资本中，个人资本总和不得超过资本金总额的30%，每一个人资本不得超过个人资本总和的50%。

(2)有符合规定的章程。
(3)有至少30名持有"保险代理人资格证书"的代理人员。
(4)有符合任职资格的董事长和总经理。
(5)有符合要求的营业场所。

(二)保险经纪人

保险经纪人是指基于被保险人或投保人的利益,为投保人与保险人订立保险合同、提供中介服务,并依法收取佣金的单位或个人。

阅读资料：保险经纪人和保险代理人的具体区别

(1)代表的利益不同。保险经纪人接受客户委托,代表的是客户的利益;而保险代理人为保险公司代理业务,代表的是保险公司的利益。

(2)提供的服务不同。保险经纪人为客户提供风险管理、保险安排、协助索赔与追偿等全过程的服务;而保险代理人一般只代理保险公司销售保险产品、代为收取保险费。

(3)服务的对象不同。保险经纪人的客户主要是收入相对稳定的中高端消费人群及大中型企业和项目;保险代理人的客户主要是个人。

(4)法律上承担的责任不同。客户与保险经纪人是委托与受托关系,如果因为保险经纪人的过错造成客户的损失,保险经纪人对客户承担相应的经济赔偿责任。而保险代理人与保险公司是代理与被代理的关系,被代理的保险公司仅对保险代理人在授权范围内的行为后果负责。

(三)保险公估人

保险公估人是受保险人或被保险人的委托,以第三者的身份,专门从事对保险标的、保险事故等进行鉴定、勘查和评估等业务的机构,并据此向当事人收取合理的费用。

根据保险公估人在保险公估业务活动中先后顺序的不同,保险公估人可以分为承保时的公估人和理赔时的公估人。

1. 承保时的公估人

承保公估人主要从事保险标的的承保公估,即对保险标的做现时价值评估和承保风险评估。由承保公估人提供的查勘报告是保险人评估保险标的的风险、审核其自身承保能力的重要参考。现时价值评估和承保风险评估是国际保险公估人新拓展的业务领域。

2. 理赔时的公估人

理赔公估人是在保险合同约定的保险事故发生后,受托处理保险标的的检验、估损及理算的专业公估人。保险理赔公估人包括损失理算师、损失鉴定人和损失评估人。损失理算师是指在保险事故发生后,计算损失赔偿金额,确定分担赔偿责任的理算师,他们主要确定保险财产的损失程度,确认是否全损或可以修复,修复费用是否超过财产的实际价值。根据国际保险实务习惯,损失理算师又分为陆上损失理算师与海损鉴定人。前者是处理一般非海事保险标的理赔事项的理算师,后者则是专门处理海事保险标的理赔事项的理算师。损失鉴定人是在保险事故发生后,判断事故发生的原因和责任归属的保险公估人。具体来说,他们负责查明事故发生的原因,判断是否有除外责任因素的介入,是否有第三者责任发生,进行损失定量等。损失评估人是指接受被保险人的委托,办理保险标的的损失查勘、计算的人。他们通常只接受被保险人单方面的委托,为被保险人的利益而从事保险公估业务。

任务实施

一、巩固练习

(一)单项选择题

1.下列关于保险含义的说法错误的是( )。
   A. 保险可以使少数不幸的被保险人的损失由未发生损失的被保险人分摊
   B. 保险是一种经济补偿制度
   C. 保险是社会保障制度的重要组成部分
   D. 保险是风险管理的一种方法

2.以下说法正确的是( )。
   A. 重复保险与共同保险并无实质区别
   B. 重复保险与共同保险的唯一区别在于,重复保险签发多张保险单,而共同保险只签发一张保险单
   C. 重复保险的保险金额总和必定超过保险价值,共同保险的保险金额总和必定小于或等于保险价值
   D. 共同保险和重复保险均属于再保险

3.保险将其承保业务的一部分或全部分给另一个或几个保险人承保,这种保险称作( )。
   A. 共同保险　　　　B. 重复保险　　　　C. 再保险　　　　D. 原保险

(二)多项选择题

1.下列关于可保风险的说法正确的是( )。
   A. 投机风险是可保风险
   B. 可保风险具有分散性和可测性
   C. 可保风险必须使大量标的均有遭受损失的可能性
   D. 可保风险发生的时间必须是不确定的,但其发生的结果是确定的

2. 保险的特征是（　　）。
   A. 经济性　　　　B. 法律性　　　　C. 互助性　　　　D. 科学性
3. 保险与社会保险的共同之处表现为（　　）。
   A. 二者的实施方式相同
   B. 二者都是以营利为目的
   C. 二者都以社会公众为对象
   D. 二者均以交纳一定的保险费为条件

二、阅读并撰写读后感

上海昆虫馆连遭贼手　为防盗"蓝钻王"投保 10 万元

推测：昆虫爱好者因爱而偷？

那么是谁偷了标本呢？"应该是几个昆虫爱好者，"该馆一位负责人猜测，"理由是：失窃的标本多数都是鳞翅目昆虫，他们应该懂得这类昆虫，对于蝴蝶他们好像不怎么感兴趣。"

他说："也许他们认为，或许出于爱好"，他们不得已偷了，"不过他们这样做，很多游客就看不到动物标本了，太自私！"

标本失窃，昆虫馆并没有报警。这位负责人说："我们根本就没想到报警，标本被偷这事该怎么说呢？而且我们提供不出任何线索。"

馆内专家说出了其中的无奈："昆虫标本无法明码标价，许多标本往往是国内仅此一只，价格都是由标本商人或者收藏家开的，买卖双方自己议定。说不清楚价格的东西如何报警呢？"

昆虫馆开馆至今，一直致力于收集各种具有观赏性的珍稀昆虫标本，价格昂贵的标本都买了保险，但也正是因为标本价格难以界定，国内普遍没有类似险种，所有标本都是在国外保的险。

专家观点：占有欲不是爱好

上海大学社会学顾教授说，偷标本的爱好者本质上和一般的小偷没有任何区别，"雅偷"还是偷。

我们原本期待，每一个珍贵的收藏品背后都有一段动人的故事，而不是把收藏等同于赤裸裸的占有。收藏昆虫标本原本是一种爱好，爱好的背后是品位，收藏的背后是文化；但是现在品位和文化屈服于占有欲，这太没有品位，根本不是文化。究其本质，文化代表了一种价值观，但市场经济下，许多人眼中除了功利价值，就没有其他了。

调查：网上寻觅失窃昆虫

昆虫馆负责人说，失窃的标本许多都是国内不多见的珍稀品种，偷窃者可能自己收藏，也可能作为工艺品出售。除了原装进口的标本之外，其他由昆虫馆定制的标本都在盒子的右下角放了一个带有"上海大自然野生昆虫馆"标识的防腐剂。

在多个昆虫爱好者论坛上，一位网友说，长戟大兜虫是犀金龟的一种，但并非是中国的种类，一般昆虫爱好者会有少量作为收藏的。但如果你要买来收藏，恐怕只有那些商人手里会有存货。

他说,相信论坛中有这样的商人,也许他们会给你合理的价格,你可以等他们的回复。但是,他个人并不支持虫友在这个论坛中讨论昆虫买卖的问题,毕竟和商业有关——你的行为虽属无心,但也会吸引来有关"买卖"的讨论。

三、思考并收集有关资料

1. 请调查一家保险公司,了解其岗位设置,并对每一岗位需要具备的素质和知识进行阐述。
2. 谈谈风险与保险的关系。
3. 收集保险有关的社会热点,并撰写读后感。
4. 请谈谈保险公司什么岗位适合你就业,理由是什么。
5. 失业保险与社会救济有什么不同?
6. 谈谈怎么开发保险产品的潜在客户,潜在客户在哪里。
7. 请谈谈你的一次营销(包括促销)经历,并谈谈对保险营销有什么启示。
8. 你如何看待保险营销人员流失率高的现象?流失率高有什么后果?该如何降低保险营销人员的流失率?

任务二　追溯保险的发展历史

知识目标

掌握保险产生的必要条件和可能条件;
了解保险的发展历史。

任务引入

有人说:历史虽然无言,但它却会说话,能够听懂历史在说什么,这就是伟大的智慧。作为学生,追溯保险的发展历史,有助于我们更好地理解保险的来龙去脉,理解保险产生的原因,思考影响保险发展的因素等,为更好地学习各种保险险种奠定基础。

任务分析

收集我国保险业的有关资料,了解其发展过程;
收集中国人民保险公司的资料,了解其成立与发展;
收集劳合社的资料,了解其产生与发展,并思考其对保险发展的影响。

相关知识

保险的作用从宏观(国家和社会)、微观(企业、家庭和个人)两个角度,体现在以下方面：

在宏观经济中的作用：(1)保障社会再生产的正常运行；(2)促进社会经济的发展；(3)有助于推动科技发展；(4)有利于对外经济贸易发展，有利于平衡国际收支。

在微观经济中的作用：(1)有助于企业及时恢复生产；(2)有利于安定人民生活；(3)促进企业的公平竞争；(4)促进个人或家庭消费的均衡。

一、保险的产生

保险是商品经济发展到一定阶段的产物，保险的产生离不开一定的条件。

保险产生的必要条件是自然灾害和意外事故的客观存在。没有自然灾害和意外事故的客观存在，就没有损失发生的可能性，就没有对经济补偿的必要，也就没有以经营风险为对象、以承担经济损失补偿为责任的保险业的产生。

保险产生的可能条件是剩余产品的存在以及商品经济的发展。有了剩余产品，才具有各种形式的损失补偿的物质基础，才使保险补偿成为可能。商品经济的发展，出现了一些经营风险、赚取利润的保险商人。

二、国外保险的起源与发展

(一)古代保险思想的萌芽

人类社会从开始就面临自然灾害和意外事故的侵扰，在与大自然的抗争过程中，人们萌生了对付自然灾害和意外事故的保险思想和原始形态的保险方法。

在国外，保险雏形由来已久。公元前2200年，位于幼发拉底河沿岸的古巴比伦王国，其国王曾命令僧侣、官员及村长向居民征收税资作为救济火灾及旱灾灾民的基金。此后，随着巴比伦王国走向强盛以及对外贸易的扩展，大约到了公元前1792年，六世国王汉谟拉比在他所颁布的《汉谟拉比法典》中，对火灾救济基金的收集及货物运输中的风险做了一些规定。其中之一是，商人可以雇用专人去国外的任何一个港口销售货物，若销售人员平安返回，商人与销售人员各分一半的销售利润；如果销售人员不幸身亡，商人应免除其所欠债务；但如果只是货物被劫掠而销售人员平安返回却不能偿还贷款与利润时，商人有权没收其财产乃至妻小，甚至可以判处销售人员的死刑，此时销售人员可以免受处罚的唯一途径是有当事人证明且宣誓，货物确实是被海盗、原始人或半自治区的首领抢劫，而且销售人员绝无纵容或过失行为，这样，销售人员的个人债务就可以免除，而由整个商队共同承担销售人员的损失，这可以说是西方保险思想的萌芽。

公元前916年，在地中海的罗德岛，国王为了保证海上贸易的正常进行，制定了罗地安海商法，规定某位货主遭受损失，由包括船主、所有该船货物的货主在内的受益人共同分担,这是海上保险的滥觞。在公元前260～前146年,布匿战争期间,古罗马人为了解决军事运输问题,收取商人24%～36%的费用作为后备基金,以补偿船货损失,这就是海上保险的起源。公元前133年,古罗马成立的各雷基亚组织(共济组织),向加入该组织的人收取100泽司和一瓶敬人的清酒;另外还每个月收取5泽司,积累起来成为公积金,用于丧葬的补助费,这是人寿保险的萌芽。此外,在古埃及石匠中曾有一种互助基金组织,向每个成员收取会费以支付个别成员死亡后的丧葬费。

(二)现代主要保险险种的起源与发展

保险从萌芽时期的互助形式逐渐发展成为冒险借贷,发展到海上保险合约,再发展到海上保险、火灾保险、人寿保险和其他保险等。

现代海上保险是由古代巴比伦和腓尼基的船货抵押借款思想逐渐演化而来的。14世纪以后,现代海上保险的做法已在意大利的商人中间开始流行。1384年,在佛罗伦萨诞生了世界上第一份具有现代意义的保险单。这张保单承保一批货物从法国南部阿尔兹安全运抵意大利的比萨。这张保单中有明确的保险标的、保险责任,如"海难事故,其中包括船舶破损、搁浅、火灾或沉没造成的损失或伤害事故"。在其他责任方面,也列明了"海盗、抛弃、捕捉、报复、突袭"等所带来的船舶及货物的损失。15世纪以后,新航线的开辟使大部分西欧商品不再经过地中海,而是取道大西洋。16世纪时,英国商人从外国商人手里夺回了海外贸易权,积极发展贸易及保险业务。到16世纪下半叶,经英国女王特许,在伦敦皇家交易所内建立了保险商会,专门办理保险单的登记事宜。1720年,经女王批准,英国的"皇家交易"和"伦敦"两家保险公司正式成为经营海上保险的专业公司。

1688年,劳埃德先生在伦敦塔街附近开设了一家以自己名字命名的咖啡馆;为在竞争中取胜,劳埃德慧眼独具,发现可以利用国外归来的船员经常在咖啡馆歇脚的机会,打听最新的海外新闻,进而将咖啡馆办成一个发布航讯消息的中心。由于这里海事消息灵通,每天富商满座,保险经纪人利用这一时机,将承保便条递给每个喝咖啡的保险商,由他们在便条末尾按顺序签署自己的姓名及承保金额,直到承保金额总数与便条所填保险金额相符为止。随着海上保险的不断发展,劳埃德承保人的队伍日益壮大,影响不断扩大。1871年英国议会正式通过一项法案,使它成为一个社团组织——劳合社。到目前为止,劳合社的承保人队伍达到14 000人。现今,其承保范围已不仅是单纯的海上保险。

总之,海上保险的起源与海上风险的共同分摊原则有密切关系,意大利是海上保险的发源地,英国为海上保险的发展做出了贡献。

15世纪后期,欧洲的奴隶贩子把运往美洲的非洲奴隶当作货物进行投保,后来船上的船员也可投保；如遇到意外伤害,由保险人给予经济补偿,这些应该是人身保险的早期形式。17世纪中叶,意大利银行家伦佐·佟蒂提出了一项联合养老办法,这个办法后来被称为《佟蒂法》,并于1689年正式实行。《佟蒂法》规定每人交纳法郎,筹集起总额140万法郎的资金,保险期满后,规定每年支付10%,并按年龄把认购人分成若干群体,年龄高些的,分息就多些。《佟蒂法》的特点就是把利息付给该群体的生存者,如该群体成员全部死亡,则停止给付。著名的天文学家哈雷,在1693年以西里西亚的勃来斯洛市的市民死亡统计为基础,编制了第一张生命表,精确表示了每个年龄的死亡率,提供了寿险计算的依据。18世纪40～50年代,辛普森根据哈雷的生命表,做成依死亡率增加而递增的费率表。之后,陶德森依据年龄差等计算保费,并提出了"均衡保险费"的理论,从而促进了人身保险的发展。1762年成立的伦敦公平保险社才是真正根据保险技术基础而设立的人身保险组织。

至于火灾保险,1666年9月2日,伦敦发生巨大火灾,全城被烧毁一半以上,损失约1 200万英镑,20万人无家可归。由于这次大火的教训,保险思想逐渐深入人心。1677年,牙科医生尼古拉·巴蓬在伦敦开办个人保险,经营房屋火灾保险,出现了第一家专营房屋火灾保险的商行。1710年,伦敦成立了太阳火灾保险公司,将保险标的由房屋扩展至屋内的家庭财产。1721年,英国皇家保险公司和伦敦保险公司开始兼营火灾保险业务,并率先开创了英国的团体火灾保险。1861～1911年间,英国登记在册的火灾保险公司达到567家。1909年,英国政府以法律的形式对火灾保险进行制约和监督,促进了火灾保险业务的正常发展。

责任保险作为一种保险业务,产生于19世纪的欧美国家,20世纪70年代以后在工业化国家迅速得到发展。1880年,英国颁布《雇主责任法》,当年即有专门的雇主责任保险公司成立,承保雇主在经营过程中因过错致使雇员受到人身伤害或财产损失时应负的法律赔偿责任。1886年,英国在美国开设雇主责任保险分公司,而美国自己的雇主责任保险公司则在1889年才出现。绝大多数国家均采取强制手段并以法定方式承保的汽车责任保险,始于19世纪末,并与工业保险一起成为近代保险与现代保险分界的重要标志。当时的英国,"法律意外保险公司"最为活跃,它签发的汽车保险单仅承保汽车对第三者的人身伤害责任,保险费每辆汽车按10～100英镑不等收取,火险则列为可以加保的附加险。到1901年,美国才开始有现代意义的汽车第三者责任险——承保人身伤害和财产损失法律赔偿责任的保险。进入20世纪70年代以后,责任保险的发展在工业化国家进入了黄金时期。在这个时期,首先是各种运输工具的第三者责任保险得到了迅速发展,其次是雇主责任保险成了普及化的责任保险险种。随着商品经济的发展,各种民事活动急剧增加,法律制度不断健全,人们的索赔意识不断增强,各种民事赔偿事故层出不穷,终于使责任保险在20世纪70年代以后的工业化国家得到了全面、迅速的发展。在20世纪70年代,美国的各种责任保险业务保费收入就占整个非寿险业务收入的45%～50%,欧洲一些国家的责任保险业务收入占整个非寿险业务收入的30%以上,日本等国的责任保险业务收入也占其非寿险业务收入的25%～30%。进入20世纪90年代以后,许多发展中国家也日益重视发展责任保险业务。

工程保险作为一个相对独立的险种起源于21世纪初,第一张工程保险保险单是1929年在英国签发的承保泰晤士河上的拉姆贝斯大桥建筑工程。所以,工程保险的历史相对于财产保险中的火灾保险来讲要短得多,可以说是财产保险家族中的新成员。但是,由于工程保险针对的是具有规模宏大、技术复杂、造价昂贵和风险期限较长特点的现代工程,其风险从根本上有别于普通财产保险标的的风险,所以,工程保险是在传统财产保险的基础上有针对性地设计风险保障方案,并逐步发展形成自己独立的体系。

工程保险的发展是在第二次世界大战之后。首先,当时的欧洲几乎是一片废墟,战后各国为重建国家而大兴土木,客观上形成了对工程保险的需求,因而促使工程保险得以迅速发展。其次,工程市场本身的规范化,主要表现为工程中大量采用公开招标的方式,在工程招标中大量使用完善和标准的工程承包合同,大大提高了工程合同的规范程度,进一步明确了合同双方的风险和义务,从而为工程保险的发展创造了良好的条件。

三、国内保险的起源与发展

（一）新中国成立之前

我国历代王朝都非常重视积谷备荒。例如,西周时期的"耕三余一"思想认为,每年如果能将收获粮食的1/3储备起来,这样连续储备3年,便可以存足1年的粮食,即"余一"。如果不断储备粮食,经过27年可储备9年的粮食,就可以达到太平盛世。

17世纪上半叶,英国殖民势力扩张到亚洲。1805年,经营中国贸易的英国商人在广州开设了于仁保险公司,主要经营与英商贸易有关的运输保险业务。其他较早涉足中国的英资保险公司还有在上海成立的扬子保险公司、太阳保险公司、巴勒保险公司、太古洋行保险部。与此同时,在中国也出现了民族保险公司,如1875年成立的上海义和公司保险行,1876年成立的仁和保险公司,1878年设立的济和保险公司,1894年成立的福安人寿保险公司等。

（二）新中国成立之后

保险业作为国家经济发展的晴雨表，到20世纪末，经过了四个发展时期。第一阶段是在20世纪50年代的初创时期，保险业仅中国人民保险公司一家国有保险公司，保险业务的发展还处于初级拓荒阶段，业务范围十分狭窄；第二阶段是在六七十年代的低谷期，由于当时的历史原因，本外币保险业务基本停办，仅保留五大口岸城市的涉外险业务；第三阶段是80年代的复苏期，伴随着中国改革开放和经济发展，保险业迅速崛起，为国家经济建设和人民生活提供了多方面广泛的服务，但市场经营主体仍处于人保独家垄断状态；第四阶段是90年代的发展期，保险业独家垄断的格局被打破，取而代之的是中外保险公司多家竞争、共同发展的多元化新格局。

1949年8月，由陈云同志主持，在上海召开了包括华东、华北、华中、东北、西北5个地区的财政、金融、贸易部门领导干部参加的财经会议。创建中国人民保险公司的建议就是在这次会议上提出来的。1949年9月25日～10月6日由中国人民银行组织的第一次全国保险工作会议在北京举行。同年10月20日，中国人民保险公司在北京成立，宣告了新中国统一的国家保险机构的诞生，中国保险史从此揭开了崭新的一页。自新中国成立后到1950年5月，全国公私保险公司收入保费的比例中，国有公司占70%，华商公司占8%，外商公司占22%。1952年6月，中国人民保险公司从中国人民银行划归财政部领导。

1951年下半年，上海和天津的28家私营保险公司（中外合资与未复业的寿险公司不在内）分别组成太平和新丰保险公司，由中国人民保险公司投入一半以上的资金。为了认真学习苏联的先进保险经验，提高国家保险工作人员的政策业务水平，中国人民保险公司总公司决定从1954年2月起开始学习《苏联国家保险》材料。1954年12月15日，中国人民保险公司制定的《解放前保险业未清偿的人寿保险契约给付办法》由财政部批准公布施行。除17家外商保险公司在我国内地既无财产又无代表对其寿险契约进行清偿外，其余各公司的寿险清偿工作基本上于1957年底如期结束。只有小部分给付延至1959年。

1956年8月，太平、新丰两家保险公司通过合并实现了全行业公私合营，标志着中国保险业的社会主义改造完成。

1958年12月，由于认为人民公社化后，保险工作的作用已经消失，财政部决定停办国内保险业务。除上海、哈尔滨、广州、天津的保险业务办理到1966年外，其余国内业务全部停办。1959年，中国人民保险公司从财政部划归中国人民银行领导，取消了保险公司建制。

"文化大革命"开始后不久，在"突出政治，政治带动一切"的强烈气氛中，国外业务与再保险几乎全部停办。1969年，中国人民保险公司机构被精简，其国外业务由13人的"保险业务小组""守摊和收摊"。保险业务小组自1969年4月成立,到1971年9月为止,历时2年多。

1969年上半年发生进口手表及白金丢失事件后,周总理明确指出涉外保险及国际再保险必须继续办理。

1978年12月中共十一届三中全会后,我国进入社会主义革命和社会主义建设的新历史时期。在这一重大的历史转折关头,1979年4月,国务院批准《中国人民银行分行行长会议纪要》,作出了"逐步恢复国内保险业务"的重大决策。同年11月,全国保险工作会议在北京召开,使我国停办20多年的国内保险业务开始复苏,进入到一个崭新的发展时期。

全国保险工作会议结束后,恢复国内保险业务,组建各地分支机构的工作全面展开。到1980年底,除西藏以外的28个省、自治区、直辖市都恢复了保险公司分支机构。为了完善保险公司的组织,特别是对外活动的需要,国务院于1982年12月批准了《中国人民保险公司章程》和批准成立中国人民保险公司董事会、监事会。

恢复国内保险业务以来,我国保险事业有了很大的发展,并逐渐打破了自新中国成立以来所形成的由中国人民保险公司独家经营的传统格局。1982年,中国香港民安保险公司经中国人民银行批准,在深圳设立了分公司。

1985年3月,国务院颁布《保险企业管理暂行条例》。根据该条例有关规定,1986年7月经中国人民银行批准成立了新疆生产建设兵团农牧业生产保险公司。

1986年10月,恢复组建的我国第一家股份制综合性银行——交通银行——在开业后不久,即将其总管理处从北京迁至上海,并在1987年由上海分行率先组建了保险业务部,开展保险业务。1991年4月,交通银行保险业务部按分业管理的要求分离出来,组建了中国太平洋保险公司,也将总部设在上海。中国太平洋保险公司是改革开放以来第一家总部设在上海的保险公司,也是我国第一家全国性、综合性的股份制保险公司。

1988年3月,经中国人民银行批准,由深圳蛇口工业区招商局等单位合资创办了我国第一家股份制保险公司——平安保险公司,总公司设在深圳。1992年,该公司更名为中国平安保险公司,经营区域扩大至全国,遂成为我国第三家全国性、综合性的保险公司。

1992年,邓小平同志视察南方的谈话发表,使我国的改革开放出现了崭新的局面,保险业也开始对外开放。美国国际集团的子公司美国友邦保险公司和美亚保险公司于同年9月经中国人民银行批准在上海开设分公司。嗣后,日本的东京海上火灾保险公司经批准,于1994年11月在上海也开设了分公司。它标志着我国保险市场迈出了国际化的第一步。与此同时,中国天安保险有限公司和大众保险有限公司这两家区域性保险公司分别于 1994 年 12 月和 1995 年 1 月在上海成立。

1992 年 11 月颁布《中华人民共和国海商法》。1995 年 6 月《中华人民共和国保险法》颁布,为规范我国保险市场提供了有力的法律依据,也为发展我国保险市场创造了良好的法律环境。1996 年 2 月,中国人民银行颁布《保险代理人暂行规定》,同年 7 月颁布《保险管理暂行规定》。1997 年 11 月颁布《保险代理人管理规定(试行)》。1998 年 3 月颁布《保险经纪人管理规定》。同年 11 月,中国保险监督管理委员会在北京宣告成立。

按照《保险法》的分业经营原则,1996 年 7 月中国人民保险公司改制为中国人民保险(集团)公司,下设三家专业保险公司:中保财产保险有限公司、中保人寿保险有限公司、中保再保险有限公司(1998 年 11 月,集团公司撤销,分别改制为:中国人民保险公司、中国人寿保险公司、中国再保险公司)。同年,中国人民银行又批准成立 5 家中资保险公司,其中 3 家是总部设在北京的全国性保险公司:华泰财产保险股份有限公司、泰康人寿保险股份有限公司、新华人寿保险股份有限公司;另两家是总部分别设在西安和深圳的区域性保险公司:永安保险股份有限公司、华安保险股份有限公司。第一家获准在华开业的欧洲保险公司瑞士丰泰保险集团于 1997 年 5 月在上海设立了分公司。

进入 20 世纪以来,我国保险业步入了一个全新的发展阶段。保险市场主体不断增多,保险市场规模日益扩大,保险法律不断健全。2009 年 2 月 28 日,十一届全国人大常委会第七次会议表决通过了新修订的《保险法》。新修订的《保险法》更强调保护投保人、被保险人的合法权益,并于 2009 年 10 月 1 日起正式实施。新《保险法》最核心的三大变化是突出了保护被保险人,突出了加强监管和防范风险,突出了拓宽保险服务领域,对保险业的依法合规经营提出了更高的要求。

任务实施

一、巩固练习

(一)判断题

1. 保险不是从来就有的,是经济发展到一定阶段的产物。　　　　　(　)
2. 中国人民保险公司成立于 1949 年。　　　　　　　　　　　　　(　)
3. 英国是海上保险的发源地。　　　　　　　　　　　　　　　　　(　)
4. 1693 年,天文学家哈雷发表了世界上第一张死亡表,精确表示了每个年龄的死亡率,提供了寿险计算的依据。　　　　　　　　　　　　　　　　　　　(　)

(二)多项选择题

1. 保险产生的条件包括(　　)。
   A. 自然灾害的客观存在　　　　B. 意外事故的客观存在
   C. 剩余产品的存在　　　　　　D. 商品经济的发展
2. 现代保险险种有(　　)。
   A. 人寿保险　　B. 责任保险　　C. 工程保险　　D. 火灾保险

二、撰写调查报告

> 提示：调查报告可以按以下提纲进行写作
> 一、摘要
> 二、背景介绍
> 三、调研采取的步骤和方法
> 四、调查情况介绍
> 五、分析、结论及建议
> 六、说明
> 七、有关附录

1. 撰写一份关于我国保险业发展的现状、存在的问题、解决的措施及发展趋势等方面的调查报告。
2. 撰写一份关于我国某保险公司(如中国人民保险公司、太平洋保险公司、平安保险公司等)的调查报告。

项目二　签订和执行保险合同

任务一　认识保险合同

知识目标

理解保险合同的特征；
了解保险合同的种类。

任务引入

保险是一种经济活动，在这种经济活动中，当事人之间的权利和义务是通过订立保险合同产生的。保险合同是联系保险人和投保人及被保险人之间权利和义务关系的纽带。保险合同除了一般合同的特点之外有自己的特征。而且，保险合同因分类的不同有很多种类。

任务分析

收集一份合同；
收集一份保险合同；
比较不同的保险合同，归纳出相同点和相异点。

相关知识

一般合同的法律特征：(1)合同当事人的法律地位平等。在签订合同时，双方当事人不得将自己的意志强加给对方。(2)合同是当事人之间自愿协商所达成的协议。合同必须经双方当事人意思表示一致才能成立。(3)订立合同的目的是为了确立一种法律关系，明确当事人之间的权利与义务。

一、保险合同的含义和特征

合同是指平等主体的自然人、法人或其他组织之间设立、变更、终止民事权利义务关系的协议。合同一经订立,双方当事人必须受其约束,任何一方不得擅自变更或解除。

保险合同是投保人与保险人约定保险权利与义务关系的协议。因而,保险合同就是约定投保人和保险人之间权利与义务的协议。保险合同适用《保险法》、《合同法》、《民法通则》。

保险合同具有以下五大法律特征:

(一)保险合同是有偿合同

有偿合同是指享有一定的权利而必须偿付一定对价。在保险合同中,保险人有向投保人收取保险费的权利,但是要承担约定保险事故所致损失的经济补偿或给付保险金的义务;投保人则以交纳保险费为代价,以取得经济补偿或保险金给付的权利。保险人的权利正好为投保人的义务,保险人的义务正好是投保人的权利,保险双方当事人的权利、义务是对等的,而且是有偿的。

(二)保险合同是双务合同

双务合同是指合同双方当事人相互享有权利、承担义务的合同。保险合同中,保险人收取保险费的权利对应投保人交纳保险费的义务;保险人承担赔偿或给付保险金的义务对应了投保人请求保险金的权利。

(三)保险合同是最大诚信合同

任何合同的订立都是以双方当事人的诚实、信用为基础的。而保险合同较一般合同对当事人的诚实信用的要求更加严格。保险合同的订立很大程度上依赖于投保人的诚实信用,它一方面要求投保人在订立合同时,对保险人的询问及有关标的的情况如实告知保险人,在保险标的的危险增加时通知保险人,并履行对保险标的的过去情况、未来的事项与保险人约定保证;另一方面,它要求保险人在订立保险合同时,向投保人说明保险合同的内容,在约定的保险事故发生时,履行赔偿或给付保险金的义务。

(四)保险合同是射幸合同

射幸合同是指合同的履行,取决于约定的不确定性事件是否发生的合同。在保险合同中,合同当事人中至少有一方(如保险人)并不必然履行金钱给付义务,只有当合同约定的条件具备或合同约定的事件发生时才履行。例如,投保人购买人身意外伤害保险,履行了交纳保费的义务,但保险人未必一定履行给付保险金的义务。由于保险事故发生的偶然性和不确定性,使得保险合同具有射幸性特征。

（五）保险合同是附合合同

附合合同是指其内容不是由当事人双方共同协商拟订，而是由一方当事人事先拟就，另一方当事人只是作出是否同意的意思表示的一种合同。例如，在城市乘坐公交车，无论乘坐几站，票价均为1元，乘客不能就票价与售票员协商。保险合同通常由保险人事先拟订好，经保险监督管理部门审批，供投保人选择。

二、保险合同的种类

（一）按保险人所承保的风险的状况不同分类

保险合同可分为单一风险保险合同和综合风险保险合同。单一风险保险合同是指在保险合同中载明保险人只对一种风险承担保险责任的合同；综合风险保险合同是指在保险合同中承保多种风险责任，或者列明免除责任的合同。例如，农作物雹灾保险只承保雹灾，是单一风险保险合同；企业财产保险承保火灾、雷击、爆炸等多种风险，是综合风险保险合同。

（二）按保险标的的价值是否载于保险合同分类

由于人身保险的保险标的是人的身体和生命，所以人身保险没有定值和不定值保险合同的概念，因此这种分类方法只适用于财产保险合同。

保险合同可分为定值保险合同和不定值保险合同。

定值保险合同是指保险合同当事人双方在订立保险合同时，事先确定保险标的的价值，在合同中载明，并以此确定保险金额的保险合同。定值保险合同一般适用于价值难以确定的特殊标的，如古玩、字画；另外，货物运输、飞机、船舶等保险合同一般也采用定值保险合同。

不定值保险合同是指保险合同当事人双方在订立保险合同时，并不事先约定保险标的的价值，仅在合同中列明保险金额作为赔偿的最高限额的保险合同。大多数财产保险合同都属于不定值保险合同。

（三）按业务标的的不同而造成的保险人承担的责任不同分类

保险合同可分为补偿性保险合同和给付性保险合同。

补偿性保险合同设立的目的在于补偿被保险人因保险事故所遭受的经济损失，即保险事故发生后，由保险人对被保险人所受损失进行评定，并在保险金额范围内按照实际损失予以补偿。财产保险合同一般都属于补偿性保险合同。

绝大多数人身保险合同为给付性保险合同，因为人身保险合同的标的是人的生命或身体，它们无法用经济价值加以衡量，因此当保险事故发生时，被保险人所遭受的人身伤害不能获得真正的补偿。与此同时，在生存保险等合同中，只要保险期限届满时,被保险人仍然活着,保险人应向其支付合同约定的保险金,在这种情况下,并无损失的存在。这种性质的保险合同称为给付性保险合同。即只要保险合同约定的特定事件出现或者期满,保险人就必须支付保险金的合同。人身保险合同,除了医疗保险合同既可以是给付性保险合同又可以是补偿性保险合同外,均属于给付性保险合同。

(四)按保险金额与保险标的实际价值的对比关系分类

保险合同可分为足额保险合同(亦称全额保险合同)和不足额保险合同(亦称低额保险合同)。足额保险合同是指保险标的的价值与保险金额相等的保险合同,即保险金额等于实际价值;不足额保险合同是指保险标的的价值大于保险金额的合同,即保险金额小于实际价值。

> **阅读资料**:产生不足额保险合同的原因
>
> 1. 投保人基于自己的意思或基于保险合同当事人的约定而将保险标的物的部分价值投保。前者如投保人为节省保险费或认为有能力自己承担部分损失而自愿将一部分风险由自己承担;后者如在共同保险中,应保险人的要求而自留部分风险。
>
> 2. 投保人因没有正确估计保险标的物的价值而产生的不足额保险。
>
> 3. 保险合同订立后,因保险标的物的市场价格上涨而产生的不足额保险。由于不足额保险合同中规定的保险金额低于保险价值,其差额部分的风险投保人并未转移给保险人,不足额部分应视为投保人自保。当发生全损时,保险人按约定的保险金额给付保险金;当发生部分损失时,通常适用比例分摊原则,即保险人与被保险人就损失按比例分摊。

三、保险合同的形式

我国《保险法》规定,保险合同应当采用书面形式订立。一般包括:

(一)投保单

投保人为订立保险合同而向保险人提出的书面要约(又称要保书)。投保单一般由保险人根据险种的需要设计,投保人投保时依照投保单所列的内容逐一填写,保险人再据此核实情况,决定是否承保。

> **阅读资料**:填写投保单应注意的事项
>
> 很多客户在填写投保单时过分注重隐私,在填写资料时不完整,或者不准确。其实,一份完整、准确、内容真实的投保单,能真正保障您的利益。那

么,填写投保单应该注意些什么呢?

　　首先,各项信息须完整且正确填写。如姓名、出生日期、职业等。证件号码须和有效身份证明文件一致;通信地址为可邮寄地址。尤为重要的是,投保人及被保险人应如实回答投保单上所提出的问题,必要时应在投保单备注栏中说明详情或提供相关的书面材料。如果没有如实告知,发生保险事故时,可能得不到保险公司的赔付,保险公司也有权解除保险合同。

　　其次,确定受益人。如果受益人明确,发生保险事故后,保险金将直接给付受益人,否则保险金就由保险公司按照法定的继承顺序进行分配,进入遗产范围,有可能引起纠纷。确定受益人需要被保险人亲笔签字认可(如未成年,由法定监护人签名)。

　　最后,要亲笔签名。填写完毕后,还应对投保单内容进行复核,确认真实完整,并应亲笔签名确认。投保人、被保险人切勿在空白或未填写完整的投保单上签字。

(二)保险单

保险单是指保险人和投保人之间订立保险合同的正式书面文件。它是投保人与保险人履行权利、义务的依据,是最重要的书面形式。保险单是保险人向被保险人赔偿或给付的依据。在保险合同有效期内,保险合同双方当事人必须全面履行保险单规定的各项内容。

(三)保险凭证

保险凭证俗称"小保单",是简化了的保险单,在法律效力上与保险单相同,用于货运险、汽车险、第三者责任保险、团体险等。在团体保险业务中,团体保险合同一般由该团体的法人代表保管,而团体的成员则可由保险人另行出具保险凭证作为参加保险的证明文件。

(四)暂保单

暂保单又称临时保单,是指由保险人在签发正式保险单前,出立的临时保险凭证,但不是订立合同的必经程序。其有效期一般为30天,法律效力与正式保险单相同。等到正式保险单签发后,暂保单自动失去效力。暂保单一般在以下情形时签发:

(1)签订保险合同的分支机构受经营权限或经营程序的限制,需要经过上一级机构批准,在未批准前,以暂保单为保险证明。

(2)保险人与投保人在洽谈或续订合同时,就合同的主要事项已达成协议,但还有一些条件尚待商谈,以暂保单为保险临时证明。

阅读资料： 人寿保险合同保险单

本公司根据投保人申请，同意按下列条件承保。

No._____

保险单号码			投保单号码			
被保险人	姓名		性别	出生日期		身份证号码
	住所				邮编	
投保人	姓名		性别	出生日期		身份证号码
	住所				邮编	与被保险人关系
受益人	姓名	性别	身份证号码		住所	受益份额

* 如无指定受益人，则以法定继承人为受益人。
* 受益人为数人且未确定受益份额的，受益人按照相等份额享有受益权。

保险名称		保险金额	
保险项目（给付责任）		保险金额	
保险期间		保险责任起止时间	
交费期	交费方式		份数
保险费	加费		保险费合计
生存给付领取年龄			领取方式
特别约定			

公司提示：

  保险合同由保险单、保险条款、声明、批注以及与合同有关的投保单、更改保单申请书、体检报告书及其他的约定书共同构成。在保险有效期内如发生保险事故，请按条款规定及时与我公司签单机构联系。

签单机构：_____
邮政编码：_____
电话：_____
公司地址：_____
公司签章：_____
授权签字业务员：_____（签字）
出单员：_____（签字）
复核员：_____（签字）
签单日期：____年____月____日

学生(幼儿)平安保险凭证

被保险人姓名		性别		出生日期	
学校(幼儿园)名称		年级		班	
家庭地址					
投保人姓名		联系电话			
投保时间	保险金额	保险费	保险公司签章		
年　月　日					

说明:被保险人指学生、幼儿;投保人指家长。
　　　学生、幼儿参加保险,需经保险公司签章。
　　　此证由被保险人或投保人妥善保管,出险索赔时向保险公司提供。

(3)保险代理人承揽到业务后,暂时没有办妥全部手续时,以暂保单为保险临时证明。

(4)为出口结汇需要,在正式保险单或保险凭证尚未出立前,以暂保单为保险临时证明。

(五)批单

批单是保险合同双方当事人对保险合同进行修改、补充或增减内容的证明文件,是由保险人出具的一种文件。批单可以在原保险单或保险凭证上批注,也可以另外出立一张批单,变更保险合同的内容。批单一经签发,自动成为保险合同的组成部分,而且批单的法律效力优于保险单。

案例思考: 某保险公司于2010年6月3日承保了某甲的机动车辆保险,在某甲尚未交付保费的情况下,业务员将保单正本和保费收据一并交给了被保险人某甲,此后多次催促某甲支付保费,某甲均以资金不足为由拖延。同年10月10日,某甲的车辆肇事,发生损毁。事后,在10月11日,某甲立即向保险公司以现金方式补交了全年保费,此时,保险公司还不知道已经发生了事故,为了核销挂账的该笔应收保费,保险公司接受了此保费。随后,某甲向保险公司报案,保险公司调查了解实情后,以某甲在发生事故前未及时交付保费为由予以拒赔,某甲不服,以保险公司已接受了其保费而未履行赔偿义务为由,向法院提起诉讼。你认为结果会怎样,理由是什么?

任务实施

一、巩固练习

(一)单项选择题

1.（　　）是指保险合同当事人中至少有一方并不必然履行金钱给付义务。
   A. 有偿性　　　　B. 附合性　　　　C. 双务性　　　　D. 射幸性
2. 在定值保险合同中,若保险标的因保险事故导致全损,保险人赔偿的标准是（　　）。
   A. 保险合同订立时标的的市场价值　　B. 保险事故发生时标的的市场价值
   C. 保险事故发生时标的的重置价值　　D. 保险合同中载明的保险标的的价值
3. 按保险标的的价值是否载入保险合同进行分类,保险合同可分为（　　）。
   A. 定值保险合同与不定值保险合同　　B. 定额保险合同与补偿保险合同
   C. 足额保险合同与非足额保险合同　　D. 定额保险合同与不定额保险合同

(二)多项选择题

1. 保险合同具有以下法律特征（　　）。
   A. 有偿合同　　　B. 双务合同　　　C. 最大诚信合同　　　D. 射幸合同
2. 以下关于保险合同的分类,正确的有（　　）。
   A. 按保险人所承保风险的状况不同,分为单一风险保险合同和综合风险保险合同
   B. 按保险标的的价值是否载入保险合同,分为定值保险合同和不定值保险合同
   C. 按保险人承担责任的不同,分为补偿性保险合同和给付性保险合同
   D. 按保险金额与保险标的的实际价值的对比关系,分为足额保险合同和不足额保险合同

二、案例思考

某年10月,刘女士通过保险代理人何某,为自己的丈夫钱先生购买了终身寿险;但事有不巧,何先生出差在外,在被保险人签名的一栏,刘女士就替丈夫签了名,代理人何某也没有阻止。第二年12月,钱先生不幸发生意外去世,悲痛之余,刘女士向保险公司提出理赔。而保险公司在核赔时对比签名的笔迹,核实发现被保险人一栏是由投保人刘女士代签的,而不是钱先生的亲笔签名,因此作出拒赔决定。刘女士为此愤懑不已,认为责任应是代理人,因为自己签名时,代理人并没有告知自己不能代签。保险公司最后对代理人何某作出了开除的严厉处分。但刘女士受的经济损失谁来弥补呢?

> **提示:** 我国《保险法》规定:"以死亡为给付保险金条件的合同,应经被保险人书面同意,否则合同无效。"

三、收集有关资料

1. 收集一份财产保险合同,并思考它是否是定值保险合同。
2. 收集一份人寿保险合同,并思考它是否是定值保险合同。
3. 分析所收集的财产保险合同和人寿保险合同,分别讨论合同双方权利、义务,并总结两份合同的相似性和相异性。

任务二　阅读保险合同

知识目标

掌握保险合同的主体；
理解保险合同的客体；
了解保险合同的条款,并读懂一般的保险合同。

任务引入

由于保险产品的复杂性和非必买性,人们对保险还知之甚少,甚至买过保险的人也是如此。确实,对常人而言,即使经过艰苦、认真的研究,也很难搞清楚保险单中涉及的受益人、投保人、被保险人等的关系,很难理解责任条款和免责条款的含义,特别是一些保险术语如保险金额、保险价值、保险标的等的含义。阅读保险合同是很难的,然而它又是购买保险时很重要的一件事情。

任务分析

1. 搜集保险合同样单,分析各条款的内容及注意点；
2. 进行有关保险基本当事人的案例分析。

相关知识

名词解释：
1. 保险标的,是指作为保险对象的财产及其有关利益或者人的生命和身体,是保险利益的载体。
2. 保险期间,是指保险人为被保险人提供保险保障的起止日期,即保险合同的有效期间。
3. 保险价值,是指保险标的的实际价值,即投保人对保险标的所享有的保险利益的货币估价额。
4. 保险金额,是指保险人承担赔偿或给付保险金的限额。
5. 保险费,是指投保人为取得保险保障,按合同约定向保险人支付的费用。
6. 团体人身意外伤害保险,是指以机关、团体、企事业单位中身体健康能正常劳动或工作的在职人员为保险对象,当被保险人在保险期内,因意外事故造成伤残或死亡,由保险人给付保险金的一种人身保险。其投保人是机关、团体或企事业单位,被保险人则是该单位的在职人员。

保险合同规定保险双方当事人的权利和义务及其他事项,是当事人双方履行合同义务、承担法律责任的依据。因此,要学会阅读保险合同,明确保险合同的要素,包括保险合同的主体、保险合同的客体以及保险合同的各种条款。保险合同的主体主要包括保险人、投保人、被保人、受益人;客体部分是保险利益(财产保险为保险价值、保险金额,人身保险为保险金额);合同条款主要明确权利、义务部分,包括保险责任、责任免除、保险费及其支付办法、保险金赔偿或者给付办法、保险期间和保险责任的开始、违约责任等以及其他声明事项部分。

> **阅读资料:** 保险合同的主体是参加保险,并享有权利和义务的人,包括当事人、关系人和辅助人。保险合同的当事人是指直接参与保险合同签订的主体,包括保险人和投保人。保险合同的关系人一般是指与保险合同有经济利益关系,而不一定参与保险合同订立的人,包括受益人、被保险人。保险合同的辅助人就是保险中介,包括保险代理人、保险经纪人和保险公估人。
>
> 保险合同的客体既不是保险标的本身,也不是简单的赔偿或给付行为,而是投保人或被保险人对保险标的所具有的合法的经济利害关系,即保险利益。所谓合法的经济利害关系是指因标的的完好、健在而使利害关系人获得经济利益;因标的的损坏、伤害而使利害关系人遭受经济损失和痛苦。

保险合同的条款是反映保险合同内容的文字条文。狭义上,指保险合同当事人依法约定的权利和义务;广义上,指以双方权利义务为核心的全部记载事项。

从条款的拟订看,有基本条款和特约条款。其中,基本条款是法定条款,由保险人拟订;特约条款是由双方根据需要决定是否约定,它们均具有法律效力。

一、保险合同的基本条款

基本条款一般直接印在保险单证上,它是根据法律规定的由保险人制定的必须具备的条款。

1. 保险人的名称和住所

> **阅读资料:** 保险人是指与投保人订立保险合同,并承担赔偿或给付保险金责任的保险公司。
>
> 保险人应具备的条件:(1)保险人要具备法人资格;(2)保险人必须以自己的名义订立合同;(3)保险人须按照合同承担保险责任(保险人最主要、最基本的义务)。

2. 投保人、被保险人的姓名或者名称、住所,以及人身保险的受益人的姓名

或者名称、住所

提醒您：投保人是指与保险人订立保险合同，并按照保险合同负有支付保险费义务的人。

投保人应具备的条件：(1)投保人必须具有民事权利能力和民事行为能力；(2)投保人须对标的具有保险利益；(3)投保人须与保险人订立合同并按约定交付保险费。

被保险人是指其财产或人身受保险合同保障，享有保险金请求权的人。被保险人应具备的条件：(1)被保险人须是财产或人身受保险合同保障的人；(2)被保险人须享有保险金请求权。

人身保险中的被保险人只能是自然人，而不能是法人。法人、胎儿以及已经死亡的人均不能成为人身保险合同中的被保险人。财产保险中的被保险人可以是法人，也可以自然人。被保险人与投保人可以是同一人，也可以分属两个人，但是投保人必须对被保险人具有保险利益。

注意：投保人不得为无民事行为能力人投保以死亡为给付保险金条件的人身保险，保险人也不得承保。父母为其未成年子女投保的人身保险，不受此规定限制。但是，因被保险人死亡给付的保险金总和不得超过国务院保险监督管理机构规定的限额。

受益人是指人身保险合同中由被保险人或投保人指定的享有保险金请求权的人。投保人、被保险人可以为受益人。受益人的条件：

(1)受益人须经被保险人或投保人指定(受益人可以是自然人、法人、活体胎儿)。由投保人指定受益人的，须经过被保险人同意方有效。当被保险人为无民事行为能力的人或者限制民事行为能力的人，可以由其监护人指定受益人。

(2)受益人必须是具有保险金请求权的人。根据保险合同的规定，受益人只是在被保险人死亡时才能享有保险金的请求权。如果受益人先于被保险人死亡，则受益权归投保人或被保险人，不能由受益人的继承人继承受益权。但如果被保险人先死亡、受益人后死亡，则受益权由受益人的继承人继承。

受益人可以是一人，也可以是数人。当受益人是数人时，保险金请求权由多个人共同行使，其受益顺序和受益份额由被保险人或投保人在合同中事先确定；未确定顺序或份额的，受益人按照相等份额享有受益权。

保险金不属于被保险人的遗产，不能纳入遗产分配和清偿被保险人生前的债务。然而在以下条件下,因为没有受益人,保险金成为被保险人的遗产。保险金作为被保险人遗产的三个条件是:(1)没有指定受益人,或者受益人指定不明无法确定的;(2)受益人先于被保险人死亡,没有其他受益人的;(3)受益人依法丧失受益权或放弃受益权且没有其他受益人的。

提醒您:根据《婚姻法》第二十九条规定:"父母与子女间的关系不因父母离婚而消除",父母离异后无论是否与子女生活在一起,都有相互继承遗产的权利。

此外,受益人故意造成被保险人死亡、伤残、疾病的,或者故意杀害被保险人未遂的,该受益人丧失受益权。

3. 保险标的

保险标的是保险利益的物质载体,明确保险标的,便于确定保险合同的种类,判断保险利益是否存在以及保险人确定承担保险责任的范围。

提醒您:保险利益与保险标的不同,但两者又是相互依存的。投保人或被保险人在投保或索赔时,一般要对保险标的具有保险利益,否则保险人是不予承保或赔偿的。保险利益以保险标的的存在为条件,体现在当保险标的存在时,投保人或被保险人对保险标的的经济利益也继续存在;当保险标的遭受损失时,被保险人将蒙受经济上的损失。

4. 保险责任和责任免除

该条款是保险合同的核心内容,也是区别各种险种的标志。保险责任是指保险人对于被保险人在保险事故发生后所承担的经济赔偿或给付责任的具体范围;责任免除是指保险人在发生什么风险事故后对于被保险人不承担经济赔偿责任。

阅读资料:保险事故必须同时满足的四个法律要件

1. 事故必须发生在保险期限内,这是构成任何保险事故的前提。
2. 必须发生在保单约定的承保区域内。例如,企业财产保险,如果承保的设备损坏拿到维修厂修理过程中发生火灾,由于已经不在保单约定的承保区域内,即使"火灾"是保险承保责任范围,保险人也不负责赔偿,除非在保单中有"场所外修理扩展条款"的特别约定。
3. 必须由保单承保的风险引起。不同的险种都对保单承保的责任范围进行了明确约定,只有保单约定的风险引起的事故,保险人才负责赔偿。

4. 必须是由承保风险造成了保险标的的损失。例如,某商场投保了财产综合险,通往商场唯一的大桥被洪水冲毁,商场因交通中断被迫停业。这种情况下,由于大桥不是保险标的,洪水即使是综合险的承保风险,但是商场本身没有受损,则不能因发生洪水而认定商场构成保险事故。

5. 保险期间和保险责任开始时间

保险期间是指保险人为被保险人提供保险保障的起止日期,即保险合同的有效期间。保险责任是指保险合同中载明的风险发生后,造成保险标的损失或者约定人身保险事件发生时,保险人所承担的经济赔偿或给付保险金的责任。保险责任开始的时间是保险公司开始承担保险责任的时间,从保险公司承担责任开始到终止的期间为保险责任期。在此期间发生保险事故,保险公司应当承担保险责任;反之,保险公司不承担保险责任。保险责任开始的时间才是被保险人真正享受保险合同保障的时间。保险合同的有效期可以与保险责任期相同,但在保险合同有特别约定的情况下,两者就可能不一致了。

阅读资料:根据《铁路旅客意外伤害强制保险条例》关于保险期间的规定,"保险有效期间,规定自旅客持票进站加剪后开始,至到达旅程终点缴销车票出站时为止,如需搭乘路局免费接送旅客之其他交通工具时,则搭乘该项交通工具期间亦包括在内。旅客所乘之火车,在中途因故停驶或改乘路局指定之其他班次车者,在中途停留及继续旅程中,保险仍属有效。旅客在旅程中途自行离站不再随同原车旅行者,其保险于离站时起即告失效,但经站长签字证明原票有效者,在重行进站后,保险效力即恢复"。

6. 保险价值

保险价值指保险标的的实际价值,即投保人对保险标的所享有的保险利益的货币估价额。它是保险金额确定的基础,可以由投保人和保险人约定保险价值并在合同中载明,也可以根据在发生保险事故时保险标的所具有的实际价值来确定。保险价值只适用于财产保险合同。

7. 保险金额

保险金额指保险人承担赔偿或给付保险金的限额,它是保险费计算的依据。一般情况下,财产保险的保险金额是根据保险价值为基础来确定的;人身保险的保险金额是根据被保险人的实际需要,投保人或被保险人的缴费能力等因素,由保险双方当事人协商确定的。

> **提醒您:** 保险金额不得超过保险价值。超过保险价值的,超过部分无效,保险人应当退还相应的保险费。
>
> 保险金额低于保险价值的,除合同另有约定外,保险人按照保险金额与保险价值的比例承担赔偿保险金的责任。

8. 保险费及其给付办法

保险费指投保人为取得保险保障,按合同约定向保险人支付的费用。交纳保险费是投保人的义务,一般也是合同生效的条件之一。保险费也是保险基金的主要来源。保险费的多少取决于保险金额的大小、保险期限的长短和保险费率的高低等。保险费的支付方式有多种,如分期缴费、限期缴费、一次性缴清等。

9. 保险金赔偿或给付

保险合同有效期内发生约定的保险事故并受到损失后,被保险人向保险人提出要求保险人赔偿或给付保险金的申请,保险人对被保险人的索赔申请进行赔偿处理的活动。

10. 违约责任和争议处理

违约责任指保险人、投保人或被保险人如果违反了保险合同的有关规定而应当承担的责任,明确违约责任可以防范和减少当事人、关系人的违约行为。

争议处理方式包括协商、仲裁、诉讼等。协商指争议发生后,双方当事人在平等、互谅的基础上对争议事项进行协商,取得共识的一种解决纠纷的方法。由于协商具有灵活性,而且有利于双方关系友好,有利于合同的继续履行,该方式成为解决争议最常用、最基本的方法。仲裁指当事人双方在发生合同纠纷后,诉诸有关仲裁机构,由仲裁机构作出判断或裁决。仲裁结果具有终局性,仲裁的结果有法律效力。保险诉讼主要是通过国家审判机关——人民法院——解决争端。诉讼是解决争端的最激烈的方式。

> **提醒您:** (1)仲裁裁决具有法律效力。(2)仲裁机构主要是指依法设立的仲裁委员会,是独立于国家行政机关的民间团体。(3)仲裁是处理纠纷的重要方式。

11. 订立合同的年、月、日

二、保险合同的特约条款

狭义的特约条款仅指保证条款;广义的特约条款包括附加条款、保证条款两类。附加条款指保险合同当事人在基本条款的基础上另行约定的补充条款,法律效力优先于基本条款,如批单、批注。保证条款指投保人或被保险人就特定事项担保的条款,即保证某种行为或事实的真实性的条款,例如投保人身保险时,保证年龄的真实性。

任务实施

一、巩固练习

(一)单项选择题

1. 属于保险合同当事人的是( )。
   A. 受益人　　　　B. 保险代理人　　　C. 投保人　　　　D. 保险经纪人
2. 保险合同的客体是( )。
   A. 被保险人　　　B. 保险事故　　　　C. 保险利益　　　D. 保险价值
3. 以下关于人身保险合同中受益人获得的保险金的说法正确的是( )。
   A. 属于被保险人遗产,纳入遗产分配
   B. 不属于被保险人遗产,不纳入遗产分配,但可用于清偿被保险人生前债务
   C. 不属于被保险人遗产,不纳入遗产分配,也不可用于清偿被保险人生前债务
   D. 属于被保险人遗产,纳入遗产分配,可用于清偿被保险人生前债务
4. 保险承担赔偿或给付保险金的最高限额是( )。
   A. 保险金额　　　B. 保险价值　　　　C. 保险费　　　　D. 保险价格
5. 附加条款与基本条款的效力比较是( )。
   A. 前者大于后者　　　　　　　　　　B. 前者小于后者
   C. 相等　　　　　　　　　　　　　　D. 视具体情况而定
6. 保险凭证是简化了的保险单,保险凭证的效力与保险单相比( )。
   A. 前者大于后者　　　　　　　　　　B. 前者小于后者
   C. 相等　　　　　　　　　　　　　　D. 视具体情况而定
7. 李某欲对其刚出生的婴儿投保以死亡为给付保险金条件的人身保险。下列关于此事的表述正确的是( )。
   A. 婴儿为无民事行为能力人,投保人不得投保以其死亡为给付保险金条件的人身保险
   B. 如果保险公司同意承保,李某方可投保
   C. 李某可以为其孩子投保以死亡为给付保险金条件的人身保险
   D. 以死亡为给付保险金条件的合同,未经被保险人书面同意并认可保险金额的,合同无效,而婴儿无能力同意并认可,故该保险合同无效

(二)多项选择题

1. 保险合同的法律特征是( )。
   A. 有偿性　　　　B. 最大诚信　　　　C. 双务性　　　　D. 射幸性和附合性
2. 当投保人与被保险人不是同一人时,保险合同的当事人是指( )。
   A. 投保人　　　　B. 被保险人　　　　C. 保险人　　　　D. 受益人
3. 投保人应具备的条件是( )。

A. 投保人须具有民事权利能力和民事行为能力
B. 投保人须对保险标的具有保险利益
C. 投保人必须与保险人订立保险合同
D. 投保人必须按合同约定交付保险费

4. 保险合同的辅助人一般包括( )。
   A. 保险代理人　　B. 保险经纪人　　C. 保险监管人　　D. 保险公估人

5. 下列关于受益人的说法正确的有( )。
   A. 受益人可以是自然人也可以是法人
   B. 受益人必须具备民事权利能力和民事行为能力
   C. 受益人必须经被保险人或投保人指定征得被保险人同意
   D. 受益人可以是一人也可以是数人

6. 以下可作为保险标的是( )。
   A. 财产
   B. 与财产有关的利益
   C. 人的生命
   D. 人的身体

7. 在我国,保险合同有效的条件是( )。
   A. 当事人有相应的行为能力
   B. 意思表示真实
   C. 不违反法律或者社会公共利益
   D. 保险合同已生效

二、阅读案例评析

(一)关于保险期间、保险责任的案例评析

[案情] 某年4月29日,某公司为全体职工投保了团体人身意外伤害保险,保险公司收取了保险费并当即签发了保险单。但是在保险单上列明的保险期间自当年5月1日起至次年4月30日止。当年4月30日,该公司的职工王某登山,不慎坠崖身亡。事故发生后,王某的亲属向保险公司提出了索赔申请,但保险公司拒绝赔偿。

[评析] 在该案例中,保险合同明确规定了保险责任期间开始于当年5月1日,而保险事故发生在当年4月30日,正好在保险责任期间外,所以,保险公司对发生在保险责任期间之外的保险事故不承担保险责任。《保险法》规定:"保险合同成立后,投保人按照约定交付保险费;保险人按照约定的时间开始承担保险责任。"因此,保险合同的当事人可以在合同中约定保险责任开始的时间,该时间可以约定在合同生效前某一时间点,也可以约定在合同生效后某一时间点。实际操作中,一般情况有:

(1)追溯保险。即保险责任期间追溯到保险期间开始前的某一个时点。也就是保险人对于合同成立前所发生的保险事故也要承担保险责任,通常适用于海上财产保险合同。

(2)观察期的约定。一般是合同生效若干日(比如90天、180天)后,保险人才开始承担保险责任,即保险责任的开始时间在保险合同生效之后。比如,健康医疗险合同通常有观察期的约定,在观察期间发生的保险事故,保险公司是不承担赔偿责任的。

(二)关于受益人的案例评析

[案情] 某建筑公司工人余某于2008年3月1日投保"人身意外伤害保险",保险金额1万元,投保时指定其母为受益人。同年5月1日余某与张某结婚,7月25日余母病故。2009年1月12日余某在施工中从脚手架上摔下死亡,当时余妻已有6个月身孕。余某死后,余父和余妻为保险受益问题发生争执。余父认为余母作为指定受益人已死亡,儿子的保险金当然应由自己继承。余妻认为作为余某的妻子,有继承丈夫遗产的权利,而且腹中的胎儿也应有继承份额。保险公司按照《保险法》和《继承法》的有关规定将余某的死亡保险金平均分配给余妻、胎儿、余父,胎儿的份额由余妻代管。

[评析] 本案中受益人余母先于被保险人余某死亡,且没有其他受益人,根据《保险法》规定,余某的死亡保险金应作为其遗产由其法定继承人继承。按照《继承法》的规定,余某的父亲和妻子作为第一顺序继承人,有同等继承权。《继承法》还规定"遗产分割时,应当保留胎儿的继承份额"。因此,余妻腹中的胎儿有法定继承权。同时,根据《继承法》第十三条的规定,"同一顺序继承人继承遗产的份额,一般应当均等",因此保险公司将保险金平均分配给余妻、胎儿、余父,胎儿的份额由余妻代管的处理方法是正确的。

三、案例思考和讨论

1. 受益人A和被保险人B同时遭遇车祸先后死亡,若受益人A先于被保险人B死亡,保险金应如何处理? 反之,应如何处理保险金?

2. 某年,孙先生为自己投保了15万元人身保险,并指定其儿子小明为受益人。第二年4月,孙先生死于车祸。保险公司经过调查核实后,决定全额给付15万元保险金。孙先生生前做生意时曾跟朋友借了10万元钱,债权人得知此事后,找上门来,欲将这笔保险金用于还债。你认为这笔保险金必须用来还债吗,为什么?

3. 薛文为自己的父亲向中国人寿保险公司投保一份人身保险,保险合同规定,如果薛文的父亲身故,则保险公司将向薛文给付身故保险金。请问:在该份人身保险合同中,保险人、投保人、被保险人、受益人分别是谁? 保险合同的标的和客体分别是什么?

任务三 订立、变更、解除和终止保险合同

知识目标

理解保险的生效与成立;
识别保险合同是否有效;
理解保险合同的变更;
理解保险合同的中止;

理解保险合同的复效；
理解保险合同的解除和终止。

任务引入

投保人购买保险的目的是为了转嫁风险或者理财获利，一般的保险人提供保险产品的目的是为了营利。然而，从投保人填写投保单到保险公司承保，以及发生保险事故向保险公司索赔等整个保险过程并不是一个简单的过程。这个过程不仅涉及保险合同的订立、终止，还有可能涉及保险合同中途的变更、解除或者中止和复效等。

任务分析

投保人与保险人订立保险合同应注意的事项；
分析有关保险合同成立与否、解除与否的案例；
分析有关保险合同变更的案例；
分析有关保险合同中止的案例。

相关知识

保险时间术语

1. 投保犹豫期。购买保险后，消费者如果后悔，保险公司可以无条件退保。后悔期一般为10天，即投保犹豫期。投保人在犹豫期内退保，保险公司除扣除不超过10元的成本费外，要退还投保人交纳的所有保费。

2. 缴费宽限期。消费者购买保险后，保险公司一般都会设定一个延缴保费的宽限期，一般为60天。宽限期内发生保险事故，保险公司承担保险责任，但会从投保人所付的保险金中扣除其欠缴的保费及利息。

3. 观望期。对于重疾险等医疗保险，多数保险公司都规定了一个观望期，一般从保险合同生效日算起的90天或180天。在观望期内发生的医疗费支出，保险公司不负责赔付。

4. 最佳退保期。保险公司的经营费用大多发生在保单生效后的2年内，因此，投保寿险的消费者如果选择退保，时间最好选择在缴足保费2年之后，因为未缴足2年保费，保险公司要扣除很大比例的费用。

5. 保单复效期。如果投保人在中止保险合同后又想恢复原有保单，可以在保险合同中止2年内申请恢复。

一、保险合同的订立

（一）保险合同的成立与生效

保险合同的成立是指投保人与保险人就保险合同条款达成协议。一般来说，保险合同的成立，经过投保人提出保险要求和保险人同意承保两个阶段。投保人在提出保险要求之前，首先要考虑自己需要何种保障，可能面临的风险等，通过咨询，明确所要投保的险种；其次，投保人要选择一家有良好信誉的保险人，并尽量索取资料进行认真研究。保险人在同意承保阶段，可能会讨价还价，多次磋商后才成立合同。保险合同成立之后，保险人应及时签发保险单或其他保险凭证。

保险合同的生效是指保险合同对当事人双方发生约束力，即合同条款产生法律效力。一般来说，保险合同成立时即生效，但是，保险合同多为附合合同，以交纳保险费为合同生效的条件。所以，保险合同经常在合同成立后的一段时间才生效。

阅读资料：保险单填写的注意事项

保险公司给出的"投保单"也称要约书，是消费者向保险公司的一种单向要约的形式，也是保险合同生效的必要的基础和必需的前提，是一项严肃的法律文件，往往是事先印制好的单据。所以在填写投保单的时候，需要拿对投保单，填对合适的项目。比如字迹需要清晰、工整、不涂改、易辨别（切不可采用狂草等艺术字体）。一旦有涂改的地方，需要在其旁边签名确认，或者重新索要新的投保单进行填写，尽量减少日后可能发生争议的隐患。

在沟通确认好保险产品，开始填写投保单之前，需要仔细阅读投保单中事先印制的"投保须知"或"告投保人书"等提示性文字。

对投保单上的告知事项，建议据实（特别是身体健康状况）详细地说明，也就是既需要书面落实在投保单上，也需要口头告诉代理人，而不是仅仅口头告诉保险业务人员。如果刚好有既往病史，需要先如实填写，同时将与该病史有关的所有就诊的病历及检验报告原件与投保单一同交给保险业务经办人（如果有些病情涉及隐私，需要保密，可以密封之后交给保险公司）。

签名需要采用平时的一贯签名（外籍人士也可以参照护照上面的签法），不可以随意签署（比如中英文的格式等）。因为日后很多保险事务的服务，都要对照该签名来进行，当然签名就是代表投保人（和被保险人）对于各项事务的书面认同。

如果投保的是分红保险(或万能型寿险、投资连结型寿险),请仔细阅读分红示例(或个人账户价值示例)相关内容,并在每一张红利示例表(或个人账户价值示例表)上亲笔签上你的姓名(此处的签名需要与投保单中的签名一致),最好能够保留一份示例表作为备份和日后的查询核对之用。

(二)保险合同的有效与无效

保险合同的有效是指保险合同是由当事人双方依法订立,并受国家法律保护。保险合同有效是保险合同生效的前提条件。保险合同的无效是指当事人虽然订立,但不发生法律效力、国家不予保护的保险合同。例如,签订合同时,火灾已经发生。投保人与承保人约定的损害事故已经发生的财产保险合同,属于无效保险合同。根据无效的程度,可分为合部无效合同和部分无效合同;根据无效的性质,分为绝对无效合同和相对无效合同。

保险合同的无效一般由以下几种情况造成:保险合同的当事人不具有民事行为能力;保险合同的内容不合法;保险合同的当事人意思表示不真实;保险合同违反国家利益和社会公共利益;以死亡为给付保险金的保险合同,未经被保险人以法律认可的方式同意并认可保险金额等。无效保险合同的确认权归人民法院和仲裁机关。

案例阅读: 某年7月21日,重庆市彭水苗族土家族自治县金龙电站因水电施工需要,与中国人寿彭水支公司签订了30人的建筑工程团体人身意外保险合同。合同约定保险期限为3个月,保险金限额为10万元。同日,金龙电站向保险公司交纳了4 520元的保险费,并出具了一份《声明书》。《声明书》称:"我站办理的团体意外伤害险,涉及理赔事宜,必须由我站负责人办理,团体受益人为金龙电站。"

当年8月13日,金龙电站工地发生意外事故,员工罗仁斌在事故中死亡,死者的法定继承人与金龙电站在谁是保险受益人这一点上发生争议,人寿保险彭水支公司以此为由拒绝向死者的法定继承人支付保险赔偿金。为此,罗仁斌之妻诉至法院,同时将金龙电站列为第三人,要求判令人寿保险彭水支公司向其支付保险合同中约定的10万元保险金。

法院经审理后认为,人身意外伤害险并非责任险,彭水金龙电站辩称为了减轻其单位发生意外事故的赔偿压力才投保团体人身险,自己单位是理所当然的受益人的理由不能成立。其理由为:人身意外伤害险指定受益人时必须经被保险人同意,而第三人在庭审中明确表示因工地民工流动性大,民工随时发生变动,谁可能发生意外伤害或死亡不可预测,第三人不可能单独与死者罗仁斌订立合同指定受益人。由此可知,第三人指定自己单位是保险受益人时没有征得死者罗仁斌的同意,故第三人关于自己单位是团体险的受益人的《声明书》是无效的。基于此,本案的保险受益人依法只能是被保险人的法定继承人,也就是本案的原告,第三人在投保过程中未如实反映指定保险受益人的情况,存有过错,遂作出由被告人寿保险彭水支公司向原告支付保险金10万元,本案诉讼费由被告和第三人分担的判决。

此外,无效保险合同的处理方式有三种:

(1)返还财产。保险合同被确认无效后,因其自始无效,当事人双方应将合同恢复到合同履行之前的状态。即保险人应将收取的保险费退还投保人;发生保险金额赔偿或给付的,被保险人应将该项金额返还给保险人。

(2)赔偿损失。对无效保险合同给当事人造成损失的,由过错的一方赔偿;如果是双方的过错,则相互赔偿。

(3)追缴财产。对于违反国家利益和社会利益的保险合同,应当追缴财产。追缴的财产包括当事人双方已经取得和约定取得的财产。

案例思考: 张某于某年4月11日为颜某向某保险公司投保"平安鸿盛",保险金额档次为1万元,同时预交了首期保险费1 181元。保险公司开具了"人身险暂收收据"给原告。由于颜某超龄,保险公司于当年4月25日向投保人发出要求被保险人进行体检的新契约通知书。4月26日,业务员带被保险人颜某到医院体检。颜某在体检开始之前疾病发作,当时办理了住院。经诊断为:(1)肺部感染性休克;(2)风湿性心脏病;(3)心衰。住院至4月29日死亡。

问:保险公司是否要赔付?

二、保险合同的变更

狭义的合同变更是指当事人双方权利、义务的变更;广义的合同变更不仅包括权利、义务的变更,还包括主体和客体的变更。《保险法》关于保险合同的变更指的是广义的合同变更。

提醒您: 变更保险合同的,应当由保险人在保险单或者其他保险凭证上批注或者附贴批单,或者由投保人和保险人订立变更的书面协议。

(一)保险合同的主体变更

主体变更是指保险合同的当事人或关系人的变更,即保险合同的转让。然而,在保险合同中,保险人是不允许变更的。

1. 财产保险合同的主体变更

财产保险合同的主体变更是指投保人、被保险人的变更,其中变更的原因主要包括:

(1)保险标的所有权、经营权发生转移。

(2)债务关系发生变化。

保险合同投保人、被保险人在一般险种中必须得到保险人的同意才可以变更,保险合同才继续有效;否则,保险合同终止,保险人不再承担保险责任。

> **案例阅读**:某年4月15日晚,孙女士驾车与一辆捷达车追尾,交通事故责任认定为孙女士负全责,并赔偿了对方3 500元。出事后,孙女士立即通知保险公司,但是,保险公司认为,根据保险条款,原车主投保时,保险公司已将保险单和保险条款一起交付,车虽过户到孙女士名下,保险单变更前的这段时间是中止时段,保险公司不能赔偿。因为保险公司在保险单的重要提示一栏及保险条款中均写明:保险车辆转让应书面通知保险人并办理批改手续,否则保险人不承担赔偿责任。而孙女士在取得被保险车辆所有权后未及时到保险公司办理批改手续,因此保险公司不承担保险责任。

然而,保险合同主体的变更可以不通知保险人的两种特殊情况是:

(1)货物运输保险合同保险标的的转让无须征得保险人同意,保险合同投保人、被保险人随保险标的的转让而自动变更,保险合同继续有效。

(2)保险人与投保人、被保险人事先约定,保险标的的转让可以不通知保险人的,以合同约定执行。

2. 人身保险合同的主体变更

在人身保险合同中,因为被保险人本人的生命或身体是保险标的,被保险人变更属于保险标的的变更,一般会导致保险合同的终止,而代之以新的保险合同。所以,人身保险合同的主体变更主要指投保人、受益人的变更。

(1)投保人的变更。只要新的投保人具有法律规定的保险利益,无须经保险人同意,但应通知保险人。如果以死亡为保险金给付条件的保险合同,须经被保险人本人书面同意。

(2)受益人的变更。依照《保险法》规定,被保险人或者投保人可以变更受益人并书面通知保险人,再由保险公司在保险单上批注,之后才产生法律效力。投保人变更受益人时须经被保险人同意。

案例阅读：乔某在保险公司投保了20万元的养老保险,受益人为长子乔武。后乔某患癌症。临终前,乔某约请居委会几个委员,当面立下口头遗嘱:考虑到次子尚未成家,决定将保险合同的受益人改为次子,特请居委会向保险公司证明。次日,乔某去世。随后,乔某长子乔武持保险公司有关文件,向保险公司提出理赔申请。保险公司核实后认为属于保险责任,决定给付身故保险金。此时,保险公司又接到乔某次子的给付保险金申请,并且出具了有居委会证明的遗嘱。经过研究,保险公司决定将保险金支付给原来的保险单受益人乔武。乔某次子不服,起诉于法院。

法院经审理认为:保险合同所记载的受益人属实。如果变更受益人应当书面通知保险公司,再由保险公司在保险单上批注,之后才产生法律效力。乔某在生前没有这样做,所以,保险公司只能按照保险合同的规定,将保险金支付给乔武。而且,乔某的口头遗嘱,除居委会以外,没有更多的证明,也没有公证,原告没有充分举证,证明口头遗嘱是被保险人的真实意思表示。故认定被保险人变更受益人证据不足。保险公司将保险金给付乔武是正确的。驳回原告的诉讼请求。

（二）保险合同的客体变更

保险合同客体变更的原因主要是保险标的的价值增减变化,从而引起保险利益发生变化。此外,保险利益的丧失也属于保险合同客体的变更。例如,在人身保险中,投保人与配偶有保险利益关系,如果离婚,那么保险利益就不再存在。

（三）保险合同的内容变更

保险合同的内容变更是指保险合同主体的权利和义务的变更,表现为保险合同条款发生变化。例如,财产保险合同中保险标的的价值、数量、存放地点、危险程度、保险期限等发生变化;人身保险合同中被保险人职业、保险金额、交费方法等发生变化。保险合同内容的变更一般由投保人提出。

保险合同内容的变更要遵从一定的程序。首先,由投保人向保险人提出申请;其次,保险人对变更申请进行审核;最后,如果保险人同意变更,则签发批单或附加条款。

案例思考：不久前,施先生在一场车祸中不幸意外身故,施先生身前曾投保20万元的人寿保险,保险单上受益人一栏写着施先生前妻刘女士的名字,但因5年前,施先生与其第一任妻子刘女士离婚,施先生向保险人发出变更受益人的申请,保险人在旁边批注了"受益人更改为张女士(第二任妻子)"。

> 你认为施先生的前妻刘女士、后妻张女士以及施先生的父亲,谁有权利领取这笔保险金?

三、保险合同的解除

保险合同的解除是指在保险合同有效期限尚未届满前,当事人双方依照法律或合同约定解除原有的法律关系的行为。保险合同解除的后果是指解除保险合同的行为对原保险合同的权利、义务的溯及力。保险合同解除的形式有两种:法定解除和协议解除。

（一）法定解除

法定解除是法律赋予合同当事人的一种单方解除权。

我国《保险法》规定,除《保险法》有规定或保险合同另有约定外,投保人有权随时解除保险合同。投保人无论在投保前还是保险合同成立后,均有自由选择的权利,既有投保的自由,又有退保的自由。然而,投保人解除保险合同具有两种情况的限制,我国《保险法》规定,货物运输保险合同和运输工具航程保险合同,保险责任开始后,合同不得解除;当事人通过保险合同约定,对投保人的合同解除权作出限制的,投保人不得解除保险合同。货物运输保险合同和运输工具航程保险合同的标的流动性很大,所遇风险经常发生变化,保险人所承受的风险更是难以估计。如果允许双方当事人随意解除保险合同,那么双方的利益就得不到根本的保障。

保险人有权解除保险合同的情况主要包括:投保人因故意或过失未履行如实告知义务,足以影响保险人决定是否承保或者以何种保险价格承保时;投保人、被保险人未履行维护保险标的的义务;投保人、被保险人未履行风险增加通知、防灾减损的义务;人身保险合同中,被保险人的申报年龄不真实,并且其真实年龄不符合同约定的年龄限制的,而且在合同成立之日起2年之内;人身保险合同中投保人过期不交纳分期保险费并超过中止复效期限的;有保险欺诈行为发生时。

（二）协议解除

保险合同的协议解除又称约定解除,是当事人双方经协商同意解除保险合同的一种法律行为。保险合同当事人在不违反法律规定或公序良俗的前提下,可以在合同中任意约定,基于一定的事由的发生,一方或双方可以解除保险合同,还可以约定解除权的行使期间。一般对保险人提出解除合同的,需要先发出解除通知,经过一段时间后合同才终止。

案例思考：贾先生在某保险公司任职，该保险公司推出一个新养老保险险种，贾先生觉得值得投保。于是，2005年4月，贾先生投保了90万元养老保险，年缴保险费6 500多元。这样，到退休时，贾先生可以一次性得到90万元的养老金。2007年，贾先生交纳保险费时被拒绝，理由是：保险公司有内部通知，凡是内部职员投保该项保险的，一律要求退保。贾先生坚决不同意退保，并声明如果保险公司坚决要求员工退保，就诉诸于法律。

问：保险人可以解除保险合同吗？

四、保险合同的终止

（一）保险合同终止的含义

保险合同的终止是指某种法定或约定事由的出现，致使保险合同当事人双方的权利、义务归于消灭。为了更好地理解其含义，有必要对保险合同终止与保险合同解除进行比较；而且有必要将保险合同终止与保险合同效力终止进行比较。

保险合同终止与保险合同解除的区别

区别点	保险合同终止	保险合同解除
直接原因不同	合同期限届满、履行完毕、主体一方死亡或消灭等法定或约定事由的发生	当事人一方的意思表示或解除合同的协议
履行程度和效力不同	合同期限届满，合同终止，也叫做自然终止	合同并未履行完毕，期限也未届满，而将生效的保险合同提前终止
法律后果不同	不存在溯及既往	存在溯及既往

保险合同终止与保险合同效力中止的区别

区别点	保险合同终止	保险合同效力中止
发生的原因不同	是合同的自然灭失	因投保人违约造成
产生的后果不同	合同权利、义务的消灭，不存在恢复效力的问题	合同可能复效，也可能被解除

保险合同的中止是指在保险合同存续期间，由于某种原因发生而使保险合同的效力暂时归于停止。保险合同中止之后，在中止后的两年时间内，投保人可以申请复效，并补交保险费及利息。复效后的保险合同与原保险合同有同样的法律效力，可以继续履行。

> **提醒您**：2009 年 10 月 1 日实施的《保险法》规定："合同约定分期支付保险费，投保人支付首期保险费后，除合同另有约定外，投保人自保险人催告之日起超过三十日未支付当期保险费，或者超过约定的期限六十日未支付当期保险费的，合同效力中止，或者由保险人按照合同约定的条件减少保险金额。被保险人在前款规定期限内发生保险事故的，保险人应当按照合同约定给付保险金，但可以扣减欠交的保险费。"

（二）保险合同终止的原因

除因合同被解除外，保险合同终止的原因还包括：

(1) 保险合同因期限届满而终止。这是保险合同终止的最常见、最普遍的原因。
(2) 保险合同因履行完毕而终止。
(3) 财产保险合同因保险标的灭失而终止。
(4) 人身保险合同因被保险人的死亡而终止。
(5) 财产保险合同因保险标的部分损失，保险人履行赔偿义务而终止。

任务实施

一、巩固练习

单项选择题

1. 人身保险中，投保人申报的被保险人的年龄不真实，并且其真实年龄不符合合同约定的年龄限制的，保险人可以解除合同，但是自合同成立之日起超过（　）的除外。
   A. 1 年　　　　　B. 2 年　　　　　C. 3 年　　　　　D. 5 年

2. 分期支付保险费的保险合同，投保人在支付了首期保险费后，未按约定或法定期限支付当期保险费的，合同效力中止。合同效力中止后（　）内双方未就恢复效力达成协议的，保险人有权解除保险合同。
   A. 1 年　　　　　B. 2 年　　　　　C. 3 年　　　　　D. 5 年

3. 在人身保险合同中，投保人、被保险人或受益人故意制造保险事故且投保人已交纳 2 年以上保险费的（　）。
   A. 保险人无权解除保险合同
   B. 保险人有权解除保险合同，但应在扣除手续费后退还保险费
   C. 保险人有权解除保险合同，并向受益人退还全额保险费
   D. 保险人有权解除合同，但应退还保险单的现金价值

4. 投保人要求解除保险合同的，保险责任开始后（　）。
   A. 保险人全额退还收取的保费
   B. 保险人扣除手续费后退还收取的保费
   C. 保险人收取的自合同生效至合同解除期间的保险费不予退还

D. 由当事人双方协商解决
5. ( )是指某种法定或约定事由的出现,致使保险合同当事人双方的权利义务归于消灭。
   A. 保险合同中止   B. 保险合同终止
   C. 保险合同解除   D. 保险合同履行
6. 投保人为订立保险合同而向保险人提出的书面邀约是( )。
   A. 保障单   B. 暂保单   C. 投保单   D. 保险凭证
7. 某甲以自有的一辆桑塔纳轿车向保险公司投保财产保险。在保险期内,甲让自己的朋友把车开到另一城市,然后向保险公司谎称汽车丢失,要求赔偿。依照《保险法》的规定,在这种情况下,保险公司有权解除保险合同,其对甲的保险费的处理办法是( )。
   A. 退还给甲保险费   B. 不予退还保险费
   C. 退还保险费的现金价值   D. 扣除手续费后退还保险费

(二)判断题
1. 保险合同的成立与生效是等同的。   (   )
2. 人身保险合同可以变更被保险人。   (   )
3. 被保险人可以变更受益人。   (   )
4. 投保人可以不经被保险人同意变更受益人。   (   )

二、阅读案例评析

(一)关于未办保险合同批改手续的案例评析

［案情］ 某公司为其车辆在保险公司购买了车辆损失险、第三者责任险等,保险期限自 2010 年 7 月 25 日起至 2011 年 7 月 24 日止,并及时交纳了保险费。2010 年 12 月,该公司将车转让给个体户李某,并同时在车辆管理所办理了过户手续。2011 年 6 月,李某驾驶该车辆与另一货车相撞,经汽车修理厂进行维修评估,两辆事故车的修理费分别为 3.8 万元和 4.5 万元。根据公安交警大队出具的道路交通事故责任认定书,李某应对交通事故负全部责任。2011 年 7 月,该公司和李某一起向保险公司提出索赔申请,并同时向保险公司出具了该车在车辆管理所过户的证明。保险公司以保险车辆已过户转让但未申请办理保险批改手续为由,向被保险人发出拒赔通知书。

［评析］ 本案争议焦点是在保险合同有效期限内,保险标的依法转让后未办理保险批改手续,如受损,保险公司该不该赔?

首先,财产保险标的的转让应当办理保险批改手续,否则,自保险标的的转让之日起,保险合同无效。《保险法》规定:"保险标的的转让应当通知保险人,经保险人同意继续承保后,依法变更合同。"同时,本案的保险合同也约定,在保险合同的有效期限内,保险车辆转卖、转让、赠送他人、变更用途或增加危险程度,被保险人应当事先书面通知保险人并申请办理批改,否则,保险人有权解除保险合同或者有权拒绝赔偿。本案保险车辆依法过户转让,但双方未去保险公司办理保险合同主体变更的手续,车辆买卖双方都违反了

《保险法》的规定和保险合同的约定。因此,该保险合同自保险转让之日起就无效。

其次,财产保险的保险利益必须在保险合同订立到损失发生时的全过程中都存在。《保险法》规定:"投保人对保险标的应当具有保险利益。投保人对保险标的不具有保险利益的,保险合同无效。"该法将投保人对保险标的具有保险利益作为保险合同生效的必要条件,但对保险利益的存续期间未做规定。一般情况下,财产保险的保险利益必须在保险合同订立到损失发生时的全过程中都存在,最为关键的是在保险事故发生时,被保险人必须对保险标的具有保险利益,否则,保险合同无效。本案的被保险人在投保时对保险标的具有保险利益,在保险合同有效期内,将保险车辆过户转让,车辆所有权发生转移。保险事故发生时,被保险人对该车辆已不再具有保险利益。因此,该车辆保险合同自转让之日起因被保险人丧失保险利益而无效。

再次,根据权利义务对等的原则,保险公司已收取的保险合同未到期部分的保险费应退还给投保人。本案的保险人在签订保险合同时已向投保人(被保险人)收取了全年保险费,投保人在保险合同的有效期限内,未履行合同约定的义务导致保险合同的效力终止,保险人应将未到期部分的保险费退还给投保人。

(二)关于解除保险合同的案例评析

[案情] 2010年11月13日,个体户王某为其所有的大卡车投保第三者责任险,保险金额为10万元,需交纳保险费1 890元。但当时王某没有现金,通过与业务员协商,出具了一张1 890元的欠条,并保证回去后及时交纳此款。保险公司业务员当时在欠条上注明"此保费在2010年11月25日以前交纳,保险合同有效,过期不交保费保单作废"。同时给王某出具了保险单和收款凭证。

事后,王某没有在约定时间内交纳保险费,2010年11月26日,保险公司用批单批注原保险单作废,并于当日通知了王某,让其将作废的保单退回。然而,王某一直以保单被车带走为由迟迟不退作废保单。

2011年3月21日,王某驾驶该大卡车发生交通事故,与小轿车相撞,造成1人重伤,小轿车严重受损,合计损失5.3万元。事故发生后,王某向保险公司索赔。保险公司认定保单已经作废,拒绝赔偿。

[评析] 第一,保险合同已经成立。因为本案中双方已经就交纳保险费事宜达成一致,并不影响保险合同的成立;而且,保险公司出具了保险单,进一步说明合同已经成立。

第二,欠条上注明"此保费在2010年11月25日以前交纳,保险合同有效,过期不交保费保单作废"的约定,即规定了王某缓交保险费的时间,逾期未交保险费的,保险公司将解除保险合同并终止其效力。

第三,本案发生保险事故时保险合同已经被保险人依法解除。王某没有在约定时间内交纳保险费,2010年11月26日,保险公司用批单批注原保险单作废,并于当日通知了王某,让其将作废的保单退回。因此,保险人对合同解除之后发生的事故不负责任。

三、讨论和应用

1. 作为投保人,在签订保险合同的时候应该注意什么?
2. 以自己或家人为投保人或被保险人,投保某一种人寿保险,查询应交保险费,填写投保单。
3. 刘女士(40岁)于2007年3月2日投保重大疾病保险,保险金额为1万元,交保险费560元。2008年3月,刘女士因故未交保险费,2009年1月8日,刘女士补交了所欠保险费和利息,保单复效。2010年5月18日,刘女士车祸身亡。

问:保险公司是否应该为刘女士的受益人支付保险金?

任务四 履行保险合同

知识目标

理解投保人的义务;
理解保险人的义务。

任务引入

订立保险合同后,就双方在合同中所规定的义务和权利须按照规定执行。一般保险合同中投保人的义务主要有如实告知义务、及时交纳保险费、维护保险标的的安全、危险增加的通知义务、出险施救、保险事故发生的通知、索赔时提供有关单证等义务;保险人的义务主要有承担赔偿责任以及有关说明义务等。只有了解了在履行保险合同中的各种注意事项,才能减少投保人和保险人的纠纷,才能有助于保险业的发展。

任务分析

在理解投保人义务的前提下,分析有关案例;
在理解保险人义务的前提下,分析有关案例。

相关知识

投保人未履行或违反告知义务的后果。
故意未告知,则解除保险合同,不退保险费,保险公司不承担保险责任。
过失未告知,则解除合同,可以退保险费,保险公司不承担保险责任。
谎称保险事故发生,则解除保险合同,不退保险费,保险公司不承担保险责任。
故意制造保险事故,则解除保险合同,一般不退保险费,保险公司不承担保险责任。

虚报保险事故,不解除保险合同,不退保险费,虚报部分保险公司不承担保险责任。

保险合同的履行是指保险合同当事人双方依法全面完成合同约定义务的行为。从合同成立的目的来看,任何当事人订立保险合同,都是为了能够实现保险合同的内容。而保险合同内容的实现,有赖于保险合同义务的执行。当合同规定的义务被执行时,就是合同当事人正在履行合同;当合同规定的全部义务都被执行完毕时,当事人订立合同的目的也就得以实现,合同也就因目的实现而消灭。因此,合同的履行是合同目的实现的根本条件,也是合同关系消灭的最正常的原因。

一、投保人履行义务

投保人在保险合同履行过程中的义务主要包括如实告知义务、交纳保险费义务、维护保险标的的安全义务、保险标的危险增加通知保险人义务、保险事故发生通知义务、出险合理施救义务、提供单证义务等。

(一) 如实告知义务

如实告知是投保人必须履行的基本义务,也是保险人实现其权利的必要条件。投保人故意隐瞒事实,不履行如实告知义务的,或者因过失未履行如实告知义务,足以影响保险人决定是否同意承保或者提高保险费率的,保险人有权解除保险合同。而且,投保人故意不履行如实告知义务,对于保险合同解除之前发生的保险事故保险人不承担给付保险金的责任,并且不退还保险费。我国《保险法》实行"询问告知"的原则,也就是说,投保人不负无限告知的义务,并且告知事项限于投保人或被保险人所知晓为限度。

> **案例阅读**:王女士家的房屋由于管道设计缺陷,时而发生马桶倒灌的情况,某年9月14日,王女士投保了一份家庭财产保险,但是在投保时王女士未向保险公司说明这一情况。当年9月20日,王女士家的马桶又发生了严重的灌水,造成室内部分家具受损,且有一台电器因短路烧毁。王女士向保险公司报案,经勘查后发现造成此次损失的根本原因是管道设计缺陷所致。因王女士未尽到如实告知义务,保险公司不予赔偿。

(二) 交纳保险费

交纳保险费是投保人最基本的义务,也是保险合同生效的必要条件。投保人应按照约定的时间、地点和方法交纳保险费。财产保险合同和人身意外伤害保险合同一般采用一次性交纳保险费的形式。在人寿保险合同中通常采用分期交纳保险费的形式。

> **阅读资料**：购买人寿保险时，保险费有两种交纳方式："趸交"和"期交"。"趸交"就是一次性付清保费，"期交"就是分期支付保费。这两种方式类似买房时的一次性付款和分期付款。
>
> 很多营销员出于自身利益，希望投保人选择趸交，理由是比较便宜。其实这只适合于小部分人。保险公司各险种的交费标准都是经过精算后，以同期银行利率为比照制定的。选择哪种交费方式，完全要根据自己的财务情况及偏好。
>
> 趸交也可分两种，一种是把一份保险的保费一次性付清，另一种是把一份保险按年拆分成若干份独立的保险。选择趸交，客户可以得到价格上的实惠，但前提是客户必须一次性拿出一大笔资金。
>
> 举个例子，周先生购买了保费总额为26万元的两全保险，趸交要交保费17.8万元，分期则每年交费1万元，交25年，总计25万元。如果不考虑利息因素，单纯以所交保费计算，趸交比期交少支付28%。再比如陈先生分期购买分红型两全保险，每年交费1万元，交费及保险期限25年，如果选择趸交，则同样情况下，满期时的保障额要高12.6%。因为趸交算上去要便宜一些，保险公司一般都设有趸交的交费底线，一般都在1万元以上；同时一些短期险种则规定只限期交，而不设趸交。
>
> 选择趸交的投保人多半是考虑到自己工作不稳定，而手中恰有一笔钱，为避免将来经济状况变化，所以选择趸交方式。但是相比之下，期交则能为投保人带来更多保障。
>
> 期交主要有以下几种好处：其一，保费豁免。如果投保人在交费期未满时就出险，则未交清的那部分保费就可免除，并不影响获得保单全额的赔偿。如赵先生在投保时一次性交清了本可以分20年交清的保费，金额是3万元。保单生效两年后，赵先生不幸患了癌症，保险公司按照合同向赵先生理赔7万元。保险公司表示："如果赵先生选择20年交，那么，出险前他只交了3年合计7 000多元的保费，也同样能获得7万元的全额赔偿。"（目前各家保险公司的疾病险，多规定保单生效一年以后出险，获得全额赔偿。）其二，购买附加险。投保人在购买主险的基础上，可以根据自己的情况购买一些附加险。保险公司一般会规定："只有在投保主险，且在主险交费期内的情况下，才可以投保附加险。"如果投保人选择趸交，交清保费，则购买行为已经结束，一旦相中合适的附加险，也没办法购买。

(三)维护保险标的的安全

被保险人应当遵守国家有关消防、安全、生产操作、劳动保护等方面的规定,维护保险标的的安全。只要被保险人认真履行这种法定的义务,就有可能防止灾害事故的发生或把灾害事故的发生减少到最低程度。投保人、被保险人未按照约定履行其对保险标的安全应尽的责任,保险人有权要求增加保险费或者解除保险合同。为了促使投保人、被保险人维护保险标的安全,预防保险事故的发生,一般情况下,在订立财产保险合同时,都要约定投保人、被保险人对保险标的安全应尽的责任。

(四)危险增加通知义务

危险程度增加通知义务是指被保险人在保险合同有效期内,或续保时对于其风险发生变化的情况,尤其是危险程度增加时,要及时通知保险人。被保险人未履行危险增加通知义务的,保险标的因危险程度增加而发生的保险事故,保险人不负赔偿责任。

1. 被保险人承担危险增加通知义务的责任

一般应具备如下条件:

(1)有危险增加的事实。

(2)被保险人明知或应知危险增加的事实。

(3)被保险人未及时通知保险人关于危险增加的事实。

2. 被保险人不履行危险增加的通知义务的法律后果

(1)在保险事故发生前,保险人有权要求增加保险费,或解除保险合同。我国《保险法》规定:"保险标的的转让的,被保险人或者受让人应当及时通知保险人,但货物运输保险合同和另有约定的合同除外。因保险标的转让导致危险程度显著增加的,保险人自收到被保险人或者受让人规定的通知之日起三十日内,可以按照合同约定增加保险费或者解除合同。保险人解除合同的,应当将已收取的保险费,按照合同约定扣除自保险责任开始之日起至合同解除之日止应收的部分后,退还投保人。"

(2)在保险事故发生以后,如果所发生的保险事故是由新增加的危险引起的,保险人不承担赔偿责任。如果所发生的保险事故与新增加的危险没有联系,保险人不得免除责任。

> **案例阅读:**李某新建楼房竣工,并于2008年4月1日,在保险公司为该楼房投保家庭财产保险,保险金为50万元。2008年12月,李某将该楼房出租给田某,田某用该楼房贮存化学药品。李某没有将此情况通知保险公司。

2009年2月2日,化学药品起火,该楼房全部烧毁。田某逃走。李某要求保险公司赔偿损失。在本案中,李某没有尽通知的义务,同时,火灾是由化学药品起火引起的,所以,保险人不承担赔偿责任。

(五)保险事故发生的通知

履行保险事故发生通知义务,是被保险人或受益人获得保险赔偿或给付的必要程序。发生保险事故后投保人及时通知保险人,有利于保险人及时采取措施防止损失的扩大,有利于迅速查明事实,确定损失,明确责任。如果发生保险事故后投保人不及时通知保险人,则保险人可能会免除保险责任,或者不解除保险合同但请求投保人或被保险人赔偿因此遭受的损失。

提醒您:投保人、被保险人或者受益人知道保险事故发生后,应当及时通知保险人。故意或者因重大过失未及时通知,致使保险事故的性质、原因、损失程度等难以确定的,保险人对无法确定的部分,不承担赔偿或者给付保险金的责任,但保险人通过其他途径已经及时知道或者应当及时知道保险事故发生的除外。

(六)出险合理施救

保险事故发生后,投保人或被保险人有责任尽力采取必要的措施,防止或者减少损失。被保险人为防止或减少保险标的的损失所支付的必要的、合理的费用,由保险人承担;保险人所承担的费用数额在保险标的的损失赔偿金额以外另行计算,最高不超过保险金额的数额。

(七)提供单证

保险事故发生后,向保险人提供单证是投保人、被保险人或受益人的一项法定义务。具体来讲,提供与确认保险事故的性质、原因等有关的证明和资料,这些证明和资料既是索赔的依据,也是保险人判断责任范围和赔付保险金的依据。

提醒您:人寿保险以外的其他保险的被保险人或者受益人,向保险人请求赔偿或者给付保险金的诉讼时效期间为二年,自其知道或者应当知道保险事故发生之日起计算。

人寿保险的被保险人或者受益人向保险人请求给付保险金的诉讼时效期间为五年,自其知道或者应当知道保险事故发生之日起计算。

二、保险人履行义务

(一)承担保险责任

承担保险责任是保险人依照法律规定和合同约定所应承担的最重要、最基本的义务。

保险人承担保险责任的范围是:保险赔偿;施救费用;争议处理费用;检验费用。

我国《保险法》规定:"保险人、被保险人为查明和确定保险事故的性质、原因和保险标的的损失程度所支付的必要的、合理的费用,由保险人承担。"

当确定了损失赔偿责任后,如果在保险责任范围内,保险人应及时向被保险人或受益人赔偿或给付保险金。我国《保险法》规定:"对属于保险责任的,在与被保险人或者受益人达成赔偿或者给付保险金的协议后十日内,履行赔偿或者给付保险金义务。保险合同对赔偿或者给付保险金的期限有约定的,保险人应当按照约定履行赔偿或者给付保险金义务。"同时还规定:"对不属于保险责任的,应当自作出核定之日起三日内向被保险人或者受益人发出拒绝赔偿或者拒绝给付保险金通知书,并说明理由。"

保险金原则上以现金形式赔偿或给付,合同双方另有约定的除外。

> **提醒您**:保险事故发生后,保险人已支付了全部保险金额,并且保险金额等于保险价值的,受损保险标的的全部权利归于保险人;保险金额低于保险价值的,保险人按照保险金额与保险价值的比例取得受损保险标的的部分权利。

> **阅读资料**:接案人员接到报案人的出险通知后,保险人应重点询问报案人姓名、联系地址及电话、与出险人的关系,出险人的姓名、身份证号码、身份,出险人持有的保险合同号、险种名称,出险时间、地点及简要经过和结果、就诊医院、病案号,同时就询问内容作报案记录。

(二)条款说明

保险人在订立保险合同时,必须就免责条款向投保人作明确说明。保险人的说明义务是法定义务,保险人不能通过合同条款的方式予以限制或者免除说明义务。不论在何种情况下,保险人均有义务在订立保险合同时主动、详细地说明保险合同的各项条款,并且对投保人提出的有关问题做出最直接、真实的回答。对于免责条款,如果保险公司没有明确说明或特别提示,该免责条款不产生法律效力。

案例阅读： 某年，绿色食品有限责任公司委托铁路部门承运500吨水蜜桃，又向保险公司投保了货物运输保险。保险合同中规定，对保险标的如下情况，保险公司不承担赔偿责任：(1)被保险货物自有的缺陷。(2)被保险人的故意或过失行为。(3)运输过程中发生的盗窃损失。(4)其他不属于保险责任范围的损失。

但是，在保险合同中，没有规定水蜜桃因腐烂造成的损失是否属于保险责任。

货物到达目的地时发现，2/3的水蜜桃已经腐烂。经过技术监督部门对水蜜桃腐烂原因的鉴定，结论是：并非是货物本身的缺陷，而是由于装载不当以及气温异常所致。

绿色食品有限责任公司提出索赔申请。保险公司予以拒绝。保险公司认为：货物损失确实存在，但是，根据保险合同，该损失不属于保险责任范围。随后，绿色食品有限责任公司起诉于法院，请求保险公司承担赔偿责任。

法院根据我国《保险法》规定，"对于保险合同的条款，保险人与投保人、被保险人或者受益人有争议时，人民法院或者仲裁机关应当作有利于被保险人和受益人的解释"以及"保险合同中规定有关于保险人责任免除条款的，保险人在订立保险合同时应当向投保人明确说明，未明确说明的，该条款不产生效力"，最后判决保险公司应该承担赔偿责任。

案例思考： 罗某于某年9月在某保险公司投保了6份终身寿险。第三年9月，罗某因家庭收入锐减要求退保。保险公司按《保险法》及合同条款规定，投保两年以上的退保，应退还保单现金价值，于是根据该险种现金价值表确定退保金为2 723元。但是，罗某声称自己的保单中无现金价值表，签订合同时保险公司及其代理人也未解释条款中现金价值的意义，自己对保单现金价值的理解为已交全部保费，因此主张保险公司退还已交的全部保费7 300元。双方由此发生纠纷。罗某不服，在第四年3月，将保险公司告上法庭。

你认为法院将如何判决。

任务实施

一、巩固练习

（一）判断题

1. 如实告知是投保人必须履行的基本义务。　　　　　　　　　　　　（　　）
2. 投保人应按照约定的时间、地点和方法交纳保险费。　　　　　　　（　　）

3. 在保险事故发生以后,如果所发生的保险事故是由新增加的危险引起的,保险人不承担赔偿责任。如果所发生的保险事故与新增加的危险没有联系,保险人也免除责任。(　)

4. 一般地,对属于保险责任的,在与被保险人或者受益人达成赔偿或者给付保险金协议后十日内,履行赔偿或者给付保险金义务。(　)

(二)多项选择题

1. 投保人在保险合同履行过程中的义务有(　　)。
   A. 如实告知　　　　　　　　　B. 交纳保险费
   C. 通知义务　　　　　　　　　D. 维护保险标的的安全

2. 保险人在保险合同履行过程中的义务有(　　)。
   A. 承担保险责任赔偿义务　　　B. 就免责条款向投保人说明
   C. 出险合理施救义务　　　　　D. 维护保险标的的安全

二、阅读案例评析

(一)关于投保人、保险人双方义务的综合案例

[案情] 联大公司系案外人上海青春实业有限公司厂房的承租人。2003年6月,联大公司将包括上述厂房以及厂房内所有的机器设备、存货、办公用品向保险公司进行投保。相应的《财产保险基本险投保单》约定了总保险金额为人民币2 255万元(以下所涉币种均为人民币),并对保险责任期限、保险标的范围及保险责任范围作出约定。其中,投保单第七条~第九条关于保险责任免除的约定为,保险人对由被保险人及其代表的故意行为或纵容所致的保险标的损失不负责任。关于被保险人义务,投保单第二十条~第二十四条约定:被保险人负有如实告知义务,应如实回答保险人就保险标的或者被保险人有关情况提出的询问;被保险人还应当遵循国家有关部门制定的保护财产安全的各项规定,对安全检查中发现的各种灾害事故隐患,在接到安全主管部门或保险人提出的整改通知书后,必须认真付诸实施;在保险合同有效期内,如保险标的危险程度增加,被保险人应当事前书面通知保险人,并根据保险人的有关规定办理批改手续等。投保单第二十五条还约定,被保险人如果不履行第二十条~第二十四条的各项义务,保险人有权拒绝赔偿,或从解约通知书送达15日后终止保险合同。在投保人签章一栏上方,有字体颜色相对更深、字号相对更小的黑体印刷字,其内容为:投保人同意以本投保单作为订立保险合同的依据,并声明对财产保险基本险条款(包括责任免除部分)的内容及说明已经了解,双方的保险合同从保险单签发之日起成立等。同年6月27日,保险公司下属闵行支公司向联大公司签发了保险单。联大公司按约向保险公司支付了保险费22 500元。

2003年7月11日,上海市公安局闵行分局防火监督处发出《责令限期改正通知书》,指出联大公司生产使用的厂房未办理建筑工程消防设计审核及进行竣工验收、主供水量不足、B区建筑耐火等级达不到规范要求、生产车间防火分区不符合要求等,要求其于同年8月17日前改正。同年8月19日,上海市公安局闵行分局防火监督处发出《复查意见

书》,指出联大公司仅就B区建筑耐火等级不达标予以了改正,其余消防违法行为仍未改正。同年10月17日,上海市公安局闵行分局防火监督处向联大公司发出《行政处罚决定书》,明确联大公司租用厂房A、B区生产车间存在重大的火灾隐患,对联大公司提出警告,并责令其自2003年10月18日起停止施工、停止使用。但联大公司未将此情况告知保险公司,亦未履行停止使用的行政处罚决定,仍在该厂房内进行生产经营活动。2004年6月8日,上海市闵行区安全生产监察局亦出具《上海市安全生产监察指令书》,明确联大公司厂区及生产区间存在诸多安全隐患问题,责令联大公司在同年6月17日前订立整改计划、采取措施解决发现的安全问题。

2004年6月10日下午13时44分,联大公司租用的厂房在生产过程中发生火灾,烧毁成品和半成品海绵,厂房及生产设备亦因火灾受损。上海市消防局认定,此次火灾系因厂房A区打包机电气线路故障引燃可燃物并扩大成灾。

2004年6月20日,联大公司向保险公司提出索赔申请,保险公司认为联大公司未履行安全整改义务而导致保险事故,故予拒赔。联大公司遂诉至法院,请求判令保险公司赔偿保险金19 784 953.30元并支付逾期付款利息。

另查明,火灾事故发生后,保险公司委托评估公司对受损财产进行了评估。经评估,联大公司投保的机器设备、办公用品、存货全损,赔款额为3 627 819元。另据原审法院委托评估机构的司法评估结论,房屋建筑物修复和重置费用合计5 178 434.71元。以上两项评估损失额为8 806 253.71元。

一审法院认为,双方订立的保险合同依法成立。联大公司投保财产在保险期间因火灾而受损,火灾属于保险条款明确规定的保险责任范围。关于保险公司能否依据免责条款拒赔问题,本案争议的"责任免除"及"被保险人义务"条款中,均规定保险人在特定情况下有权不予赔偿,实质上都属于免除保险人责任的条款。对于免责条款,保险人除了在保险单上提示投保人注意外,还应当对有关免责条款的概念、内容及其法律后果等,以书面或者口头形式向投保人作出明确说明。本案中,投保单上黑体印刷的"投保人声明"属格式条款,对于实质为免责条款的"被保险人义务"内容并未特别提及,仅以"投保人声明"不足以证明保险公司已就相关条款作出了明确说明,因此,本案保险合同中的免责条款不产生相应的效力。此外,本案火灾的发生系机器设备电气故障导致,与行政处罚所针对的事项并无直接因果关系。因此,保险公司同样不能仅以联大公司违反合同约定的安全整改义务而主张免责。关于保险公司能否依据《保险法》规定拒赔问题,一审法院认为,首先,保险公司并未证明联大公司在接受询问时存在未尽如实告知义务的事实。其次,本案火灾起火原因与消防行政管理部门行政处罚没有直接关联。同时,《保险法》并未明确规定保险人对被保险人未尽安全维护义务造成的保险事故可以拒绝赔偿。再次,就本案保险标的的危险状况而言,行政执法行为并未使保险标的危险程度增加,故联大公司无需承担危险增加的通知义务。因此,一审法院认为保险公司拒赔的行为构成违约,保险公司应予赔偿保险金并支付迟延利息。原审法院根据财产保险合同损失填补原则并结合评估结论,依据《保险法》第十八条、第二十四条第一、二款的规定,判决:保险公司赔偿联大公司8 806 253.71元及迟延履行利息。

一审宣判后，保险公司不服判决，向上海市高级人民法院提出上诉称：(1)《保险法》规定的保险人说明义务，系针对保险合同中的责任免除条款，而本案争议条款"被保险人义务"部分不属于责任免除条款，原审法院扩大了责任免除条款的范围，保险公司对责任免除条款已尽明确说明义务。(2)联大公司在投保期间未按消防部门要求进行停业整顿，与火灾的发生、损失的产生存在因果关系。(3)联大公司未填写《财产保险风险情况问询表》即盖章确认，证明其在投保时未尽如实告知义务，之后联大公司又违反维护保险标的的安全义务和危险增加通知义务，对保险事故的发生持放任态度，符合故意"纵容"的特征。故依照保险合同的约定，保险公司不负赔偿责任。请求二审撤销原判，改判驳回联大公司全部诉讼请求。

联大公司辩称：(1)保险合同中"被保险人义务"条款属于实质上的免责条款，保险人未作出明确说明，故该部分内容不产生效力。(2)《财产保险风险情况问询表》的空白不能说明联大公司未履行如实告知义务，相反，证明保险公司没有按照法律规定发出询问，系对其权利的放弃。(3)投保期间保险标的的危险程度并没有增加，所以不存在危险增加通知义务。(4)联大公司未按照消防部门的要求停止使用存在违法之处，但该违法行为与本案保险事故的发生不存在直接的因果关系。(5)火灾发生具有偶然性，联大公司在主观上并不希望火灾发生，客观上也没有"纵容"火灾发生。请求二审维持原判。

上海市高级人民法院认为，本案的争议焦点是：(1)投保单第二十条～第二十四条约定的"被保险人义务"是否属于责任免除条款；(2)保险公司是否应当承担保险赔偿责任。

关于争议焦点(1)，从形式上看，系争保险合同中"责任免除"部分为第七条～第九条，字体为黑体，与"被保险人义务"部分显著不同，因此，"被保险人义务"部分与"责任免除"部分相互分开，并不存在前者归属于后者的情况。从内容上看，"责任免除"部分主要约定了哪些原因引起的事故不属于保险责任承担和赔偿范围，其目的是用以界定保险人的承保范围。"被保险人义务"部分主要约定了被保险人或者投保人在投保时以及保险合同成立后应当主动履行的各项义务，以及其不履行义务时保险人所享有的相应权利，具有权利和义务关系的对等性。故两者的性质并不相同。从法律规定看，《保险法》所指的责任免除条款是保险合同中的除外危险条款，保险人责任免除的特别说明义务应仅局限于保险人不予承保的除外危险，故保险合同中其他条款不受明确说明义务的约束。"保险人义务"条款实质是《保险法》第三十六条、第三十七条法律规定合同化的具体体现，旨在督促被保险人履行法定义务，所以"保险人义务"条款不是保险人应当明确说明的事项，而是被保险人应当知道并严格遵守的事项。故原审法院认定"保险人义务"部分条款归类于《保险法》上的除外危险条款，并确定保险人必须对"被保险人义务"条款作出明确说明，属扩大解释，与《保险法》立法原意不符。保险公司关于"被保险人义务"条款不属于"责任免除"条款的上诉理由可以成立。

关于争议焦点(2)，系争合同"被保险人义务"部分约定了被保险人负有如实告知义务，即被保险人应如实回答保险人就保险标的或者被保险人有关情况提出的询问。根据

《保险法》第十七条规定,保险人应当向投保人说明保险合同的条款内容,并可就保险标的或者被保险人的有关情况提出询问,投保人应如实告知。可见,被保险人的如实告知义务应以保险人的询问范围为限。本案中联大公司未填写《财产保险风险情况问询表》,仅加盖了单位公章,该证据并不能证明保险公司向联大公司就有关情况发出了询问,也不能证明联大公司履行了如实告知义务。保险公司接受空白的问询表并签发保单的行为,表明其已放弃了要求联大公司在投保时就相关情况如实告知的权利。故保险公司关于联大公司违反如实告知义务的上诉理由不能成立。至于保险公司所称联大公司的行为构成"纵容"火灾的上诉理由,本院认为,"责任免除"条款中的"纵容"应理解为对保险事故发生持希望或放任的主观状态。而本案火灾的起因是由于打包机电气故障,与联大公司未执行整改意见和处罚决定并无必然的关联,带有一定的偶然性,因此,联大公司的主观状态尚未达到"纵容"的严重程度,保险公司未尽审核义务,其对联大公司投保时已经客观存在的发生火灾的风险所造成的火灾损失部分应承担理赔责任。

但是,系争合同"被保险人义务"部分约定了联大公司的安全维护义务和危险增加通知义务,又根据《保险法》第三十六条规定,被保险人应当遵守国家有关消防、安全、生产操作、劳动保护等方面的规定,维护保险标的的安全;《保险法》第三十七条第一款规定,在合同有效期内,保险标的危险程度增加的,被保险人按照合同约定应当及时通知保险人,保险人有权要求增加保险费或者解除合同。而联大公司在消防部门和安全监督部门多次指出其存在的消防隐患,要求其整改并停止生产的情形下,主观上应当清楚地意识到保险标的存在重大火灾隐患,然而,联大公司始终未根据最大诚信原则,将有关情况及时告知保险公司,使保险公司丧失采取相应的补救措施以防止火灾事故发生或减少损失的救济途径,而且,联大公司也一直未按要求进行整改,而是继续从事生产经营活动,故联大公司的行为违反了安全维护义务和危险程度增加通知义务。根据《保险法》第三十七条第二款规定,被保险人未履行危险程度增加通知义务的,因保险标的危险程度增加而发生的保险事故,保险人不承担赔偿责任。故保险公司对因危险程度增加而导致火灾扩大的损失部分不应承担赔偿责任。本案中,火灾损失与火势蔓延并扩大成灾有直接的关系,而这部分扩大的损失,又与联大公司未及时执行消防部门的整改意见和停止生产的处罚决定存在直接的因果关系。如果联大公司能够及时按消防部门的要求整改并停止生产,火势即能在相当长的时间内被控制在起火的A区仓库区域,不至于迅速蔓延到其他区域,厂房等不至于全部烧毁,因此,对联大公司未及时整改以致危险程度增加部分,即扩大成灾部分的损失,保险公司不应承担赔偿责任,这部分责任应由联大公司自负。对于火灾事故所造成的损失,本院酌情判处保险公司和联大公司各半承担,据此,保险公司应赔偿联大公司火灾损失4 403 126.86元。

综上所述,保险公司的上诉理由部分成立,一审判决适用法律不当,本院予以改判。据此,依照《中华人民共和国民事诉讼法》第一百五十三条第一款第(二)项、第一百五十八条、《中华人民共和国保险法》第三十六条、第三十七条之规定,并经本院审判委员会讨论决定,判决如下:

1. 撤销上海市第一中级人民法院(2005)沪一中民三(商)初字第 11 号民事判决。
2. 中国人民财产保险股份有限公司上海市分公司于判决生效之日起十日内赔偿上海联大公司人民币 4 403 126.86 元及相应迟延履行利息(自 2004 年 7 月 29 日起至实际清偿日止,按中国人民银行规定的同期银行贷款基准利率计算)。
3. 对上海联大公司在一审中的其余诉讼请求不予支持。

本案一、二审案件受理费各 114 870 元,由上诉人中国人民财产保险股份有限公司上海市分公司、上海联大公司各承担 57 435 元,评估费 64 730 元,由双方各半承担 32 365 元。本判决为终审判决。

(二)关于投保人通知义务及保险人反应的案例评析

[案情] 某年 4 月某机械厂向当地一家保险公司投保,保险金额达 600 万元。同年 8 月,该厂投保的保险标的危险程度增加。保险公司要求该厂增交一定的保费,该厂不同意,要求退保,保险公司不愿失去这笔业务,答应以后再作商议是否要增交保费,但双方后来一直未就此事进行商谈。同年 9 月中旬,该厂仓库发生火灾,损失金额达 50 万元,于是向保险公司提出索赔,但保险公司以该厂未增交保费为由,不予赔付。

[评析] 第一,根据保险合同的公平原则,对于保险标的危险程度增加,"保险人有权要求增加保险费或者解除合同",这一点在《保险法》第三十六条中做出了明确的规定。在财产保险合同中,危险程度增加对保险公司具有重大影响,因为保险人收取的保费是根据保险标的特定情况下的危险程度,按照费率表核定的。保险标的危险程度增加,致使保险公司承担的风险责任增加,根据保险合同的公平原则,保险公司有权要求根据费率表增加保险费,若此要求被投保人拒绝,保险公司有权解除保险合同,此规定的目的在于保障保险人的合法利益。

第二,若被保险人在保险标的危险程度增加时,履行了通知义务,而保险公司未作任何意思表示,则可视为默认,根据不可抗辩原则,保险公司事后不得再主张增加保险费或解除合同。在此案中,该机械厂履行了危险程度增加的公告义务,保险公司要求增加保费,被拒绝后,保险公司理应解除保险合同,并通知投保人,但保险公司怕失去这笔业务,心存侥幸,拖而不决,应视为保险合同继续有效,当发生火灾事故时,保险公司却因投保人未增交保费为由拒赔,显然违背了保险合同的最大诚信原则,损害了投保人的利益,因而其拒赔的理由是站不住脚的。

[结论] 综上分析,投保人履行了危险程度增加的告知义务后,保险公司未正式解除合同,合同有效,保险公司应履行赔付义务,不得拒赔。

三、案例思考和讨论

1. 某海运公司于某年 9 月 28 日就其所有的"泰中轮"向某保险公司投保船舶险。保险公司按照公司有关只能承保近海船舶的规定,在出具的保险单上将航行区域规定为:东亚及东南亚,并规定保费分三次交纳。为慎重起见,保险公司又派专人口头通知了海运公司保险单上航行区域的改动,同时告知海运公司,不可超越保单承保的航行区域,如有超越必须及时告知保险人以便在保单上作相应批改。海运公司未作异议表示,按保单约定分三次交清了保费。

第二年5月,"泰中轮"远洋航行至大洋洲马绍尔群岛马朱罗港附近搁浅,后被拖船拯救,共产生费用损失计135万元人民币。海运公司向保险人要求赔偿全部损失,保险公司以海运公司超出保单规定的航行区域,没有及时告知保险人,导致保险标的危险程度增加为由做出拒赔决定。请评析本案例,谈谈你的看法。

2. 明星梅艳芳在其演艺事业高峰时期的1990年前后,买下了一份2 000万港元的高额保险。在2002年梅艳芳得知子宫颈长出肿瘤后,情况虽未致恶化,但受到姐姐梅爱芳死于子宫癌的影响,担心自己亦会步其后尘。顾家孝顺的梅艳芳为免母亲日后失去依靠,便找了保险界朋友又买了一份保额高达1 000万港元的保险,连同她事业如日中天时购买的那份2 000万港元保额的保险,总保额达到3 000万港元。

但在购买第二份保额1 000万港元的保险时,梅艳芳可能顾虑自己的巨星身份,先前一直未将病情公开,治病亦在高度保密的情况下进行,所以怕患癌的秘密遭泄露而没有在保单上如实申报病情。但按照中国香港的保险条例,隐瞒重大病情投保,属于严重违例,因此,梅艳芳去世后,便传出保险公司拒赔1 000万港元保险金的消息。你认为保险公司会不会拒赔,原因是什么?

补充资料:梅艳芳(1963—2003),出生于中国香港旺角,祖籍广西合浦,少时因家境拮据,五岁已登台演出,是大中华地区的乐坛和影坛巨星。梅艳芳以其浑厚低沉的嗓音和华丽百变的形象著称,曾获中国香港乐坛最高荣誉"金针奖"和中国金唱片奖"艺术成就奖",是中国香港乐坛最年轻的终身成就奖得主。电影方面,她因主演《胭脂扣》而获中国香港电影金像奖和中国台湾电影金马奖最佳女主角,后亦凭《男人四十》夺得中国长春电影节的最佳女主角。此外,她还是中国香港演艺人协会的创办人之一及会长,被称为香港演艺界的"大姐大"。2003年12月30日凌晨因子宫颈癌病逝,终年40岁。

任务五　遵守保险合同争议的解释原则

知识目标

了解保险合同争议的含义;
理解保险合同争议的解释原则。

任务引入

实践中由于社会生活或客观事物的复杂性、当事人认知能力及文化水平和法律意识的参差不齐以及作为权利义务载体的语言文字的多义性、模糊性和歧义性等局限,往往造成合同中的用词不当,使双方真实意思难以明确表达。另外,某些当事人故意使用不适当的语言文字,以达到其不正当目的,使双方对合同条款产生争议。因此,当事人约定的合同条款不一定都能够做到意思表示准确、权利义务清楚,这就需要法官在裁判合同纠纷过程中,正确运用合同解释原则对合同进行解释。合同解释是合同法上的重要制度,这种制度旨在探求缔约当事人表示的共同真实意思。

任务分析

对有争议的保险案例谈谈争议产生的原因;
对有争议的保险案例谈谈争议处理的原则。

相关知识

合同解释介于当事人的意思表示和法律之间,直接关系到当事人权利和义务关系的确定,是指法官在处理案件中运用各种解释规则和方法,解决合同条款相互之间的矛盾和冲突,对晦涩、模糊的条款作出说明,确定合同条款的真意,探究当事人的意思,从而确定当事人在合同中的权利和义务的活动。

一、保险合同争议的含义

保险合同争议是指保险合同主体在履行保险合同的过程中,对履行合同的具体做法产生意见分歧或纠纷。

产生保险合同纠纷的原因主要有:合同条款本身含糊不清;对合同条款的解释有多种;引起保险标的损失或伤害的原因复杂;保险责任与除外责任交织。

二、保险合同的解释及其原则

保险合同的解释是对保险合同条款的理解和说明。在实践中,由于各种原因会导致保险合同双方当事人对合同条款的理解和认识产生分歧,这就要求依据法律规定的方式或其他方法对保险合同的内容给予确定和说明。对保险合同条款的解释和说明应遵循以下原则:

(一)文义解释的原则

文义解释是按照保险合同条款所使用文句的通常含义和保险法律、法规及保险习惯,并结合合同的整体内容对保险合同条款所作的解释。进行文义解释应当注意三点:第一,保险合同所用文字,应当按其所具有的通俗语义进行解释,不得局限于保险合同用语的哲学或者科学上的语义。第二,除非有强有力的理由作其他解释,保险合同用语应当按其表面语义或者自然语义进行解释。第三,保险合同所使用的法律术语或者其他专用术语,应当按照该类术语所特有的意义进行解释。

(二)意图解释的原则

意图解释即按保险合同当事人订立保险合同的真实意思,对合同条款所作的解释。保险合同因使用的文字词语的含义混乱、意思表示不清而产生纠纷时,显然应当根据当事人双方订立保险合同时的真实意图对合同条款进行解释。

(三)专业解释的原则

专业解释是指对保险合同使用的专业术语,应按照其所属专业的特定含义解释。例如,对"暴雨"的理解,通常人理解为"大雨",而保险合同中则有其特定含义,一般应当按照气象部门的技术标准确定。再如,《健康保险管理办法》规定:"保险公司在健康保险产品条款中约定的疾病诊断标准应当符合通行的医学诊断标准,并考虑到医疗技术条件发展的趋势。健康保险合同生效后,被保险人根据通行的医学诊断标准被确诊疾病的,保险公司不得以该诊断标准与保险合同约定不符为理由拒绝给付保险金。"

案例阅读:2005年1月,彭先生向某保险公司购买了人寿保险,附加寿险为鸿盛重疾,保险期限为终身。在重大疾病中关于"主动脉手术"约定为:"因治疗主动脉疾病,经开胸或剖腹手术而进行的胸、腹部主动脉(不包括其分支血管)切除术或移植术。外伤所致的主动脉受损的手术除外。"

2010年5月,彭先生得病,需做开胸手术。因传统开胸手术复杂,而新的微创治疗风险低,疗效更好,因此,彭先生就医的东莞市人民医院为他进行了主动脉夹层腔内隔绝术,并为他出具了关于新旧手术方法的治疗说明。

同年7月,保险公司向彭先生出具"理赔决定通知书",认为主动脉夹层隔绝术不符合合同条款中主动脉手术的释意,也不符合由中国保险行业协会与中国医师协会于2007年共同制定的关于重大疾病保险疾病定义中主动脉手术的定义。即彭先生所做的手术,与合同所述的手术方式不同,因此拒绝理赔。

彭先生认为,保险公司的拒赔行为损害了其合法权益,故向东莞市第一人民法院提起诉讼。

一审中,东莞市人民医院心胸外科出具了一份"关于胸主动脉夹层治疗的说明",证明胸主动脉急性夹层属于极高危疾病,传统手术治疗风险高,手术复杂,且手术死亡率高。目前在国际、国内医院,随着医学科学技术的进步,已逐步被微创技术所替代。一审法院认为,彭先生确实患有主动脉疾病。由于新技术的发展,主动脉疾病仅需要微创手术,此替代是医学进步所致。若仍要求彭先生接受开胸或剖腹,无异于剥夺了彭先生对更为安全、廉价的手术方式的选择,实为严苛,且不利于新技术的推广运用。法院还认为,新的手术方式没有增大保险成本,且有利于病人。在这种情况下,仅限制以"开胸或剖腹"条件才认可理赔,剥夺了病人的权益。据此,法院判令保险公司立即支付给彭先生保险金12万元。

保险公司不服,上诉至东莞市中级人民法院。二审维持了一审判决。

(四)有利于被保险人和受益人的原则

因为保险合同是附合性合同,投保人在订立保险合同时只能做出接受或拒绝的表示。而且,保险合同中的大量专业术语,不利于投保人的理解。为了保障投保人、被保险人和受益人的利益,在处理保险合同争议时,一般都采用有利于被保险人的投保人的原则。这样,保险合同才能更好地起到保障被保险人的目的,维护被保险人或受益人的合法权益。

案例阅读:某年2月,齐某向某人寿保险公司投保"康宁终身保险",风险保额27万元。第二年9月,齐某因"双侧股骨头坏死"行"双侧全髋置换手术"。第三年4月,齐某出院,借助双拐能来回走动,但他认为自己符合保险条款中"瘫痪"和"身体高度残疾"的情形,向保险公司提出理赔申请。保险公司与该客户协商,一致同意委托市司法鉴定中心对齐某是否符合保险条款第二十三条"身体高度残疾"第二款"两上肢腕关节以上或两下肢踝关节以上缺失",以及重大疾病第六款"瘫痪"的情形进行鉴定。司法鉴定中心的专家们鉴定的结论是:"其双侧髋关节置换不属于'两下肢踝关节以上缺失',目前其左、右髋关节功能并未永久性完全丧失,不属于瘫痪情形。"据此,保险公司下达了拒赔通知书。

齐某不同意保险公司的处理意见,将保险公司告上法庭,请求法院判令保险公司赔付27万元。法院认为,齐某身患双侧股骨头坏死,实施"全髋置换手术",双侧髋关节已摘除,属于"两下肢踝关节以上缺失",身体残疾程度已达到"高度残疾"标准,不支持保险公司的"两下肢踝关节以上缺失"系指"肢体缺失"而非"关节缺失"的解释,认为对"两下肢踝关节以上缺失"理解上有歧义,应作有利于投保方的解释,故判定保险公司败诉,应支付齐某保险金27万元。

(五)整体解释的原则

对保险合同的解释,应当从合同的整体内容考虑,不能孤立地对某一条款作出解释而与合同的基本内容发生冲突。单个词语、条款应当置于合同之中,根据整个合同的意思确认其含义。在同一保险合同中先后出现数次的同一词语,其解释应当保持一致。由于保险合同条款专业性强，较之一般合同条款的制定有更高的技术要求，对保险合同解释时，更应注重条款的前后联系和整体的协调。经过解释之后的保险合同，应前后一致，全文贯通，具有整体性。

> **阅读资料：**整体解释原则的基本内容
> 1. 书面约定优于口头约定。
> 2. 保险单及其他保险凭证上载明的内容优于投保单或者其他有关文件上的内容，保险凭证上载明的内容优于保险单载明的内容。
> 3. 依照保险惯例，批注、加贴或者附加条款和保险合同的原有条款有相同的效果；但是，惟有批注、加贴或者附加条款和保险合同的原有条款发生冲突时，保险条款的手写或打字批注优于印刷批注，打字批注优于加贴条款，加贴批注优于基本条款，旁注附加优于正文附加；在明确居优先地位的条款后，再进行文义解释。
> 4. 非格式条款优于格式条款。
> 5. 手写文字效力最高，其次打印文字，最次印刷文字。大写数字效力优于小写数字。
> 6. 特别约定的条款优于一般约定的条款。
> 7. 根据上下文解释。

任务实施

一、阅读案例评析

（一）关于物理性爆裂概念不清作有利于被保险人原则的案例

［案情］　某化肥公司于某年5月5日向保险公司投保企业财产保险基本险，附加机器设备损坏保险，期限为一年。附加机器设备损坏保险条款第一条第四项约定：因物理性爆裂造成保险机器和设备的损失，保险人负责赔偿。保险财产清单所列的第五项为NC—1466尿素合成塔，资产原值为4 696 056元。

同年9月，化肥公司在系统停车检修时发现被保险的尿素合成塔外层层板有明显裂纹后，通知了保险公司。9月9日，保险公司派3名工作人员到现场查勘。化肥公司委托自治区锅炉检验所进行检验。9月28日，区锅炉检验所出具检验报告书，结论为塔体外表面纵、环焊缝和最外层板上存在28处裂缝，检验结果为报废。化肥公司为了恢复生产，进行了修复，为此区锅炉检验所委托石化检测中心对该塔材料进行分析，石化检测中心出具检验报告，结果为修复后不能保证安全使用。尿素合成塔报废后，化肥公司提出索赔请求，保险公司答复以未查清该裂纹是否属于物理性爆裂为由拒绝赔偿。化肥公司遂提起诉讼，要求保险公司赔偿尿素合成塔损失4 696 056元，以及检验费184 898.07元。

[诉讼结果] 本案一审期间,保险公司向一审法院提出鉴定申请,申请一审法院委托相应的技术鉴定部门对本案中保险标的物尿素合成塔的裂纹是否属于物理性爆裂进行技术鉴定。一审法院委托国家质量技术监督局检疫总局锅炉压力容器检测研究中心,对尿素合成塔的裂纹是否属于物理性爆裂进行鉴定,该中心答复物理性爆裂非该行业专业术语,要求法院对物理性爆裂明确定义,否则,无法对此进行鉴定。

一审法院认为,该保险合同是由保险公司单方制作的格式合同,根据《合同法》第四十一条的规定:"对格式条款的理解发生争议的,应当按照通常理解予以解释。对格式条款有两种以上解释的,应当作出不利于提供格式条款一方的解释。格式条款和非格式条款不一致的,应当采用非格式条款。"而根据《保险法》规定:"对于保险合同的条款,保险人与投保人、被保险人或者受益人有争议时,人民法院或者仲裁机关应当作出有利于被保险人和受益人的解释。"本案双方当事人对保险合同的物理性爆裂条款产生不同理解,因此,从立法本意、诚实信用的原则出发。根据法律对格式合同的有关规定,应当作出不利于提供格式合同一方的解释。一审法院认定该合成塔报废属于保险合同约定的保险事故,判决保险公司赔偿化肥公司尿素合成塔损失4 696 056元,以及检验费184 898.07元。

保险公司不服一审判决,提起上诉。二审期间,保险公司向二审法院提交了一些保险公估公司,以及著名专家、学者对物理性爆裂的解释意见,认为本案事故不属于物理性爆裂,一审法院没有查明案件事实,要求二审法院发还重审。但二审法院仍以与一审法院相同的理由维持原判。

[评析] 对涉及的概念不进行解释是保险条款常见的问题。如果保险条款对相关概念不进行定义,投保单、保险单、批单等构成保险合同内容的单证对相关概念也不加约定,对相关概念就会产生两种以上的解释,保险合同双方往往各持对己方有利的解释。如果该概念又缺乏专业或法定的解释,就出现了由裁决机构对解释进行判断的问题。而根据《合同法》第二十五条第1款的规定:"当事人对合同条款的理解有争议的,应当按照合同所使用的词句、合同的有关条款、合同的目的、交易习惯以及诚实信用原则,确定该条款的真实意思。"但在实践中,裁决机构往往径直根据《保险法》第三十一条规定,作出有利于被保险人和受益人的解释。甚至有些裁决机构的做法更属偏颇,不论是否存在两种以上合理解释,只要合同双方对保险条款有争议,就裁决保险公司败诉。

从本案可以看出,保险公司在制定保险合同时应当对所涉及的概念进行定义,特别是对缺乏专业解释和法定解释的概念,事先作出合理的书面约定是避免纠纷的必要途径。专业概念如果存在两种以上解释,应当在保险条款中采用一种解释。在保险条款中还应当约定解释概念的方法,如使用何种国家标准、国际组织定义或法律规定来解释概念,以及解释发生冲突时何种规定优先,等等。否则,保险合同纠纷发生后,再多的事后解释也于事无补,而且不诚信的指责还会使保险公司陷于尴尬境地。

(二)关于争议的综合案例

[案情] 李先生于某年12月为其当时只有3岁的女儿李娇在中国人寿保险公司投保了一份国寿康宁终身保险、一份子女教育保险和一份生命绿荫保险,保险金额共计8万元。在保险期限内,李娇因患先天性心脏病不治而亡。李先生向宜城寿险公司提出保险赔付申请,保险公司以李某未履行如实告知义务为由拒赔,李先生遂将保险公司推到了法庭的被告席上。

李先生在诉讼中陈述:当时自己在被告业务人员的多次上门宣传鼓动下,加上爱女心切,就决定按被告业务人员为其设计的教育医疗综合保险计划为女儿投保。在正式签订保险合同之前,由被告的核保人员将女儿带到被告定点的医院进行了例行体检,医生当时未曾查出女儿有任何病情,被告这才同意承保。在整个过程中,一切都是按照被告规定的程序进行,所以,并不存在有任何欺诈行为;体检医院是被告的定点体检医院,也不存在有作弊行为;女儿生前活泼可爱,没有什么病态反应,自己根本不知道其患有先天性心脏病,被告称没有履行如实告知义务实属冤枉。

保险公司的拒赔理由有:(1)作为家长的李某,事先一定知道女儿有先天性疾病,却不如实告知,使其女儿带病投保;(2)由于保户的体检费用由保险公司支付,为了节约开支,只能为被保险人做简单的CT检查,一些疑难杂症很不容易被查出,这些都需要保户自己如实提供;(3)体检医院虽然由保险公司选择,但是体检医生却不能由保险公司选择,医生与保户联合作弊,故意隐瞒被保险人的病情、病史的现象时有发生,所以,保险公司不能把医院的体检合格证明当作是唯一能说明保户履行如实告知义务的依据。

[评析] 法院判决,原告陈述有理有据,不存在任何欺诈行为,被告提供的依据多为臆测之词,该保险合同为有效保险合同。造成此次保险纠纷的主要责任在保险公司,被告应严格按照保险合同规定,如数向原告赔付8万元,退还原告两年所交保险费4 900元,并承担所有的诉讼费用。

二、案例思考与讨论

学生A,1993年2月出生,从1998年11月起,开始出现走路不稳、头疼等症状。1999年8月,由于A走路不稳加剧,摔跤次数增多,A的父亲带其到医院的外科门诊,要求检查其腿部是否有问题。医院对其腿部进行拍片检查后,诊断其腿部正常。1999年9月1日,其学校为全体学生投保了学生团体住院医疗保险,每人的保险费为20元,保险条款规定"因被保险人投保前已患有的疾病的治疗,造成被保险人发生医疗费用,保险公司不承担给付保险金的责任"。投保时被保险人免体检,但投保人在投保书中已声明被保险人皆全日正常在校学生。1999年11月4日,A恶心、呕吐,其父亲再次带其到医院就诊,最终确诊为髓母细胞瘤。2000年3月,A的手术和放疗结束后,A的父亲申请理赔,要求保险公司赔付5万余元的住院医疗费,保险公司拒绝赔付。学生A的父亲诉至法院。请应用争议解释有关原则,谈谈你的看法。

项目三　掌握保险的基本原则

保险在其发展过程中,逐渐形成了一系列为人们所公认的基本原则,这些原则是保险经营活动的基础,贯穿于整个保险业务之中,保险合同双方都必须严格遵守。坚持和贯彻保险基本原则,有利于维护保险双方的合法权益,更好地发挥保险的作用,保证保险业健康发展。这些原则主要包括保险利益原则、最大诚信原则、近因原则和损失补偿原则。

任务一　掌握保险利益原则

知识目标

理解保险利益的含义;
掌握保险利益成立的条件;
理解财产保险的保险利益;
理解人身保险的保险利益;
了解责任保险的保险利益。

任务引入

某人拥有一所房屋,如果房屋安全存在,他就可以居住,或者出租,或者出售而获得经济利益;如果房屋损毁,他就无法居住、出租或出售。正是因为他对自己拥有的房屋有利害关系,保险人才允许他投保。同样,父母对子女的生命和健康具有利害关系。因为如果子女失去生命,父母的赡养受影响;如果子女患病,会增加父母的医疗费用等支出。保险利益正是可保利益,投保人和保险人都要能够分清投保人对保险标的是否具有可保利益,并应用保险利益原则。

任务分析

分析有关财产保险的保险利益的案例；
分析有关人身保险的保险利益的案例。

相关知识

保险利益限定了保险人承担赔偿或给付责任的最高限额。

一、保险利益及其成立的条件

保险利益原则是指在签订和履行保险合同的过程中，投保人和被保险人对保险标的必须具有保险利益。保险利益是指投保人对保险标的具有法律上承认的利益。

保险利益成立的条件：

1. 保险利益应是合法的利益

保险利益必须是符合法律规定，符合社会公共秩序的，为法律所认可并受到法律保护的利益。例如，在财产保险中，因偷税、漏税、走私、贪污等非法行为所得的利益不得作为保险利益而投保。

2. 保险利益应为具有经济价值的利益

投保人对保险标的的保险利益在数量上应可以用货币来计量，无法定量的利益不能成为可保利益。财产保险中，纪念品、日记、账册等不能用货币计量其价值，一般不作为可保财产。在人身保险中，一般情况下，只要投保人与被保险人具有利害关系，就认为有保险利益；在个别情况下，人身保险的保险利益也可以加以计算和限定，比如债权人对债务人生命的保险利益可以确定为债务的金额加上利息及保险费。

3. 保险利益应为确定的利益

保险利益是投保人对保险标的在客观上和事实上已经存在或可以确定的利益。这种利益可用货币形式估价，包括现有利益和期待利益。现有利益是指在客观或事实上已经存在的经济利益；期待利益是指在客观上或事实上尚不存在，但依据法律、法规或有效合同的约定可以确定在将来某一时期内将会产生的经济利益。

4. 保险利益应为具有利害关系的利益

这里的利害关系是指保险标的的安全与损害直接关系到投保人的切身经济利益。我国《保险法》规定，在财产保险合同中，保险标的的损毁、灭失直接影响到投保人的经济利益，视为投保人对该保险标的具有保险利益；在人身保险合同中,投保人的近亲属,如配偶、子女、债务人等生老病死,与投保人有一定的经济关系,视为投保人对这些人有保险利益。

二、主要险种的保险利益

(一)财产保险的保险利益

财产保险的保险标的是财产及其有关利益,凡因财产及其有关利益而遭受损失的投保人,对其财产及其有关利益具有保险利益。财产保险的保险利益分为以下四种情况:

1. 财产所有人、经营管理人的保险利益

例如,公司法定代表对公司财产具有保险利益;房主对其所有的房屋具有保险利益;货物所有人对其货物具有保险利益。

2. 抵押权人与质权人的保险利益

对财产享有抵押权的人,对抵押财产具有保险利益。在抵押贷款中,抵押权人对抵押财产所具有的保险利益只限于他所贷出款项的额度,而且,在债务人清偿债务后,抵押权人对抵押财产的权益消失,保险利益也随之消失。

案例阅读:某银行向某企业发放抵押贷款50万元,抵押品为价值100万元的机器设备。银行以机器设备为保险标的投保火险,保险金额为50万元,有效期为2010年1月1日~2010年12月31日。银行于2010年3月1日收回抵押贷款20万元。此机器设备于2010年10月1日全部毁于一场意外火灾。发生保险事故后,银行向保险人索赔30万元。

3. 负有经济责任的财产保管人、承租人等的保险利益

财产的保管人、承租人等对财产具有保险利益,因为如果该财产受损,他们对所保管或承租财产的安全负有责任,因此,他们对该项财产有保险利益。例如,修理部对委托者的财物有保险利益。

4. 合同双方当事人的保险利益

由于合同关系,当事人一方或双方对合同的标的具有保险利益。

案例评析:2010年7月某机械厂将其闲置的厂房出租给某玉器厂,租期2年。玉器厂对承租的厂房及自己购置的纺织设备、流动资产向保险公司投保了企业财产险的综合险,其中厂房投保120万元,玉器设备投保155万元,流动资产投保135万元,保险期限起于2010年3月31日凌晨0:00,止于2011年3月31日24:00。2011年1月16日,玉器厂因玉器设备电机发生短

> 路引燃厂房内存放的玉器半成品，最终酿成火灾，烧毁部分厂房、玉器设备及半成品。经保险公司查勘后认定属意外事故，定损为30万元，其中厂房损失10万元，玉器设备及半成品损失20万元。
>
> 问：玉器厂对厂房是否有保险利益？
>
> ［分析］ 从厂房损毁与玉器厂的利益关系看，厂房部分毁损，而作为出租方的机械厂又未能及时对厂房进行修复，在玉器厂也未能自行修补的情况下，将导致承租方玉器厂不能按期交付订货，损失了现实的可预期利益，同时又担上了违约的责任。事实上，现实的可预期利益正是保险利益的构成部分之一，所以从这方面看，玉器厂对厂房是具有保险利益的。

（二）人身保险的保险利益

人身保险的保险标的是人的生命或身体。当被保险人生存及身体健康时才能保证其投保人应有的经济利益；如果被保险人死亡或伤残，将使其投保人遭受经济损失。人身保险的保险利益可分为以下四种情况：

1. 本人对自己的生命和身体

因为其自身的安全健康与否与其自己的利益密切相关，所以，投保人对自己的寿命或身体具有保险利益。

2. 投保人对配偶、子女、父母的生命和身体

配偶、子女、父母之间拥有法定的相互抚养、赡养或扶养关系，而且有较近的血缘关系，相互之间有亲密的经济利害关系，因此这些人之间是有保险利益的。

3. 与投保人有抚养、赡养关系或者扶养关系的家庭其他成员、近亲

此项他们之间的血缘关系可能不密切，但在社会生活中相互有抚养、赡养关系或者扶养关系的情况也很常见，相互之间也具有相当的经济利害关系。

4. 凡被保险人同意投保人为其订立保险合同的

除了前面三种之外，人与人之间还存在朋友关系或一定的经济联系等，如合伙关系、债权债务关系、雇佣关系等，法律也允许他们为保障自己的合法利益或保障被保险人的利益而为被保险人投保；但必须在被保险人同意的前提下，这种投保行为才有效，才可视为投保人对被保险人具有保险利益。

> **案例思考：** A（男）与B（女）为大学同学，在读期间两人确立了恋爱关系。毕业之后两人分配工作到了不同的地方，但仍然书信往来，不改初衷。A的生日快要到了，为了给他一个惊喜，B悄悄为A投保了一份人寿保单，准备作为生日礼物送给他。谁知天有不测风云，当A从外地匆匆赶往B所在的城

市时,却遭遇了翻车事故,A当场死亡。B悲痛之余想到了自己为A投保的保单,于是向保险公司请求支付死亡保险金2万元。保险公司在核保时,得知A这份人寿保单是在本人不知情的情况下,由B擅自购买的。于是,保险公司便以B没有保险利益为由,拒绝给付保险金。B因此将保险公司告上法庭,判决结果会怎样?

(三)责任保险的保险利益

责任保险的保险标的是被保险人对第三者依法应负的赔偿责任,因承担经济赔偿责任而支付损害赔偿金和其他费用的人具有责任保险的保险利益。

责任保险的保险利益可分为以下三种情况:

1. 各种固定场所的所有人或经营人

例如,饭店、商店、影剧院等对其顾客、观众等人身伤害或财产损失依法承担经济赔偿责任的,具有保险利益,可以投保公众责任保险。

2. 各类专业人员

例如,医生、律师、会计师、设计师等,对由于工作上的疏忽或过失致使他人遭受损害而依法承担经济赔偿责任的,具有保险利益,可以投保职业责任保险。

3. 制造商、销售商等

制造商、销售商等因商品质量或其他问题给消费者造成人身伤害或财产损失,依法承担经济赔偿责任的,具有保险利益,可以投保产品责任保险。

4. 雇主

雇主对雇员在受雇期间因从事与职业有关的工作而患职业病或伤残、死亡时应依法承担的医药费、工伤补偿、家属抚恤责任的具有保险利益,可以投保雇主责任保险。

(四)信用保证保险

在信用保证保险中,权利人与被保险人之间必须建立合同关系,他们之间存在着经济上的利害关系。债权人对债务人的信用具有保险利益,可以投保信用保险。债务人对自身的信用也具有保险利益,可以按照债权人的要求投保自身信用的保险,即保证保险。

三、保险利益的时效

财产保险与人身保险合同中保险利益的时效不同。财产保险中,一般要求从保险合同订立到合同终止,始终都应存在保险利益,否则保险合同无效。特殊地,根据国际贸易惯例,海洋运输货物保险中,投保时可以不具保险利益,但索赔时被保险人对保险标的必须具有保险利益。

在人身保险中,强调在订立时投保人必须具有保险利益,而索赔时不追究有无保险利益。在保险事故发生时,无论投保人存在与否,也无论投保人是否具有保险利益,保险人均按合同约定的条件给付保险金。

> **案例思考:**李某2009年以妻子为被保险人投保人寿保险,受益人为夫妻双方,李某每年按期缴费。双方于2010年离异。此后,李某继续缴费。2011年3月,被保险人因保险事故死亡。李某作为受益人能否向保险公司请求保险金给付,为什么?

任务实施

一、巩固练习

(一)单项选择题

1. 关于保险利益原则的含义,正确的说法是(　　)。
   A. 保险利益原则是指在履行保险合同的过程中,投保人和被保险人对保险标的必须具有保险利益
   B. 保险利益原则是指在签订保险合同的过程中,投保人和被保险人对保险标的必须具有保险利益
   C. 保险利益原则是指在履行保险合同的过程中,投保人对保险标的必须具有保险利益
   D. 保险利益原则是指在签订和履行保险合同的过程中,投保人和被保险人对保险标的必须具有保险利益

2. 财产保险中对保险利益时效的一般规定是(　　)。
   A. 只要求在合同订立时存在保险利益
   B. 只要求在合同终止时存在保险利益
   C. 要求从合同订立到合同终止始终存在保险利益
   D. 无时效规定

3. 人身保险中,对保险利益的时效规定是(　　)。
   A. 只要求在合同订立时存在保险利益
   B. 只要求在合同终止时存在保险利益
   C. 要求从合同订立到合同终止始终存在保险利益
   D. 无时效规定

4. 下列情况下,不影响保险合同效力的是(　　)。
   A. 货物运输保险中货物的转运　　B. 机动车辆保险中机动车辆的转让
   C. 产品责任保险中产品的买卖　　D. 船舶保险中船舶的转让

(二)多项选择题

1. 保险利益应符合的条件是(　　)。

A. 应为合法的利益　　　　　　B. 应为经济上有价的利益
C. 应为确定的利益　　　　　　D. 应为具有利害关系的利益

2. 下列关于保险利益的说法正确的是(　　)。
   A. 无论是财产保险合同还是人身保险合同都要求具有保险利益
   B. 财产保险中,投保人对保险标的的保险利益可以用货币来计量
   C. 人身保险的保险利益可以用货币衡量
   D. 保险利益既包括现有利益,也包括期得利益

3. 财产保险的保险利益体现为(　　)。
   A. 财产所有人、经营管理人的保险利益
   B. 抵押权人与质押权人的保险利益
   C. 负有经济责任的财产保管人、承租人等的保险利益
   D. 合同双方当事人的保险利益

4. 人身保险的保险利益体现为(　　)。
   A. 本人对自己的生命和身体具有保险利益
   B. 投保人对配偶、子女、父母的生命和身体具有保险利益
   C. 投保人对与其有抚养、赡养或者扶养关系的家庭其他成员、近亲具有保险利益
   D. 被保险人同意投保人为其订立保险合同的,视为投保人对被保险人具有保险利益

5. 责任保险的保险利益表现为(　　)。
   A. 各种固定场所的所有人或经营人,依法承担经济赔偿责任的,具有保险责任
   B. 各类专业人员,由于工作上的疏忽或过失致使他人遭受损害而依法承担经济赔偿责任的,具有保险责任
   C. 制造商因商品质量或其他问题给消费者造成人身伤害或财产损失,依照法律承担经济赔偿责任的,具有保险利益
   D. 销售商因商品质量或其他问题给消费者造成人身伤害或财产损失,依照法律承担经济赔偿责任的,具有保险利益

6. 坚持保险利益原则的意义在于(　　)。
   A. 保护投保人的权益　　　　B. 避免赌博行为的发生
   C. 防止道德风险的产生　　　D. 便于衡量损失,避免保险纠纷

7. 可保利益的构成条件包括(　　)。
   A. 必须是确定的利益　　　　B. 必须是可以实现的利益
   C. 必须具有经济价值　　　　D. 必须是合法的

8. 规定可保利益可以(　　)。
   A. 防止将保险变为赌博　　　B. 防止道德风险的发生
   C. 限制赔偿的最高额度　　　D. 限制投保人投保

9. 以他人为对象投保人身保险,下列关系中具有可保利益的是(　　)。
   A. 血缘关系　　B. 婚姻关系　　C. 债权债务关系　　D. 代理关系

二、阅读案例评析

[案情] 某棉织厂于某年11月投保了财产保险综合险,保险期限1年。同年12月,该厂与一家制衣厂签订了1万米涤纶棉布的购销合同。按照合同规定,制衣厂于下一年1月10日派人送来购货款,并进行货物验收,准备装车运走。当制衣厂的负责人将涤纶棉布验收并装车6 100米时,天色已晚,为保证质量,该负责人决定第二天上午再验收并装余下的货物,已验收并装上车的货物暂交棉织厂代为看管。不料,在这天夜里该棉织厂发生了火灾,涤纶棉属易燃物,库内存放的35 000米涤纶棉皆烧毁,由于已验收的6 100米涤纶棉随车停放在仓库内,这些布匹也未能幸免于难。事故发生后,保险公司立即赶往现场进行查勘,确认了事故是由于线路短路造成的,决定对损失予以赔偿,但当了解到被保险人与制衣厂的购销合同时,对于库内车上存放的及库内的涤纶棉的损失是否赔偿、如何赔偿,公司内部产生了意见分歧。

第一种意见认为,库内车上的6 100米涤纶棉不应赔偿,库内35 000米涤纶棉中有3 900米不应赔偿,因这两部分总计10 000米涤纶棉已经售出,被保险人对其已丧失保险利益。

第二种意见认为,库内车上的6 100米涤纶棉因已出库不再属于保险财产,而库内的受损涤纶棉均为保险财产,所以库内车内上的涤纶棉不应赔偿,其他都应赔偿。

第三种意见认为,所有涤纶棉都未运出厂,虽然车上的涤纶棉已经验收出库,但仍由被保险人看管,因此所有涤纶棉的损失都应赔偿。

你同意哪种意见,为什么?

[评析] 保险利益原则(又称可保利益原则)是保险经营活动中的一项基本原则,它要求被保险人对其受损的保险标的必须具有保险利益。换句话说,保险人只对与被保险人有经济利害关系的保险标的损失提供赔偿。本案中,首先,考虑库内车上的6 100米涤纶棉。由于全部货款已付,当这部分财产由购货方验收合格后装上车,即完成了财产所有权的转移,这部分财产在出险当晚由被保险人代管,说明这部分财产与被保险人之间还存在着利害关系,但这已不是保险利益了。被保险人在投保时是将这部分财产作为流动资产投保的,对其有占有、使用权,但出库并交付购货方后,在出险的当晚,被保险人对其只有保管的权利。《财产保险综合险条款解释》第十二条要求"账外财产和代保管财产应在保险单上分项列明",本案的被保险人的投保明细表上的代保管财产项目中显然不可能包含有这部分财产。因此,被保险人对这部分财产已不具有保险利益。这部分财产的损失当然也就得不到赔偿。至于这部分财产的损失,购销合同的双方当事人应各自承担多大责任,与保险人无关。其次,再考虑库内存放的涤纶棉,问题的焦点当然是其中是否有一部分(3 900米涤纶棉)的损失得不到保险合同的赔付,并不等于说库内3 900米涤纶棉属于购货方所有,只是说被保险人作为供货方有义务再将库中的3 900米涤纶棉的所有权转移给购货方。只有当被保险人将库中3 900米涤纶棉运出库并经对方验收合格装上车后,所有权才发生转移,但在此之前仍归被保险人所有。可见,在出险之前,库中的所有涤纶棉仍属保险标的,对其损失,保险人应当承担赔偿责任。

因此,第二种意见正确。

三、案例思考与讨论

1. 某年 9 月,某地 A 厂购得奥迪 A6 轿车一辆。10 月,司机李某在厂长的指示下向当地保险公司投保了车辆损失保险和第三者责任保险。在投保中,为了方便省事,司机李某在投保人和被保险人两栏中都写了自己的名字。第二年 5 月,该轿车在行驶中不慎与一辆卡车相撞,车身严重毁损。

保险公司在随后的调查中发现,被保险车辆的碰撞责任及相关损失都在保险责任范围之内,但是,保险公司同时也发现,李某所投保的轿车并非其个人财产,而是 A 厂的企业财产。也就是说,李某是以个人的名义对企业的财产进行了投保。

那么,这份保单是否有效呢?

2. 某年 8 月,某电信公司为了鼓励手机用户多存话费,与某寿险公司联手,推出"一次存话费在 300 元及以上且无欠费的客户,可获赠人身意外伤害保险卡一张"的活动,保额 15 000 元,保险责任为意外伤害造成的死亡和残疾,保险费每张卡 10 元,由电信公司定期统一支付给保险公司。当年 11 月,42 岁的李先生死于一次交通事故,家人在整理其遗物时,发现了一张当年 10 月 20 日交付手机费 300 元的收据,机主为李某,同时还发现了上述保险卡一张,在投保人处盖有某电信公司的公章,被保险人为李某的名字。李某的家人持保险卡、交费收据、医学死亡证明及交通责任认定书来到该寿险公司索赔。该寿险公司是否要赔付?

任务二 掌握最大诚信原则

知识目标

理解诚信的含义;
理解最大诚信原则的含义;
掌握最大诚信原则的内容;
掌握违反最大诚信原则的法律后果。

任务引入

今天的中国造假盛行,不讲诚信的行业和企业太多了:饭店有地沟油,奶粉中有三聚氰胺,茶油添加剂安全度有造假,狂犬疫苗有造假,航空公司飞行员的飞行资历也有造假,房地产公司卖的房子夸大建筑面积(大连一退休局长按照国家相关规范通过专业测量发现自己家的两套商品房的建筑面积均少了大约 10 平方米,之后为 3 000 多户家庭免费测量,发现开发商所称的建筑面积均有不同程度的夸大)。为什么人们没有诚信了呢?

诚信原则要求人们在民事活动中要诚实、讲信用、守诺言,在不损害他人和社会利益的前提下追求自己的利益。在保险领域,保险合同双方当事人都需要遵守最大诚信原则。

任务分析

分析关于投保人如实告知保险重要事项有关的案例；
分析关于保险人弃权与禁止反言的案例。

相关知识

海上的默示保证有三项：第一，保险的船舶必须有适航能力；第二，要按预定的或习惯的航线航行；第三，必须从事合法的运输业务。

一、最大诚信原则及其存在的原因

（一）最大诚信原则的含义

保险双方在签订和履行保险合同时，必须以最大的诚意，履行自己应尽的义务，互不欺骗和隐瞒，恪守合同的认定与承诺，否则导致保险合同无效。

（二）最大诚信原则存在的原因

1. 在整个保险经营活动中，保险标的始终控制在投保人、被保险人手中，就要求投保人将保险标的在合同订立及合同履行过程中的情况如实告知保险人。

2. 保险条款一般由保险人事先拟订或由管理机关制定，具有较强的专业性和技术性。《保险法》规定：保险合同中规定有关保险人责任免除条款的，保险人在订立保险合同时应当向投保人明确说明；未明确说明的，该条款不产生效力。

二、最大诚信原则的基本内容

最大诚信原则的基本内容包括告知、保证、弃权与禁止反言。现代保险合同及有关法律规定中的告知与保证是对投保人、保险人等保险合同关系人的共同约束。弃权与禁止反言的规定主要是约束保险人。

（一）告知

告知是指合同订立前、订立时及在合同有效期内，要求当事人实事求是，尽自己所知，毫无保留地向对方所作的口头或书面陈述。

1. 告知的内容

（1）投保人应告知的内容。不管人身保险还是财产保险，对于保险人的询问要尽自己所知如实告知保险人；保险合同订立后，保险标的的危险增加应及时通知保险人；保险事故发生后，投保人应及时通知保险人。更加具体一点来说，在人身保险中,投保人要将被保险人的年龄、性别、健康状况、既往病史、家族遗传史、职业、居住环境、嗜好等告知保险人。在财产保险中,投保人要将保险标的的价值、品质、风险状况等向保险人说明。

> **案例思考:** 某年10月,李某因患肺气肿无法正常上班,便办了提前病退手续。第二年4月,李某为自己投保健康险,保险期限为15年。投保时,投保单健康询问栏上,李某填写了"健康"字样。第三年9月,李某之子携带被保险人的死亡证明(死于肺心病)到保险公司索赔。请问,保险公司能否给予赔付?

(2)保险人应告知的内容。在保险合同订立时要主动向投保人说明保险合同条款,尤其是责任免除部分要进行明确说明,按合同约定如实履行给付或赔偿义务,如果拒赔条件存在,要发送拒赔通知书。

2. 告知的形式

(1)无限告知,即法律或保险人对告知的内容没有明确规定,投保人须主动将保险标的的状况及有关重要事实如实告知保险人。

(2)询问回答告知,指投保人只对保险人询问的问题如实告知,对询问以外的问题投保方无须告知。

目前,我国的保险立法都采用了询问告知的形式。一般来说,保险人将需要投保人告知的内容列在投保单中,要求投保人如实填写。投保人或被保险人对某些事实在未经询问时可以保持缄默,无须告知。

(二)保证

保证是指保险人要求投保人或被保险人对某一事项的作为或不作为、某种事态的存在或不存在做出许诺。保证有如下分类:

1. 根据保证事项是否已存在,可分为确认保证与承诺保证

确认保证是投保人或被保险人对过去或现在某一特定事实存在或不存在的保证。例如,在人身保险中,被保险人的健康状况的保证。承诺保证是投保人对将来某一特定的作为或不作为,其保证事项不涉及过去。例如,投保家财险,保证不在家中放置危险物品。投保家庭财产盗窃险,保证家中无人时,门窗一定关好等。

2. 根据保证存在的形式,可分为明示保证和默示保证

默示保证与明示保证法律效力同等。明示保证是指以文字或书面的形式,成为合同条款。默示保证一般是国际惯例所通行的准则,习惯上或社会公认的规则,而不载明于保险合同中,较多运用于海上保险。

案例阅读：珠宝店的老板向保险公司投保珠宝店的盗抢险，保险公司要求珠宝店必须安装监视摄像机，必须安装防盗报警器，必须配备专业人员进行安全保卫工作，只有在这些条件都具备的条件下，保险公司才会承担珠宝店被盗窃、被抢劫的风险。珠宝店的盗抢险的保单中将这些条件设为保证条款，如果在保单生效后，珠宝店的老板没有完全遵守其在保单中的承诺则保险合同被解除。

（三）弃权与禁止反言

弃权是指保险人放弃其在保险合同中可以主张的某种权利。构成弃权必须具备两个条件：

1. 保险人必须明确知道自己拥有这项权利

例如，高额寿险保单的投保人按照合同规定必须到保险人指定的医院进行身体检查，如果投保人提供的体检报告不是保险人指定的医疗机构提供的，则保险人有权使保险单不生效。

2. 保险人必须有弃权的意思表示

该表示可以是明示的，也可以是默示的。例如，保险人收受投保人逾期交付的保险费，或明知投保人有违背约定义务但仍收受保险费的，即足以证明保险人有继续维持合同的意思。因此，保险人本来享有的解除合同的权利，看作放弃该权利。

案例思考：某汽车租赁公司将其所有的32辆汽车以"非营业"用车向保险公司投保了车损险，签订了保险合同。在保险责任有效期内，保险公司对投保车辆发生的保险事故进行了多次赔偿。后来又有一辆投保的车发生严重事故，被保险人向保险人提出索赔，保险人以投保人未履行如实告知义务，改变投保车辆的使用性质为由拒赔。请思考，保险人拒赔是否妥当？

禁止反言是指保险人已放弃某种权利，日后不得再向被保险人主张这种权利。弃权与禁止反言的规定，不仅可以约束保险人的行为，要求保险人为其行为及其代理人的行为负责，同时也维护了被保险人的权益，有利于保险双方权利义务关系的平衡。

案例阅读：B保险公司在明知客户A（假设还是刚才的客户）投保后进行的体检中，发现该客户血糖不正常，在明知客户风险的情况下，承保该客户。在日后理赔过程当中却以客户没有如实告知而拒绝赔付，实际上是违反了最大诚信原则对于保险人的要求：弃权和禁止反言。

三、违反最大诚信原则的表现和法律后果

(一)违反告知和法律后果

投保方违反告知的表现形式有:

(1)漏报。投保人由于疏忽对某些事项未予申报,或者对重要事实误认为不重要而遗漏申报。

(2)误告。投保人因过失而申报不实。

(3)隐瞒。投保人明知而有意不申报重要事实。

(4)欺诈。投保人有意捏造事实,弄虚作假,故意不作正确申报并有欺诈意图。

投保人因过失未履行如实告知义务,对保险事故的发生有严重影响的,保险人对于保险合同解除前发生的保险事故,不承担赔偿或者给付保险金的责任,但可以退还保险费。投保人故意不履行如实告知义务的,保险人对于保险合同解除前发生的保险事故,不承担赔偿或者给付保险金的责任,并不退还保险费。

> **提醒您:** 我国2009年10月1日开始施行的《保险法》第十六条规定:"订立保险合同,保险人就保险标的或者被保险人的有关情况提出询问的,投保人应当如实告知。"
>
> "投保人故意或者因重大过失未履行前款规定的如实告知义务,足以影响保险人决定是否同意承保或者提高保险费率的,保险人有权解除合同。合同解除权,自保险人知道有解除事由之日起,超过三十日不行使而消灭。自合同成立之日起超过二年的,保险人不得解除合同;发生保险事故的,保险人应当承担赔偿或者给付保险金的责任。"

> **案例阅读:** 今年1月,保险客户报案,要求理赔住院费用。该名客户投保的是一份住院津贴型保险,每日住院可获得补贴200元,此次出险是因为头晕住院。在投保单上,她填写的职业是经营一家通讯店。保险公司核赔人员在检查单据时发现,她并非通讯店老板,而是一名医院护士,住院期间还在上班(上班的医院和住院医院不是同一家)。深入调查后发现,这名护士至少在8家保险公司购买了保险,其中大部分为津贴型,每日住院可获100~200元的赔偿。这些保险公司中,有些已经对她此次的住院进行了赔付。由此,保险公司给出了拒赔。

保险人违反告知的表现形式是:(1)未尽责任免除条款明确说明义务。(2)隐瞒与保险合同有关的重要情况。

如果保险人在订立合同时未履行责任免除条款的明确说明义务,则责任免

除条款无效。如果保险人隐瞒与保险合同有关的重要情况,欺骗投保人、被保险人或者受益人,构成犯罪的,依法追究刑事责任;尚不构成犯罪的,由保险监督管理机构对其进行罚款,情节严重的,限制其业务范围或责令停止接受新业务。

（二）保证的违反和法律后果

任何不遵守保证条款或保证约定,不信守合同约定的承诺或担保的行为,均属于违反保证。被保险人一旦违反保证的事项,保险人应就违反保证部分解除保险责任,或保险人拒绝赔偿损失或给付保险金。而且,除人寿保险外,保险人一般不退还保险费。

任务实施

一、巩固练习

（一）单项选择题

1. 对于告知的形式,我国一般采取（　　）方式。
   A. 无限告知　　　B. 有限告知　　　C. 询问回答告知　　　D. 客观告知
2. 弃权与禁止反言的规定主要约束（　　）。
   A. 保险人　　　B. 投保人　　　C. 被保险人　　　D. 保险代理人
3. 要求对过去或投保当时的事实作出如实陈述的保证是（　　）。
   A. 确认保证　　　B. 承诺保证　　　C. 明示保证　　　D. 默示保证
4. 对未来的事实作出的保证是（　　）。
   A. 确认保证　　　B. 承诺保证　　　C. 信用保证　　　D. 默示保证
5. 默示保证与明示保证的法律效力相比（　　）。
   A. 前者效力大于后者　　　B. 后者效力大于前者
   C. 具有同等效力　　　D. 视具体情况而定
6. （　　）是指保险人已放弃某种权利,日后不得再向被保险人主张。
   A. 确认保证　　　B. 承诺保证　　　C. 弃权　　　D. 禁止反言
7. 我国《保险法》规定,投保人因过失未履行如实告知义务,对保险事故的发生有严重影响的,保险人对于保险合同解除前发生的保险事故（　　）。
   A. 承担赔偿或给付保险金的责任,不退还保险费
   B. 部分承担赔偿或给付保险金的责任,不退还保险费
   C. 不承担赔偿或给付保险金的责任,但可退还保险费
   D. 不承担赔偿或给付保险金的责任,不退还保险费

（二）多项选择题

1. 违反最大诚信原则的情形主要有（　　）。
   A. 未申报　　　B. 误告　　　C. 隐瞒　　　D. 欺诈
2. 诚信原则适用于（　　）。
   A. 保险方　　　B. 被保险方　　　C. 各类保险　　　D. 第三者

3. 在最大诚信原则的基本内容中,主要约束保险人的是( )。
   A. 告知　　　　　B. 保证　　　　　C. 弃权　　　　　D. 禁止反言
4. 下列属于狭义告知内容的有( )。
   A. 足以影响保险人是否承保和确定费率的重要事实
   B. 与保险标的风险有关的一切事实
   C. 保险合同条款内容,对于责任免除条款要明确说明
   D. 保险期内保险标的风险的变动情况
5. 根据保证事项是否已存在,保证可分为( )。
   A. 明示保证　　　B. 默示保证　　　C. 确认保证　　　D. 承诺保证
6. 海上保险的默示保证一般包括( )。
   A. 保险合同主体不得变更　　　　　B. 保险的船舶必须有适航能力
   C. 要按预定的或习惯的航线航行　　D. 必须从事合法的运输业务
7. 投保人或被保险人违反告知的表现主要有( )。
   A. 漏报　　　　　B. 误告　　　　　C. 隐瞒　　　　　D. 欺诈
8. 被保险人一旦违反保证事项,其后果是( )。
   A. 保险合同即告失效
   B. 保险人拒绝赔偿损失
   C. 保险人拒绝给付保险金
   D. 除人寿保险外,保险人一般不退还保险费

二、阅读案例评析

> **关于诚信的综合案例**
>
> [案情]　某煤矿作为投保人为其所有的工人集体投保,与某保险公司签订了保险合同,并交纳了相应的保费,但作为被保险人的工人没有在保险合同上签字。在保险合同约定的期间,该煤矿发生矿难,导致两名矿工死亡,矿工家属索赔时,保险公司以保险合同未经被保险人书面同意、保险合同无效为由拒绝赔付。
>
> [评析]　人身保险合同是以人的寿命和身体作为保险标的的保险合同,保险合同由于带有射幸性和容易诱发赌博危险和道德危险,为确保被保险人的生命不致在其毫不知情的状况下被他人置于危险状态,因此,我国《保险法》规定:"以死亡为给付保险金条件的合同,未经被保险人书面同意并认可保险金额的,合同无效。"按照该条款规定,投保人与被保险人不为同一人时,投保人与保险人签订以被保险人的死亡为给付保险金条件的合同必须遵循特殊有效要件,即被保险人书面同意并认可保险金额。旨在防止此类保险合同签订后,投保人为图谋高额保险金而诱发对被保险人生命不利的危险。
>
> 上述案例中,保险公司便是以《保险法》的该项规定,而主张作为被保险人的工人没有签字,保险合同应属无效。

但保险人在保险合同的法律业务方面较投保人更为熟悉,具有明显的专业优势地位。按照最大诚信原则,保险合同的当事人在签约时负有告知等一系列义务。上述案例中,保险公司明知以死亡为给付条件的人身保险合同未经被保险人书面同意无效,应明确告知投保人或催促被保险人以书面同意并认可保险金额来使保险合同生效。如未能获得被保险人的书面同意,也应该通知投保人并将保费退还。但保险人在明知未取得被保险人书面同意的情况下,仍照常收取保费,在发生保险事故时以此理由拒绝赔付。因此,保险公司的行为明显违背最大诚信原则。

上述案例中,投保人按照保险合同的约定交纳了保费,保险公司予以收取,投保人、被保险人有理由相信保险合同成立,并信赖投保的目的已经达到,认为发生保险事故时能够得到补偿。在发生保险事故后,被保险人的损失已实际发生,且损失数额确定。如果保险合同无效后,保险公司只返还保费及利息,则会造成保险人违背最大诚信原则却无需承担相应的责任,而守法、守约的投保人和被保险人的受益人却得不到理赔。这样既不符合最大诚信原则的立法本意,也不符合公平和正义的原则,会造成保险人一直在收保费,发生保险事故后却以保险合同无效而不用赔付的现象。这种违背最大诚信原则的现象,势必会给我国保险市场带来负面影响。

根据我国《合同法》的规定,合同无效后,有过错的一方应赔偿对方因此受到的损失。即使认为被保险人未书面同意导致保险合同无效的,也是因保险公司未履行告知义务造成,即过错在于保险公司,保险公司应赔偿被保险人的受益人所受到的损失,而不是仅仅退还保费。

三、收集资料并思考

收集车险"无责不赔"有关资料,思考这是否违反最大诚信原则。

任务三　掌握近因原则

知识目标

理解近因的含义;
理解近因原则。

任务引入

第一次世界大战期间,被保险人莱兰船舶公司的一艘轮船被德国潜艇用鱼雷击中,但仍然拼力驶向哈佛港。由于哈佛港务当局担心该船会在码头泊位上沉没从而堵塞港口,因此拒绝其靠岸。该船只好驶离港口,在航行途中,船底触礁而沉没。由于该船只投保了一般的船舶保险（未附加战争险），保险公司拒赔。本案涉及多种原因连续发生，如何认定近因？

任务分析

分析近因原则的有关案例。

相关知识

不保风险是指既不是保险条款中列举的承保风险，也不属于保险条款中规定的除外责任的风险。

一、近因原则的含义

保险标的发生损失可能是一个原因造成的，也可能是两个或两个以上原因造成的；两个或两个以上的原因，可能是同时作用，也可能是连续作用或间断作用造成了损失。造成保险标的损失的原因可能是承保风险、不保风险，也可能是除外风险。由于造成损失的原因是各种各样的，而保险标的的损失与造成损失的原因之间又可能存在各种不同关系。所以保险人必须对损失和损失原因之间的关系进行限制。

保险损失的近因是指在风险和损失之间，导致损失的最直接、最有效、起决定作用的原因，而不是指时间上或空间上最接近的原因。近因原则是指保险人只承担以保险单承保风险为近因造成的保险标的的损失。

> **案例阅读**：在第二次世界大战期间，考克斯沃德油轮被政府征用从事类似于战争的行为。该油轮在政府控制下运送石油，驶往海军基地那维克。因恐遭敌舰袭击，政府派了四艘军舰护航，并委任一名海军军官指挥这只船队。航行途中突然得到情报，有一敌潜艇可能来袭，于是油轮改变了航线。由于大雾迷航，考克斯沃德油轮触礁沉没，遭致全损。由于当时战争危险大，私营保险业者不敢承保战争险，只保水上险，故该油轮的战争险是由政府承保的。出险后，诉诸法院要求划清责任，法院认为灭失的近因是战争危险，因而应由承保战争险的政府兵险集团负责。

二、近因的认定与保险责任的确定

（一）认定近因的基本方法

（1）从最初事件出发（正推），按逻辑推理直到最终损失发生，最初事件就是最后的事件的近因。

(2)从损失开始(反推),沿系列自后往前推,为什么会发生这样的损失,追溯到最初事件,如果没有中断,最初事件就是近因。

(二)近因的认定与保险责任的确定

1. 单一原因造成的损失

此时该单一的原因就是近因。如果该原因属于被保风险,保险人应承担赔偿责任;如果该原因不属于被保风险,保险人不负赔偿责任。例如,飞机失事,造成被保险人身故。如果该原因属于保险事故,保险人应当承担保险责任;否则,保险人不承担保险责任。

2. 同时发生的多种原因造成的损失

多种原因同时发生是指无法严格区分不同原因在发生时间上的先后顺序,它们对损失的发生都具有直接的、有效的作用,原则上每个原因都是损失的近因。

(1)多种原因均属被保风险,保险人负责赔偿全部损失。

(2)多种原因中,既有被保风险,又有不保风险,原则上保险人要承担全部损失的赔偿责任,即承保风险优于不保风险。

(3)多种原因中,既有被保风险,又有除外风险,则要分析被保风险和除外风险之间的关系。当两者是相互独立关系,即没有另一个原因,任何一个原因都会造成损失,如果承保风险与除外风险造成的损失可以划分的,保险人只负责赔偿承保风险造成的损失部分;如果承保风险与除外风险造成的损失无法划分,原则上,保险人不负损失赔偿责任。当被保风险和除外风险是相互依存关系,即没有另一个原因,任何一个原因都不会单独造成损失,这时,保险人不负赔偿责任,除外风险优于被保风险。

3. 连续发生的多项原因造成的损失

多种原因连续发生是指各种原因在发生时间上存在先后,并且相互之间存在内在的必然的因果关系,前因导致后果,形成链状因果关系或网状因果关系,其中最先发生并造成一连串事故的原因,即为损失的近因。

案例评析:人身意外伤害保险的被保险人在保险有效期内去打猎,不慎摔成重伤,因伤重无法行走,只能卧倒在湿地上等待救护,结果由于着凉而感冒发烧,后又并发了肺炎,最终因肺炎而死。

此案中,被保险人的意外伤害与死亡所存在的因果关系并未因肺炎的发生而中断,意外伤害是前因,属于被保风险;肺炎是后因,属于除外风险,是前因导致的必然结果。所以,被保险人死亡的近因是意外伤害,保险人负全部损失的赔偿责任。

(1)连续发生的原因都是被保风险,保险人赔偿全部损失。

(2)前因不属被保风险,后因是被保风险,后因是前因导致的必然结果,则保险人不负赔偿责任。

(3)前因属于被保风险,后因不是被保风险,后因是前因导致的必然结果,则保险人负全部损失的赔偿责任。

> **案例阅读:**某年11月,哈尔滨隆兴有限责任公司购买宏兴甘鲜果品有限责任公司一批柑橘,共计5 000篓,价值90 000元。铁路运输,共2车皮。宏兴甘鲜果品有限责任公司通过铁路承运部门投保了货物运输综合险,保费3 500元。当年11月25日,保险公司出具了保险单。12月,到达目的地后,收货人发现:一节车厢门被撬开,保温棉被被掀开2米,货物丢失120篓,冻坏变质240篓。直接损失6 480元。当时气温为零下20℃。宏兴甘鲜果品有限责任公司向保险公司索赔。本案中,盗窃是前因,棉被破损是后因,又是天气寒冷的前因,天气寒冷是后因。天气寒冷冻坏货物是盗窃的必然的结果,是合理的连续、自然延续的结果。因此,最后保险公司不仅要赔偿丢失的货物120篓,还要赔偿被冻坏的240篓。

(4)前因和后因均为除外风险,保险人不负赔偿责任。

> **案例阅读:**投保人投保了一切险,在保险有效期内,花生含水量过高,在运输途中发生霉变。霉变属于保险责任,花生含水量过高是近因,不在保险责任范围内。因此,保险人不负赔偿责任。

4.间断发生的多项原因造成的损失

间断发生是指造成损失的各原因之间在发生时间上存在先后顺序,但相互之间没必然的内在的联系,彼此不形成因果关系,是完全独立的。在一连串连续发生的原因中,有一项新的独立的原因介入,导致损失,则损失的近因就是这个新的独立原因。

(1)若新的独立的原因为被保风险,即使它发生在除外风险之后,保险人应承担保险责任。

(2)若新的独立的原因为除外风险,即使它发生在承保风险之后,保险人不承担损失赔偿或给付责任。

任务实施

一、巩固练习

(一)单项选择题

近因是指( )。

A. 最直接、最有效、起决定作用的原因
B. 时间上最接近的原因
C. 空间上最接近的原因
D. 时间、空间上均最接近的原因

(二)多项选择题

1. 关于近因原则的表述正确的是(　　)。
   A. 近因是造成保险标的损失的最直接、最有效、起决定作用的原因
   B. 近因是空间上离损失最接近的原因
   C. 近因是时间上离损失最接近的原因
   D. 近因原则是在保险理赔过程中必须遵循的原则
   E. 只有当被保险人的损失由近因造成时,保险人才给予赔偿

2. 确定近因的基本方法有(　　)。
   A. 从最初事件出发,按逻辑推理直到最终损失发生,最初事件就是最后一个事件的近因
   B. 从最初事件出发,按逻辑推理直到最终损失发生,倒数第二个事件就是最后一个事件的近因
   C. 从损失开始,自后往前推,追溯到最初事件,最后的事件就是近因
   D. 从损失开始,自后往前推,追溯到最初事件,如果没有中断,最初事件就是近因

3. 根据近因原则,多种原因同时致损时,(　　)。
   A. 多种原因均属于被保风险,保险人负责赔偿全部损失
   B. 多种原因中,既有被保风险,又有除外风险,且损害是可以划分的,保险人只负责被保风险所致损失部分的赔偿
   C. 多种原因中,既有被保风险,又有除外风险,无论损害是否可以划分,保险人都不承担赔偿责任
   D. 多种原因中,既有被保风险,又有除外风险,且损害不可以划分,则保险人可能不承担损失赔偿责任,也可能与被保险人协商解决,对损失按比例分摊

4. 根据近因原则,下列处理正确的是(　　)。
   A. 连续发生的原因都是被保风险,保险人赔偿全部损失
   B. 连续发生的原因中含有除外风险,前因是被保风险,后因是除外风险,后因是前因的必然结果,则保险人对损失负全部责任
   C. 连续发生的原因中含有除外风险,后因是被保风险,前因是除外风险,后因是前因的必然结果,则保险人对损失负全部责任
   D. 间断发生的多项原因造成的损失,并且都是除外风险,保险人不承担赔偿责任

二、阅读案例

(一)关于肺部感染致死还是跌跤致死的案例

[案情] 七旬老人张英的子女给她投保了意外伤害身故险、附加意外伤害医疗险和意外伤害住院津贴险。保险费每年8 000元。某年8月,张英在下楼时意外跌伤,经医院诊断为右股骨胫骨折,卧床治疗后引发深度肺部感染,半年后去世。其子女作为受益人提出索赔,遭到保险公司拒绝。理由是张英死于肺部感染,肺部感染并非意外事故,其死亡条件与保险合同约定不符。然而张英子女从医生处得知,肺部感染和骨折后长期卧床不起有因果关系,跌跤—骨折—卧床不起—肺部感染—死亡之间有非常紧密的联系,因此向法院提起诉讼。

[评析] 本案中导致保险事故发生的原因有两个,即意外骨折和肺部感染。本案的关键在于确认该案的近因是意外骨折还是肺部感染。从表面看来,似乎肺部感染强行介入了张英老人的死亡原因,从而切断了最初原因骨折和死亡之间的联系。但在实际中,医学专家认为,受伤卧床极易导致肺部感染,与发生死亡存在一定的几率,老人死亡概率更大,三者之间因果联系可能性较高。在该案中,骨折毕竟不是导致张英死亡的唯一近因,所以从公平合理原则出发,鉴于骨折、肺部感染与死亡结果之间的有机联系,最后法院判决保险公司承担意外伤害身故赔偿金30%的赔付责任。

(二)关于战争还是船舶触礁为近因的案例

[案情] 一批国际贸易货物咖啡投保了一切险,但没有投保战争险,船舶突然意外触礁,船长下令施救,结果有10 000袋咖啡被救上岸,但最后被敌对方所捕获。其余的咖啡与船舶一起沉没,结果收货人向保险公司索赔,保险公司仅仅赔付了与船舶一起沉没部分的咖啡损失。

[评析] 被救的10 000袋咖啡在被救上岸后,触礁风险已经解除,后被敌方捕获,即战争风险是损失的近因。由于战争险是一切险的除外责任,且没有附加投保战争险,因而保险人对此损失不予赔偿。

对于沉没的咖啡,咖啡的沉没是船舶沉没所致,而船舶沉没又是因船舶触礁所致,损失的近因是船舶触礁风险,属于一切险的被保风险,保险人对此损失应负赔偿责任。

(三)运用近因原则,结果事故相同赔付不同的案例

[案情] 某单位为全体员工购买了人身意外伤害保险,保险金额都是10万元。一次,单位组织员工外出活动,单位的大巴车与迎面而来的大货车相撞。由于员工甲所坐的驾驶副座就是与大货车相撞的部位,当场便死亡了。坐在前面的员工乙受到重伤,失去一条大腿,失血很多,送医院抢救,急救中心肌梗塞,于第二天死亡。该单位立即向保险公司报案,并提出索赔。保险公司调查发现,员工甲死亡时28岁,身体一向健康;员

项目三 掌握保险的基本原则 99

> 工乙死亡时52岁,患有多年心脏病。最后赔付员工甲的受益人意外伤害保险身故保险金10万元,赔付员工乙的受益人意外伤害伤残保险金5万元。
>
> 〔评析〕 员工甲死亡的直接原因是意外伤害,属于人身意外伤害保险中保险人给付死亡保险金的责任范围,因此按照保险金额赔付10万元。员工乙死亡的直接原因是心肌梗死,意外伤害与心肌梗死没有必然的因果关系,属于新介入的独立原因,不属于人身意外伤害保险中保险人给付死亡保险金的责任范围;但是乙失去大腿的近因是意外事故,属于意外伤害保险中伤残保险金的责任范围,因此根据保险合同,保险公司赔付员工乙的受益人意外伤害伤残保险金5万元。

任务四 掌握损失补偿原则

知识目标

掌握损失补偿原则的限制条件;
理解损失补偿原则的两个派生原则;
掌握重复保险的分摊原则;
掌握代位追偿原则的含义。

任务引入

在财产保险索赔和理赔中,我们可以听到"有损失有补偿,无损失无补偿"和"损失多少,赔偿多少"两句话。所谓"有损失有补偿,无损失无补偿"指的是保险人补偿以保险责任范围内的损失发生为前提。所谓"损失多少,赔偿多少"指的是保险人补偿以被保险人的实际损失为限。

任务分析

分析财产保险合同中损失补偿原则的案例;
计算重复保险的分摊。

相关知识

现行法律关于紧急避险的规定
紧急避险是指为了使国家、公共利益、本人或者他人的人身和其他权利免受正在发生的危险和危害,不得已损害另一个较小合法权益的行为。
紧急避险的构成要件

1. 必须有威胁合法利益的危险发生。所谓威胁合法利益的危险,是指足以给合法利益造成损害的某种事实状态。危险的来源主要有:(1)自然灾害;(2)人的生理、病理原因等,如饥饿、疾病等;(3)非法侵害行为,包括有责任能力的违法犯罪行为和无责任能力的危害行为;(4)动物的侵害,如野兽袭击、恶犬追扑等。

2. 必须是危险正在发生。

3. 行为人避险的意图是为了使合法权益免受正在发生的危险。

4. 避险的对象是第三者的合法权益。

紧急避险的本质特征是为保全一个较大的合法权益,而将其面临的危险转嫁给另一个较小的合法权益。因而紧急避险行为所指向的对象不是危险的来源,而是第三者的合法权益。损害第三者的合法权益主要是指财产权和住宅不可侵犯权等,不包括第三人的生命权和健康权,即一般情况下不允许用损害他人生命和健康的方法保护另一种合法权益。

5. 避险行为只能在不得已的情况下实施。

6. 避险行为不能超过必要限度造成不应有的损害。

所谓避险的必要限度,是指避险的行为造成的损害必须小于所避免的损害。如果避险行为造成的损害大于或者等于所避免的损害,则属于超过了必要限度。如何衡量两个合法权益的大小? 一般而言,权衡合法权益大小的基本标准是:人身权利大于财产权利,人身权利中生命权为最高的权利;财产权利的大小可以用财产价值的大小来衡量。

一、损失补偿的基本原则

(一)损失补偿原则的含义

损失补偿原则主要适用于财产保险,是指在财产保险中,当保险事故发生并导致被保险人经济损失时,保险人给予被保险人的经济赔偿数额恰好弥补其保险事故所造成的经济损失。损失补偿原则有助于维护保险双方的正当权益,有助于防止被保险人通过赔偿而得到额外利益。

(二)损失补偿原则的限制条件

1. 以实际损失为限

当投保财产发生责任范围内的损失时,保险人按照合同规定承担赔偿责任,其支付的保险赔款,不得超过被保险人的实际损失。实际损失的确定通常要根据损失发生当时财产的市场价值。例如,假定上海某居民为自己的房屋投保,投保时房屋的市场价值为100万元,发生保险事故时房屋的市场价值为90万元,该居民向保险公司索赔,能获赔90万元,而不是100万元。

2. 以保险金额为限

没有保险利益就不存在损失,保险利益是保险赔偿的基础。保险金额是保险人承担赔偿责任的最高限额,因此,保险赔款不能超过保险金额,只能低于或等于保险金额。例如,假定上海某居民为自己的房屋投保,投保时房屋的市场价值为100万元,发生保险事故时房屋的市场价值为120万元,该居民向保险公司索赔,能获赔100万元,而不是120万元。

3. 以可保利益为限

可保利益是保险保障的最高限度,保险赔款不能超过被保险人对遭受损失的财产所具有的可保利益。例如,在抵押贷款中,借款人为取得70万元贷款而将价值100万元的房屋抵押给银行(贷款人)。银行为保证贷款的安全,将抵押品——房屋——投保财产保险,由于贷款人对该房屋只有70万元的可保利益,所以,当房屋遭受损失时,保险人只能根据可保利益最多赔偿被保险人70万元。如果保险事故发生时,贷款已经全部收回,则银行无权索赔。

案例阅读:浙江宁波的周某2001年花14万元买了一辆新车并连续9年在中国人民财产保险股份有限公司宁波市某区支公司进行了投保。从2001年开始直到2009年,8年时间,周某的车每年的保险费都是按新车购置价14万元全额计价缴付,其中车头部分是以新车价88 920元作为保险金额。2009年,这辆车发生车损事故。宁波市价格认定中心对车辆损失作了评估,认定车头部分损失为36 000多元。事故结案后,周某向保险公司索赔,但业务员却告知,车头部分要按折旧来计算赔款,只能赔20 896.20元,这与实际修理费相差了近1.6万元。原来保险公司经计算得出,周某的车在出事故时车头部分实际价值只值20 896.2元,所以根据保险条款中,车损事故赔偿不能超过车辆实际价值的规定,只能赔周某20 896.2元。周某觉得,他按照保险公司的要求连续8年按14万元的新车价投保,其中车头部分连续8年按88 920元投保,现在车头部分出了险却只给赔付2万多元,明显不合理,于是起诉到了人民法院。

法院一审判决周某按实际修理费用理赔的主张败诉。周某不服判决,提起上诉,但二审法院仍然判决周某败诉。

判决书中明确写明,《中华人民共和国保险法》规定:保险金额不得超过保险价值,超过保险价值的部分无效。本案所涉及的车损保险条款中明确本保险合同为不定值保险合同。故该保险金额应按保险事故发生时保险标的的实际价值确定,原投保时按新车购置价确定的保险金额超过该实际价值部分无效。

> 这份判决说明,周某的车头按88 920元的新车价投的保,投保时其中真正有效的部分是20 896.2元,超过部分即68 023.8元的所谓保险金额是无效的。法院认定,根据我国《保险法》规定,超过保险标的价值所对应的保费不应收取,判决保险公司退回多收的保费。

(三)损失补偿原则的例外

1. 人身保险的例外

损失补偿原则只适合于补偿性保险合同,而不适合给付性保险合同。

2. 定值保险的例外

在定值保险情况下,如果发生保险事故造成损失,保险人按照合同事先确定的保险金额为基础进行损失赔偿,对出险时保险标的的实际价值不重新进行估价。

二、损失补偿原则的派生原则

(一)重复保险的分摊原则

1. 重复保险的含义

重复保险是指投保人对同一保险标的、同一保险利益、同一保险事故分别向两个或两个以上保险人订立保险合同,且其保险金额的总和超过保险价值的保险。

2. 重复保险的分摊方式

重复保险的分摊方式有三种,即比例责任分摊方式、限额责任分摊方式和顺序责任分摊方式。我国一般采用比例责任分摊方式。

(1)比例责任分摊方式。比例分摊方式即各保险人按其所承保的保险金额与总保险金额的比例分摊保险赔偿责任。因为保险金额是保险单上规定的保险人负责损失赔偿的最高限额,因此比例责任分摊方式也被称为最大责任分摊法。其计算公式为:

各保险人承担的赔款=损失金额×该保险人承保的保额/各保险人的保额总和

> **案例阅读**:某人将其所有的一幢价值为160万元的房屋同时向甲、乙两家保险公司投保1年期的火灾保险,甲保险公司的保险金额为150万元,乙保险公司的保险金额为30万元。假定在此保险有效期内,房屋发生火灾,损失40万元。如果按比例责任分摊方式,那么甲、乙两家保险公司应如何分摊赔偿责任?

解析：根据公式计算各保险人承担的赔款＝损失金额×该保险人承保的保额/各保险人的保额总和

甲保险公司承担的赔款＝40×150/180＝33.33(万元)

乙保险公司承担的赔款＝40×30/180＝6.67(万元)

(2)限额责任分摊方式。限额责任分摊方式是假设在没有重复保险的情况下，各保险人依其承保的保险金额而应负的赔偿限额与各保险人应付赔偿限额总和的比例承担损失赔偿责任。限额责任分摊方式的公式为：

各保险人承担的赔款＝损失金额×该保险人的赔偿限额/各保险人应付赔偿限额总和

案例阅读：如上例在没有重复保险的情况下，甲保险公司应承担40万元的赔偿责任，乙保险公司应承担30万元的赔偿责任。根据限额责任分摊方式计算：

甲保险公司承担的赔款＝40×40/70＝22.86(万元)

乙保险公司承担的赔款＝40×30/70＝17.14(万元)

(3)顺序责任分摊方式。顺序责任分摊方式即由先出保险单的保险人首先负责赔偿，后出保险单的保险人只有在承保的标的损失超过前一保险人承保的保险金额时，才依次承担超出的部分。简单地说，谁先保谁先赔款，不够部分由后出单的保险人赔偿。

(二)代位追偿原则

1. 代位追偿原则的含义

保险事故发生后，如果损失是由被保险人以外的第三者造成的，在向被保险人履行了损失赔偿的责任后，保险人有权取得被保险人在该项损失中依法享有的向第三者索赔的权利。保险人取得该项权利后，即可以被保险人的名义向第三者进行追偿。值得注意的是，无论是全损或者部分损失，保险人都可以代位行使被保险人的权利。但是保险人只能在已赔付被保险人的金额范围内代位行使被保险人的权利。

2. 代位追偿原则的适用

(1)保险代位追偿适用于财产保险合同，而不适用于人身保险合同。

(2)在财产保险合同中，保险人不得对被保险人的家庭成员或者其组成人员行使代位请求赔偿的权利，除非被保险人的家庭成员或者其组成人员故意造成保险事故。

3. 代位追偿原则的主要内容

(1)权利代位，即追偿权的代位。

代位追偿权产生的条件:

第一,损失属于保险责任范围。保险标的损失的原因是保险事故,这样,被保险人可以依据保险合同向保险人要求赔偿。

第二,损失是由第三者的责任造成的,而且被保险人未放弃向第三者的赔偿请求权。只有由第三者造成的损失才可以依据法律向第三者要求赔偿。只有被保险人没有放弃对第三者依法要求其赔偿的权利,保险人才可以在赔偿被保险人的损失之后行使代位求偿权。

第三,保险人履行赔偿义务。保险人取得代位求偿权是在按照保险合同履行了赔偿责任之后,因为代位求偿权是债权的转移,在此项债权转移之前,被保险人与第三者之间特定的债的关系与保险人无关。保险人只有按照保险合同的规定向被保险人赔付保险金之后,才依法取得向第三者请求赔偿的权利。

> **案例阅读:** 国际贸易中的以FOB贸易条件成交1 000箱茶叶,为茶叶投保了一切险。由于承运人的疏忽,将茶叶与樟脑丸配载于相邻的货位上,结果茶叶严重串味,丧失饮用价值。收货人凭保险单向保险公司索赔。本案中,茶叶串味属于一切险承保范围内的损失,又是承运人依法应承担的责任。保险人赔付全部损失之后,有权以被保险人的名义要求承运人对茶叶串味造成的损失进行赔偿。

(2)物上代位。物上代位权是指保险标的因遭受保险事故而发生全损时,保险人在全额支付保险赔偿金之后,依法拥有对该保险标的物的所有权,即代位取得受损保险标的物上的一切权利。

物上代位权通常产生于对保险标的作推定全损的处理,而且物上代位权的取得,是通过委付取得。委付是一种放弃物权的法律行为,在海上保险中经常采用。

委付成立必须具备的条件如下:

第一,委付必须由被保险人向保险人提出;

第二,委付应是就保险标的的全部提出请求;

第三,委付不得附有条件;

第四,委付必须经过保险人的同意。

保险人在物上代位中的权益范围如下:

(1)在足额保险中,保险人在处理标的物时所获得的利益如果超过所支付的赔偿金额,超过的部分归保险人所有。如有对第三者损害赔偿请求权,索赔金额超过其支付的保险赔偿金额,也同样归保险人所有,这一点与代位追偿权有所不同。

(2)在不足额保险中,保险人只能按照保险金额与保险价值的比例取得受损标的的部分权利。

任务实施

一、巩固练习

(一)单项选择题

1. 某投保人为自有的价值为10万元的房屋投保火灾保险,甲公司保额为4万元,乙公司保额为8万元,损失为3万元,按比例责任分摊方式乙公司应赔偿( )。
   A. 4 000元　　　　B. 10 000元　　　　C. 16 000元　　　　D. 乙公司全赔
2. 保险人行使代位求偿权追偿到的金额大于赔偿给被保险人的金额,超出部分应归( )所有。
   A. 保险人　　　　B. 被保险人　　　　C. 投保人　　　　D. 保险代理人
3. 某业主将自有的一套价值为120万元的住宅投保了家庭财产保险,保险金额为90万元。后房屋发生火灾,造成部分损失共计40万元。按第一风险责任赔偿方式,保险人应承担的赔偿金是( )。
   A. 120万元　　　　B. 90万元　　　　C. 40万元　　　　D. 30万元
4. 损失补偿原则适用于( )。
   A. 一切保险合同　　　　　　　　B. 一切保险标的
   C. 补偿性保险合同　　　　　　　D. 给付性保险合同
5. 保险人在支付了5 000元的保险赔款后向有责任的第三方追偿,追偿款为6 000元,则( )。
   A. 6 000元全部退还给被保险人　　B. 将1 000元退还给被保险人
   C. 6 000元全归保险人　　　　　　D. 多余的1 000元在保险双方之间分摊
6. 在重复保险的分摊方式中,各家保险公司在假设无他保情况下,按单独应付的赔偿责任限额占各家保险公司赔偿责任限额值和的比例分摊损失金额的方式是( )。
   A. 比例责任分摊方式　　　　　　B. 顺序责任分摊方式
   C. 限额责任分摊方式　　　　　　D. 第一危险赔偿方式
7. 某人先后向甲、乙两家保险公司善意重复投保,保险金额分别为4万元、6万元,损失5万元,依顺序责任分摊方式,甲保险公司应赔付( )元。
   A. 5万　　　　B. 4万　　　　C. 2万　　　　D. 2.5万
8. 对于重复保险的分摊,我国采用( )。
   A. 比例责任分摊方式　　　　　　B. 限额责任分摊方式
   C. 顺序责任分摊方式　　　　　　D. 比例责任和限额责任分摊方式

(二)多项选择题

1. 损失补偿原则的限制条件有( )。
   A. 以实际损失为限　　　　　　　B. 以保险金额为限
   C. 以保险利益为限　　　　　　　D. 以保险人赔偿能力为限

2. 属于损失补偿的派生原则有( )。
   A. 近因原则　　　　　　　　　　B. 诚信原则
   C. 重复保险的分摊原则　　　　　　D. 代位追偿原则
3. 坚持损失补偿原则的意义在于( )。
   A. 保障被保险人的权益
   B. 维护保险个人权益
   C. 防止被保险人通过赔偿而得到额外的利益
   D. 避免保险演变成赌博行为以及诱发道德风险的产生
4. 损失补偿原则中保险人对赔偿金额有一定限度,即( )。
   A. 以实际损失为限　　　　　　　　B. 以保险金额为限
   C. 以可保利益为限　　　　　　　　D. 上述三者之中,以低者为限
5. 损失补偿原则的实施要点有( )。
   A. 以实际损失为限　　　　　　　　B. 以保险金额为限
   C. 以保险标的净值为限　　　　　　D. 以可保利益为限
   E. 以保险期限为限
6. 保险人的代位追偿权适用于( )。
   A. 任何保险　　B. 财产保险　　C. 人身保险　　D. 责任保险
   E. 信用保证保险
7. 损失补偿原则的派生原则有( )。
   A. 近因原则　　　　　　　　　　B. 代位求偿原则
   C. 分摊原则　　　　　　　　　　D. 可保利益原则
   E. 实际损失原则
8. 重复保险在赔偿时通常采取各家保险公司分摊损失的办法,其分摊方式有( )。
   A. 比例责任　　B. 非比例责任　　C. 限额责任　　D. 顺序责任
   E. 第一损失赔偿责任
9. 下列关于代位追偿原则的说法正确的是( )。
   A. 该原则适用于财产保险,不适用于人身保险
   B. 保险人不得向被保险人的家庭成员行使代位求偿权,除非他们故意造成保险事故的发生
   C. 保险代位求偿的目的在于既要防止被保险人也要防止保险人取得额外利益
   D. 保险人依法行使代位追偿权,不影响被保险人就未取得保险赔偿的部分向第三者请求赔偿
10. 代位追偿原则的主要内容包括( )。
    A. 推定全损　　B. 委付　　C. 权利代位　　D. 物上代位
11. 代位追偿权产生的条件是( )。
    A. 损害事故发生原因属于保险责任范围
    B. 受损标的属于保险责任范围

C. 保险事故的发生是由第三者的责任造成的

D. 保险人按合同的规定对被保险人履行赔偿义务之后,才有权取得代位追偿权

12. 保险人取得代位追偿权的方式有( )。

　　A. 法定方式　　　　B. 约定方式　　　　C. 协商方式　　　　D. 仲裁方式

13. 下列不适用于损失补偿原则的是( )。

　　A. 人寿保险　　　　B. 财产保险　　　　C. 医疗保险　　　　D. 意外伤害保险

14. 对保险人代位追偿权的法律保护包括( )。

　　A. 在保险人赔偿之前,若被保险人放弃对第三者的请求赔偿权,则同时放弃对保险人请求赔偿的权利

　　B. 在保险人赔偿后,若被保险人未经保险人同意而放弃对第三者的请求赔偿的权利,该行为无效

　　C. 若因被保险人的过错影响了保险人代位追偿权的行使,保险人扣减相应的保险赔偿金

　　D. 被保险人有义务协助保险人行使代位追偿权

15. 委付成立必须具备的条件有( )。

　　A. 委付必须由被保险人向保险人提出

　　B. 委付必须就保险标的的全部提出请求

　　C. 委付不得附有条件

　　D. 委付必须经过保险人同意

16. 下列关于保险人在物上代位中的权益范围的说法正确的是( )。

　　A. 在足额保险中,保险人按保险金额支付保险赔偿金后,即取得对保险标的的全部所有权

　　B. 在足额保险中,保险人处理保险标的获得的利益超过所支付的赔偿金额,超过部分归保险人所有

　　C. 在足额保险和不足额保险中,保险人在物上代位中,权益范围相同

　　D. 在不足额保险中,保险人只能按照保险金额与保险价值的比例取得受损标的的部分权利

17. 保险人在代位追偿中应注意的事项有( )。

　　A. 保险人只能在赔偿责任范围内行使代位追偿权

　　B. 被保险人已从第三者取得损害赔偿但赔偿不足时,保险人可以在保险金额内补足

　　C. 保险人行使代位追偿权,不影响被保险人就未取得赔偿的部分向第三者请求赔偿

　　D. 保险人不能通过行使代位追偿权而获得额外利益

二、阅读案例评析

[案情] 张某将其所有的货车向保险公司投保机动车辆损失险、机动车交通事故责任强制保险、第三者责任险,保险公司签发了保险单,交强险项下死亡伤残赔偿限额为11万元,第三者责任险的责任限额为10万元,保险期限为2009年10月9日至2010年10月8日。

2009年12月19日,张某驾驶保险车辆为他人送货,车辆在行驶过程中,路人郭某骑自行车突然横穿马路。张某由于疏于注意路面情况,直到其驾驶的车辆与郭某的自行车接近时才引起警觉,慌乱中急忙打方向盘避免与郭某相撞。张某驾驶的车辆逆行冲入非机动车道,将骑自行车的李某撞倒,致其当场死亡。张某向保险公司报案,保险公司即派员查勘现场,并经过大量走访事故发生地周围群众,确定了上述交通事故事实。李某家属向张某提出了丧葬费、死亡赔偿金共计269 855.5元,张某即向保险公司提出索赔。该案引起的问题:(1)该案中,张某对李某的死亡如何承担赔偿责任?(2)该案中,保险公司对于郭某有无代位追偿权?该追偿权如何行使?

[评析] 1.该案属于因紧急避险引发的交通事故,张某对于李某的死亡如何承担民事责任适用紧急避险有关规定。

紧急避险的概念见于《刑法》第二十一条的规定,根据该条规定,紧急避险是指为了使国家、公共利益、本人或者他人的人身和其他权利免受正在发生的危险和危害,不得已损害另一个较小合法权益的行为。

本案例中,对于李某的死亡,郭某、张某承担同等责任为宜。

依照《民法通则》一百二十九条的规定:"因紧急避险造成损害的,由引起险情发生的人承担民事责任。因紧急避险采取措施不当或者超过必要的限度,造成不应有的损害的,紧急避险人应当承担适当的民事责任"的规定,紧急避险造成的损害,由引起险情的人承担法律责任,避险人采取措施不当承担适当赔偿责任。

该案例中,依据《道路交通安全法》第三十八条的规定:"车辆、行人……应当在确保安全、畅通的原则下通行。"郭某在本案中,横穿马路时没有注意到避让在机动车道上正常行驶的机动车,造成了交通事故的险情。郭某在此次交通事故中负有重要过错,作为交通事故中险情的造成人,应当承担相应的责任。机动车驾驶人张某在郭某贸然横穿马路的情况下,不采取向左打轮,驶入逆行的避让措施,就会撞到郭某,在当时的情况下,极有可能导致郭某死亡的损害结果,因此,张某的行为属于紧急避险。但张某在进入逆行后,险情已经避免,这时张某应当采取必要的处置措施,使此次紧急避险不发生损害结果或将损害结果控制在最小的范围内。但张某未采取制动措施,致使其所驾驶的车辆又沿逆行方向冲上非机动车道,导致处于正常行驶状态下的骑车人李某当场死亡。张某的行为属于"避险过当",同时,张某在险情发生前,没有尽到机动车驾驶人"高度注意"的义务,对险情的发生也有一定的过错。如果张某在驾驶机动车的过程中密切注意路面的情况,及时发现郭某横穿马路的意图,并相应地采取减速、鸣笛等处置措施,此次交通事故是可以避免的。故此次交通事故应当由机动车驾驶人张某与自行车骑行人郭某承担同等责任。

2.保险公司对于郭某享有代位追偿权。

(1)本案中,保险公司在机动车交通事故责任强制保险和机动车辆第三者责任保险项下均应承担赔偿责任。

《机动车交通事故责任强制保险条例》第三条规定:"本条例所称机动车交通事故责任强制保险,是指由保险公司对被保险机动车发生道路交通事故造成本车人员、被保险人以外的受害人的人身伤亡、财产损失,在责任限额内予以赔偿的强制性责任保险。"

《机动车辆第三者责任保险条款》第四条约定:"保险期间内,被保险人或其允许的合法驾驶人在使用被保险机动车过程中发生意外事故,致使第三者遭受人身伤亡或财产直接损毁,依法应当由被保险人承担的损害赔偿责任,保险人依照本保险合同的约定,对于超过机动车交通事故责任强制保险各分项赔偿限额以上的部分负责赔偿。"

本案中,张某驾驶的车辆逆行冲入非机动车道,将骑自行车的李某碰撞致死,张某对于李某的死亡依法应当承担赔偿责任,所以保险公司在机动车交通事故责任强制保险和机动车辆第三者责任保险项下均应承担赔偿责任。

(2)保险公司可以对郭某行使代位追偿权。

我国《保险法》第六十条规定:"因第三者对保险标的的损害而造成保险事故的,保险人自向被保险人赔偿保险金之日起,在赔偿金额范围内代位行使被保险人对第三者请求赔偿的权利。"

如前所述,本案中,对于李某的死亡,郭某、张某应承担同等责任,即郭某、张某应各自向李某家属赔偿134 927.75元。如果张某向李某的家属承担了269 855.5元赔偿责任,则张某有权向郭某要求赔偿134 927.75元。而张某已经通过购买保险,将自己的赔偿责任转嫁给了保险公司,如果保险公司向张某赔偿269 855.5元,则保险公司有权代位行使张某向郭某的请求权。

(3)本案处理中,保险公司积极行使代位权

我国《保险法》第六十条规定:"前款规定的保险事故发生后,被保险人已经从第三者取得损害赔偿的,保险人赔偿保险金时,可以相应扣减被保险人从第三者已取得的赔偿金额。"在该案的保险理赔过程中,从紧急避险理论入手,结合案件事实,通过向郭某、李某家属做大量的法律讲解工作,最终确定:郭某、张某对本次事故各自承担50%的民事赔偿责任,即郭某、张某各向李某家属赔偿134 927.75元。对于李某家属来说,张某承担50%的民事赔偿责任即可。因为张某无须对李某家属承担全部民事赔偿责任而再向郭某追偿,所以保险公司就只对张某承担的134 927.75元负责赔偿,后保险公司在交强险项下承担赔偿责任11万元,在第三者责任险项下承担赔偿责任24 927.75元结案。(来源:《中国保险报》)

三、案例思考并讨论

1.王某为某食品厂的职工,有一处住房价值200万元。某年3月2日,食品厂为全体职工在甲保险公司投保了家庭财产保险,每人保险金额为1 500 000元。王某的妻子李某所在

的纺织厂在同年4月1日向乙保险公司为每一职工投保了保额为1 000 000元的家庭财产保险。同年12月2日王某家着火,造成损失1 250 000元。分别使用比例责任法、限额责任法、顺序责任法计算甲乙两家保险公司应赔付多少。

2. 某年8月5日,某市居民刘某家失盗,盗窃分子盗走了摩托车一辆,价值5 000元,案发后三个月,刘某得到了保险公司的全额赔款。到第二年5月8日,在该市公安局举办的被盗财物认领会上,刘某意外发现了自己失盗的摩托车,经邻居及所在派出所出具证明后,他又领回了这辆摩托车,但花费修理费300元。保险公司得知后,要求刘某归还摩托车。保险公司这一要求合理吗,为什么?

中 篇

中篇

项目四 阐述财产损失保险

财产损失保险是以各类有形财产为保险标的的财产保险。其主要包括的业务种类有：企业财产保险、家庭财产保险、运输工具保险、货物运输保险、工程保险、特殊风险保险和农业保险等。

企业财产保险是一切工商、建筑、交通运输、饮食服务行业、国家机关、社会团体等对因火灾及保险单中列明的各种自然灾害和意外事故，引起的保险标的的直接损失、从属或后果损失以及与之相关联的费用损失提供经济补偿的财产保险。

家庭财产保险简称家财险，是个人和家庭投保的最主要险种。凡存放、坐落在保险单列明的地址，属于被保险人自有的家庭财产，都可以向保险人投保家庭财产保险。

运输工具保险是以各种运输工具本身（如汽车、飞机、船舶、火车等）和运输工具所引起对第三者依法应负的赔偿责任为保险标的的保险，主要承保各类运输工具遭受自然灾害和意外事故而造成的损失，以及对第三者造成的财产直接损失和人身伤害依法应负的赔偿责任。一般按运输工具的不同，将运输工具保险分为机动车辆保险、飞机保险、船舶保险、其他运输工具保险。

货物运输保险是以运输途中的货物作为保险标的，保险人对由自然灾害和意外事故造成的货物损失负责赔偿责任的保险。在我国，进出口货物运输最常用的保险条款是中国保险条款，该条款是由中国人民保险公司制定，中国人民银行及中国保险监督委员会审批颁布。保险条款按运输方式来分，有海洋、陆上、航空和邮包运输保险条款四大类；对某些特殊商品，还配备有海运冷藏货物、陆运冷藏货物、海运散装桐油及活牲畜、家禽的海陆空运输保险条款，投保人可按需选择投保。

工程保险是对建筑工程、安装工程及各种机器设备因自然灾害和意外事故造成物质财产损失和第三者责任进行赔偿的保险。它是以各种工程项目为主要承保对象的保险。

农业保险是对种植业(农作物)、养殖业(禽畜)在生产、哺育、成长过程中可能遭到的自然灾害或意外事故所造成的经济损失提供经济保障的一种保险。

任务一　认识企业财产保险

知识目标

了解企业财产保险的险别、保险期限；
理解企业财产保险的财产分类；
理解特约可保财产要保险双方当事人特别约定的原因；
掌握企业财产保险保险责任与除外责任的规定。

任务引入

对于企业来讲，保险通过市场化的风险转移分担机制，不仅可以使企业在安全事故发生后及时得到补偿，迅速恢复生产生活秩序，保证企业稳定运行，而且可以帮助企业防损减灾，强化事前风险防范，减少安全事故发生。因此，保证企业安全生产和稳定运行离不开保险。

任务分析

认识企业财产保险；
投保企业财产保险的注意事项；
承保企业财产保险的注意事项；
签订企业财产保险合同；
企业财产保险有关的索赔和理赔工作注意事项。

相关知识

1. 账面原值：在建造或购置固定资产时所支出的货币总额。
2. 重置价值：重新购置或重建某项财产所需支付的全部费用。
3. 固定级差费率制度：按照影响保险费率的各种因素的不同将承保对象划分为不同类别的若干等级，分别设定该级费率，办理承保时按固定费率表执行。
4. 比例赔付：是指保险公司不按实际损失全额承担赔偿责任，而是按照实际损失乘以保险金额与保险价值的比例承担赔偿责任。在车辆损失险、全车盗抢险、自燃损失险、新增加设备损失险中，如果保险金额低于保险价值，都将导致比例赔付。举例说明如下：

一辆价值12万元的普通桑塔纳轿车，按照6万元投保车辆损失险，如果车辆碰撞后需要2万元修理费（假设是自己车的全部责任，并已附加不计免赔特约险），保险公司只赔偿1万元，计算方法是：赔款额＝修理费×保险金额÷保险价值。

同样的事故，如果按照12万元足额投保，将得到保险公司2万元的全额赔付。

企业财产保险的对象是以存放在固定地点且处于静止状态的财产及相关利益为保险标的的保险。企业财产保险的险种有企业财产保险基本险、企业财产保险综合险、企业财产保险附加险等。

一、企业财产保险的保险标的

（一）适用范围

适用于一切工商、建筑、交通运输、饮食服务行业、国家机关、社会团体等。我国保险公司一般用财产保险单来承保，包括基本险和综合险两个险别。作为该险种的承保标的，必须符合以下条件：(1)属于被保险人所有或与他人共有而由被保险人负责的财产；(2)由被保险人经营管理或替他人保管的财产；(3)其他具有法律上承认的与被保险人有经济利益关系的财产。

（二）企业财产保险中的财产类型

财产保险单根据财产的不同形态与性质可以分类为：

1. 可保财产

企业财产保险基本险和综合险主要承保的财产是房屋及其建筑物和附属装修设备、机器及设备、工具、仪器及生产工具、管理用具及低值易耗品、原材料、半成品、在产品、产成品或库存商品、特种储备商品、账外及已摊销的财产等固定资产和流动资产。

2. 特约可保财产

特约可保财产是指必须经保险双方当事人特别约定，并在财产保险单上载明才能成为保险标的的财产。特约可保财产又可分为不提高费率的特约可保财产和需提高费率的特约可保财产。不提高费率的特约可保财产是指市场价格变化较大或无固定价格的财产，如金银、珠宝、玉器、首饰、古玩、字画、邮票、艺术品、稀有金属和其他珍贵财物，堤堰、水闸、铁路、涵洞、桥梁、码头等；需提高费率或需附加保险特约条款的特约可保财产一般包括矿井及矿坑的地下建筑物、设备和矿下物资等。

3. 不保财产

财产保险单不予承保的财产主要包括：

(1)土地、矿藏、森林、水产资源等不属于一般的生产资料和商品；

(2)货币、有价证券、票证、文件、账册、技术资料、图表等缺乏价值依据或难鉴定价值的财产；

(3)违章建筑、非法占有的财产、正处于紧急状态的财产等与政府法律法规抵触的财产；

(4)未经收割的农作物或收割后尚未入库的农作物；

(5)家禽、家畜、其他家养动物，在运输过程中的物资，正常运行的机动车等应投保其他险种的财产。

二、企业财产保险的保险责任

企业财产保险主要有财产基本险和综合险两大类以及若干附加险，主要承保那些可用会计科目来反映，又可用企业财产项目类别来反映的财产，如固定资产、流动资产、账外资产、房屋、建筑物、机器设备、材料和商品物资等。财产基本险和综合险的主要区别在于综合险的保险责任比基本险的范围要广一些。

（一）基本险保险责任

基本险的基本责任包括：

(1)因火灾、爆炸、雷击、飞行物体及其他空中运行物体坠落所致损失。

(2)被保险人拥有财产所有权的自用供电、供水、供气设备因保险事故遭受损坏，引起停电、停水、停气(三停)以致造成保险标的的直接损失。

(3)发生保险事故时，为了抢救保险标的或防止灾害蔓延，采取合理必要的措施而造成的保险财产的损失。

(4)在发生保险事故时，为了抢救、减少保险财产损失，被保险人对保险财产采取施救、保护措施而支出的必要、合理费用。

此外，基本险的除外责任包括战争、军事行动、罢工、暴动；核辐射；故意行为；自然灾害；间接损失；本身损失；执法行为以及其他除外责任。

（二）综合险保险责任

(1)因火灾、爆炸、雷击、暴雨、洪水、台风、暴风、龙卷风、雪灾、雹灾、冰凌、泥石流、崖崩、突发性滑坡、地面下陷下沉。

(2)飞行物体及其他空中运行物体坠落。

(3)被保险人拥有财产所有权的自用供电、供水、供气设备因保险事故遭受损坏，引起停电、停水、停气以致造成保险标的的直接损失。

(4)发生保险事故时，为了抢救财产或防止灾害蔓延，采取合理必要的措施而造成的保险财产的损失。

(5)在发生保险事故时，为了抢救、减少保险财产损失，被保险人对保险财产采取施救、保护措施而支出的必要、合理费用。

简单地说,综合险的保险责任在基本险的基础上,增加暴雨、洪水、台风、暴风、飓风、龙卷风、雪灾、雹灾、冰凌、泥石流、崖崩、突发性滑坡、地面突然塌陷、火山爆发14种自然灾害责任。但没有地震。

此外,综合险的除外责任包括地震,堆放在露天或罩棚下的保险标的,以及罩棚本身因暴风、雨造成的损失。其他与基本险相同。

补充说明:火灾:必须具备三个条件,即有燃烧现象;偶然、意外发生的燃烧;燃烧失去控制并有蔓延扩大的趋势。例如,因烧、烤、烫、烙造成焦糊变质等损失,既无燃烧现象,又无蔓延扩大趋势,不属于火灾。电机、电器、电气设备因使用过度、超电压、碰线、弧花、漏电、自身发热所造成的本身损毁,不属于火灾责任,但如果发生了燃烧并失去了控制,则构成火灾。

"三停"所致保险标的的损失,必须同时具备三个条件才属于保险责任:(1)必须是被保险人拥有财产所有权并自己使用的供电、供水、供气设备,包括本单位拥有所有权并且与其他单位共用的设备。设备包括发电机、变压器、配电间、水塔、线路、管道等。(2)限于因保险事故造成的"三停"损失。(3)仅限于对被保险人的机器设备、在产品和贮藏物品等保险标的的损坏或报废负责。

施救、抢救所致损失:在发生保险事故时,为抢救保险标的或防止灾害蔓延,采取合理必要的措施而造成保险标的的损失,由保险人承担。例如,因抢救受灾物资而将所投保的房屋的墙壁、门窗等破坏而造成的损失;在遭受损失后为防止所投保的房屋、墙壁倒塌压坏其他保险标的而将该房屋、墙壁拆除所致的损失等。

三、企业财产保险价值与保险金额的确定

企业财产保险基本险与综合险的保险金额通常要根据投保标的分项确定,一般分为固定资产、流动资产、账外资产和代保管资产。每项保险金额的确定方法各不相同。

固定资产的保险价值为出险时的重置价值,其保险金额的确定有以下几种方法,即按账面原值、账面原值加成数、重置价值、其他方式(如市价、评估价)等确定保险金额。

流动资产的保险价值为出险时的账面余额,其保险金额由被保险人按最近12个月任意月份的账面余额或由被保险人自行确定。

账外资产和代保管账产的保险价值为出险时的重置价值或账面余额,其保险金融由被保险人自行估价或按重置价值确定,详见下表。

企业财产保险的保险价值与保险金额的确定

财产类别	保险价值	保险金额
固定资产	出险时的重置价值	1.账面原值(登记入账时间较短、市场价值变化不大情况下) 2.账面原值加成数 3.重置价值 4.其他方式确定(市价、评估价)
流动资产	出险时的账面余额	按照最近12个月任意月账面余额或由被保险人自行确定
账外资产和代保管资产	出险时重置价值或账面余额	由被保险人自行估价或者按重置价值确定

四、保险期限和保险费率

财产保险基本险和综合险的保险期限一般为一年,保险费率通常以千分比表示。一般地,保险人对企业财产保险采取固定级差费率制度。

凡是能够影响保险标的风险程度的,都会影响保险费率。对风险程度影响越大,对费率的影响就越大。影响保险费率的因素包括:(1)投保险种;(2)房屋的建筑结构;(3)占用性质;(4)地理位置;(5)周围环境;(6)投保人的安全管理水平;(7)历史损失数据;(8)市场竞争因素。

五、企业财产保险的赔偿处理

企业财产保险是一种不定值保险,其赔偿方式有如下几种:

1. 保险金额等于保险价值

属于足额保险,保险人在赔偿过程中应按照被保险人的实际损失进行赔偿。

2. 保险金额大于保险价值

属于超额保险,超过的部分无效,所以应按照被保险人的实际损失进行赔偿。

3. 保险金额小于保险价值

属于不足额保险,应按照比例进行赔偿。具体计算公式为:

$$赔款=(保险金额/保险价值)\times 损失$$

阅读资料：企业财产保险索赔时候的申报材料

1. 出险通知书、索赔申请书、保险单、损失清单及其所列物品的原始发票或其复印件（加盖财务章）、修理预（决）算书、重置或修理受损财产的原始发票或其复印件、施救费用发票（加盖财务章）。

2. 有关账册。当受损标的为固定资产的，应提供有关月份资产负债表、资产变动表、固定资产明细账、入账凭证；当受损标的为流动资产或递延资产的，应提供有关月份资产负债表、递延资产明细账复印件、仓库保管账、盘点表、出入库单、明细账、入账凭证。

3. 第三方提出的索赔函、与第三方签署的索赔协议（适用于责任险）；相关部门出具的伤残证明、死亡证明（发生伤残、死亡时）；医疗费单证；权益转让书；诉讼材料（诉讼发生时）；法院裁决的受益人证明（造成第三者伤亡时）；现场照片（在未进行现场查勘时）；根据不同的保险事故提供相关部门（如公安、消防、气象、检验、海关、港务等）的技术鉴定证明、事故报告书；公估公司出具的损失理算报告（聘请公估公司时）；权益转让书及相关追偿文件（损失涉及其他责任方时）；开户银行及账号；其他材料。

六、其他事项

1. 施救、抢救、保护费用与保险财产损失金额的赔偿分别按两个保额计算，均以不超过保险金额为限。若受损财产按比例赔偿的，则施救费用也按相同比例计算。

2. 因第三者对保险财产损害而造成保险事故的，保险人自向被保险人赔偿保险金之日起，在赔偿范围内代位行使被保险人对第三者请求赔偿的权利。

3. 重复保险的赔偿方式。在我国，一般按照比例分摊方式，即所有保险人按照比例分摊损失的方式承担各自应负的赔偿责任，其赔偿金额以该财产的实际损失金额为限。

4. 受损财产的残值处理。受损财产的残值是指财产遭受损失后尚有可以利用的经济价值。保险残值部分，应该协议作价给被保险人，并在赔款中扣除。如果保险财产的残值由保险人回收处理，保险人就不应该在计算赔款时扣减残值。

阅读资料：根据《安全工程大辞典》，施救费用是指保险标的在遭受保险责任范围内的自然灾害或意外事故时，被保险人为了避免损失扩大、减少损失程度而采取的正常抢救、保护、清理措施所支付的合理费用。保险人对合理的施救费用负赔偿责任,但施救费用的支付以不超过保险金额为限。

关于施救费用,通过保险人支付施救费用,被保险人施行施救行为,均衡了保险当事人双方的权利、义务关系,其必须满足四个法律要件才能界定为施救费用。

(1)必须保险事故已经发生。施救费用产生的前提是承保危险必须已经发生,或者说保险标的已处于危险之中,而非仅仅担心很可能会发生危险。这一要件使施救费用与防灾费用相区别。凡在灾害、事故发生之前支出的费用即属预防性质,保险人不予负责。但在某些特殊情况下,灾害、事故虽未发生,但已接近发生而施救刻不容缓,为了避免保险财产遭受更大的损失,采取保护保险财产的紧急必要措施而支出的费用,事后证明是及时有效的,应视同施救费负责予以赔偿。典型的情形,如保险财产因抗洪抢险而搬动,事后原堆放地点又确被洪水所淹,其搬运和搬回的费用以及被抢救保险财产在最近安全地点的存仓租金都可负责赔付。另外,这种保险标的所处的危险必须是保险单所承保的风险,亦即必须是保险人应负责的风险。如果发生的危险不是本保险所承保的危险,或者危险所造成的损失不是本保险所应补偿的,对保险人来说,施救费用当然就根本不存在了。

(2)必须是为了减少或防止损失进一步扩大。施救费用产生的另一前提是其目的是防止损失进一步扩大。如果损失已经发生,但不会继续扩大,产生的费用就不能界定为施救费用,这是施救费用与清理残骸费用、专业费用等的本质区别之一。例如,某年1月某地铁工程施工时因透水发生塌方事故,正在基坑旁边施工的价值300多万元的挖掘机倾覆到基坑里,施工机具报废。事后需要将设备拆解清除,由此产生的费用就不属于施救费用。因为损失已经发生,没有继续扩大;如果污水管道继续涌水,为了修复管道必须将受损机具清除,否则工程损失必将继续扩大,则可认定为施救费用。

在此,还需要特别提出的是,损失进一步扩大的风险,必须是保险单"承保的风险"。即如果被保险人不采取施救措施,保险人将承担更大的损失。

(3)必须"必要"和"合理"。施救费用必须是"必要的,合理的"费用,其实质是一个事实问题而非法律问题。判断某项费用是否必要、合理,通常只能按照一个谨慎的未投保的所有人在危险发生的情况下可能会采取的措施这一标准来要求。另外,在进行施救时,只要条件允许,应该取得保险人的书面同意;对于重大施救措施,还应该让保险人共同参与,以免事后对施救费用的"必要性"和"合理性"发生争议。

(4)赔偿额度以保险金额为限。为了鼓励被保险人积极施救,保单通常规定施救费用的额度最高可以达到保险金额。极端情况下,如果保险标的发生全损,保险人最高可以赔偿两倍的保险金额(施救费用+物质损失保险金额)。如果施救费用超过了保险金额,则应认定未达到"必要"及"合理"的要求,保险人将以保险金额为限承担施救费用。

任务实施

一、巩固练习

(一)单项选择题

1. 下列企业财产中,无须加贴保险特约条款或增加保险费的特约承保财产是( )。
   A. 金银珠宝　　　　B. 铁路　　　　C. 土地　　　　D. 房屋

2. 对于流动资产的损失计算,若是部分损失且受损财产的保险金额等于或高于出险时的账面余额时,所采用的计算公式为( )。
   A. 赔款=(实际损失或财产恢复原状修复费用-应扣残值)×保险金额/出险时账面余额
   B. 赔款=实际损失或财产恢复原状修复费用×保险金额/出险时账面余额-应扣残值
   C. 赔款=保险金额-应扣残值
   D. 赔款=实际损失或财产恢复原状修复费用-应扣残值

3. 企业财产保险中,因第三者对保险财产的损害而造成保险事故的,保险人自向被保险人赔偿保险金之日起,在( )范围内行使代位追偿权。
   A. 保险金额　　　　B. 保险价值　　　　C. 赔偿金额　　　　D. 实际损失

4. 财产保险基本险对( )风险造成的损失,保险人不负赔偿责任。
   A. 火灾　　　　B. 爆炸　　　　C. 暴雨　　　　D. 雷击

5. 企业财产保险中,关于施救费用的赔偿计算,下述说法错误的是( )。
   A. 应区分保险财产与未保险财产
   B. 对所有施救过程中发生的费用都进行赔偿
   C. 施救费用与保险财产的赔款应分别计算
   D. 计算保险财产赔款不需要按比例分摊时,施救费用也不按比例分摊

6. 以下属于财产保险承保责任的火灾风险是( )。
   A. 烘、烤、烫、烙造成焦糊变质现象
   B. 点火烧荒、焚毁被玷污的衣物
   C. 烘箱烘烤时,变压线圈着火燃烧并延及其他物品
   D. 电机超负荷使用只造成自身损毁

7. 财产保险综合险与基本险的主要区别在于( )不同。

A. 保险期限　　　B. 保险金额　　　C. 保险标的　　　D. 保险责任

8. 财产保险综合险对(　　)风险造成的损失,保险人不负赔偿责任。

A. 地震　　　B. 洪水　　　C. 暴雨　　　D. 雷击

9. 企业财产保险中,固定资产的保险价值按(　　)确定。

A. 投保时的账面原值　　　B. 出险时的重置价值

C. 投保时的重置价值　　　D. 出险时的账面余额

10. 企业财产保险中,流动资产的保险价值按(　　)确定。

A. 投保时的账面原值　　　B. 出险时的重置价值

C. 投保时的重置价值　　　D. 出险时的账面余额

11. 企业财产保险中,流动资产的保险金额按(　　)确定。

A. 最近12个月任意月份的账面余额　　　B. 最近24个月任意月份的账面余额

C. 最近12个月平均的账面余额　　　D. 最近24个月平均的账面余额

12. (　　)是财产保险综合险承保的风险。

A. 敌对行为　　　B. 罢工、暴动　　　C. 地震、地陷　　　D. 暴风、暴雨

13. 在企业财产保险中,经特别约定可以承保的财产有(　　)等。

A. 珠宝、玉器、古玩　　　B. 运输过程中的物资

C. 森林、矿藏、土地　　　D. 票证、文件、技术资料

14. 对于流动资产的损失计算,若是全部损失且受损财产的保险金额低于出险时的账面余额时,保险赔款不得超过(　　)。

A. 保险金额　　　B. 重置价值　　　C. 账面余额　　　D. 账面净值

15. (　　)是财产保险基本险所承保的风险。

A. 台风　　　B. 盗窃　　　C. 地震　　　D. 雷击

16. 在下列风险中,(　　)是财产保险基本险与综合险都不承保的。

A. 泥石流　　　B. 地震　　　C. 洪水　　　D. 龙卷风

17. 某企业投保财产保险综合险,保险金额为100万元,在一次电路短路引起的火灾中,实际损失95万元,为保护财产支出必要费用10万元,为确认保险责任范围内的估价合理费用为2万元,保险公司应向该企业赔偿(　　)。

A. 95万元　　　B. 105万元　　　C. 100万元　　　D. 107万元

18. 某固定资产投保财产保险综合险,保险金额为20万元,出险时重置价值为25万元,财产实际损失8万元,保险人应赔(　　)元。

A. 5.6万　　　B. 6.4万　　　C. 7.2万　　　D. 8万

19. 对于固定资产的损失计算,若是全部损失且受损财产的保险金额等于或高于出险时的重置价值时,保险赔款不得超过(　　)。

A. 保险金额　　　B. 账面原值　　　C. 重置价值　　　D. 账面净值

20. 以下不属于企业财产保险承保对象的是(　　)。

A. 工商建筑业　　　B. 国家机关　　　C. 家庭手工业者　　　D. 社会团体

21. 企业的(　　)不可以列入投保财产范围。

A. 被保险人与他人共有并由他人负责的财产　　B. 被保险人自有的财产
C. 被保险人与他人共有并由自己负责的财产　　D. 由被保险人代他人保管的财产

22. 属于财产保险综合险附加险的有(　　)。
A. 洪水保险　　B. 冰凌保险　　C. 突发性滑坡保险　　D. 盗窃保险

23. 不属于空中运行物体坠落的意外事故是(　　)。
A. 陨石坠落　　　　　　　　　　B. 建筑物本身的倒塌
C. 施工中人工开凿而致石方飞射　　D. 吊车运行时发生的物体坠落

24. 某企业将其原料投保财产保险综合险,保险金额为6万元,出险时账面余额为8万元,财产实际损失5万元,残值1万元,保险人应赔(　　)元。
A. 4万　　B. 3万　　C. 2.75万　　D. 5万

(二) 多项选择题

1. 在企业财产保险中,固定资产保险金额的确定方式有(　　)。
A. 账面原值　　　　　　　　B. 账面原值加成数
C. 重置价值　　　　　　　　D. 被保险人依据估价后的市价确定

2. 在企业财产保险中,流动资产保险金额的确定方式有(　　)。
A. 被保险人自行确定　　　　B. 最近12个月任意月份的账面余额
C. 保险人确定　　　　　　　D. 账面原值

3. 在企业财产保险中,账外财产或代保管资产保险金额的确定方式有(　　)。
A. 账面原值加成数　　　　　B. 被保险人自行估价
C. 重置价值　　　　　　　　D. 保险人确定

4. 下列企业财产中,保险人不接受投保的是(　　)。
A. 土地、矿藏　　　　　　　B. 技术资料、电脑资料
C. 危险建筑　　　　　　　　D. 运输过程中的物质

5. 在企业财产保险中,保险人承保铁路、桥梁的条件是(　　)。
A. 使用特约条款
B. 增收保险费
C. 进行实地查勘
D. 要求投保人提供有关工程设计、验收的技术资料

6. 在企业财产保险中,保险人承保金银、珠宝、古玩、艺术品的条件是(　　)。
A. 使用特约条款　　　　　　B. 增收保险费
C. 约定承保价值　　　　　　D. 查明标的物确实存在

7. 构成企业财产保险火灾事故的基本条件有(　　)。
A. 偶然、意外发生的燃烧　　B. 燃烧失去控制并有蔓延扩大趋势
C. 造成人员伤亡或巨大财产损失　　D. 有燃烧现象

8. 财产保险综合险与基本险的主要区别在于对(　　)的规定不同。
A. 除外责任　　B. 保险金额　　C. 保险标的　　D. 保险责任

9. 企业财产保险中,账外财产或代保管资产的保险价值可以按(　　)确定。

A. 投保时的账面原值　　　　　　B. 出险时的重置价值
C. 投保时的重置价值　　　　　　D. 出险时的账面余额

10. 在企业财产保险综合险中，保险人不予赔偿的损失有(　　)。
    A. 堆放在露天或罩棚下的保险标的，因暴雨造成的损失
    B. 规律性的涨潮、自动灭火设施漏水造成的保险标的损失
    C. 因海潮、河流、大雨侵蚀致地面突然塌陷，造成的保险标的损失
    D. 因抢救受灾物资而造成的保险标的损失

11. 影响企业财产保险保险费率的因素有(　　)。
    A. 房屋的建筑等级和占用性质　　　B. 保险标的的地理位置和周围环境
    C. 投保人的安全管理水平　　　　　D. 投保险种

12. 关于企业财产保险的赔偿计算，下列表述正确的有(　　)。
    A. 保险财产遭受部分损失后，保险金额不变
    B. 保险金额等于或高于出险时重值价值或账面余额，应采用比例分摊赔偿方式
    C. 固定资产、流动资产、账外财产的赔偿金额应根据会计明细账卡分项计算
    D. 保险标的受损后的残余部分，应作价给被保险人，并在赔款中扣除

13. 不能列入企业财产保险可保财产的原因有(　　)。
    A. 财产的风险不确定　　　　　　　B. 无法或很难确定财产价值
    C. 不属于一般性的生产资料或商品　D. 与政府的法律法规相抵触

二、阅读案例评析

[案情] 某年11月9日，某电子元件厂三车间突然着起大火。厂领导一面安排职工奋力抢救，一面通知消防队及保险公司。等到保险公司赶来后，火已被扑灭。理赔人员经过细致的查勘得出大火是由于车间成品库内存放的两桶香蕉水及一桶乙醇不慎燃着导致的，成品库内的2万多只电子元件受到了不同程度的损坏，初步估计损失程度在3万元以上。至于究竟是什么原因引起香蕉水及乙醇燃烧，厂内许多人都猜测是由于线路短路造成的，但理赔人员经查勘觉得有疑点。就在这时，公安局接到此车间的一名工人检举，大火是车间某领导蓄意制造的。经公安局立案侦查，最后证实，该车间主任李某自上任后工作少有业绩，导致生产质量大滑坡，几个月内先后制造出近1万只废品，他考虑如果将其报废处理，不仅得不到质量保证奖，还会被厂里处罚，可能职务也不保，就唆使两个工人制造了这起假的火灾损失案。经审讯，李某供认不讳。在这起人为的火灾事故中，除了8 135只废品外，还有13 560只合格品有不同程度的损坏，经仔细理算，最后定为24 530元。由于李某正处被收审之时，加之对其赔偿能力的怀疑，该厂向保险公司提出索赔。保险公司是否应该赔偿，为什么？

[评析] 本案争议的焦点是车间主任的故意行为是否代表企业法人的故意行为。根据《民法通则》："法人是具有民事权利能力和民事行为能力，依法独立享有民事权

利和承担民事义务的组织。"可见,法人不是自然人,而是由个人联合、集体联合或个人与集体联合而建立起来的社会组织体。同时,《民法通则》还规定"企业法人对它的法定代表人和其他工作人员的经营活动承担民事责任"。其他工作人员代表法人实施民事活动时,通常需经法人或法定代表人授权并在授权范围内以代理人身份进行。在本案中,李某蓄意纵火行为,不是企业法人或其法定代表人授权的,也不是企业法人的意志体现,是其为谋取个人私利的行为,属于个人违法行为,与法人的经营活动无关。因此,对企业来说,该火灾事故应属于意外事故,保险公司应承担赔偿责任。但本案李某除负刑事责任的同时,还应负经济赔偿责任。保险公司可以采取先赔偿,取得权益转让后再向李某追偿。

任务二　认识家庭财产保险

知识目标

了解家庭财产保险的险别、保险期限;
理解家庭财产保险的财产分类;
理解特约可保财产需要保险双方当事人特别约定的原因;
掌握家庭财产保险保险责任与除外责任的规定。

任务引入

随着银行保险的开展,各家保险公司的各种产品也在银行、邮局的柜台上摆开了战场。在非寿险领域,最先进入银行、邮局柜台的是家庭财产保险类的险种。家庭财产保险保费低,保源分散,内容相对简单,符合银行保险产品的特征,非常适合拥有众多营业网点的银行与邮局销售。

现在市场上家庭财产保险品种丰富,既有保障型的,也有投资型的;既有一年期的,也有长效的;既有基本险,也有综合险。各公司都在基本的家庭财产保险的基础上开发了新的综合险种,如中国太平洋保险公司的安居综合保险B、C、D三款,华泰保险公司的居安理财型综合保险,中国平安保险公司的新世纪安居型、无忧型、祥和型家庭财产保险,中国人民保险公司的金锁家庭财产综合保险、金牛投资保障型家庭财产保险等。

任务分析

收集一家保险公司关于家庭财产保险的产品介绍;

收集一家保险公司关于家庭财产保险的保险费率的规定。

相关知识

投保家庭财产险,出险后怎么办?

首先通知公安、消防等部门前来施救、侦察,抢救损失财产;家庭成员在必要时也要积极参与施救。财产被盗后不保存现场,不向当地公安部门如实报案,不在24小时内通知保险公司,保险公司不予赔偿。有人认为:"反正是保了险的财产,施不施救无所谓。"此言差矣。

"家庭财产保险条款"明确规定:"因防止灾害蔓延或因施救、保护所采取的必要的措施而造成保险财产的损失和支付的合理费用,保险公司也负赔偿责任。"所以,保户不用担心施救费用的问题。

家庭财产两全保险兼有经济补偿和到期还本的双重性质。被保险人交纳保险储金,当保险期满时,无论是否发生过保险赔款,该保险储金均如数退还给被保险人,从而体现到期还本的性质。保险公司用被保险人所交保险储金的利息收入作为保险费。

一、家庭财产保险的保险标的

(一)适用范围

城乡居民、单位职工、夫妻店、家庭手工业者等个人及家庭成员自有及代管或共有财产。其主要特点是业务分散,额小量大,多采用第一危险赔偿方式。

(二)家庭财产保险中的财产类型

家庭财产保险的可保财产范围因城市、农村而异,也因具体险种而异。而且,随着居民生活水平的提高,随着保险公司承保能力的提高,原来不可保的财产会变成可保财产。

1. 可以承保的家庭财产

(1)房屋及其附属设备。房屋主要是指住房;附属设备包括卫生、供水、供电设备及厨房配套设备等。对于房屋及室内的附属设备、室内装修与室内财产应分开承保,因为二者的赔偿方式不同。

(2)存放于室内的其他家庭财产。例如,衣服、床上用品、家用电器、文化娱乐用品及其他生活用品等都属于家庭财产。

(3)家具、用具、室内装修物。

(4)农村家庭的农具、工具、已收获入库的农产品、副业产品。

2. 特约承保的家庭财产

代管或共有财产;存放于院内的非机动农机具、农用工具;其他不属于普通的家庭财产,如专业人员研究和发明所使用的专业光学设备。然而,要注意上述财产必须是坐落或存放于保险单所载明的地址,否则不予承保。而且,不同的保险人对于保险财产的界定不同,有些特约可保财产也可以列入不予承保的财产范围。

3. 不可以承保的家庭财产

(1)金银、首饰、珠宝、钻石及制品、艺术品、稀有金属等珍贵财物;(2)货币、有价证券、古玩、古币、字画、文件、技术资料等无法鉴定价值的财产;(3)日用消耗品,如食品、粮食、烟酒等,各种交通工具,养殖及种植物;(4)用于从事商品生产、经营活动的财产和出租用作工商业的房屋;(5)违章建筑以及处于紧急状态的财产;(6)不属于可保财产范围内的其他家庭财产,如枪支、弹药、毒品等。

值得注意的是,(1)(2)中,金银、珠宝、艺术品、古玩等在企业财产保险中属于特约可保财产。

(三)家庭财产保险的种类

家庭财产保险的险种还有待于开发,其开发潜力是很大的。家庭财产保险按照不同的分类标准可以分为不同的种类。

按照险种是否独立,分为基本险和附加险,其中基本险又分为综合险和专项险。附加险产品也有好多种,如附加家用电器用电安全保险,其中最普通的是附加盗抢险。

按照保险费的支付方式,分为普通家庭财产保险、储蓄式家庭财产保险和投资理财型家庭财产保险。普通家庭财产保险的投保人所交付的保险费直接作为保险人的保险费收入来源,只要投保人不退保,保险标的未发生保险事故,保险费不退还投保人,继续保险要重新办理保险手续。储蓄式家庭财产保险的投保人向保险人交付保险储金,保险储金的利息作为保险人的保险费收入来源,在保险期满时,不论被保险人在保险期间内有无获得赔偿,保险人都将原收取的保险储金全部如数退还给被保险人。投资理财型家庭财产保险是人寿保险中投资理财思想在财产保险中的创新,投保人除了获得保险保障以外,还能获得投资收益,其形式类似于定期储蓄,"存"够一定期限后,会把本金连同指定的"利息"返还给投保人,而且无论保险期限内发生赔付与否,都不影响还本付息。

二、家庭财产保险保险责任

(一)保险责任

家庭财产保险的保险基本责任主要包括:

(1)火灾、爆炸。

(2)雷击、暴雨、洪水、台风、暴风、雪灾、雹灾、冰凌、泥石流、突发性滑坡、地面突然塌陷、龙卷风。

> **提醒您**：二水（暴雨、洪水），三风（台风、暴风、龙卷风），三土（泥石流、突发性滑坡、地面突然塌陷），冰、雪、雷、雹（冰凌、雪灾、雷击、雹灾）。
>
> 冰凌，即气象部门称的凌汛，春季江河解冻时期冰块漂浮遇阻，堆积成坝，堵塞江道，造成水位急剧上升，以致冰凌、江水溢出江道，漫延成灾。

（3）空中运行物体坠落以及外在建筑物或其他固定物体的倒塌。
（4）施救损失。
（5）施救费用。

此外，特约盗窃责任是基本责任之外的一种附加责任。经被保险人和保险人双方特别约定，凡放在保险单规定的地址的保险财产遭受盗窃的损失，或者存放在保险地址屋内、院内的保险自行车遭受盗窃损失的，由保险人负责赔偿。

> **阅读案例**：某年 5 月，张某投保了家庭财产保险，保险金额 4 万元。同年 10 月，张某的母亲从乡下看望儿子，第一次用高压锅煮绿豆，由于高压锅的排气孔被绿豆粒堵塞，结果高压锅内气压急剧上升，最后高压锅爆炸，煤气灶也被炸毁，损失 900 元，张母的右手被炸伤，花费医疗费 300 元。张某向保险公司索赔。
>
> 保险公司承认爆炸是保险责任，赔偿张某高压锅及煤气灶损失 900 元。而针对张母 300 元的医疗费用，保险公司拒赔，原因是家庭财产保险是针对被保险人的家庭财产的，而不是针对人，除非投保了人身保险。本案中，只投保家庭财产保险，没有投保人身保险。

（二）除外责任

家庭财产保险基本险的保险责任免除主要有如下几项：

1. 事故原因的除外

（1）战争、敌对行为、军事行动、武装冲突、罢工、暴动。
（2）核反应、核辐射、放射性污染。
（3）被保险人及其家庭成员、寄居人员、雇佣人员的违法犯罪或故意行为。

2. 损失费用的除外

间接损失；地震损失；电器超压等引起的自身损失；洪水警戒线下的财产的洪水损失；本身缺陷、保管不善的损失，变质、虫咬、磨损、自燃受潮所致损失；执法行为所致损失；其他不属于保险责任范围的损失和费用。

家庭财产保险盗抢险的责任免除主要有：被保险人及其家庭成员、服务人员、寄宿人员盗窃或纵容他人盗窃所致损失；因房屋门窗未锁而遭窃；因外人无明显盗窃痕迹,窗外钩物行为所致损失。

> **案例阅读**:某年春节期间,家住山东济宁市中区霍某禁不起其刚满6岁的儿子霍庭的执拗,在室内让其点燃礼花爆竹,不慎引起火灾,造成衣服、被褥、家电、家具等不同程度的损坏,损失约为2万元。所幸,霍庭仅受了轻伤,霍某投保了家庭财产保险,遂向保险公司提出索赔。对于该火灾,保险公司认为,火灾是霍某之子霍庭故意行为造成的,而根据家庭财产保险条款规定,被保险人及其家庭成员的故意行为引起的财产损失,属于除外责任,保险公司不应赔付。而霍某认为,其子并非故意纵火,不应视为被保险人家庭成员的故意行为,保险公司应该赔付。
>
> 本案的争论焦点在于对"故意行为"的认定。根据法理解释,"故意"是指行为人预见到自己的行为会引起一定的损害结果,仍然希望该结果发生或者放任该结果发生的心理状态。显然。故意总是与行为人的"明知"和"有意"有关。本案中行为人是刚6岁的儿童,按《中华人民共和国民法通则》的规定:"不满10岁的未成年人是无民事行为能力的人。"6岁的儿童应认定为无民事行为能力的人,根本谈不上故意或非故意的问题,对其行为后果不负民事责任。根据《中华人民共和国民法通则》的规定:"无民事行为能力的人,限制民事行为能力的人造成他人损害的,由监护人承担民事责任,监护人尽了民事责任的,可以适当减轻他的民事责任。"对未成年的孩子玩火将有可能产生一些难以预料的不良后果,霍某应该想到,但却因疏忽而未想到。即便如此,也只能说霍某有过错,但绝不是"故意"。
>
> 既然本案的财产损失不是由被保险人及其家属的故意行为造成的,保险公司应该承担赔偿责任。

三、家庭财产保险保险金额的确定

家庭财产保险一般无账目可查,而且财产的品种、质量、新旧程度差别较大,因此保险金额的确定有一定的难度。我国家庭财产保险的最低保险金额为1 000元,保险金额以千元为单位。

一般地,房屋及其附属设备和室内装修由被保险人按购置价和市场价自行确定;室内财产由被保险人按当时的实际价值自行确定,并按规定分项列明;特约财产由被保险人和保险人双方约定。

四、家庭财产保险的保险期限和保险费率

家庭财产保险的保险期限,采用定期保险方式,主要是 1 年期保险,以约定起保日期的零时起至到期满日期的 24 时止,到期可以续保,另行办理投保手续。当然,家庭财产保险各种险种的保险期限也不一样。例如,家庭财产两全保险的保险期限一般是长期业务,既有 1 年期,更多地设计为 3 年期或者 5 年期,但一般保险期限最长不得超过 10 年。在任何一个保险年度,如果保险人的赔偿金额达到保险金额,当年的保险责任终止,下一个年度开始时,保险责任自动恢复。如果保险公司的赔偿金额没有达到保险金额,则当年的有效保险金额自动减少,为原保险金额减去当年的赔付金额。

保险费率的多少与保险金额相对应,不同的险种保险费标准不同,不同的经济发展时期和不同的地区,保险费标准也不一样。我国家庭财产保险的保险费率分为基本险费率、附加险费率和短期费率。基本险费率是根据财产的实际危险程度确定,可以分为城市、乡镇和农村三类危险等级,每个等级又可以根据财产的实际坐落地点和周围环境划分为若干档次。附加险费率是针对附加险收取的费率。短期费率是针对投保家庭财产保险后保险期限不足 1 年或中途就退保涉及的费率表。

五、家庭财产保险的赔偿处理

家庭财产保险对室内财产的损失一般采用的是第一危险方式理赔,是指在保险责任范围内的事故发生时,应当按照实际损失进行赔偿,而不是按照比例进行分摊损失,但是最高赔偿金额不得超过保险金额。更加通俗地说,第一危险赔偿方式把保险财产的价值分为实际上不可分割的两个部分。第一部分价值与保险金额相等,可以算作十足投保;超过保险金额的第二部分价值,则认为完全没有投保。凡首先遭受保险事故的,在保险金额限度以内的任何一部分财产,保险人都认为是十足投保的,因而这种赔偿方式的特点,就是赔偿金额和损失金额相等,但以不超过保险金额为限。超过保险金额的损失部分,保险人不予赔偿。服装、家具、家用电器、文化娱乐用品等室内保险财产,其赔偿处理原则是第一危险赔偿方式,保险金额范围内的损失属于"第一危险",超过保险金额的部分属于"第二危险"。即在不超过保险金额的前提条件下,可以按照出险的实际价值获得赔偿。如投保家电,保额 5 000 元,出险后,经过鉴定,实际损失 2 000 元,则获得赔偿金 2 000 元;若实际损失了 8 000 元,获得的赔偿则仍然是最高保额 5 000 元。

家庭财产保险对房屋的损失仍应采取比例分摊方式负责赔偿。

阅读资料: 目前,家庭财产保险已成为城乡百姓首选的一大险种,其覆盖面较广。我们每个参加家庭财产保险的被保险人应该注意:

一是要树立家财出险后"及时通知"的意识,做到处事不慌。一方面要向公安部门报案,另一方面也要向保险公司报险,做到"两报"都不误。这样,保险公司人员就可及时进行现场核实定损,为后期理赔奠定基础。

二是家财出险后,要注意在 24 小时内到保险公司"报险",以免超过规定时效而引发双方在理赔中的纠纷。

三是要注意通知的方式。出险后,被保险人要迅速找出保单,亲自去所投保的保险公司"报险",或者打电话及时告知保险公司。只有这样,才能避免保险人拒赔的后果,使家庭财产得到有效保障。

任务实施

一、巩固练习

(一)不定项选择题

1. 某栋房屋实际价值是 80 万元,投保时保险金额为 100 万元,后房屋发生全损,则保险公司应赔偿(　　)。
   A. 100 万元　　B. 90 万元　　C. 80 万元　　D. 70 万元

2. 承保家庭生活资料的保险是(　　)。
   A. 家庭财产保险　　B. 盗窃险　　C. 企业财产保险　　D. 运输保险
   E. 农业保险

3. 某投保人为自有的价值 10 万元的房屋投保火灾保险,甲公司保额为 4 万元,乙公司保额为 8 万元,损失为 3 万元,按比例责任分摊方式甲公司应赔偿(　　)。
   A. 4 000 元　　B. 10 000 元　　C. 30 000 元　　D. 乙公司全赔

4. 某企业的厂房实际价值是 80 万元,投保时保险金额为 40 万元,后房屋发生 30 万元的损失,则保险公司应赔偿(　　)。
   A. 80 万元　　B. 40 万元　　C. 30 万元　　D. 15 万元

5. 某业主将自有的一套价值 120 万元的住宅投保了家庭财产保险,保险金额为 90 万元,后房屋发生火灾,造成部分损失共计 40 万元。按第一危险赔偿方式,保险人应承担的赔偿金为(　　)。
   A. 120 万元　　B. 90 万元　　C. 40 万元

6. 家庭财产两全保险具有(　　)的双重性质。
   A. 代管财产与他人共有财产结合　　B. 比例赔偿与第一危险赔偿相结合
   C. 经济补偿与到期还本　　D. 普通保险风险与盗窃风险结合

7. 王某将其家具投保家庭财产保险综合险,保险金额为 5 000 元,保险期内因火灾造成损失 4 000 元,出险时该套家具的市价为 8 000 元,保险人的赔偿金额应为(　　)。
　　A. 4 000 元　　　　B. 5 000 元　　　　C. 2 500 元　　　　D. 8 000 元
8. 家庭财产保险盗抢险的保险责任是(　　)。
　　A. 保险地址内的财产有明显的盗窃痕迹所致的损失
　　B. 火灾
　　C. 窗外钩物行为所致的保险财产的损失
　　D. 放在阳台、走廊、院内道路上的财产的被盗损失
9. 家庭财产保险对(　　)的损失采用比例分摊方式赔偿。
　　A. 房屋　　　　B. 家用电器　　　　C. 家具　　　　D. 衣物与床上用品
10. 家庭财产保险对室内财产采用(　　)赔偿方式。
　　A. 比例责任　　　B. 限额责任　　　C. 定额责任　　　D. 第一危险
11. 下列家庭财产中,保险人不接受投保的是(　　)。
　　A. 电冰箱、电视机　　　　　　　　B. 投保人的住房及其室内装修
　　C. 家具　　　　　　　　　　　　　D. 书籍、字画
12. 家庭财产两全保险与家庭财产综合保险的主要区别在于(　　)。
　　A. 保险财产　　　B. 保费交纳方式　　C. 保险责任　　D. 保险金额
13. 对于家庭财产两全保险,下列表述错误的有(　　)。
　　A. 家庭财产两全保险的保险储金所生利息是保险人的利润
　　B. 家庭财产两全保险以保险储金的利息收入作为保险费
　　C. 保险期满时,若被保险人在保险期间获得过保险赔偿,保险储金不予退还
　　D. 保险人对部分损失赔偿后,保险金额可不作扣减
14. 家庭财产保险盗抢险的赔偿处理,下列处理正确的是(　　)。
　　A. 保险人在赔偿时应扣除相对免赔额
　　B. 盗抢责任损失赔偿后,被保险人应将权益转让给保险人
　　C. 保险标的发生盗抢事故后,若被保险人不立即向公安部门报案,保险人可以拒赔
　　D. 保险标的发生盗抢事故后,被保险人可立即获取保险赔偿
15. 关于家庭财产综合险的承保,以下做法正确的有(　　)。
　　A. 特约承保财产必须是坐落或存放于保险单所载明的地址
　　B. 房屋及室内附属设备、室内装修与室内财产应分开承保
　　C. 室内财产中的家用电器和文体用品、衣物、家具等应分别确定保险金额
　　D. 直接承保财产和特约承保财产的承保方式没有区别

(二)判断题

1. 金银、首饰等珍贵财物可以作为家庭财产,投保家庭财产险。　　　　　(　　)
2. 家庭财产保险多采用第一危险赔偿方式。　　　　　　　　　　　　　(　　)
3. 家庭财产出险后,一般要在 24 小时内向保险公司"报案"。　　　　　　(　　)
4. 火灾烧毁家庭财物,在投家庭财产保险情况下可以获得保险公司的赔偿。(　　)

二、阅读案例评析

［案情］ 王某于某年投保家庭财产保险，他只选择投保了纯平彩电与VCD各一台，保额3 000元。两个月后，因为烧酒精炉时不慎引发大火。王某情急之下，抢救出彩电和VCD，因来不及救出其他物品，结果导致损失4 500元。王某向保险公司提出索赔，保险公司内部出现了三种不同意见。

第一种意见认为，保险公司不赔。理由是《保险法》第二十四条明确规定："……对不属于保险责任的，应当向被保险人或者受益人发出拒绝赔偿或者拒绝给付保险金通知书。"之所以说这起事故不属于保险责任范围，是因为它没有发生保险事故。所谓保险事故是指按保险合同约定的保险人对保险标的的损失承担保险责任的事故事件。保险公司承保的是电视机和VCD；而非保险标的的损失，保险公司完全可以不承担赔偿责任，保险人有理由拒赔。

第二种意见认为，第一种观点从法律上站得住脚，但实际中却很难让人接受，"合法而不合情理"，建议保险公司应通融给付，弥补王某精神上的损失。

第三种意见认为，应该奖励王某积极施救的行为，王某是为抢救保险标的而导致其他损失的，施救行为本身也减少了保险公司的损失，如果保险公司对王某的行为给予奖励，会起到一个带头作用，其他保户在发生事故时，也会尽力采取措施，防止减少损失，这对保险公司来说也是有利的。

［分析与处理意见］ 以上意见，从表面上看各有道理，处理本案的关键之一是王某的损失能否认作施救费。我们先假设，灾害发生时，王某抢救其他物品，而不是彩电和VCD，保险公司无疑要承担3 000元的保险金赔偿责任。王某完全可以这样做，也能名正言顺获得赔偿。但王某选择以损失其他物品的方式救出投保财产，即无暇顾及其他物品而导致损失的原因是为了尽量防止或减少标的损失，从这一点上看，我们仍可将其他物品的损失金额认为是施救费用，只不过表现形式不是金钱而是实际财产。根据《保险法》，"保险事故发生后，被保险人为防止或减少保险标的的损失所支付的必要的、合理的费用，由保险人承担……"因此，保险公司应该赔付，这不是对王某的奖励，更不是施舍同情，而是合情合理的赔偿义务。另外要说明的是，王某虽造成损失4 500元，但保险公司的赔付金额必须在3 000元以内，即不能超过保险金额。

三、计算题

王某于某年7月将自家房屋及附属设备、房屋装修、室内财产投保了家庭财产保险。其中，房屋及附属设备保额5万元，室内装修3万元，室内财产2万元，未分项列明。缴保费240元。保险期限1年。次年4月5日，王某家因电褥子使用不当发生火灾，经核定，损失如下：房屋修缮费2 000元，室内装修1 000元，室内财产4 000元，残值50元。此时，经估价王某房屋保险价值为6万元，装修为4万元，室内财产7万元。保险公司应赔偿保险金多少？

请将计算过程答案都写出来。

任务三 认识运输工具保险

知识目标

了解运输工具保险的含义和特征；
理解机动车辆保险的险种；
理解机动车辆保险的保险责任和除外责任；
了解船舶保险和飞机保险。

任务引入

汽车作为一种运输工具，随着生活水平的提高，越来越多的人购买了汽车。然而，许多人缺乏汽车保险知识，对车损险、第三者责任险以及对汽车有关的附加险的保险责任和除外责任不很清楚，对发生保险事故后能否获得保险公司的赔偿也不清楚。船舶、飞机同样作为运输工具，与人们的生活相关。因此，有必要了解汽车保险、船舶保险和飞机保险。

任务分析

机动车辆保险合同的签订；
机动车辆保险合同的索赔；
对机动车辆保险进行案例分析。

相关知识

1. 绝对免赔额。绝对免赔额是指在保险公司作出赔付之前，被保险人要自己承担一定的损失金额。例如，若合同中规定绝对免赔额为 500 元，则损失在 500 元以下的，保险公司不予赔偿。若损失超过 500 元，保险公司对超过的部分给予赔偿。如核定损失为 700 元，扣除绝对免赔额后到手的金额即为 200 元。"绝对免赔额"设立的初衷，是为保险公司节省成本，同时也可以降低被保险人的道德风险。

2. 相对免赔额。相对免赔额是一种在海上运输保险中经常使用的免赔额，免赔额以 2 个百分比或一定金额表示。如果损失低于规定的比例或金额，保险人不承担赔偿责任，但当损失高于规定的比例或金额时，保险人将赔偿全部损失。海上运输保险之所以使用相对免赔额是因为托运人能预料到由于恶劣天气、船舶持续航行和货物经常搬动至少会造成一些小额损失，还因为财产由承运人占用,其不具有夸大损失的动机。

3. 无赔款优待。根据《机动车辆保险条款》,保险车辆在上一年保险期限内无赔款,续保时可享受无赔款减收保险费优待,优待金额为本年度续保险种应交保险费的10%。被保险人投保车辆不止一辆的,无赔款优待分别按车辆计算。上年度投保的车辆损失险、第三者责任险、附加险中不论任何一项发生赔款,续保时则不能享受无赔款优待。不续保者不享受无赔款优待。上年度无赔款的机动车辆,如果续保的险种与上年度不完全相同,无赔款优待则以险种相同的部分为计算基础;如果续保的险种与上年度相同,但保险金额不同,无赔款优待则以本年度保险金额对应的应交保险费为计算基础。不论机动车辆连续几年无事故,无赔款优待一律为10%。

4. 保险证。保险用户在保险公司承保后由保险公司颁发给保户的具有与保单等同性质的、方便携带的保险凭证。一般多用于运输工具险(车辆保险均有此证)。

一、运输工具保险及其特征

(一)运输工具保险的含义

运输工具保险是以运输工具本身为保险标的的保险。它主要承保运输工具遭受自然灾害和意外事故而造成的损失。按运输工具的种类不同,运输工具保险可分为机动车辆保险(汽车保险)、飞机保险、船舶保险、其他运输工具保险。

(二)运输工具保险的特征

1. 标的流动性导致承保的风险具有多样性。
2. 保险事故发生具有复杂性。
3. 保险标的的范围具有广泛性。

二、机动车辆保险

机动车辆保险产生于19世纪末,世界上最早签发的机动车辆保险单,是1895年由英国的法律意外保险公司签发的、保险费为10~100英镑的汽车第三者责任保险单,但汽车火险可以在增加保险费的条件下加保。

机动车辆保险的真正发展,是在第二次世界大战后,一方面汽车的普及使道路事故危险构成一种普遍性的社会危险;另一方面,许多国家将包括汽车在内的各种机动车辆第三者责任列入强制保险的范围。因此,机动车辆保险在全球都是具有普遍意义的保险业务。

(一)机动车辆保险的对象

1. 对象

经交通管理部门检验合格并具有有效行驶证和号牌的机动车辆。按使用性质不同,机动车辆分为营业车辆和非营业车辆;按所有权不同,机动车辆分为公有车辆和私有车辆;按机动车种类不同,分为汽车、电车、电瓶车、摩托车、拖拉机、各种专用机械车、特种车。

> **阅读资料**:中国人民财产保险股份有限公司的《机动车辆损失保险条款》规定的机动车辆指的是在中华人民共和国境内(不含港、澳、台地区)行使的汽车、电车、电瓶车、摩托车、拖拉机、各种专用机械车和特种车,另有约定的除外。
>
> 中国人民财产保险股份有限公司的《家庭自用汽车损失保险条款》所承保的车辆是在中华人民共和国境内(不含港、澳、台地区)行驶的家庭或个人所有,且用途为非营业性运输的核定座位在9座以下的客车、核定载重量在0.75公吨以下的客货两用汽车;《非营业用汽车损失保险条款》所承保的车辆是在中华人民共和国境内(不含港、澳、台地区)行驶的党政机关、企事业单位、社会团体、使领馆等机构从事公务或在生产经营活动中不以直接或间接方式收取运费或租金的自用汽车,包括客车、货车、客货两用车;《营业用汽车损失保险条款》是在中华人民共和国境内(不含港、澳、台地区)行驶的,用于客、货运输或租赁,并以直接或间接方式收取运费或租金的汽车;《特种车辆保险条款》中的车辆是在中华人民共和国境内(不含港、澳、台地区)行驶的,用于牵引、清障、清扫、起重、装卸、升降、搅拌、挖掘、推土、压路等的各种轮式或履带式专用车辆,或车内装有固定专用仪器设备,从事专业工作的监测、消防、清洁、医疗、电视转播、雷达、X光检查等车辆,另有约定的除外。

2. 机动车辆保险的特点

机动车辆保险属于不定值保险,赔偿方式主要是修复,赔偿中采用绝对免赔方式和无赔款优待方式,第三者责任保险一般采用强制保险的方式。

> **阅读资料**:机动车交通事故责任强制保险,简称"交强险",为我国因《道路交通安全法》的实行推出的针对机动车的车辆险种,于2006年7月1日正式施行,根据配套措施的最终确立,于2007年7月1日正式普遍推行。按照《机动车交通事故责任强制保险条例》(简称《交强险条例》)的规定,"交强险"是由保险公司对被保险机动车发生道路交通事故造成受害人(不包括本车人员和被保险人)的人身伤亡、财产损失,在责任限额内予以赔偿的强制性责任

保险,属于责任保险的一种。
　　根据《交强险条例》的规定,在中华人民共和国境内道路上行驶的机动车的所有人或者管理人都应当投保交强险,机动车所有人、管理人未按照规定投保交强险的,公安机关交通管理部门有权扣留机动车,通知机动车所有人、管理人依照规定投保,并处应交纳的保险费的2倍罚款。

(二)机动车辆保险的险种
机动车辆保险的险种包括基本险和附加险。
1. 基本险
基本险一般分为车辆损失险和第三者责任险。
(1)车辆损失险。车辆损失险是指保险车辆遭受保险责任范围内的自然灾害或意外事故,造成保险车辆本身损失,保险人依照保险合同的规定给予赔偿。保险标的为各种机动车辆。
(2)第三者责任险。第三者责任险是指被保险人允许的合格驾驶员在使用保险车辆过程中发生意外事故,致使他人遭受人身伤亡或财产的直接损失,保险人依照保险合同的规定给予赔偿。保险标的为保险车辆因意外事故致使他人遭受人身伤亡或财产的直接损失依法应付的赔偿责任。

　　案例思考:某国有企业将一辆自用的轿车投保了车辆损失险和第三者责任险。孙某是单位的专职驾驶员。一日,孙某的亲戚周某向孙某借车外出郊游,孙某碍于情面在未征得单位同意的情况下把车子借给了周某。结果,周某将一行人撞伤。后来孙某将此事告诉了单位领导,单位领导派人去保险公司索赔。问:保险公司要不要赔偿?

2. 附加险
　　机动车辆保险的附加险的险种有:全车盗抢险、玻璃单独破碎险、车辆停驶损失险、自燃损失险、新增加设备损失险、车上责任险、无过失责任险、车载货物掉落责任险、不计免赔特约险。其中,全车盗抢险、玻璃单独破碎险、车辆停驶损失险、自燃损失险、新增加设备损失险为车辆损失险的附加险;车上责任险、无过失责任险、车载货物掉落责任险为第三者责任险的附加险;不计免赔特约险为车辆损失险和第三者责任险共同的附加险,只有同时投保了车辆损失险和第三者责任险才能附加不计免赔特约险。

> **补充资料**
>
> **全车盗抢险**:保险车辆被盗窃、抢劫、抢夺,经出险当地县级以上公安刑侦部门立案证明,满60天未查明下落的全车损失由保险人负责赔偿。
>
> **玻璃单独破碎险**:保险车辆挡风玻璃或车窗玻璃的单独破碎,保险人负责赔偿;安装、维修车辆过程中造成的玻璃单独破碎,保险人不予赔偿。
>
> **车辆停驶损失险**:因发生车辆损失保险的保险事故,致使保险车辆停驶,保险人在保险单载明的保险金额内承担赔偿责任。
>
> **自燃损失险**:因保险车辆电器、线路、供油系统发生故障或所载货物自身原因起火燃烧造成本车的损失以及在发生保险事故时,被保险人为防止或减少保险车辆的损失所支付的必要的、合理的施救费用由保险人负责赔偿。
>
> **无过失责任险**:保险车辆与非机动车辆或行人发生交通事故,造成对方的人身伤亡或财产直接损毁,保险车辆方无过失,且被保险人拒绝赔偿未果,对被保险人已经支付给对方而无法追回的费用,按照《道路交通事故处理办法》和出险当地的道路交通事故处理规定标准,在责任限额内计算赔偿。
>
> **不计免赔特约险**:经特别约定,保险事故发生后,按对应的投保险种,应由被保险人自行承担的免赔金额(即保险公司免予赔偿的金额),保险人负责赔偿。即100%赔付,保险人负责赔偿在车损险和第三者责任险中应由被保险人自己承担的免赔金额。

> **小问答:**
>
> 问:保了不计免赔特约险,车辆被盗也能获得100%赔付吗?
>
> 答:不是。不计免赔特约险的保险责任仅限于车辆损失险和第三者责任险的免赔部分,对其他附加险的免赔部分不产生效力。

(三)机动车辆保险的保险责任和责任免除

机动车辆保险一般包括车辆损失险和第三者责任险。车辆损失险指保险车辆遭受保险责任范围内的自然灾害或意外事故,造成保险车辆本身损失,保险人依照保险合同的规定给予赔偿。第三者责任险指被保险人允许的合格驾驶员在使用保险车辆过程中发生意外事故,致使第三人遭受人身伤亡和财产的直接损毁,依法应当由被保险人支付的赔偿金额,保险人依照保险合同的约定给予赔偿。具体地,它们的保险责任和责任免除见下表。

项 目	保险责任	责任免除
车辆损失险	1. 因意外事故或自然灾害造成的保险车辆的损失,保险人负下列保险责任: (1)碰撞责任。包括保险车辆及其所载货物与外界物体的意外撞击造成的本车损失 (2)非碰撞责任。包括自然灾害责任和意外事故责任 2. 合理的施救、保护费用: 此费用不包括车辆修复费用,最高赔偿金额以保险车辆的保额为限	1. 磨损、朽蚀、故障、轮胎单独损坏 2. 地震、人工直接供油、高温烘烤造成的损失 3. 受本车所载货物撞击的损失 4. 两轮及轻便摩托车停放期间翻倒的损失 5. 其他
第三者责任险	包括被保险人或其允许的合格驾驶员在使用保险车辆过程中发生意外事故,致使第三者遭受人身伤亡或财产的直接损失,依法应当由被保险人支付的赔偿金额,保险人依照《道路交通事故处理办法》和保险合同的规定给予赔偿	1. 被保险人或其允许的驾驶员所有或代管的财产 2. 私有、个人承包车辆的被保险人或其允许的驾驶员及其家庭成员,以及他们所有或代管的财产 3. 本车上的一切人员和财产
共同的责任免除(两方面)	1. 保险车辆的损失和第三者赔偿责任的责任免除: (1)竞赛、测试、在营业性修理场所修理期间 (2)车辆所载货物掉落、泄漏 (3)机动车辆拖带车辆(含挂车)或其他拖带物,二者当中至少有一个未投保第三者责任险 (4)利用保险车辆从事违法活动 (5)驾驶人员饮酒、吸食或注射毒品、被药物麻醉后使用保险车辆 (6)保险车辆肇事逃逸 (7)非被保险人允许的驾驶人员使用保险车辆 (8)保险车辆不具备有效行驶证件 (9)其他责任 2. 损失和费用的责任免除: (1)因保险事故引起的任何有关精神损害赔偿 (2)保险车辆全车被盗窃、抢劫、抢夺,在此期间受到损坏或车上零部件、附属设备丢失以及第三者人员伤亡或财产损失 (3)其他	

案例思考1: 农民赵某于某年8月购置一台四轮拖拉机,并在保险公司购买了一份拖拉机定额保单。同年10月,赵某将拖拉机借给同村村民韩某(有有效驾驶证)。韩某驾驶借来的拖拉机在耕田时,不慎将拖拉机开下了3米深的土崖,恰巧撞伤了此处赵某的妻子王某,造成王某腿部骨折,花费医疗费用2万元。赵某遂向保险公司索赔。结果会怎样呢?

案例思考 2：黄某系南京市某混凝土公司的驾驶员。某年 3 月某日，黄某驾驶苏 AC2055 混凝土搅拌车履行职务，行至工地外坡道处下车察看时，因未采取充分的安全措施，致车辆前溜，将黄某挤压在护坡上，致黄某受伤，后经抢救无效死亡。交警部门认定黄某负事故的全部责任。苏 AC2055 混凝土搅拌车系南京市某混凝土公司所有，南京市某混凝土公司在某财产保险股份公司南京分公司处投保了第三者责任险，责任限额 50 万元，事故发生在保险期间。黄某的妻子、女儿和母亲将南京市某混凝土公司和某财产保险股份公司南京分公司告上了法院。

本案的争议：机动车驾驶员在事故发生时不在车上，而该驾驶员却是事故的受害者，该驾驶员是否属于车辆第三者责任险中的"第三者"？

你的意见呢？理由是什么？

阅读资料：

案例 1：不久前，陈某驾驶一辆小货车在路口撞倒一个骑自行车的人。他下车发现骑车者已奄奄一息，救活的可能性不大。陈某此时并没有想办法把伤者送到医院尽力抢救，而是害怕负责任上车逃走了。这一过程被路口的摄像头拍摄下来。陈某迫于压力两星期后投案自首。经过交通部门责任认定，陈某应负全部责任，赔偿死者家属 20 多万元。其所驾驶的小货车是投了第三者责任险的，于是陈某向保险公司报案并申请理赔，结果被保险公司拒绝。保险公司的理由是，由于陈某肇事逃逸，保险公司拒绝赔付第三者责任险。

案例 2：刘某开着一辆北京吉普车，快到家门口时撞倒了一位行人。他下车一看竟是自己的妻子何女士。何女士受伤住院一个多月，花了几万元。妻子住院期间，刘某想起这辆车投了第三者责任险，就找保险公司索赔，被保险公司拒绝。

分析：这是第三者责任险中历来就不赔的一个规定。有关的解释是，第三者责任险中的第三者排除四种人：保险人、被保险人、本车发生事故时的驾驶员及其家庭成员、被保险人的家庭成员。

（四）机动车辆保险的保险金额和赔偿限额

1. 车辆损失险的保险金额

可选择新车购置价、实际价值、协商价值三种方式之一确定。

投保车辆标准配置以外的新增设备，应在保险合同中列明设备名称和价格清单，并按设备的实际价值相应增加保险金额。

2. 第三者责任险的赔偿限额

赔偿限额是计算保费的依据,也是每次事故的最高赔偿限额,按每次事故最高赔偿限额双方协商确定。

(1)摩托车、拖拉机第三者责任险。赔偿限额分为四个档次:2万元、5万元、10万元、20万元。

(2)摩托车、拖拉机以外的机动车辆第三者责任险。赔偿限额分为六个档次:5万元、10万元、20万元、50万元、100万元、100万元以上1 000万元以内。

(3)挂车投保后与主车视为一体。

3. 保险金额或赔偿限额的调整

在保险合同有效期内,被保险人可以要求调整保险金额或赔偿限额。调整的原因:增添或减少设备,修复后明显增值,改变用途,牌价涨跌幅较大。

(五)机动车辆保险的保险期限

通常为1年,自保险单载明之日起,到保险期满24时止。

(六)机动车辆保险的保费确定因素和无赔款优待

1. 保险费确定因素

车辆用途、地域、车辆类型,投保人年龄、性别、职业、驾驶记录、婚姻状况等。

我国确定机动车辆保险费率主要依据车辆的使用性质(营业用车、非营业用车)和车辆种类两个因素。

第三者责任险的保险费是一种固定保险费,按投保人选择的赔偿限额档次从费率表中查出其保险费收费标准。

2. 无赔款优待

享受条件为保险期限必须满1年;在保险期限内无赔款;保险期满前办理续保。

优待标准:不论连续几年无保险事故,标准均为应交保费的10%。

注意事项:上年度投保的车辆损失险、第三者责任险和附加险中任何一项发生赔款,续保时均不能享受无赔款优待;不续保者不享受无赔款优待;续保时案件未决,不能享受无赔款优待;续保时投保金额不同,无赔款优待以本年度保险金额对应的应交保险费为计算基础。

三、船舶保险

(一)船舶保险的含义和特点

船舶保险是以各种类型船舶为保险标的的保险,承保其在海上航行或者在港内停泊时,遭到的因自然灾害和意外事故所造成的全部或部分损失及可能引起的责任赔偿。船舶保险采用定期保险单或航程保险单。船舶保险具有以下特点：

第一，船舶保险可以承保从船舶建造下水开始，直到船舶营运以至停泊和最后报废拆船为止的整个过程的风险。然而，船舶保险主要以承保船舶水上风险为限，为船舶在航行或停泊期间因意外事故或水上灾难造成船舶的损失提供保障。正常风浪引起船舶的自然耗损不在船舶保险责任范围之内。

第二，船舶保险所承担的风险相对集中，损失金额大。由于船舶自动化能力增强、高科技含量大幅度提高等特征，船舶所面临的风险也越来越集中。一旦发生海难事故，损失巨大，少者数十万元，多者几百万或上千万元。也因此，船舶保险属于定值保险。

第三，船舶保险事故的发生频率高。船舶保险承保范围广泛，所涉及的法律广泛、政策性强。

第四，船舶所有人的经营作风、管理水平和信誉对保险船舶的安全有直接的影响，船舶保险的保险单不能随船舶的转让而转让。

阅读资料：船舶保险索赔

被保险人一经获悉被保险船舶发生事故或遭受损失，应在48小时内通知保险人，如船在国外，还应立即通知距离最近的保险代理人，并采取一切合理措施避免或减少保险承保的损失。航行途中没有通讯设备的内河船舶应在到达第一港后48小时之内通知保险公司。

报案时，被保险人应提供的基本项目有：保险单、出险地点、出险水域或方位、出险简单经过、估计损失金额以及报案人的单位、姓名和联系方式。

在报案后，被保险人应及时收集相关资料、证书并尽快提供给保险人，其中包括：船舶证书、检验报告、修理记录、船员证书、气象证明以及航行日志、轮机日志、车钟记录、电报日志、船上往来电报、货物配载图。

在确定保险责任范围后，保险人会与被保险人协商赔偿、检验或修船事宜。当被保险船舶受损并需要修理时，被保险人要对受损船的修理进行招标以接受最有利的报价。

被保险人要求赔偿损失时，如涉及第三者责任或费用，被保险人应将必要的证件交给保险人，并协助保险人向第三方追偿。

根据法律规定，被保险人应在保险事故发生之日起二年内，均可向保险人提出赔偿请求，否则，将视为自愿放弃权益。

（二）船舶保险的责任范围

1. 全损险

全损险承担由于下列原因所造成被保险船舶的全损：
(1)地震、火山爆发、闪电或其他自然灾害；
(2)搁浅、碰撞、触碰任何固定或浮动物体或其他物体或其他海上灾害；
(3)火灾或爆炸；
(4)来自船外的暴力盗窃或海盗行为；
(5)抛弃货物；
(6)核装置或核反应堆发生的故障或意外事故。

另外，还承保由于下列原因所造成的被保险船舶的全损：装卸或移动货物或燃料时发生的意外事故；船舶机件或船壳的潜在缺陷；船长、船员恶意损害保险人利益的行为；船长、船员和引水员、修船人员及租船人的疏忽行为；任何政府当局，为防止或减轻因承保风险造成被保险船舶损坏引起的污染，所采取的行动。但此种损失原因应不是由于被保险人、船东或管理人未恪尽职守所致的。

2. 一切险

一切险承保的保险责任除了全损险的保险责任，还承保碰撞责任、施救费用、共同海损和救助。

碰撞责任是指负责因被保险船舶与其他船舶碰撞或触碰任何固定的、浮动的物体或其他物体而引起被保险人应负的法律赔偿责任。但对下列责任概不负责：
(1)人身伤亡疾病；
(2)被保险船舶所载的货物或财物或其所承诺的责任；
(3)清除障碍物、残骸、货物或任何其他物品；
(4)任何财产或物体的污染玷污(包括预防措施或清除的费用)，但与被保险船舶发生碰撞的他船或其所载财产的污染或玷污不在此限；
(5)任何固定的、浮动的物体以及其他物体的延迟或丧失使用的间接费用。

当被保险船舶与其他船舶碰撞双方均有过失时，除一方或双方船东责任受法律限制外，赔偿应按交叉责任的原则计算。当被保险船舶碰撞物体时，亦适用此原则。

保险人对每次碰撞所负的责任不得超过船舶的保险金额。

阅读资料：在一切险的赔偿处理中，碰撞和触碰责任保险人对事故仅付赔偿金额的 3/4，即被保险人自付 1/4。举例如下：

甲船价值 2 000 万元，船载货物价值 500 万元；乙船价值 3 000 万元，船载货物价值 2 000 万元。两船相撞，甲船船货全损，乙船部分损失，花费修理费 1 200 万元，货物损失 800 万元。管理部门裁定双方各负 50% 责任。

> 1. 若甲船投保全损险,赔款是多少?
>
> 甲船全损,属于保险责任。赔款=甲船应付本船损失=2 000×50%=1 000(万元)
>
> 2. 若甲船投保一切险,赔款是多少?
>
> 赔款=甲船应负本船损失+甲船应负乙船损失=2 000×50%+(1 200+800)×50%×3/4=1 000+750=1 750(万元)
>
> 3. 若乙船投保全损险,赔款是多少?
>
> 乙船部分损失,不属于保险责任。
>
> 4. 若乙船投保一切险,赔款是多少?
>
> 赔款=乙船应付本船损失+乙船应付甲船损失=1 200×50%+(2 000+500)×50%×3/4=600+937.5=1 537.5(万元)

(三)船舶保险的除外责任

船舶保险的除外责任包括:不适航、人员配备不当、装备或装载不妥,但以被保险人在船舶开航时知道或应该知道此种不适航为限;被保险人及其代表的疏忽或故意行为;被保险人恪尽职守应予发现的正常磨损、锈蚀、腐烂或保养不周,或材料缺陷包括不良状态部件的更换或修理;战争和罢工险条款承保和除外的责任范围。

(四)船舶保险的保险期限

1. 定期保险

期限最长1年。起止时间以保险单上注明的日期为准。保险到期时,如被保险船舶尚在航行中或处于危险中或在港或中途港停靠,经被保险人事先通知保险人并按日比例加付保险费后,本保险继续负责到船舶抵达目的港为止。保险船舶在长时间内发生全损,需加交6个月的保险费。

2. 航次保险

按保单订明的航次为准。起止时间按下列规定办理:对于不载货船舶,自起运港解缆或起锚时开始至目的港抛锚或系缆完毕时终止。对于载货船舶,自起运港装货时开始至目的港卸货完毕时终止。但自船舶抵达目的港当日午夜零点起最多不超过30天。

(五)船舶保险的索赔和赔偿

被保险事故或损失发生后,被保险人在两年内未向保险人提供有关索赔单证时,保险人不予赔偿。

1. 全损

(1)被保险船舶发生完全毁损或者严重损坏不能恢复原状,或者被保险人不可避免地丧失该船舶,作为实际全损,按保险金额赔偿。

(2)被保险船舶在预计到达目的港日期,超过两个月尚未得到它的行踪消息视为实际全损,按保险金额赔偿。

(3)当被保险船舶实际全损已不能避免,或者恢复、修理救助的费用或者这些费用的总和超过保险价值时,在向保险人发出委付通知后,可视为推定全损,不论保险人是否接受委付,按保险金额赔偿。如果保险人接受了委付,保险标的属保险人所有。

2. 部分损失

(1)保险人对船底的除锈或喷漆的索赔不予负责,除非与海损修理直接有关。

(2)船东为使船舶适航做必要的修理或通常进入干船坞时,被保险船舶也需就所承保的损坏进坞修理,进出船坞的使用时间费用应平均分摊。

如船舶仅为本保险所承保的损坏必须进坞修理时,被保险人于船舶在坞期间进行检验或其他修理工作,只要被保险人的修理工作不曾延长被保险船舶在坞时间或增加任何其他船坞的使用费用,保险人不得扣减其应支付的船坞使用费用。

四、飞机保险

飞机保险是指以飞机为保险标的的一种航空保险,是一种财产保险。当承保的飞机由于自然灾害或意外事故而受损坏,致使第三者或机上旅客人身伤亡、财产损失时,由保险公司负责赔偿。因此,飞机保险具有综合性保险的特点,包括财产、责任、人身意外险。目前,我国国内保险公司承保的国际航线飞机保险包括以下几种责任:

(1)机身险。对所保飞机在飞行或滑行中以及在地面,不管任何原因造成飞机及其附件的意外损失或损坏负责赔偿,同时负责因意外事故引起的飞机拆卸、重装和清除机骸的费用。

(2)第三者责任险。对被保险人在使用飞机时,由于飞行或从机上坠人坠物造成第三者(即他人)人身伤亡或财务的损失,应由被保险人负责的经济赔偿责任,也负责赔偿。

(3)旅客的法定责任险。凡保险飞机上所载旅客和行李,在飞机上或在上下飞机时,因意外,造成人身伤亡或行李损坏、丢失或延迟送达所造成的损失应由被保险人负责的,由保险人负责赔偿。

(4)承运人对所运货物的责任险。凡是由承运人运输的货物,如发生损失应由承运人员负责的,由保险人负责赔偿。

飞机保险是定值保险,保险金额按账面价值、重置价值、双方协定价值确定。

阅读资料：飞机责任保险包括飞机第三者责任险和旅客的法定责任险。其责任限额一般采用综合单一责任限额方式确定。所谓"综合"是指责任限额内包括了旅客行李、货物以及对第三者责任在内的综合责任限额；所谓"单一"是指每一次事故的最高赔偿限额。

第三者责任保险的保险费按机队规模或机型一次收取。货物责任法定责任保险则按货物运输营业收入收取。

案例阅读：2004年9月2日，浙江省宁波电视台因举办"活力宁波"宣传活动，在报经有关部门批准后，向春兰公司租用直升机进行空中拍摄。2004年9月16日，青岛直升机航空有限公司驾驶员夏某、王某驾驶直升机，搭载宁波电视台5名航拍人员执行航拍任务。不幸的是，当天下午15:00左右，飞机在宁波失事坠毁，除机尾外，机身全部烧毁。机上5名航拍人员3人死亡、2人重伤；机组人员中副驾驶王某死亡，机长夏某重伤。

青岛直升机航空有限公司（以下简称青岛公司）代春兰（集团）公司（以下简称春兰公司）从欧洲进口了一架EC-135公务直升机，并负责对直升机进行执管。自2002年5月30日起，春兰公司就对飞机进行了连续投保。前两年，由人保财险独家承保。2004年6月21日，春兰公司第三年投保，此次由3家保险公司共同承保，人保财险、中华联合和太保产险3家保险公司的共保比例份额依次为50%、30%、20%。次日，3家保险公司向春兰公司联合签发了飞机保险单，保险险种涉及飞机机身一切险、法定责任险。其中，飞机机身为定值保险，保险金额为人民币3000万元；法定责任险分项投保旅客座位险和地面第三者责任险，旅客责任险按飞机五座旅客座位每名旅客责任限额50万元，地面第三者责任险为每次事故赔偿限额500万元。

3家保险公司对于因事故所造成的损失是否应当由保险人赔偿，双方发生了争执。保险公司提出，保单一览表载明的用途为"公务"，飞机适航证的使用范围是"公务飞行"，但"9·16"事故飞行执行的是"空中拍摄"，按照《通用航空经营许可管理规定》，"空中拍摄"与"公务飞行"是两种不同的经营项目，因此，春兰公司飞机的用途不符合保单一览表的规定，所发生的坠机事故不在保单保障范围。保险公司还认为，春兰公司在本次投保前曾多次将飞机用于空中拍摄，但填写投保单时却故意隐瞒这一事实，仍将用途设定为公务飞行，而从保险公司获取最低的保险费率，属于故意不履行如实告知义务。

春兰公司在保险期限内改变飞机用途,将飞机租给宁波电视台执行危险程度高于公务飞行的空中拍摄,在此之前也有类似情况,这明显加大了保险标的的危险程度,但春兰公司从未及时履行书面通知义务,对于所发生的保险事故,保险公司不承担赔偿责任。此外,保险公司还提出,"9·16"事故飞行时飞机不适航。春兰公司将飞机用于空中拍摄,改变了适航证核定的"公务飞行"的使用范围,使飞机处于不适航状态。而且,宁波电视台进行空中拍摄期间,在飞机右前部加装机身外固定座椅,未经民航管理部门批准,造成飞机操纵难度加大,使飞机处于不适航状态。

在诉讼中,春兰公司提出请求保险公司支付旅客责任险、第三者责任险在内的法定责任险保险金750万元。对于这一诉讼请求,保险公司表示不能接受。他们认为,责任险是以被保险人对第三者依法应负的赔偿责任为保险标的保险,只有在被保险人依据法律对第三者负有法律赔偿责任时,保险人才履行保险责任,且均为限额赔偿。春兰公司未提供任何证据证明地面第三人提出索赔请求,这方面的损失不存在,春兰公司要求保险公司支付750万元的责任险保险金于法无据。

泰州中院经审理后认为,在当事人双方未以书面形式约定具体含义的情况下,保单中飞机的"公务"用途宜作宽泛理解,不应简单地等同于狭义的公务飞行,"空中拍摄"不应当被排除于保单用途"公务"范畴。保险公司关于"9·16"事故飞行不符合保单用途的观点,法院不予采纳。

由于双方是3年的续保关系,春兰公司在首次投保后不久,就将保险标的用于空中拍摄并被媒体广泛宣传,在所在区域内已成为众所周知的事实。作为对保险标的负有密切关注义务的保险公司来说,对此应属明知或应当知道,其如果认为空中拍摄不属其承保风险,或虽可承保但应当增加保费的,完全可以及时提出变更或解除合同,或者在下一个年度前就此提出,以做出调整费率或不予承保的决定。但在此后的两个年度里,保险公司又向春兰公司签发了内容条件完全一致的保单。该行为足以认定为弃权,对保险公司应发生禁止抗辩的法律后果。

保险公司指称EC-135直升机加装固定座椅,首先并无确凿证据证明;即便属实,按照1995年民航总局《民用航空器运行适航管理规定》,也不属于"改变航空器、发动机或螺旋桨型号设计"的重要改装,无须履行审批手续。

据此,法院判决3家保险公司按各自承保的比例给付春兰公司飞机险保险金3 000万元,并赔偿春兰公司已支付的事故伤亡人员人道主义慰问金25万元和律师代理费39.1万元。

任务实施

一、巩固练习

(一)单项选择题

1. 机动车辆保险的基本险包括(　　)。
   A. 车辆损失险、第三者责任险、全车盗抢险
   B. 车辆损失险、全车盗抢险
   C. 车辆损失险、第三者责任险
   D. 车辆损失险、第三者责任险、无过失责任险

2. 在机动车辆第三者责任保险中,每次事故保险人承担赔偿责任的最高限额叫(　　)。
   A. 保险金额　　　B. 赔偿限额　　　C. 保险责任　　　D. 赔偿责任

3. 以下不属于运输工具保险的是(　　)。
   A. 汽车保险　　　B. 卫星保险　　　C. 飞机保险　　　D. 船舶保险

4. 飞机机身及零配件保险是(　　)。
   A. 定额保险　　　B. 不定值保险　　　C. 定值保险　　　D. 法定保险

5. 我国远洋船舶保险的险别有(　　)。
   A. 基本险、全损险　　B. 全损险、一切险　　C. 基本险、一切险　　D. 平安险、一切险

6. 远洋船舶保险一切险中,如果保险金额低于共同海损分摊价值,则保险人对共同海损的赔偿(　　)。
   A. 以保险金额为限
   B. 以共同海损分摊价值为限
   C. 按船舶的保险金额与船舶的保险价值的比例承担赔偿责任
   D. 按船舶的保险金额与船舶的共同海损分摊价值的比例承担赔偿责任

7. 只有在投保了车辆损失险和第三者责任险基础上才能投保(　　)。
   A. 无过失责任险　　　　　　　B. 玻璃单独破碎险
   C. 不计免赔特约险　　　　　　D. 全车盗抢险

8. 一般采用强制保险方式的是机动车辆保险中的(　　)。
   A. 车辆损失险　　　　　　　　B. 不计免赔特约险
   C. 全车盗抢险　　　　　　　　D. 第三者责任险

9. 王某将其购置的一辆新车向保险公司投保车辆损失险。保险期内,该车在停放过程中突然自燃,造成本车及在该车邻近停放的一辆汽车的完全损毁。下列有关保险公司赔偿处理中正确的是(　　)。
   A. 保险公司只能就本车损失部分予以赔偿
   B. 保险公司只能就他车损失部分予以赔偿
   C. 对本车和他车损失,保险公司均不予以赔偿
   D. 对本车和他车损失,保险公司均予以赔偿

10. 下列人员中,属于机动车辆第三者责任险中的第三者的是(　　)。

A. 被保险人的驾驶人员　　　　　　B. 借给他人使用时的驾驶人员
　　C. 被保险人车上的人员　　　　　　D. 对方车上的乘客
11. 机动车辆保险的保险期限一般是（　　）。
　　A. 4 年　　　　　B. 3 年　　　　　C. 2 年　　　　　D. 1 年
12. 甲车向保险公司投保车辆损失险，按新车购置价确定保险金额为 50 000 元。甲车在行驶中与乙车相撞，甲车车辆损失 8 000 元，车上货物损失 2 000 元，乙车车辆损失 5 000 元。交通管理部门裁定甲、乙两车负同等责任，则保险人的赔款为（　　）。
　　A. 8 000 元　　　B. 4 000 元　　　C. 7 500 元　　　D. 3 600 元
13. 甲车向保险公司投保机动车辆第三者责任险，保险责任限额为 50 000 元。甲车在行驶中与乙车相撞，甲车车辆损失 8 000 元，车上货物损失 2 000 元；乙车车辆损失 4 000 元，车上货物损失 6 000 元。交通管理部分裁定甲、乙两车负同等责任，则保险人的赔款为（　　）。
　　A. 9 000 元　　　B. 4 500 元　　　C. 5 000 元　　　D. 50 000 元

（二）多项选择题

1. 车辆损失险的附加险包括（　　）。
　　A. 全车盗抢险　　　　　　　　　　B. 车辆停驶损失险
　　C. 无过失责任险　　　　　　　　　D. 自燃损失险
　　E. 不计免赔特约险
2. 机动车辆保险的基本险包括（　　）。
　　A. 车辆损失险　　　　　　　　　　B. 车上责任险
　　C. 车辆停驶损失险　　　　　　　　D. 第三者责任险
3. 车辆损失险的附加险包括（　　）。
　　A. 车辆停驶损失险　　　　　　　　B. 全车盗抢险
　　C. 车上责任险　　　　　　　　　　D. 自然损失险
4. 王某将其购置的一辆富康轿车，向保险公司投保车辆损失险，保险金额为 20 万元。其子小王略知驾驶常识，一天，趁其外出时偷拿了父亲的车钥匙学习驾车，不慎翻车。小王受伤，轿车完全报废。下列有关王某索赔问题的表述中正确的是（　　）。
　　A. 王某有权请求保险公司予以赔偿
　　B. 王某无权请求保险公司赔偿
　　C. 保险公司如果赔偿，可以对小王行使代位求偿权
　　D. 保险公司如果赔偿，不可以对小王行使代位求偿权
5. 车辆损失险的保险责任有（　　）。
　　A. 自然灾害　　　　　　　　　　　B. 意外事故
　　C. 施救保护费用　　　　　　　　　D. 车载货物相互碰撞
6. 机动车辆第三者责任险承保（　　）。
　　A. 被保险人在使用保险车辆过程中发生意外事故，致使第三者遭受人身伤亡或财产的直接损毁
　　B. 被保险人允许的驾驶人员造成上述损失

C. 私有车辆的被保险人所有的财产
D. 私有车辆的被保险人家庭成员所有的财产

7. 车辆损失险保险金额可以按( )确定。
   A. 新车购置价　　B. 实际价值　　C. 协商价值　　D. 出险时市场价值

8. 机动车辆第三者责任险的赔偿限额( )。
   A. 是保险期间保险人承担累计赔偿责任的最高限额
   B. 是保险人计算保险费的依据
   C. 投保人必须按固定金额确定
   D. 投保人应根据不同车辆种类选择确定

9. 被保险人允许的驾驶人员是指( )。
   A. 被保险人自己的驾驶员　　　　　　B. 被保险人借来的驾驶员
   C. 被保险车辆借给他人使用时的驾驶员　D. 驾驶人员个人私自许诺的驾驶员

10. 关于无赔款优待，下列表述正确的是( )。
    A. 车辆同时投保车辆损失险和第三者责任险，其中的一个险种发生赔款，续保时可以给予无赔款优待
    B. 保险车辆在上一年保险期内无赔款，续保时可享受无赔款优待
    C. 被保险人投保车辆不止一辆的，无赔款优待分别按车辆计算
    D. 机动车辆连续无事故的期限越长，无赔款优待金额越多

11. 无赔款优待的条件有( )。
    A. 保险期限必须满1年　　　　　　B. 保险期内没有发生事故
    C. 连续三年保险期内无赔款　　　　D. 保险期满前办理续保

12. 机动车辆第三者责任保险的责任免除包括( )。
    A. 本车上的一切人员和财产　　　　B. 人工直接供油造成的损失
    C. 轮胎爆裂引起的损失　　　　　　D. 保险车辆拖带未保险车辆造成的损失

13. 承保机动车辆保险，保险人应当了解的内容有( )。
    A. 车辆的用途和行驶区域
    B. 驾驶人员以往的损失记录
    C. 车辆的驾驶人员的年龄、职业、视力
    D. 车辆本身、其维修情况以及与之有关的风险

二、阅读案例评析

(一)关于车辆保险赔偿的案例评析

某年2月2日，王某到某保险公司投保一辆普通桑塔纳轿车，称是家庭生活自备车，单保第三者责任险和附加车上人员座位责任险。保险期限自当年2月3日零时起至第二年2月2日24时止。保险公司按家庭自备车收取第三者责任险(限额10万元)保费1 040元，附加车上人员座位险(限额每座1万元)保费300元。

当年 5 月 15 日，该车与一辆夏利车相撞，造成对方车辆损失 2 000 元，王某车辆翻入路基下，车内一人重伤。保险公司理赔人员查勘现场核实：车内伤者为乘出租车之人，人员伤残总费用 5 万元。经交警部门认定：王某在夜晚雨天车速过快，违反《中华人民共和国道路交通管理条例》规定，应负全部责任，负该起事故 100% 的赔偿责任。

当年 12 月 14 日，事故处理结束后王某向保险公司提出索赔。对照《机动车辆保险条款》，该起事故属碰撞责任，在第三者责任险和附加车上人员座位责任险赔偿范围内。但是，理赔科人员发现该车按家庭生活自备车非营业车投保，而在查勘现场时，询问车上伤者为乘出租车之人，并出示了出租车票。经调查后核实该车纯属跑"黑车"的私人出租车，属于营业车，应收该车第三者责任险（限额 10 万元）保费 1 560 元，故投保人实际缴费不足。

问：保险公司是否给付保险金？

此案如何赔付，有两种意见：

第一种意见是按比例赔付。理由为：尽管因投保人自称是家庭生活用车导致保险公司少收保费，但毕竟上了保险，保险合同成立，保险公司应该承担风险。因此，根据保险条款规定，应按实缴保费与应缴保费的比例赔付。

即第三者责任险应赔付：2 000×100%×1 040（实缴保费）/1 560（应缴保费）×(1－20%)＝1 066.7 元

附加车上人员座位险赔付：10 000×100%×(1－20%)＝8 000（元）

第二种意见是拒赔。理由为：根据我国《保险法》明确规定："订立保险合同，保险人应当向投保人说明保险合同的条款内容，并可以就保险标的或者被保险人的有关情况提出询问，投保人应当如实告知。"而此案"订立保险合同时，投保人故意不履行如实告知义务的，保险人对于保险合同解除前发生的保险事故，不承担赔偿或给付保险金的责任，并不退还保险费"。

结论：依据投保人王某属于故意隐瞒桑塔纳轿车营业的性质，保险公司按第二种意见拒赔是合理的。

（二）关于车辆过户后发生保险事故有关的案例

[案情] 某单位购车后向保险公司投保，保险期限 1 年，即 2009 年 11 月 1 日至 2010 年 10 月 31 日止，保险金额为 15 000 元。2010 年元月，该单位将汽车转卖给个体户肖某，但未办理保险过户批改手续和车辆过户手续。肖某使用 3 个月后，又转让给祝某。肖谎称保险手续遗失（其实该单位未将保险单给他）。祝某于 3 月 20 日以保险单遗失为由，向保险公司申请补办保险手续。接待人找到该车原保单存根后，未请示领导，擅自为祝某补办了保险证。2010 年 6 月 24 日，该车由雇请司机刘某驾驶，长途运输途中与外地个体户汽车相撞，致对方车损严重。祝某向保险公司报案。保险公司出具便函给事故地保险公司，称如属保险责任范围，损失在 2 000 元之内，委托该公司处理；如超出上述范围，由本公司派人查勘处理。嗣后，公司查核该车未办过户批改手续，拒绝派人查勘。事

故经当地交警裁定，祝某应负完全责任，赔偿对方损失12 800元，祝某遂向保险公司索赔，保险公司以祝某未办理保险过户批改手续为由拒赔。为此，祝某向法院起诉。

[评析] 一审法院认为：原车主已向保险公司投保，祝某购买后，此车仍在保险有效期内。祝某以保险单遗失为由，向保险公司申请批改，保险公司为其补发保险证，但未办批改手续。依照《中国人民保险公司机动车辆保险条款》第十三条、第十九条的规定，判决祝某诉求无理，保险公司不予赔偿。祝某不服，上诉二审法院。

二审法院认为：祝某购车后，向保险公司申请办理车辆保险过户批改手续，由于保险方经办人工作疏忽及祝某对保险知识无知等原因，在具体办理过程中只补发给保险证，而未填写过户批改的批单，故车辆未批改的主要过错由保险公司承担。祝某得到保险证后，误认为已经批改，也应承担一定责任。一审判决欠妥。依照《民法通则》第四十三条、第一百零六条规定，判决撤销一审判决，改判保险公司赔偿祝某10 000元。

三、阅读和撰写读后感

参看《机动车交通事故责任强制保险条例》并收集交强险有关资料，撰写读后感。

阅读资料：机动车是人类交通方式变革的产物，是人类社会进步的标志之一。机动车的应用大大提高了人们的工作效率，改善了人们的生活质量。并且随着科技的不断进步，更新、更快、效率更高的机动车被不断地提供给人们使用。尽管这给人们带来了极大的方便，但高速的机动车带给人类的不仅仅是效率，同时也带来了危险。由于机动车具有较快的速度，同时与人们的工作生活联系较为紧密，道路交通网络的发展使人们被包围在各种道路之中，时刻面临着威胁。因此，机动车所导致的交通事故在各种意外事故中，是数量最多也是最容易给人们的生命财产造成损害的一种。每年全世界机动车意外交通事故所导致的人员伤亡和财产损失均达到令人触目惊心的程度。对此，各国政府采取了各种各样的技术措施加以控制，但机动车意外事故的数量仍居高不下。这使得人们不得不面对一个问题，如何保护机动车交通事故中的受害者的利益。实践中往往出现这样的情况：发生机动车道路交通事故后，法律虽然规定责任方须对受害方进行赔偿，道路交通管理部门也对此做出了认定；但由于责任方缺乏必要的经济能力，导致受害方的损害不能得到切实的赔偿。因此，机动车交通事故责任强制保险也就应运而生了。

任务四 认识运输货物保险

知识目标

掌握我国海上运输货物基本险保险人责任与除外责任；

了解我国海上运输货物附加险保险人责任与除外责任；

了解国内运输保险。

任务引入

运输是人类社会不可缺少的活动之一,无论在生产过程内部,生产部门之间,或生产领域与消费领域之间,都离不开运输。运输方式有很多,例如公路运输、铁路运输、海上运输、飞机运输、管道运输等。在运输过程中,货物面临特有的风险,风险种类很广泛,为降低风险,有必要对在运输过程中的货物进行保险。

任务分析

分析有关国内运输货物保险的案例;
搜集国际贸易运输货物有关的案例。

相关知识

自然灾害是指不以人们主观意志为转移的客观自然现象所引起的灾害,一般是人力无法抗拒的,会造成物质损毁和人身伤害,它包括恶劣气候、雷电、海啸、地震、洪水和火山爆发等。

意外事故是由于外来的、偶然的、突发的、非意料中的原因所致的事故,它包括搁浅、触礁、沉没、碰撞、倾覆及爆炸等。

运输货物保险是以运输过程中的各种货物为保险标的,以运行过程中可能发生的有关风险为保险责任的一种财产保险。根据运输货物的范围,运输货物保险划分为涉外运输货物保险和国内运输货物保险。涉外运输货物保险包括海上运输货物保险及其他运输货物保险等。

运输货物保险有其自身的特点。首先,承保对象多变。运输货物保险的投保人和被保险人经常是不同的两个人,而且随着货物的转手,被保险人不断改变,直至保险单最后持有人提货为止。其次,保险期限一般不以时间限制如一年为准,而是以一个航程为准。最后,运输货物保险为避免货物价值经常受市场价格变动及地域价格差异的影响,一般采用定值保险方式。

一、海上运输货物保险

我国对外贸易中,一般采用中国人民保险公司保险条款,如应对方要求也可以采用伦敦协会货物条款或其他国家的条款。我国海洋运输保险的险种分为基本险、附加险和专门险。

(一)基本险

我国海洋运输保险的基本险包括平安险、水渍险和一切险。这三种险种的保险责任范围不同,平安险最小,水渍险次之,一切险最大。具体参见下表。

险种	保险责任	适用范围	除外责任	保险期限
平安险	(1)自然灾害造成的整批货物的全部损失或推定全损 (2)意外事故造成货物的全部或部分损失 (3)发生意外事故前后又遭受自然灾害所造成的部分损失 (4)装卸或转运时,由于一件或数件整件货物落海造成的全部或部分损失 (5)抢救或为减少货物损失而支付的合理费用 (6)遭遇海难后在避难港所产生的特别费用 (7)共同海损的牺牲、分摊和救助费用 (8)根据"船舶互撞责任条款"规定应由货方偿还船方的损失	低值、裸装的大宗货物,如矿砂、钢材、铸铁制品等	(1)被保险人的故意行为或过失所造成的损失 (2)属于发货人责任所引起的损失 (3)在保险责任开始前,被保险货物已存在的品质不良或数量短差所造成的损失 (4)被保险货物的自然耗损、本质缺陷、特性以及市价跌落、运输延迟所引起的损失或费用 (5)属于战争条款和罢工险条款规定的保险责任和除外责任的货损	(1)采用"仓至仓条款" (2)不管任何情况,均受被保险货物全部卸离海轮后满60天的限制
水渍险	平安险+自然灾害所造成的部分损失	不大可能发生碰损、破碎,或者容易生锈但不影响使用的货物,如铁钉、铁丝、螺丝等		
一切险	水渍险+11种一般附加险	未涉及		

> **阅读资料**:施救费用与救助费用是海上货运险主要保障的两种费用,它们的区别主要如下:
>
> 1. 行为实施主体的区别。施救实施的主体是被保险人(或其雇佣人员或代理人)自己;救助实施的主体是被保险人和保险人以外的第三者。
>
> 2. 保险人保险赔偿原则的区别。被保险人实施施救以后,不管是否取得成效,保险人对其支出的施救费用均负责赔偿;救助人对被救助人实施救助,被救助人按照"无效果、无报酬"原则决定是否支付报酬,保险人只有在作为被救助人的被保险人向救助人支付报酬的前提下才承担对这笔救助费用的赔偿。
>
> 3. 保险人保险赔偿额度的区别。保险人对施救费用的赔偿以另一个保险金额为限,即在对被保险货物本身损失赔偿的那个保险金额之外,再给一个保险金额赔偿施救费用;保险人对救助费用的赔偿则是放在与对被保险货物本身损失赔偿的那个保险金额之内,即将对救助费用的赔偿与对被保险货物本身损失的赔偿合在一起,以一个保险金额为限。

4. 根据是否与共同海损有联系的区别。施救费用是因被保险人为减少自己的货物损失采取施救措施而产生的,与共同海损没有联系;救助费用在大多数情况下是由于作为救助人的其他过往船舶为船货获得共同安全而前来救助并取得成效而产生的,用此,施救费用大多可列入共同海损费用项目。

提醒您:FOB合同属象征性交货,只要卖方在装运港按规定的时间、地点将规定的货物装在买方指派的船上,并提交符合规定的货运单据,就算完成交货,与货物有关的风险,也在装运港从货物越过船舷时起,由卖方转移给买方。因此,买方投买保险,只保其应该负责的风险(即货物转移后的风险),而风险转移前(如从卖方仓库运往装运码头期间)发生的风险损失,买方概不负责,由买方向其投保的保险公司也当然不负责任。也就是说,在FOB合同下,虽然保险单上列"仓至仓条款",但保险公司承保责任起讫不是"仓至仓"。

案例思考

[案例] 某货轮从天津新港驶往新加坡,航行途中船舶货舱起火,大火蔓延到机舱,船长为了船货的共同安全,决定采取紧急措施,往舱中灌水灭火。火虽被扑灭,但由于主机受损无法继续航行,于是船长决定雇用拖轮拖回新港修理,检修后重新驶往新加坡。事后调查,这次事故造成的损失为:(1)1 000箱货物被火烧毁;(2)600箱货物由于灌水灭火而受损;(3)主机和部分甲板被烧坏;(4)拖轮费用和额外增加的燃料及船长、船员工资。

试分析以上损失分别属于什么性质的损失。

[提示] 共同海损是指在同一海上航程中,当船舶、货物和其他财产遭遇共同危险时,为了共同安全,有意地、合理地采取措施所直接造成的特殊牺牲、支付的特殊费用,由各受益方按比例分摊的法律制度。只有那些确实属于共同海损的损失才由获益各方分摊,因此共同海损的成立应具备一定的条件,即海上危险必须是共同的、真实的;共同海损的措施必须是有意义的、合理的、有效的;共同海损的损失必须是特殊的、异常的,并由共损措施直接造成。

> **阅读资料**：实际全损是指保险船舶发生保险事故后完全灭失或严重损坏，完全失去原有状态、效用，包括船舶失踪。船舶失踪必须同时具备三个条件：(1)船舶在航行中失踪；(2)船上船员和船舶同时失踪；(3)失踪时间必须满6个月以上。
>
> 关于实际全损，例如，某公司出口稻谷一批，因保险事故被海水浸泡多时而丧失其原有价值，货到目的港后只能低价出售，这种损失属于实际全损。
>
> 推定全损是指保险船舶发生保险事故后，保险当事人认为实际全损已经不可避免，或者为避免发生实际全损所需支付的费用将要超过船舶的保险价值而推论确定的全损。例如，有一批出口服装，在海上运输途中，因船体触礁导致服装严重受浸，若将这批服装漂洗后运至原定目的港所花费的费用已超过服装的保险价值，这种损失属于推定全损。
>
> 被保险人对案件作推定全损处理，首先需要被保险人提出委付，同时应递交委付申请书；保险人有权接受委付或拒绝接受委付。当保险人接受委付时，船舶所有权及所附带的权利和义务全部转移给保险人。当保险人拒绝接受委付时，不影响保险人对案件按推定全损进行处理。按推定全损赔付后，保险人的保险责任解除。

（二）附加险

海上运输货物保险的附加险分为一般附加险、特别附加险和特殊附加险。

一般附加险	特别附加险	特殊附加险
1. 偷窃、提货不着险；2. 淡水雨淋险；3. 短量险；4. 混杂、玷污险；5. 渗漏险；6. 碰损、破碎险；7. 串味险；8. 受潮、受热险；9. 钩损险；10. 包装破裂险；11. 锈损险	1. 交货不到险；2. 进口关税险；3. 舱面险；4. 拒收险；5. 黄曲霉（毒）素险；6. 出口货物到香港（包括九龙在内）和澳门存仓火险责任扩展条款	1. 战争险；2. 罢工险

> **记忆小窍门**：
> 为方便记忆，可将这11种一般附加险归纳为：
> 两少：偷窃提货不着险、短量险　　两混：混杂玷污险、串味险
> 两破：包装破裂险、碰损破碎险　　两损：钩损险、锈损险
> 三水：淡水雨淋险、渗漏险、受潮受热险

（三）专门险

专门险是指针对海运货物的某些特性，存在的承保其特性的专门险别，这些专门险属于基本险的性质，可以单独投保。我国的两种海运货物专门险是海洋运输冷藏货物保险和海洋运输散装桐油保险。海洋运输冷藏货物保险承保海运冷藏货物因自然灾害、意外事故或外来原因造成冷藏货物腐烂的损失。这种专门险，可分为冷藏险和一切险两类。海洋运输散装桐油保险承保海上运输的散装桐油，不论任何原因造成的短少、渗漏、玷污和变质的损失。

二、其他涉外运输货物保险

（一）陆上运输货物保险

我国陆上运输货物保险的险别分为陆运险、陆运一切险和陆上运输冷藏货物险以及陆上运输货物战争险等。承保对象为火车和汽车运输货物。

险　种	保险责任	责任起讫
基本险	(1)陆运险的保险责任＝"水渍险"的责任范围 (2)陆运一切险的保险责任＝陆运险＋外来原因所致的全部或部分损失	1. 采用"仓至仓条款" 2. 如未运抵上述仓库或储存处所，则以被保险货物运抵最后卸离车站满60天为止
陆上运输冷藏货物险 （是陆上运输货物保险中的一种专门保险）	承保责任除陆运险所列举的自然灾害和意外事故所造成的全部损失和部分损失外，还负责赔偿由于冷藏机器或隔热设备在运输途中损坏所造成的被保险货物解冻融化而腐败的损失	1. 从起运地点的冷藏仓库装入运送工具开始运输时生效，到货物到达目的地收货人仓库为止 2. 有效期限是以被保险货物到达目的地车站后10天为限
陆上运输货物战争险 （一种附加险，我国仅限于火车运输）	火车在运输途中由于战争、类似战争行为、敌对行为和武装冲突所导致的损失	1. 以货物置于运输工具上为限，直至卸离保险单所载明的目的地火车时为止 2. 如果被保险货物不卸离火车，则以火车到达目的地的当天午夜起算满48小时为止

（二）航空运输货物保险

航空运输货物保险的险别分为航空运输险和航空运输一切险。

航空运输货物保险的责任起讫也采用"仓至仓条款"的规定。如未抵达上述仓库或储存处所，则以被保险货物在最后卸载地卸离飞机后满30天为止。如在上述30天内，被保险货物需转送到非保险单所载明的目的地时，保险责任以该项货物开始转运时终止。

> **阅读资料:** 航空运输险与航空运输一切险的区别
>
> 航空运输险的承保范围与海洋运输货物保险条款中的"水渍险"大致相同。保险公司负责赔偿被保险货物在运输途中遭受雷电、火灾、爆炸,或由于飞机遭受恶劣气候或其他危难事故而被抛弃,或由于飞机遭受碰撞、倾覆、坠落或失踪等自然灾害和意外事故所造成的全部或部分损失。
>
> 航空运输一切险的承保责任范围除包括上述航空运输险的全部责任外,保险公司还负责赔偿被保险货物由于被偷窃、短少等外来原因所造成的全部或部分损失。

(三) 邮包运输保险

邮包运输保险是指承保邮包通过海、陆、空三种运输工具在运输途中由于自然灾害、意外事故或外来原因所造成的包裹内物件的损失。根据《中国人民保险公司邮包保险条款》的规定,邮包运输保险的险别分为邮包险和邮包一切险。

邮包险责任范围一般包括:

(1) 被保险邮包在运输途中由于恶劣气候、雷电、海啸、地震、洪水自然灾害或由于运输工具遭受搁浅、触礁、沉没、碰撞、倾覆、出轨、坠落、失踪,或由于失火爆炸意外事故所造成的全部或部分损失。

(2) 被保险人对遭受承保责任内危险的货物采取抢救,防止或减少货损的措施而支付的合理费用,但以不超过该批被救货物的保险金额为限。

邮包一切险的责任除上述邮包险的各项责任外,还负责被保险邮包在运输途中由于外来原因所致的全部或部分损失。

邮包运输货物保险的责任起讫为自被保险邮包离开保险单所载起运地点寄件人的处所运往邮局时开始生效,直至该项邮包运达本保险单所载目的地邮局,自邮局签发到货通知书当日起算满 15 天终止。但是在此期限内邮包一经交至收件人的处所时,保险责任即行终止。

三、国内货物运输保险

国内货物运输保险是以在国内运输过程中的货物为保险标的,在标的物遭遇自然灾害或意外事故所造成的损失时给予经济补偿。

项目四 阐述财产损失保险

项　目	险　种	保障内容
按照运输工具的不同进行分类	水路运输货物保险	承保以水上运输工具运输的货物为保险标的的保险
	铁路运输货物保险	承保火车运输的货物，包括铁路运输中的鲜活货物的保险
	公路运输货物保险	承保通过公路运输的物资
	航空运输货物保险	承保航空运输的货物（保险责任与上述险种有所不同）
按照保险人承担责任的方式分类	基本险（水路、铁路、公路险的险种保险责任）	1. 火灾、爆炸、雷电、冰雹、暴风、暴雨、洪水、地震、海啸、地陷、崖崩、滑坡、泥石流所造成的损失 2. 运输工具发生碰撞、搁浅、触礁、倾覆、沉没、出轨或隧道、码头坍塌所造成的损失 3. 装、卸、转载时非װ包装不善及装卸人违反操作规则所造成的损失 4. 按国家规定或一般惯例应分摊的共同海损费用 5. 发生上述灾害和事故时因纷乱而造成的货物散失以及因施救或保护货物所支付的直接合理的费用
	综合险（水路、铁路、公路险的保险责任）	包括基本险的全部责任外还承担： 1. 震、挤、碰造成变形或包装破裂致使货物散失的损失 2. 液体货物因震挤碰容器损坏的渗漏或腐烂变质 3. 遭窃或承运人造成的整件提货不着 4. 安全运输遭雨淋
保险责任起讫		自签发保单和保险货物运离起运地最后一个仓库或储存所时起，至货物抵达保单注明的目的地收货人在当地的第一个仓库或储存处所时终止；未及时提货，最多延长至收到到货通知单后 15 天为限（以邮戳日期为限）
保险价值		按下列标准之一确定：(1)起运地成本价；(2)目的地成本价；(3)目的地市价

阅读资料：

根据 2007 年施行的《铁路交通事故应急救援和调查处理条例》，铁路运输企业对事故中每位旅客的赔偿限额统一都是 15 万元，对行李损失的赔偿限额为 2 000 元。

根据 1992 年修改的《铁路旅客意外伤害强制保险条例》规定，赔付给旅客最高保险金为 2 万元。

根据 2006 年 1 月 29 日国务院批准的《国内航空运输承运人赔偿责任限额规定》，对每位旅客的赔偿责任限额为 40 万元。

案例阅读

[**案情**] 某托运人在平旺站托运白糖一车,货物共 1 200 件,重 60 吨,货主投运输货物保险综合险,保险金额为 20 万元。货物运至张家口南站时,发现车辆一侧施封良好,另一侧无封,且上下门扣损坏,经清点件数,车内货物仅剩 900 件,经调查,该车货物实际总价值为 30 万元。问题:该货运事故应如何赔偿?

[**分析**] 该货运事故是由于铁路部门的过失责任造成的,应该赔偿。该货运事故的赔偿方法为:保险公司先向货主进行赔偿,然后保险公司再向铁路部门追偿;铁路部门根据限额赔偿的规定向货主和保险公司赔偿。

铁路部门应向货主赔偿额 = min{赔偿限额, 实际损失}
$$= \min\{300/1\ 200 \times 60 \times 2\ 000, 30 \times 300/1\ 200\}$$
$$= 3(万元)$$

保险公司向货主赔偿 = min{保险金额 × 损失比例, 实际损失}
$$= \min\{20 \times 300/1\ 200, 30 \times 300/1\ 200\}$$
$$= 5(万元)$$

保险公司向铁路部门追偿额 = 铁路部门应向货主赔偿额 × min{保险金额/全批货物实际价值, 1}
$$= 3 \times \min\{20/30, 1\}$$
$$= 2(万元)$$

任务实施

一、巩固练习

(一)不定项选择题

1. 若按 CIF 条件出口,如保下列险作为保险条款,哪个妥当?(　　)
   A. 一切险、淡水雨林险　　　　　B. 水渍险、受潮受热险
   C. 偷窃险、战争险、罢工险　　　D. 平安险、偷窃险、战争险
   E. 平安险、一切险、战争险

2. 为防止运输途中货物被窃,应该投保(　　)。
   A. 一切险、偷窃险　　　　　　　B. 水渍险
   C. 平安险、偷窃险　　　　　　　D. 一切险、平安险、偷窃险

3. 对于出口货物,通常保险是按 CIF 发票金额加成(　　)投保平安险。
   A. 10%　　　B. 20%　　　C. 5%　　　D. 无惯例

4. CIF 合同的货物在装船后因火灾被焚,应由(　　)。
   A. 卖方负担损失　　　　　　　　　B. 卖方请求保险公司赔偿
   C. 买方请示保险公司赔偿　　　　　D. 买方负担损失并请求保险公司赔偿
5. 某货轮在航运途中,A 舱失火,船长误以为 B 舱也同时失火,命令对两舱同时施救。A 舱共两批货,甲批货物全部焚毁,乙批货物为棉织被单全部遭水浸;B 舱货物也全部遭水浸(　　)。
   A. A 舱乙批货与 B 舱货都属于单独海损
   B. A 舱乙批货与 B 舱货都属于共同海损
   C. A 舱乙批货属共同海损,B 舱货属于单独海损
   D. A 舱乙批货属单独海损,B 舱货属于共同海损
6. 下列风险中属于一般外来风险的有(　　)。
   A. 地震、偷窃、战争　　　　　　　B. 偷窃、串味、短量
   C. 洪水、海啸、雨淋　　　　　　　D. 受潮、雨淋、舱面
7. 出口到美国的木材,如在运输中发生风险,下列哪种情况导致实际全损?(　　)。
   A. 船只失踪 3 个月　　　　　　　　B. 船只遇难沉没,货物沉入船底
   C. 船只被海盗劫去　　　　　　　　D. 船只在避难港避难
8. 施救费用和救助费用的不同在于(　　)。
   A. 遭受损失的范围不同　　　　　　B. 被施救的标的物不同
   C. 获救方不同　　　　　　　　　　D. 求助方不同
9. 陆运险和陆运一切险相当于海运中的(　　)。
   A. 一切险和水渍险　　　　　　　　B. 水渍险和一切险
   C. 一切险和一切险　　　　　　　　D. 水渍险和水渍险
10. 保险责任的起讫期限采用相同的"仓至仓"条款的有(　　)。
    A. 海运保险和航空保险　　　　　　B. 陆运保险和航空保险
    C. 海运保险和陆运保险　　　　　　D. 航空保险
11. 如果计算出的保险金额为 10.25 元人民币,则保险单中的保险金额为(　　)。
    A. 10.25 元人民币　　　　　　　　B. 10 元人民币
    C. 11 元人民币　　　　　　　　　 D. 10.5 元人民币

(二)判断题
1. 货运保险实际上是一种经济补偿制度,属于财产保险范畴。　　　　　　　　(　　)
2. 海上风险不仅包括海上运输发生的全部风险,也不局限于海上发生的风险。(　　)
3. 据我国《海洋运输货物保险条款》规定,意外事故仅指运输工具搁浅、触礁、沉没、失火等。　　　　　　　　　　　　　　　　　　　　　　　　　　　　　　　(　　)
4. 外来风险是指事先难以预料的某些外部因素引起的风险,不包括非事故性损耗。
　　　　　　　　　　　　　　　　　　　　　　　　　　　　　　　　　(　　)
5. 按惯例,船舶失踪半年仍无消息,可视为实际全损。　　　　　　　　　　　(　　)
6. 共同海损不仅涉及货方,还涉及船方。　　　　　　　　　　　　　　　　　(　　)

7. 单独海损仅指货方遭受的损失。（   ）
8. 单独海损与共同海损的不同在于致损原因和损失内容不同。（   ）
9. 共同海损仅限抛弃货物所造成的损失，如发生此类损失，应由有关方面分摊。（   ）
10. 当保险单需转让时，应由保险人加以背书。（   ）
11. 水渍险的责任范围既包括了平安险的全部承保范围，也包括了由外来风险引起的全部损失。（   ）
12. 陆运基本险同海运基本险的责任期限一样，均为"仓至仓"。（   ）
13. 航空运输基本险的保险责任采用与海运保险责任一样的"仓至仓"条款。（   ）
14. 本着既避免风险，又节省保费的原则，以 FOB 进口玻璃器皿，可仅投保破碎险。（   ）
15. 投保一切险后，由于任何原因造成的损失均可向保险公司索赔。（   ）
16. 投保人在投保一切险后，根据需要还可加保特殊附加险。（   ）
17. 我国陆上运输货物保险和航空运输货物保险的责任起讫都采用"仓至仓条款"。（   ）

二、阅读案例评析

关于"仓至仓条款"的案例

[案情] 某年 11 月 2 日，厦门某贸易公司作为被保险人投保了货物运输保险，保险合同上规定保险期间自中国香港至福建泉州，险别为一切险，采用中国人民保险公司 1981 年 1 月 1 日修订的《海运货物保险条款》。11 月 14 日，被保险货物抵达泉州，装有被保险货物的集装箱卸船后堆放于港口仓库堆场（既可以用于海关验货，同时也是港口作业场所，收货人在报关、海关查验后，货主可在此堆场提货、转运、贮货等）。11 月 15 日，贸易公司来港口提货并打算将货物运至福州。集装箱拆箱后，第一件货物安全叉离集装箱，但第二件货物因叉车司机操作不当，致使货物在叉离集装箱过程中倾倒并严重损坏，损失 118 000 美元。被保险人向保险公司索赔，保险公司拒赔。

[评析] 根据中国人民保险公司 1981 年 1 月 1 日修订的《海运货物保险条款》，保险公司负"仓至仓"责任，保险期间自货物从保险单载明的起运港（地）发货人的仓库或储存处开始运输时生效，到货物运达保险单载明目的港（地）收发人的最后仓库或被保人用作分配、分派或非正常运输的其他储存处所为止。本案例中，保险合同列明的目的地是泉州，并非福州，而且仓库堆场既可以用于海关验货，同时也是港口作业场所，收货人在报关、海关查验后，货主可在此堆场提货、转运、贮货等，因而泉州的集装箱堆场正是目的地收货人的最后仓库或储存处所，因此保险责任到此为止。所以，法院判决保险人无须赔付。

三、案例思考与讨论

1. 一载有茶叶和儿童玩具的船舶在航行途中不慎搁浅，情况非常紧急，为脱险，船长下令抛货(茶叶)300公吨,并反复开倒车,强行起浮,终于脱险。但船上轮机受损且船底被划破,致使海水渗进货舱,造成船货部分受损。该船驶进附近的港口修理并暂卸大部分货物,共花了一周时间,增加了各项费用支出,包括船员工资。船修复后装上原货重新起航,不久,A舱突然起火,火势有蔓延之势,船长下令灌水灭火。灭火后,发现部分儿童玩具和茶叶被水浸湿,造成损失。试分析上述各项损失各属于何种损失,为什么?

2. 某远洋运输公司的"东风轮"在6月28日满载货物起航,出公海后由于风浪过大偏离航线而触礁,船底划破长2米的裂缝,海水不断渗入。为了船货的共同安全,船长下令抛掉A舱的所有钢材并及时组织人员堵塞裂缝,但无效果。为使船舶能继续航行,船长请来拯救队施救,共支出5万美元施救费。船修好后继续航行,不久又遇恶劣气候,入侵海水使B舱底层货物严重受损,甲板上的2 000箱货物也被风浪卷入海里。问:以上损失各属于什么性质的损失?投保何种险别的情况下保险公司给予赔偿?

3. 有批玻璃制品出口,由甲乙两轮分别载运,货主投保了平安险。甲轮在航行途中与他船发生碰撞事故,玻璃制品因此而发生部分损失;而乙轮却在航行途中遇到暴风雨而使玻璃制品相互碰撞,发生部分损失。事后,货主向保险人提出索赔。问:保险人是否该赔偿?

4. 有一批货物已投保了平安险,载运该批货物的海轮于5月3日在海上遇到暴风雨的袭击,使该批货物受到部分水渍,损失货值1 000元。该海轮在继续航行中,于5月8日发生触礁事故,又使该批货物损失1 000元。问:保险公司如何赔偿?

任务五 认识工程保险

知识目标

了解建筑工程保险和安装工程保险的含义;
了解建筑工程保险的保险责任和除外责任。

任务引入

工程保险包括建筑工程保险和安装工程保险。保险制度的优势在于其不但使工程在使用阶段的保修和赔偿得到保证,而且保险公司为了降低理赔风险,必然提前介入工程前期勘察、设计和施工等过程,从而可以通过外力督促建设工程参与方履行义务,落实工程质量和安全责任,有效防范和化解建设工程质量和安全风险。

任务分析

讨论影响建筑工程保险费率的因素;
收集工程保险的有关案例。

相关知识

保证期是指工程项目完工移交使用后的质量保证期。保证期有以下三种类型:

1. 有限责任保证期

主要承保在保单上载明的保证期内,承包人在履行工程承保合同所规定的保修、保养或维护义务过程中造成的工程本身的物质损失,如碰撞、疏忽等引起的损失。但对于火灾、爆炸以及自然灾害造成的损失一概不负责。

2. 扩展责任保证期

这是指在承包上述责任的同时还对在工程完工证书签出前的建筑或安装期内由于施工原因导致保证期内发生的保险工程的物质损失,如施工方式缺陷或隐患引起的损失进行承保。

3. 特别扩展保证期

根据特别扩展保证期条款,特别扩展保证期开始后对因材料缺陷、工艺不善、安装错误以及设计错误等原因所造成的保险财产的损失负责赔偿。同样也对火灾、爆炸以及自然灾害造成的损失不负责;对于第三者责任损失也不予负责。

工程保险是对建筑工程、安装工程以及各种机器设备因自然灾害和意外事故造成的以物质财产损失为主的综合性保险,它包括建筑工程保险和安装工程保险。

一、建筑工程保险的含义

建筑工程保险简称"建工险",主要承保各项土木工程建筑在整个建筑期间,由于发生保险事故造成被保险工程项目物质损失、列明费用损失以及被保险人对第三者人身伤害或财产损失引起的经济赔偿责任。因此,建筑工程保险包括建筑工程物质损失和第三者责任保险两大部分。

建筑工程保险的特点有:保险标的的特殊性(保险标的位于露天,抗风险能力较低);承保风险的综合性(既保财产损失,又保责任风险);被保险人的广泛性(业主、承包人、分承包人、技术顾问、其他关系方);保险期限的不确定性(一般根据工期确定);保险金额的变动性(根据工程进度和成本的投入不断增长)。

> **案例阅读**:某城市 7 名市政工人夜间下井施工时,管道突然爆裂,超过 100℃的水蒸气将 5 人烫伤,而距离爆裂点最近的 2 人不幸遇难。此案例属于物质财产本身的风险事故,也就属于"建工险",主要承保各项土木工程建

筑在整个建筑期间,由于发生保险事故造成被保险工程项目的物质损失,列明费用损失以及被保险人对第三者人身伤害的经济赔偿责任。

二、建筑工程保险的保险范围

建筑工程保险的被保险人包括:工程所有人,即建筑工程的最后所有者;工程承包人,即负责承建该项工程的施工单位,可分为总承包人和分承包人;技术顾问,即由所有人聘请的建筑师、设计师、工程师和其他专业顾问;其他关系方,如贷款银行或其他债权人等。建筑工程保险的财产范围如下所示。

可以承保的财产	1. 永久性工程与临时工程(其保险价值均按重置价值确定) 2. 施工机具(包括不挂行驶牌照的车辆) 3. 工地内其他财产
不予承保的财产	档案、文件、账簿、票据、图表资料及包装物料的损失
另行承保的财产	1. 现金、有价证券——"现金保险" 2. 挂行驶牌照的运输工具——"运输工具保险"

建筑工程险的物质损失可以分为以下七项:

(1)建筑工程。它包括永久性和临时性工程及工地上的物料。该项目是建筑工程险的主要保险项目,包括建筑工程合同内规定建筑的建筑物主体,建筑物内的装修设备,配套的道路、桥梁、水电设施、供暖取暖设施等土木建筑项目,存放在工地上的建筑材料、设备,临时的建筑工程等。建筑工程的保险金额为承包工程合同的总金额,即建成该项工程的实际造价,包括设计费、材料设备费、运杂费、施工费、保险费、税款及其他有关费用。

(2)工程所有人提供的物料和项目。指未包括在上述建筑工程合同金额中的所有人提供的物料及负责建筑的项目。该项保险金额应按这一部分的重置价值确定。

(3)安装工程项目。指未包括在承包工程合同金额内的机器设备安装工程项目,如办公大楼内发电取暖、空调等机器设备的安装工程。这些设备安装工程如果已包括在承包工程合同内,则无需另行投保,但应在保单中说明。该项目的保险金额按重置价值计算,应不超过整个工程项目保险金额的20%;若超过20%,则按安装工程保险费率计收保费;超过50%的,则应单独投保安装工程保险。

(4)建筑用机器、装置及设备。指施工用的各种机器设备,如起重机、打桩机、铲车、推土机、钻机、供电供水设备、水泥搅拌机、脚手架、传动装置、临时铁路等机器设备。该类财产一般为承包人所有,不包括在建筑工程合同价格之内,因而应作为专项承保。其保险金额按重置价值确定,即重置同原来相同或相近的机器设备的价格,包括出厂价、运费、保险费、关税、安装费及其他必要的费用。

(5)工地内现成的建筑物。指不在承保工程范围内的,归所有人或承包人所有或其保管的工地内已有的建筑物或财产。该项保险金额可由保险双方当事人协商确定,但最高不得超过其实际价值。

(6)场地清理费。指发生保险责任范围内的风险所致损失后为清理工地现场所支付的费用。该项费用一般不包括在建筑合同价格内,需单独投保。对大工程的该项保额一般不超过合同价格的5%,对小工程不超过合同价格的10%。本项费用按第一危险赔偿方式承保,即发生损失时,在保险金额内按实际支出数额赔付。

(7)所有人或承包人在工地上的其他财产。指不能包括在以上六项范围内的其他可保财产。这些财产如需投保,应列明名称或附清单于保单上,其保险金额可参照以上六项的标准由保险双方协商确定。

以上七项之和,构成建筑工程险物质损失项目的总保险金额。

三、建筑工程保险的保险责任和除外责任

(一)保险责任

保险责任自被保险工程在工地动工或用于被保险工程的材料、设备运抵工地之时起,至工程所有人对部分或全部工程签发完工验收证书或验收合格,或工程所有人实际占有或使用或接收该部分或全部工程之时终止,以先发生者为准。但在任何情况下,保险期限的起始或终止不得超出本保险单明细表中列明的保险生效日或终止日。

物质损失部分的保险责任分为基本保险责任和附加特别保险责任。其中,基本保险责任承保由自然灾害、意外事故和人为灾害三大类风险造成的物质损失。

(1)列明的自然灾害。自然灾害是指地震、海啸、雷电、飓风、台风、龙卷风、风暴、暴雨、洪水、水灾、冻灾、冰雹、地崩、山崩、雪崩、火山爆发、地面下沉下陷及其他人力不可抗拒的破坏力强大的自然现象。建筑工程保险所承保的自然灾害有洪水、潮水、水灾、地震、海啸、暴雨、风暴、雪崩、地陷、山崩、冻灾、冰雹及其他自然灾害(如泥石流、龙卷风、台风等)。

(2)列明的意外事故。建筑工程保险承保的意外事故有:雷电、火灾、爆炸;飞机坠毁、飞机部件或物体坠落;原材料缺陷或工艺不善所引起的事故;责任免除以外的其他不可预料的和突然的事故以及在发生保险责任范围的事故后,现

场的必要清除费用,在保险金额内,保险人可予赔偿。原材料缺陷是指所用的建筑材料未达到既定标准,在一定程度上属于制造商或供货商的责任。其中,原材料缺陷或工艺不善所引起的损失是指由于原材料缺陷或工艺不善造成的其他保险财产的损失,对原材料本身损失不予赔偿。

(3)人为风险。建筑工程保险承保的人为风险有盗窃、工人或技术人员缺乏经验、疏忽、过失、恶意行为。其中,工人、技术人员恶意行为造成的损失必须是非被保险人或其代表授意、纵容或默许的,否则,便是被保险人的故意行为,不予赔偿。

除建筑工程保险有关物质部分的基本保险责任外,有时因投保人的某种特别要求或因工程有其特殊性质需要还可增加额外的风险保障,如罢工、暴乱、民众骚乱等条款。

建筑工程第三者责任保险实质上是公众责任保险,包括人身伤害和财产损失两部分。

(二)除外责任

针对物质损失部分,除外责任包括:设计错误引起的损失和费用;自然磨损、内在或潜在缺陷、物质本身变化、自燃、自热、氧化、锈蚀、渗漏、鼠咬、虫蛀、大气变化、正常水位变化等造成的保险项目自身的损失和费用;因原材料缺陷或工艺不善引起的保险项目本身的损失以及为换置、修理或矫正这些缺点所支付的费用;非外力引起的机械或电气装置的本身损失,或施工用机具、设备、机械装置失灵造成的本身损失;维修保养或正常检修的费用;档案、文件、现金、票据、图表资料等的损失;领有公共运输行驶执照的车辆、船舶和飞机的损失;盘点时发现的短缺等等;类似战争行为、武装冲突、恐怖活动等引起的损失;政府没收、征用、销毁或毁坏;罢工、暴动、民众骚乱引起的任何损失;被保险人及其代表的故意行为和重大过失引起的损失;其他保险单规定免责的条款。

案例阅读:某年10月18日,吉林省吉林市某装潢公司在吉林市某医院做外墙保温施工时,5名施工人员乘坐的吊篮从六楼坠落,造成3人死亡,2人受伤。该施工企业不具备高空作业的安全条件,没有施工方案,使用非标准吊篮。事故原因为:非法冒险组织施工,工人违章作业,均没有系保险绳,悬挑梁固定不牢、压重不足,致使承重梁折断,造成事故。之前,该施工企业在保险公司投保了建工险,事故发生在保险期限内。该施工企业向保险公司索赔后遭拒赔。

评析:

1.工程保险是对建筑工程、安装工程及各种机器设备因自然灾害和意外事故造成物质财产损失和第三者责任进行赔偿的保险。

2. 该案例中,公司是冒险施工,没有任何安全措施,违章作业,所以,导致最后的惨案,故责任全部由公司负责。

四、安装工程保险的含义

安装工程保险简称"安工险",专门承保新建、扩建或改造的工矿企业的机器设备或钢结构建筑物在整个安装、调试期间由于保险内的风险造成保险财产的物质损失、列明费用损失及安装期间造成的第三者财产损失或人身伤亡引起的经济赔偿责任的保险。

五、安装工程保险的保险责任和除外责任

在我国,安装工程保险与建筑工程保险的保险责任完全相同。安装工程保险与建筑工程保险在除外责任方面大多数是相同的,其除外责任的区别在于我国安工险的除外责任比建工险的除外责任增加了一项:因超负荷、超电压、碰线等电气原因造成电气设备或电气用具本身的损失。

案例阅读:某年8月10日,中国某保险公司以安装工程一切险保险单承保了 E 公司的两台德国 MANB/W 发电机组,在保险期限内,该发电机组在运行中发生重大事故,机组全部停机。经 E 公司、保险公司及保险人聘请的检验师三方检验,确定两台机组的损失金额共计人民币2 000万元。被保险人 E 公司从德国方面获得了损失中80%的赔付,但还有400万元人民币的损失没有补偿。E 公司认为,400万元人民币的损失不能从德国获得赔偿的原因之一是 E 公司操作人员的疏忽或缺乏操作经验引起本次事故。保险条款规定,保险责任范围包括安装技术不善,工人、技术人员缺乏经验、疏忽,恶意行为所引起的事故。被保险人要求保险公司赔付人民币400万元。

考虑到保险人虽暂时很难确定是什么原因导致保险事故,但可以肯定,操作人员在测试、判断机组运行是否正常方面经验不足,这是造成事故的原因之一。最后经协调,保险人赔付 E 公司人民币300万元,本保险赔案结案。

任务实施

一、巩固练习

（一）单项选择题

1. 建筑工程险的被保险人有（　　）。
   A. 业主、承包人
   B. 业主、分承包人
   C. 承包人、分承包人
   D. 业主、承包人、分承包人、技术顾问及其他关系方

2. （　　）可作为建筑工程保险的保险责任开始时间。
   A. 工程交付使用当日   B. 工程设计之日
   C. 工程开工动土之日   D. 工程完工验收合格之日

3. 以下（　　）不能作为建筑工程险保险项目。
   A. 图表、技术资料   B. 永久性工程及物料
   C. 临时性工程及物料   D. 施工机具

4. 以下（　　）不属于建筑工程险物质损失部分的保险责任。
   A. 空中运行物体坠落   B. 火灾、爆炸
   C. 破坏性地震   D. 盘点时发现的短缺

5. （　　）是安装工程保险的除外责任与建筑工程保险的不同之处。
   A. 设计错误引起保险标的本身的损失和置换、修理费用
   B. 设计错误引起其他财产的损失和费用
   C. 原材料缺陷、工艺不善引起的保险标的本身的损失
   D. 因超负荷、超电压、碰线等电气原因造成电气设备或电气用具本身的损失

（二）多项选择题

1. 建筑工程保险的被保险人一般包括（　　）。
   A. 承包工程的施工单位   B. 技术顾问
   C. 工程所有人   D. 工程的分承包人

2. 建筑工程保险物质损失部分可以承保的项目包括（　　）。
   A. 临时性工程   B. 施工机具
   C. 工地内其他财产   D. 永久性工程

3. 建筑工程保险物质损失部分的除外责任主要有（　　）。
   A. 被保险人的故意行为或重大过失引起的损失或费用
   B. 战争、军事行动、暴乱或罢工引起的损失、费用和责任
   C. 原材料本身缺陷或工艺不当所支付的换置、修理或矫正费用
   D. 设计错误造成的损失和费用

4. 建筑工程保险的保险金额应包括建筑工程的（　　）。
   A. 原材料费用、设备费用   B. 建造费、安装费
   C. 设计费、土地费   D. 运输费、保险费

5. 建筑工程保险保险责任的终止有（　　）。
   A. 保险单规定的终止日期

B. 工程所有人对部分或全部工程验收合格

C. 保险工程的材料、设备运离工地

D. 工程所有人使用或接受部分或全部工程

6. 建筑工程保险中的保证期包括(　　)。

A. 无限责任保证期　　　　　　B. 有限责任保证期

C. 扩展责任保证期　　　　　　D. 特别扩展保证期

7. 建筑工程保险的特点包括(　　)。

A. 保险期限的不确定性　　　　B. 保险金额的变动性

C. 被保险人的广泛性　　　　　D. 保险标的的特殊性

二、阅读案例评析

[案情] 2008年11月21日某保险公司承保某广场建筑工程一切险,扩展"有限责任保证期条款",保险金额1.5亿元,建筑期从2008年11月21日至2010年12月31日,保证期12个月,从2011年1月1日至2011年12月31日。2011年1月16日下午,施工人员在进行土建电器切割钢筋时,不慎将火星溅落到竹篱笆上引发火灾,造成工程重大损失。后确认起火原因是施工人员在第十四层楼气焊切割螺纹钢筋头时,产生的高温金属熔珠飞溅到第十层楼墙外排水架可燃物上,引燃竹片后火势蔓延成灾,属意外火灾事故。2011年2月21日,被保险人(业主)就受火灾损失的玻璃幕墙工程向保险公司提出索赔。

保险公司拒赔,认为由于火灾发生在建筑期保险期限终止之后,而且被保险人未通知保险公司办理延期手续和补交保险费,保险公司认为此案不属于保险责任。而被保险人认为,事故发生时虽然建筑期的保险期限已过,但保单扩展了保证期责任,保证期还未终止,应该由保险公司赔付损失。

保险公司经实地勘查、调查取证,确认火灾发生时工程实际上并未竣工验收,也就是说工程没有进入保证期。而有限责任保证期条款承担的责任是:保证期内被保险人因履行工程合同进行维修保养而造成保险工程的损失。保险公司理赔人员认为,火灾既然不是发生在保证期,也不是由于对工程进行维修保养而造成,本起事故不属于保证期保险责任,坚持拒赔。被保险人向法院提起诉讼,诉讼请求为14 261 543.88元。

法院一审判决认为,保险公司与被保险人签订保险合同时,未对保险条款特别是"加保的保证期"的限制性前提条件作出详尽的书面解释,也未按照保险业务操作规程,在保险期限终止一个月以前通知被保险人续保,造成投保人的重大误解,应负相应的过错责任。法院判令保险公司赔偿被保险人损失14 261 543.88元。

保险公司不服,向中级人民法院提出上诉,对一审判决提出以下申诉理由:

(1)一审判决法律适用错误。保险公司与被保险人之间的法律关系是保险合同,不同于其他民事法律关系。这一法律关系规定,保险人对保险合同期限内的意外事故造成的损失承担保险赔偿责任。对于这一类法律纠纷,首先应当查明是否属于保险责任。如果不属于保险责任,保险公司就不应负赔偿责任。法院既已查明火灾发生的时间超出建筑期保险期限,应判不属保险责任。但法院却判定保险公司由于没有履行通知被保险人续保的义务,导致其重大误解,有过错责任并全额赔偿被保险人,这是要求保险公司承担民事赔偿责任。

(2)一审判决回避了保险人是否应该承担保险责任及保险合同有效性等关键问题。

(3)一审判决对于保险概念的理解有偏差。工程保险属于工期保险,而非年度保险,没有所谓续保手续。保单条款中明确规定:保险内容如有变化(如保险项目有增减、工程期限缩短和延长、保险金额变化等)被保险人应及时通知保险公司,办理批改手续。可见应该是被保险人有过失,而不是保险公司有过失。保单约定加保了保证期,其适用条款为有限责任保证期条款,即扩展承保工程承包商在保证期内为履行工程合同在进行维修保养过程中造成的保险工程的损失。而事故发生时被保险人仍在施工,不是履行工程合同在进行维修保养,因此不属于保障范围。

(4)一审判决中对火灾损失金额的认定存在错误。法院没有按照保险理赔的原则,让保险公司对损失进行核定,就判定保险公司全额赔偿被保险人提出的索赔金额,这是不妥当的。保险公司请求法院对事故的损失金额进行公估。

二审法院同意保险人聘请公估公司理算本案损失。公估报告的结论是:

(1)本次火灾事故为意外事故,但有限责任保证期条款并不适用这次火灾事故。

(2)核定最终净损失金额为 11 461 240 元,但事故发生时实际工程造价已达 267 691 200 元,远远超出了承保金额 1.5 亿元,应按照保险的补偿原则和不足额保险比例分摊原则核定赔款。

(3)向保险公司通知工程延期及费用增减是被保险人应尽的义务,在不考虑被保险人未履行工期延长及保险金额增加之告知义务的情况下,本案的赔款金额应为 6 412 273 元。

二审过程中,法院认为需注意与考虑的因素包括:

(1)保险公司存在过失,保单上只提及保证期适用有限责任保证期条款,但没有书面解释;

(2)社会各界对于保险的理解程度;

(3)一审判决的结果及类似赔案的审判经验。

经多方沟通与协调,法院最终以保险公估报告的理算金额 6 412 273 元作为依据进行调解。建筑工程一切险条款明确规定,工程延期及工程费用增减等,被保险人负有告知义务。保险纠纷案件诉理中,若保险公司和被保险人均存在过失,保险诉讼案的判决倾向于被保险人一方。保险公司最终赔偿被保险人 3 657 809 元。

任务六　认识特殊风险保险

知识目标

了解特殊风险保险的含义；
了解航天保险、核电站保险和海洋石油开发保险的有关内容。

任务引入

2010年4月20日，英国石油公司租赁的"深水地平线"海上石油钻井平台在墨西哥湾水域发生爆炸并沉没，导致美国历史上最严重的漏油事件。该原油泄漏事故中有400万加仑原油进入海洋，污染面积达四五千平方公里，美国总统奥巴马宣称这是一起"国家灾难"。2011年3月11日，日本东北地区发生9.0级强震，并引发巨大海啸和至今仍在延续的核电站核辐射核污染事故，造成数万人员伤亡和数千亿美元的财产损失。极端风险事件的高烈度地震和海啸以及不予承保的核风险在一次事故中集中出现了，这是巨灾中的巨灾事件。诸如这些全球热点，都与特殊风险保险紧密相关。

任务分析

关心有关航天保险、核电站保险和海洋开发保险的全球热点。

相关知识

1. 航天工业是指研制、安装和发射包括卫星、运载火箭、航天飞机等各种航天产品在内的新兴、高级、科技产业，它是随着现代航天技术的迅速发展而逐渐形成的一个日益重要的高科技产业。卫星发射、航天飞机和外星探测器的宇宙飞行，将人类认识世界的范围由地球扩展到太空。

2. 所谓"完钻"，是指井眼完全放弃或完成，油泵装置、油井钻头从作业位置取下或彻底撤除设备。

3. 绝对责任，又称"严格责任""过失责任"，指无论被保险人有无过失，根据法律规定均须对他人受到的损害负赔偿的责任。例如，许多国家法律对核电站引起的放射性污染等损害事故，均实行绝对责任。

特殊风险保险是指为特殊行业设计的各种保险，主要指航天保险、核电站保险和海洋石油开发保险。其特征是高价值、高风险、高技术（其中高技术是指特殊风险保险承保、理赔的技术含量较高）、再保险和共保必不可少、保险险种国际化、承保条件与国际市场同步、原保险人与再保险人共同处理赔案。

> **阅读资料：**航天工业、航天风险与航天保险
>
> 航天工业给人类社会所带来的通讯便利、信息传播、气象监测、地质勘探以及许多方面的科技发展，奠定了该科技产业的崇高地位。不仅发达国家将航天工业摆到了十分重要的地位，一些发展中国家如印度、中国等也将发展自己的航天工业摆到了战略高度来考虑。因此，可以预见，航天工业是一项有着广阔发展前景的科技产业。然而，航天工业又是耗资巨大、风险极高的科技活动，如果发射成功，将给人类带来巨大的社会经济效益；一旦发射失败或出现其他意外事故，造成的损失往往数以亿元计。据有关国际组织统计，作为航天工业主要项目的卫星发射业务的失败率一般为5%，有的年度高达10%左右。
>
> 航天工业的主要风险可以归纳为四个方面：一是爆炸。即航天产品在航天活动中发生爆炸事故并导致严重损失的风险。爆炸事故是发射阶段的主要风险，也是整个航天保险中造成损失最为严重的风险之一。例如，1986年发生在美国的"挑战者号"航天飞机爆炸事件，使价值20多亿美元的航天飞机毁于瞬间，机上人员全部殉难，整个航天事业受到沉重打击。2003年8月22日，巴西第三枚VLS型卫星运载火箭在位于东北部的阿尔坎塔拉发射场地面爆炸，发射平台被毁，造成20多人死亡，20人受伤，其中许多是巴西的火箭技术专家。这是巴西第三次发射运载火箭，但三次都失败。二是运行失常。如航天产品发射后未能进入预定轨道或未能按计划回收，这种运行失常同样会导致严重的损失，从而是航天工业中的又一类主要风险。1984年由美国发射的两颗卫星未能进入预定轨道，不仅使卫星的所有人美国西联电报公司和印度尼西亚政府的通讯事业发展计划遭到重大挫折，而且使这次发射活动的承保人英国劳合社付出了1 800多万美元的保险赔款。三是意外故障。这也是导致航天活动费用损失的事故风险，其后果虽然不是航天产品的毁灭性损失，但同样会造成严重的经济后果。例如，1992年3月28日，中国西昌卫星发射中心在发射一颗卫星时，出现剧毒燃料不断渗漏的意外故障，虽经紧急关机保住了火箭、卫星及发射场，但仍造成了3人死亡和数百万美元的直接经济损失。四是其他风险。如气候因素、太空意外碰撞以及制造、运输、安装、发射过程中的疏忽或过失等，均有酿成重大损失的可能。由此可见，航天工业是高风险事业，航天工业需要风险转嫁工具——航天保险。
>
> 航天保险是以航天产品的生产与应用为保险内容，以航天活动中的各种

意外事故风险为保险责任,并根据航天产品的研制、安装、发射、运行等分阶段提供风险保障的一种保险金额巨大、保险危险集中的科技工程保险业务。航天保险是随着航天工业的发展需要而产生并发展起来的。1965年,美国"国际通讯卫星ⅠA"号向英国劳合社投保350万美元的卫星发射保险,迈开了航天工程保险的第一步,从此,航天工业便与保险建立了密不可分的关系。到20世纪70年代,航天保险已经是国际保险市场上的一项独立、高级的保险业务,并逐步成为人造卫星、运载火箭等航天产品购买者为确保自己的经济利益不受损失的前提条件。国际上普遍形成的航天活动必须以航天保险为条件的惯例,表明了是航天工业的发展和商业化创造了航天保险市场,但如果没有航天保险,亦不会有人在商品市场上购买航天产品。在中国,1987年初,中国航天保险随着中国的航天产品(长征三号火箭)进入国际市场而步入国际航天保险市场,为"长征三号火箭"的使用者提供一揽子保险,并于1990年4月首次承保了用"长征三号火箭"发射的"亚洲一号"通讯卫星。从1990年到1999年10年间,中国承保人共承保了27颗由长征系列火箭发射的国内外卫星,承保范围覆盖了从火箭和卫星的运输、发射直到商业运营的全过程,为中国航天事业的发展提供了有力的风险保障。如1995年1月26日在西昌卫星发射中心发射的"亚太二号"卫星发生星箭爆炸事故,造成的后果是星箭全损,保险人为此付出的经济赔款高达1.62亿美元;1996年8月18日中星7号卫星发射失败,当时的承保公司亦向卫星的所有人中国通讯广播卫星公司支付了2590万美元的赔款。

总之,航天工业风险的客观存在,决定了航天保险是一种必不可少的风险保障工具,航天保险将有力地促进航天科技产业的发展。

一、航天保险

(一)含义和种类

航天保险是指为航天产品包括卫星、航天飞机、运载火箭等在发射前的制造、运输和发射时以及发射后的轨道运行、使用寿命提供保险保障的综合性财产保险业务。航天项目的进展分为四个不同阶段,航天项目的保险根据这四个不同的阶段进行安排。航天保险根据航天项目进展的时间划分为:火箭和卫星制造阶段的保险、发射前保险、发射保险和卫星在轨寿命保险,以及由此派生而来的卫星经营人收入损失保险、卫星及发射责任保险等。

航天保险可以分为卫星及火箭或其他运载工具的工程保险、发射前卫星及火箭保险、卫星发射保险、卫星运行寿命保险、卫星经营者收入损失保险、卫星及发射责任保险等。其中,卫星发射保险是航天保险最主要的部分,航天保险的高科技性、高风险及高价值特征都集中体现在这一阶段。从某种意义上说,航天保险是一种综合性的财产保险。

(二)保险金额和保险费率

航天保险的保险金额通常分阶段、按险种确定。具体地说,发射前保险是以制造、安装卫星及火箭的总成本为依据确定保险金额;发射保险是以卫星及火箭的市场价格加上发射等费用之和为依据确定保险金额;卫星寿命保险是以将卫星送上轨道的成本及有关费用并参照卫星的工作效率为依据来确定保险金额,其保险金额数量按年限递减。

保险人在确定航天保险的保险费率时,主要考虑的因素包括产品质量、损失率、恶劣气候及意外事故等。例如,卫星发射保险的费率通常受到火箭的可靠性、卫星的设计和型号、保险保障范围和航空保险市场承保能力等因素的影响。

> **阅读资料**:卫星和运载火箭可能出现的基本风险是,卫星和火箭未能实现预先设计的性能指标,导致发射任务或卫星任务失败。这种风险因素可延伸到大气环境和太空环境,甚至可延伸到其他在轨卫星对投保卫星性能的影响(这类风险因素有时属于保单中的除外责任)。

(三)保险期限

航天保险的保险责任的开始时间有两种情况:一是以火箭在指定发射场所意向点火为起始时间;二是如果发射点火终止,则从火箭在指定发射场重新点火为起始时间。

二、核电站保险

(一)含义及特点

核电站保险是能源开发保险的一种。核电站本身具有的高科技、高风险的特点,使得核电站保险与其他财产保险区别开来。核电站保险的特点有:

第一,核电站保险的主要承保责任是核风险。在所有的财产保险中,保险人都将核风险列为除外责任。而核电站保险恰恰相反,不仅承保核风险造成的财产损失,而且还承保核风险所致的第三者责任。

第二,核电站保险承保的主要手段是控制风险。由于核电站风险太高,保险人特别注重风险控制。为了控制风险,保险人在承保时往往以低于保险标的实际价值的标准来确定保险金额和责任限额,并采用集团共保或再保险方式,将风险转嫁到国际保险市场，以保证经营的稳定性。

第三，核电站保险是一种政策性很强的保险。世界上许多国家都通过立法规定核损害的赔偿方式。因此，保险人开办的核能保险在发生保险赔款不足时，可以根据法律的有关规定获得政府财政的补贴，以保证被保险人的利益。

核电站从建设期到营运期分别需要不同种类的保险险种的保障，其保险种类一般分为：核电站建筑安装工程险、核电站海运险、核电站机器损坏险、核电站物质损失险、核电站核责任险、核电站机损险项下的利润损失险等。

（二）保险金额和赔偿处理

在核电站保险中，保险人按核电站物质损失保险与核电站责任分别确定保险金额与赔偿限额。保险人在确定保险金额时，通常根据核保险市场的承保能力，由保险人和被保险人协商来确定保险金额。此外，对于核电站责任险，保险人也按常规风险和核风险两类不同风险，分别确定不同的赔偿限额。

在对核风险造成的核电站责任赔偿时，保险人一般都按法律规定处理，按照绝对责任负责承担赔偿责任，而不是按照过失责任来承担。因此，当保险人的赔偿金额超过保险单规定的赔偿限额时，政府会给予财政补贴，特别是对于核电站的核爆炸事故，政府必定从各方面给予保险人支持。

阅读资料：三峡左岸电站设备安装保险

1. 投保范围

三峡左岸电站设备安装工程保险的范围包括：左岸14台水轮发电机组设备安装、主变压器设备安装、GIS系统设备安装和励磁系统、厂房和永久起重设备、厂房及大坝电梯、水力机械辅助设备等设备安装以及其他所有左岸电站范围内的辅助设备安装；另外，变压器及CIS的运输保险（海运＋内河运输＋国内分包陆运），按商务合同规定为买方合同，为了与安装工程险相衔接，在单独设计保险单的基础上与左岸电站设备安装工程保险同时进行投保。因此，两项投保总额约100亿元人民币。

2. 承保方式

针对左岸电站设备安装和高压电器设备运输投保的金额大、风险因素高、国内一家保险公司难以承保的特点，为了有效地转移和分散风险，又兼顾三峡工程已投保的左岸厂坝土建建筑工程险可能的交叉责任和三峡工程第三阶段工程投保项目以及左岸电站机组投产以后的财产险的竞争选择，决定由国内最有实力的中国人民保险公司、中国太平洋保险公司、中国平安保险公司三家保险公司以共保的方式承保。共保方式确定首席承保人，各共保人与投保人联合签署一张保单，统一保险费率并以首席承保人建议书费率为准。明确首席承保人一家现场服务机构归口服务，出险后按共保比例赔偿。

3. 公开询价

首先，中国三峡总公司向中国人民保险公司、中国太平洋保险公司、中国平安保险公司的三家保险公司总部发出了邀请报价通知书。在得到三家响应后，邀请三家保险公司到三峡工地进行现场风险查勘并购买询价文件。中国三峡总公司对各保险公司提出的问题进行了答疑和澄清。各保险公司用20天时间做出建议书，中国三峡总公司再组织评标议标，最后以书面形式通知中标。

询价文件包括：(1)保险询价邀请函；(2)承保人须知(包括报价单和报价的偏差与说明，还包括有关技术资料等)；(3)保单样本。保单样本依据《保险法》和中国保监会的有关规定，结合三峡工程的具体实际而设计的。保单样本具有很强的原则性、政策性和可操作性。把响应保单样本的条款视同报价单一样作为公开询价竞争的主要条件。例如，针对三峡左岸电站设备安装、调试可能发生的风险，评标专家组在审定询价文件时就明确，针对频繁交叉的设备起吊坠落风险、碰撞风险、围堰拆除、闸门漏水渗水造成的水险、大气潮湿影响绝缘、火险等风险因素，应该在保单中设定有针对性的条款并进行描述，落实防水、防火、防渗漏、防潮湿、防起吊坠落、防碰撞、防土建工程施工干扰的保险责任。尤其是针对头两台机组安装完毕与发电调试相隔近一年时间，要确保电气设备不受潮，除了制造厂商、安装方和三峡总公司(业主)共同制造、安装过程中采取的防护手段之外，超出正常防护不可抗力的大气受潮的损失，应属保险理赔范围，列入保单。

在询价过程中，评标专家组始终坚持承诺保单条款是成为承保人的前提条件，要求三家保险公司均以书面确认，并承诺在保单签订时，将无条件地接受。三家保险公司均按询价文件规定的报价截止时间递交了报价建议书，积极响应标书文件，并提出了合理的又具有竞争力的报价。因为询价文件明确：接受报价的原则有四条：第一条是响应询价文件；第二条是提供的保险方案具有可操作性，要求在国际再保，分保安排安全、可靠，并经询价方认可；第三条是合理的报价；第四条是报价方提供的报价在询价截止日后不得做实质性修改，并视为对询价方的承诺，将作为签订保单的基础。可见合理的报价只是投标的其中一个条件，而不是唯一条件。

中国三峡总公司邀请国务院三峡办、长江水利委员会、国家开发银行、中国银行、国际达信保险顾问公司等单位的专家和总公司有关方面代表共同组成专家评审小组。专家评审小组依照"公正、公平"的原则,采取定量打分、定性分析、记名投票,最后形成了专家组的推荐意见。总公司领导充分尊重专家评审组的意见,并将评审结果派人向中国保监会作了专题汇报,以利保监会进行政策把关。因此说,由于询价文件规范和三家保险公司的积极响应,以及三峡总公司组织评审得力,这次询价招标工作获得了成功。三家保险公司均以雄厚的实力、良好的信誉和富有竞争力的报价以及服务承诺,积极参与竞争。所以,国际上各有关知名保险公司和中国保监会一致认为:中国三峡总公司的询价做法是符合国际惯例的,反响良好,最后三家保险公司也很满意,各得其所,形成了投保方、承保方四盈的良好结局。即:三家投保,中国人民保险公司为首席承保人,三家共保比例是5:3:2,中国人民保险公司50%,中国太平洋保险公司30%,中国平安保险公司20%;而且首席承保人出具了暂保单,其责任期与正式保单相同。

4. 分保和再保的安排

按照我国保监会现行政策,保额20%必须首先由中国再保险公司办理法定再保险。接着,根据各家保险公司的各自资本金及准备金比例确定自留额,余下的保险额需要在国际分保和再保险,以化解风险。为了进一步落实和降低国际分保的保险费率,由首席承保和三峡总公司共同选择首席国际再保险人,并由首席国际再保险人牵头组织其他国际分保公司,以层层分担和转移风险、落实责任,首席承保人和中国三峡总公司(含达信保险顾问公司)组成联合工作小组,发挥各自优势,共同向国际再保险市场推荐被保险项目。

水电工程建设在设备安装调试阶段的风险一般高于土建阶段,在本次公开询价过程中,影响费率报价的因素主要是各保险公司的分保手续费和国际市场再保险费率。而分保手续费率已在各家建议书中作了承诺,国际市场再保险费率,虽然含在各家建议书的最终费率中,但具体费率必须到国际保险市场上通过竞争以后才能确定,作为被保险人是不能承担国际再保险费率高低的风险。为此,在三家保险公司已签的共保协议中已明确:如果最终的国际再保费率超出首席承保人的报价,其超出部分由首席承保人自行承担;反之,如果最终国际再保费率低于报价,相应降低承保总费率。同时,由于中国人民保险公司是国内唯一的国际海运保险组织劳合社成员,因此其运输险报价在国际市场上也是属于较低水平的竞争性报价。实践证明,通过竞争已实现国际再保费率在原定费率范围内。

三、海洋石油开发保险

（一）含义及种类

海洋石油开发保险是指一切海上和陆上与石油、天然气、煤层气的勘探、开发、生产等上游作业相关的财产、费用、责任和利润损失等保险业务，包括与海上石油和天然气的勘探、开发、生产作业服务相关的船舶保险业务。海洋石油开发保险也属于能源开发险类的一个主要险种。海洋石油开发保险分为财产险类、能源勘探开发保险类、责任险类及费用保险类。

具体包括钻井平台保险、移动式钻探设备保险、平台钻井机保险、海洋石油开发管道保险、海洋石油开发责任保险、海洋石油开发工程建造和安装保险、海洋石油开发费用保险等。

（二）钻井平台保险

钻井平台保险的保险金额按被保险人的财产在不低于重置价值基础上，扣除合理的折旧费用后确定。如果被保险人不按这种方式确定保险金额，其差额部分视为被保险人自保。当发生保险责任范围内的损失时，保险人按保险金额与保险价值的比例进行赔偿。

影响钻井平台保险的保险费率因素有：保险金额的高低、免赔额的高低、平台建造年限、平台用途（分为生产、生活或加工处理等）、作业区的自然环境（是否为地震带、台风区、结冰区以及浪高、水深、海床状况等）、历年损失记录（包括平台、作业人员）。此外，保险人还应了解有关海上设施的近期状况、油气的储量、预计开发年限、油气质量、用途、开发前景等。

（三）井喷控制费用保险

在井喷控制费用保险中，保险人对每一事故赔偿限额是与被保险人约定的，并在保险单上列明。发生保险事故时，保险人按照责任限额与被保险人承担的部分比例赔偿井喷控制费用。目前，责任限额的确定，一般按照国际惯例规定，每次事故责任限额为 500 美元～5 000 万美元不等。

保险人在厘定保险费率时，主要考虑的因素有：油气井的类型、井深和水深、预计地层压力以及是否含有有毒气体、井口装置是在水面上还是在海底、责任限额高低、免赔额大小、钻井公司的经验以及以往事故记录等。根据国际惯例，井喷控制费用保险的保险费是采用英尺/金额制为计算基础的，一般可分为三个档次。例如，钻探深度在 1 万英尺以内的，保险费较低；在 1 万～1.75 万英尺之间的，保险费较高；在 1.75 万英尺以上的，保险费更高。此外，根据油气井的类型费率也有高低之分，如钻探井、试探井和鉴定井费率较高，封闭井或临时放弃的井眼费率则较低。

井喷控制费用保险的保险期限,可以按以下两种情况分别确定:一是已进入生产的井、封闭井、关闭井、放弃井,保险期限通常为 1 年,到期续保。二是钻探中的井自开钻时开始,至完钻时为止。

> **阅读资料**:目前,全球从事能源保险承保的主要保险公司仅有五六十家,形成了伦敦、休斯敦和新加坡三个能源保险中心,全球为海上勘探开发提供的承保能力大约为单次事故 25 亿美元。
>
> 在中国,几家主要保险公司为上游勘探开发领域的作业提供了大约六七千万美元的承保能力,并在能源保险上寻求突破。

任务实施

一、巩固练习

(一)单项选择题

1. 目前,国际保险市场上主要经营的航天保险业务是( )。
   A. 卫星保险　　B. 火箭保险　　C. 航天飞机保险　　D. 轨道保险
2. 发射前的卫星及火箭保险以( )为依据确定保险金额。
   A. 制造、安装卫星及火箭的总成本　　B. 卫星及火箭的市场价格
   C. 设计、制造、安装卫星及火箭的总成本　　D. 卫星及火箭的重置价值
3. 卫星寿命保险的保险金额( )。
   A. 逐年递增　　B. 保持不变　　C. 逐年递减　　D. 忽高忽低
4. 由于核风险造成的核电站责任赔偿,保险人按照( )负责赔偿。
   A. 绝对责任　　B. 疏忽责任　　C. 过失责任　　D. 限额责任

(二)多项选择题

1. 航天保险是为航天产品在( )提供保险保障的综合性财产保险业务。
   A. 发射前的制造　　B. 发射前的运输、安装
   C. 发射后的轨道运行　　D. 发射后的使用寿命
2. 航天保险的特点包括( )。
   A. 高收益　　B. 高科技性　　C. 高风险　　D. 高价值
3. 核电站保险的特点有( )。
   A. 核电站承保的主要手段是控制风险　　B. 政策性强
   C. 以核风险为主要承保责任　　D. 保险费率低
4. 井喷控制费用保险的保险标的包括( )。
   A. 正在钻探的井　　B. 开发井　　C. 生产井　　D. 关闭井、封堵井

二、搜集资料并讨论

1. 搜集墨西哥湾漏油事故的有关资料,结合保险知识,谈谈你的看法。
2. 搜集中海油渤海漏油事故的有关资料,结合保险知识,谈谈你的看法。

任务七　认识农业保险

知识目标

了解农业保险的含义;
理解农业保险的特点;
了解种植业保险和养殖业保险。

任务引入

我国是一个农业大国,也是世界上农业自然灾害最为严重的国家之一,面对突如其来的洪水、台风、禽流感等,我国广大农民深切呼唤农业保险,农业和农村经济的发展,迫切需要农业保险的支持和保护。

任务分析

撰写一份关于农民收入来源的调查报告;
进行一次农村走访,感性认识所走访农村的粮食作物、经济作物、家禽等。

相关知识

社会风险:由于社会政策、工业技术革新以及人为因素对农业生产产生的影响。

自然风险:由于气象(如暴风、暴雨)、地质灾害(如地震、泥石流等)和意外事故(如火灾)对农业生产产生的影响。

损失率＝单位面积植株损失数量/单位面积平均植株数量

农业是利用动植物的生活机能,通过人工培育来获得大量产品的社会生产部门,是国民经济的基础,为人民生活和国家建设提供粮食、副食品和轻化工业原料。农业生产的特点是:除土地是基本的生产资料外,主要劳动对象是具有生命的动植物。植物和动物的成长受自然条件的影响很大。种植业和养殖业的生产周期较长,短则几个月,长则几年,甚至几十年。在生产过程中,资金的投放、物料的消耗、产品的收获、资金的回收,以及自然灾害和疾病的影响等都具有明显的季节性和不稳定性。农业生产的丰收和歉收不仅影响从事农业的生产者,而且关系到广大消费者、加工工业部门以及外贸部门。

一、农业保险的含义和特点

农业保险是对种植业(农作物)、养殖业(畜禽)在生产、哺育、成长过程中可能遭到的自然灾害或意外事故所造成的经济损失提供经济保障的一种保险。保险机构通过保险的形式,组织农业从业人员集体互助,使受损单位或个人得到应有的补偿,以便及时恢复生产,保证农业生产顺利进行。

中国开办的农业保险主要险种有:农产品保险,生猪保险,牲畜保险,奶牛保险,耕牛保险,山羊保险,养鱼保险,养鹿、养鸭、养鸡等保险,对虾、蚌珍珠等保险,家禽综合保险,水稻、蔬菜保险,稻麦场、森林火灾保险,烤烟种植、西瓜雹灾、香梨收获、小麦冻害、棉花种植、棉田地膜覆盖雹灾等保险,苹果、鸭梨、烤烟保险,等等。

> **提醒您:** 农业保险不是农村保险。
>
> 农村保险是一个地域性的概念,它是指在农村范围内所举办的各种保险的总和。农村保险不仅包括农业保险、农业生产者的家庭财产保险和人身保险,还包括乡镇企业的各种财产、人身、责任等保险种类。
>
> 农业保险仅仅是为被保险人在种植和养殖过程中的损失提供保险保障,属于财产保险的一种形式。

农业保险具有以下特点:农业保险面广量大;农业保险受自然风险、社会风险的多重制约;农业保险的风险有自身的特殊性;农业保险需要政府的支持。

二、农业保险的分类

农业的基本生产资料是土地,主要劳动对象是有生命的植物和动物。狭义的农业只包括植物栽培和畜禽饲养两大类。广义的农业应包括作物栽培(农业)、营造森林(林业)、畜禽饲养(畜牧业)、水产养殖(渔业)以及农村中的副业。尽管副业是一种附带和分散的小量生产,不具有农业生产的基本特点,但在一定生产力水平下,可形成并附属于农业生产活动。这样,我们指的农业是一个有机的整体,包括农、林、牧、副、渔各种生产。

农业保险一般可分为以下两大类。

（一）种植业保险

1. 生长期农作物保险

农作物保险以稻、麦等粮食作物和棉花、烟叶等经济作物为对象,以各种作物在生长期间因自然灾害或意外事故使收获量价值或生产费用遭受损失为承保责任的保险。在作物生长期间,其收获量有相当部分取决于土壤环境和自然条件、作物对自然灾害的抗御能力、生产者的培育管理。因此,在以收获量价值作为保险标的时,应留给被保险人自保一定成数,促使其精耕细作和加强作物管理。如果以生产成本为保险标的,则按照作物在不同时期、处于不同生长阶段投入的生产费用,采取定额承保。

阅读资料:某保险公司小麦种植保险每亩保险金额 500 元,保险费率 7%,每亩保险费 35 元。

1. 保险责任。在保险期限内,保险小麦由于冰雹、火灾、六级(含)以上风、暴雨形成的洪涝、倒伏造成减产形成经济损失,保险公司对受损小麦的投入成本的损失负赔偿责任。

2. 责任免除。在保险期限内,由于下列原因之一造成保险小麦遭受损失的,保险公司不负赔偿责任:因国家或其他各种形式征用、占用土地;被保险人及其家属、生产管理人员的故意行为或管理不善;盗窃、他人毁坏或畜、禽、兽所致的损失;病虫鸟害及施肥(药)不当;间作、套种的非保险标的和毁种复播的农作物的损失;其他不属于保险责任范围内的损失。

3. 赔偿处理原则。

(1)保险小麦发生保险责任范围内的损失,保险公司根据小麦不同生长期每亩赔偿标准、损失率及受损面积计算赔偿。

赔偿金额=小麦不同生长期每亩赔偿标准×损失率×受损面积

损失率=单位面积植株损失数量/单位面积平均植株数量

小麦不同生长期,赔偿标准的规定为:如果全部损失(绝产),返青期赔偿标准为每亩保险金额×40%×受损面积;抽穗期赔偿标准为每亩保险金额×60%×受损面积;灌浆期赔偿标准为每亩保险金额×80%×受损面积;成熟期赔偿标准为每亩保险金额×100%×受损面积。如果部分损失(部分绝产),返青期赔偿标准为每亩保险金额×40%×损失率×受损面积;抽穗期赔偿标准为每亩保险金额×60%×损失率×受损面积;灌浆期赔偿标准为每亩保险金额×80%×损失率×受损面积;成熟期赔偿标准为每亩保险金额×100%×损失率×受损面积。

(2)如果发生一次或一次以上赔款时,保险单的有效保险金额(即原保险金额减去已付赔款后的剩余保险金额)逐次递减,逐次累计赔款金额不得超过保险单列明的保险金额。

(3)保险合同载明的保险小麦种植面积小于其实际种植面积时,保险公司按保险合同载明的保险小麦种植面积与实际种植面积的比例计算赔偿;保险合同载明的保险小麦种植面积大于其实际种植面积时,保险公司按实际种植面积计算赔偿。

(4)保险小麦遭受保险责任列明的灾害后,如果有残余价值,应由保险双方协商确定其金额,并在核定实际损失时作相应扣除。

(5)计算赔款时,对在保险责任列明的灾害发生以前由于其他原因所造成的小麦损失,要按损失情况,从总保险金额中按损失比例剔除。

(6)在发生损失后难以立即确定损失程度的情况下,可实行多次查勘一次定损。

4. 赔偿的内容。

全部损失:同一地块保险小麦遭受保险责任列明的灾害损失严重,全部毁坏,不能恢复生长,失去商品价值,按每亩不同生长期赔偿标准的100%计算赔偿。

部分损失:同一地块保险小麦遭受保险责任列明的灾害,其中部分损失严重,毁坏部分不能恢复生长,失去商品价值,结合损失率与不同生长期每亩赔偿标准计算赔偿。

轻微损失:同一地块保险小麦遭受保险责任列明的灾害,仍能继续生长的,损失程度按以下标准确定:(1)中度损失:茎、叶、生长点、果实都不同程度受损仍能继续生长,在有效保险金额的30%以下赔偿;(2)轻度损失:个别叶片、果实受损仍能恢复生长,受损程度较轻,酌情每亩在50元以下赔偿。

2. 收获期农作物保险

收获期农作物保险以粮食作物或经济作物收割后的初级农产品价值为承保对象,即是作物处于晾晒、脱粒、烘烤等初级加工阶段时的一种短期保险。一般保险期限只有1个月左右。

3. 森林保险

森林保险是以天然林场和人工林场为承保对象,以林木生长期间因自然灾害和意外事故、病虫害造成的林木价值或营林生产费用损失为承保责任的保险。

阅读资料:中国人民财产保险股份有限公司与国家林业局林业工作站管理总站在北京签订《共同推进森林保险的合作框架协议》,双方将在森林保险承保、理赔、防灾防损等方面开展全面合作。按照协议规定,中国人民财产保险股份有限公司将加强森林保险产品开发,推进森林保险业务发展,扩大森林保险覆盖面,积极做好森林保险理赔服务;国家林业局林业工作站管理总站将充分发挥森林灾害防控、林业资源管理等方面的技术优势,协助做好森林保险宣传推动、风险评估和查勘定损等工作。同时,双方还将在宣传推广、人员培训、防灾减灾以及构建信息资源共享平台等方面开展广泛深入的合作。此次合作,是在森林保险专业化服务领域的强强联合,有利于加强森林灾害监测与预警,降低林业灾害损失,保障林农经济利益。

4. 经济林、园林苗圃保险

这种险种承保的对象是生长中的各种经济林种。包括这些林种提供的具有经济价值的果实、根叶、汁水、皮等产品,以及可供观赏、美化环境的商品性名贵树木、树苗。保险公司对这些树苗、林种及其产品由于自然灾害或病虫害所造成的损失进行补偿。此类保险有对柑橘、苹果、山楂、板栗、橡胶树、茶树、核桃、枣树等的保险。

阅读资料:某保险公司樱桃种植保险,每亩保险金额3 000元,保险费率9%,每亩保险费270元。

1. 保险责任。在保险期限内,由于冰雹、六级(含)以上风造成保险果品损失,损失标准为果品不能继续生长,无食用价值,保险公司对受损果品投入成本的损失负赔偿责任。

2. 责任免除。在保险期限内,由于下列原因之一造成保险果品遭受损失的,保险公司不负赔偿责任:

(1)除冰雹、六级(含)以上风以外的其他自然灾害、意外事故、病虫害、鸟啄或人为因素造成的果品损失。

(2)在果品生长期间正常的自然落果。

(3)由于冰雹、风造成果品等级下降形成的损失。

(4)坐果期间由于浇水不当或降雨造成裂果形成的损失。

(5)由于冰雹、风造成果树的树木、树枝、树叶损毁形成的损失。

3. 保险期限。樱桃保险期限按早熟、中熟、晚熟三个品种类别区分。早熟和中熟品种自5月1日0:00起至5月31日24:00;晚熟品种自5月10日0:00起至6月30日24:00,或以各区县事先约定期限为准。

4. 赔偿处理原则。

(1) 保险果品发生保险责任范围内的事故,造成果品落地、雹痕明显,保险公司结合雹灾及大风的强度,根据果品受损程度及数量,以投保的亩数、株数为依据,按受损株数及受损程度比例折成亩数计算赔偿。损失程度及损失率,以抽取若干受损株数为测损依据,每株抽3~5个花束果伞,根据每株花束果伞受损情况,采用加权平均法,求出落果及伤果的损失比例。

凡发生保险赔款,均设立绝对免赔率,绝对免赔率为15%,绝对免赔率对应的损失部分由被保险人自行承担。

$$赔偿金额=每亩保险金额\times损失率\times受损面积\times(1-15\%)$$

(2) 如果发生一次或一次以上赔款时,保险单的有效保险金额(即原保险金额减去已付赔款后的剩余保险金额)逐次递减,逐次累计赔款金额不得超过保险单列明的保险金额。

(3) 保险合同载明的保险果品种植面积小于其实际种植面积时,保险公司按保险合同载明的保险果品种植面积与实际种植面积的比例计算赔偿;保险合同载明的保险果品种植面积大于其实际种植面积时,保险公司按实际种植面积计算赔偿。

(4) 保险果品遭受保险责任列明的灾害后,如果有残余价值,应由保险双方协商确定其金额,并在核定实际损失时作相应扣除。

(5) 计算赔款时,对在保险责任列明的灾害发生以前由于其他原因造成的果品损失,要按损失情况,从总保险金额中按损失比例剔除。

(6) 樱桃在开花坐果期间因冰雹造成损失,难以立即确定损失程度的情况下,可实行多次查勘一次定损。

5. 赔偿的内容。

全部损失:未进行疏花疏果的樱桃,因保险责任列明的灾害全部损失,按每亩有效保险金额的70%计算赔偿;已经定果的樱桃,因保险责任列明的灾害全部损失,按每亩有效保险金额的100%计算赔偿。但二者均须计算绝对免赔率,扣除相应的免赔金额后进行赔付。

部分损失:未进行疏花疏果的樱桃,因保险责任列明的灾害造成部分损失,结合损失率与每亩有效保险金额的70%计算赔偿;已经定果的樱桃,因保险责任列明的灾害造成部分损失,结合损失率与每亩有效保险金额计算赔偿。但二者均须计算绝对免赔率,扣除相应的免赔金额后进行赔付。

轻微损失:果品遭受保险责任列明的灾害,零星的果品及叶面受损,仍能继续生长,酌情每亩在100元以下进行赔偿(不再进行绝对免赔率计算)。

(二) 养殖业保险

1. 牲畜保险

牲畜保险是以役用、乳用、肉用、种用的大牲畜,如耕牛、奶牛、菜牛、马、种马、骡、驴、骆驼等为承保对象,承保在饲养使役期,因牲畜疾病或自然灾害和意外事故造成的死亡、伤残以及因流行病而强制屠宰、掩埋所造成的经济损失。牲畜保险是一种死亡损失保险。

阅读资料: 某保险公司奶牛养殖保险

1. 保险责任。在保险期限内,由于下列原因之一造成保险奶牛在保险单载明地址的固定圈舍内死亡或伤残,经畜牧兽医鉴定失去产奶能力的,保险公司负赔偿责任:

(1) 自然灾害:洪涝、雹灾、冻害、暴风、暴雨、雷击造成死亡。

(2) 意外事故:火灾、爆炸、触电、溺水、野生动物侵害、建筑物倒塌、空中运行物体坠落造成死亡。

(3) 难产 48 小时内死亡或胎产造成子宫受伤所致伤残失去繁殖能力。

(4) 病毒性传染病、细菌性传染病、寄生虫性传染病和代谢性疾病造成死亡。

(5) 按照国家有关规定,经畜牧兽医行政管理部门确认为发生疫情,并且经区(县)级以上政府下封锁令,对于扑杀的奶牛,保险公司依据本保险条款第二十三条的约定给予部分赔偿。

2. 责任免除。在保险期限内,由于下列原因之一造成保险奶牛遭受损失的,保险公司不负赔偿责任:

(1) 被保险人及其饲养管理人员管理不善或故意行为造成死亡的;

(2) 未按北京市强制免疫程序及时接种疫苗,或发病后不及时治疗,或发生疫情后不向防疫部门报告,或发生保险责任范围内事故后不采取保护与施救措施造成的损失;

(3) 新购入或新增加的奶牛未办理加保手续的;

(4) 摔跌、互斗、被盗、跑失、中毒、他人投毒及正常的淘汰、屠宰造成的损失;

(5) 在观察期内发生保险责任范围内事故的;

(6) 其他不属于保险责任范围内的损失。

2. 家畜、家禽保险

以商品性生产的猪、羊等家畜和鸡、鸭等家禽为保险标的,承保在饲养期间的死亡损失。

阅读资料：某保险公司肉鸭保险

保险肉鸭每只保险金额18元，每只保险费0.15元。

1. 保险责任。在保险期限内，由于下列原因之一造成保险肉鸭死亡的，保险公司负赔偿责任：

(1) 暴雪、暴风、暴雨造成鸭舍倒塌致死；

(2) 火灾、煤气中毒；

(3) 凡病毒类、细菌类、寄生虫类等疾病，如鸭肝炎、大肠杆菌病、浆膜炎等禽类经常发生的疾病造成的损失；

(4) 按照国家有关规定，经畜牧兽医行政管理部门确认为发生疫情，并且经区(县)级以上政府下封锁令，对于扑杀的肉鸭，保险公司依据本保险条款第二十二条的约定给予部分赔偿。

2. 责任免除。在保险期限内，由于下列原因之一造成保险肉鸭遭受损失的，保险公司不负赔偿责任：

(1) 被保险人及其饲养管理人员管理不善或故意行为造成死亡的；

(2) 未按北京市强制免疫程序及时接种疫苗，或发病后不及时治疗，或发生疫情后不向防疫部门报告，或发生保险责任范围内事故后不采取保护与施救措施造成的损失；

(3) 被盗、冻饿致死，或运输造成的死亡；

(4) 正常病淘汰范围内的损失；

(5) 在观察期内发生保险责任范围内事故的；

(6) 其他不属于保险责任范围内的损失。

3. 赔偿处理。保险肉鸭因发生保险责任范围内的死亡，每次灾害事故从报案之日后计算，1～14日龄的肉鸭，一周内连续死亡的只数占保险总只数的比例达到10%(含)以上的，负责赔偿实际死亡只数的80%，死亡率在10%以下的免赔；14日龄以上的肉鸭，一周内连续死亡的只数占保险总只数的比例在5%(含)以上的，负责赔偿实际死亡只数的90%，死亡率在5%以下的免赔。

每只肉鸭的赔偿金额，按饲养日龄成本计算赔付。

按照国家有关规定，经畜牧兽医行政管理部门确认为发生疫情，并且经区(县)级以上政府下封锁令，对于扑杀的肉鸭，保险公司按照国家规定的扑杀定价，按比例给予被保险人赔偿。其中，市级财政补偿40%，区(县)级财政补偿40%，保险公司补偿10%，被保险人自行承担10%。

3. 水产养殖保险

以商品性的人工养鱼、养虾、育珠等水产养殖产品为承保对象,承保在养殖过程中因疫病、中毒、盗窃和自然灾害造成的水产品收获损失或养殖成本损失。保险责任一般分为死亡责任和流失责任两大类。死亡责任是指由于缺氧、疾病、他人投毒等灾害事故造成的水产品死亡;流失责任是指由于台风、龙卷风、海啸、洪水等自然灾害造成鱼塘、虾池的堤坝倒塌所引起的水产品流失。

4. 其他养殖保险

以商品性养殖的鹿、貂、狐等经济动物和养蜂、养蚕等为保险对象,承保在养殖过程中因疾病、自然灾害和意外事故造成的死亡或产品的价值损失。

三、农业保险的经营方式

根据农业生产具有经营的多样性、分散性、不平衡性、自然风险和病虫灾害等特点,必须采取多种保险经营方式。

1. 法定保险方式

对于频繁发生、损失后果严重的自然灾害,如地震、洪水,应采用法定保险方式。这些灾害会直接影响农业生产的持续进行,给广大农业生产者带来生活困难,严重影响国民经济发展,同时还会给国家财政造成额外负担。很多国家采用这种强制保险方式,以保障农业生产的稳定和持续发展,由于我国幅员辽阔,可根据地区农业生产特点和受灾特点举办区域性强制保险。

2. 自愿保险方式

农副业生产品种繁多,经营分散,造成局部性损失较多。为了提供保障,应大力宣传保险的作用,增强保险意识,鼓励自愿投保,并满足农业生产者对保险的不同需要。随着商品经济的发展,自愿保险方式将为广大商品生产者所接受。

阅读资料: 人保玉米保险:赔付封顶受质疑

除了人、车,庄稼也可以上保险。据了解,人保公司一年前在河南省开办了一项新业务——给玉米上保险。如今,第一年的玉米保险业务已圆满结束。2011年4月,《农村金融时报》记者带着"玉米保险到底多管用"的疑问采访了有关方面。

"玉米即使遇上天灾颗粒无收,保险公司也会把农民的种子钱、化肥钱、浇地钱赔给农民,不让农民因为天灾而赔本。"中国人民财产保险股份有限公司沁阳支公司的业务员崔战胜对《农村金融时报》记者说。

据崔战胜介绍,每亩玉米的保费是11元,农民需承担的费用是2.2

元/亩,即保费的20%,其余的8.8元是由各级政府承担的。同时,他表示,全国各省的玉米保险赔付标准是不一样的,具体到河南省,赔付的标准定为每亩190元。

但他同时表示,投保玉米受灾后每亩190元的赔付,也是一个封顶数字,并不是大灾小灾都赔付190元,而是要根据玉米的生长阶段和受灾程度勘查定损后,然后按照40%、70%或100%的比例合理赔付。

"例如投保的头一年遇到了风灾,玉米减产了,最后沁阳市每家受害的玉米,每亩最高补43元,最低30元。"他对记者举例道。

像崔战胜这样的保险公司员工看来,目前玉米保险给农民带来了一定的风险补偿。但从农民的角度看,似乎情况并非如此。

沁阳市王召乡西申召村一位陈姓老汉给记者算了一笔账,今年玉米种子贵,他家每亩地除去政府的10元良种补贴,又花了20元买种子,麦收后浇了一次水,一亩地用了10多元。同时,由于该村土地贫瘠,化肥用量大,一亩地光化肥就要140元左右,如果再加上玉米收获和秸秆还田需要的七八十元,种一亩玉米的成本就超出200元。

"正常年景,每亩玉米少则收1 000斤,多则1 300斤,按现在每斤0.8元算,每亩玉米的收入就是1 000元左右,要是受灾了,保险公司每亩玉米只赔190元,还抵不上成本。"陈老汉表示。

很多当地的农民和陈老汉的看法一致。在他们看来,11元的保费,应该赔到500元左右比较合适,至少能覆盖成本。

"如果受灾了,每亩玉米都赔偿500元,根本不需要再号召农民参加玉米保险了,一到时候,农民肯定就主动给自家的玉米上保了。"另一位村民表示。

面对村民的这些想法,崔战胜则表示,保险的赔付原则就是补偿,主要是降低参保人的意外损失,国家负担保费的大头,是为了让农民得到实惠,也是为了调动农民种粮的积极性。如果超额赔偿,就有可能产生道德风险。

崔战胜给记者做了一种假设,如果投保的玉米受灾后,每亩赔付到正常年景的收入,也许就会有人种上玉米后,不浇水、不打药、不管理,把责任推给保险公司,自己当甩手掌柜。

也有专家认为,如果保费赔付高于种植成本较多,确实容易存在养"懒汉",从中套利的情况。

任务实施

一、巩固练习

(一)判断题

1. 农业保险属于财产保险的一种形式。（　）
2. 收获期农作物保险一般是短期保险。（　）
3. 牲畜保险是一种死亡损失保险。（　）

(二)单项选择题

1. 以下属于种植业保险的有（　）。
　　A. 森林保险　　　B. 牲畜保险　　　C. 水产养殖保险　　D. 家禽保险
2. 投保肉鸭保险,保险期间发生以下损失,保险公司要赔款的有（　）。
　　A. 暴风造成鸭舍倒塌致死　　　　　B. 被冻死
　　C. 正常病而致死　　　　　　　　　D. 饲养人员管理不当

二、撰写调查报告

1. 设计一份关于农业保险的调查问卷。
2. 撰写一份农业保险的调查报告。

三、思考与讨论

思考如何规范农业保险的理赔工作。

项目五　责任保险、信用保险和保证保险

一、责任保险的含义和特征

责任保险是指以被保险人对第三者依法应负的赔偿责任为保险标的的保险。从广义上讲,责任保险是一种财产保险。因为从承保环节看,责任保险要遵循财产保险的可保利益原则,在赔偿环节要遵循财产保险的赔偿原则。但是,责任保险与一般的财产损失保险不同。

1. 法律制度的完善是责任保险产生与发展的基础

责任保险产生与发展的基础不仅是各种民事法律风险的客观存在和社会生产力达到了一定的阶段,而且是由于人类社会的进步带来了法律制度的不断完善,其中法制的健全与完善是责任保险产生与发展最为直接的基础。正是因为人们在社会中的行为都在法律的一定规范之内,才可能因触犯法律造成他人的损害而承担经济上的赔偿责任。

2. 责任保险承保的标的是被保险人承担的民事损害赔偿责任

责任保险承保的是各种民事法律风险,是没有实体的标的。保险人在承保责任保险时,通常对每一种责任保险业务要规定若干等级的赔偿限额,由被保险人自己选择,被保险人选定的赔偿限额便是保险人承担赔偿责任的最高限额,超过限额的经济赔偿责任只能由被保险人自行承担。

3. 责任保险赔偿处理中的特征

责任保险的赔案,均以被保险人对第三方的损害并依法应承担经济赔偿责任为前提条件,必然要涉及受害的第三者,而一般财产保险或人身保险赔案只是保险双方的事情;责任保险赔案的处理也以法院的判决或执法部门的裁决为依据,从而需要更全面地运用法律制度;责任保险中因是保险人代替致害人承担对受害人的赔偿责任,被保险人对各种责任事故处理的态度往往关系到保险人的利益,从而使保险人具有参与处理责任事故的权力;责任保险赔款最后并非归被保险人所有,而是实质上付给了受害方。

> **提醒您：**责任保险的被保险人给第三者造成损害，被保险人对第三者应负的赔偿责任确定的，根据被保险人的请求，保险人应当直接向该第三者赔偿保险金。被保险人怠于请求的，第三者有权就其应获赔偿部分直接向保险人请求赔偿保险金。
>
> 责任保险的被保险人给第三者造成损害，被保险人未向该第三者赔偿的，保险人不得向被保险人赔偿保险金。

4. 责任保险受益范围广

责任保险的受益人在形式上是被保险人，而最终的受益人是受损害的第三方。责任保险直接保障被保险人的利益，间接保障受害的第三方的利益。

二、责任保险的一般责任范围

责任有法律责任和合同责任之分。法律责任是指被保险人侵害他人的财产权利或人身权利而使他人遭受损失时依法应该承担的责任。但是，并非一切法律责任均列入责任保险保障范围，列入责任保险的保障范围的法律责任是民事责任，而不包括刑事责任。而且，也不是一切民事法律责任都在责任保险的保障范围，如非财产性的民事责任(恢复名誉等)以及因责任人的故意行为而导致的赔偿责任不在责任保险的责任范围之内。

在财产性的、非故意的民事责任中，列入责任保险的主要是过失责任。过失责任指的是被保险人因疏忽或过失违反法律应尽义务或违背社会公共准则而致他人遭受损失而承担的责任。在某些责任保险条款中，保险人也将无过错责任纳入责任保险的保障范围，例如旅客责任保险。无过错责任是指责任人并无过错，但按照法律规定也要对他人的财产损失或生命健康损害承担责任。在有些情况下，列入责任保险的还有合同责任。合同责任是指订立契约的一方根据契约规定对所致另一方或对其他人的损害应负的赔偿责任。合同责任并不是责任保险的主要承保对象，除非经过特别约定，保险人是不负责被保险人的契约责任的。责任保险特别承保的合同责任多为运输合同责任、雇佣合同责任以及建筑安装工程责任。

三、责任保险的赔偿条件

责任保险的赔偿条件包括三方面的要求：被保险人因自己的行为而受到第三者因客观财产损失或人身伤害而提出的赔偿请求；依据法律或合同，被保险人对第三者的损害必须承担民事赔偿责任；被保险人的该项民事赔偿责任属于责任保险单承保范围。

四、责任保险的承保方式

1. 专门责任保险

专门责任保险是指保险人单独设计专门保险单的责任保险。如国际保险市场上大体划分为公众责任保险、产品责任保险、雇主责任保险、职业责任保险。

> **阅读资料**：关于专门责任保险，我国各保险公司推出的专门责任保险有：公众责任保险、产品责任保险、雇主责任保险、医疗责任保险、供电责任保险、旅行社责任保险、校（园）方责任保险、承运人非典型肺炎责任保险、医务人员法定传染病责任保险、餐饮场所责任保险、单项建筑工程设计责任保险、律师职业责任保险、物业管理责任保险、保险经纪人职业责任保险、监护人责任保险、工程监理责任保险、血站采供血责任保险、注册会计师职业责任保险等。

2. 附属责任保险

即作为财产保险的基本责任之一或附加责任予以承保的责任保险，这类责任保险实际上是从属于某种财产保险而不作为一种独立的责任保险，也不为其制定专门的保险单。例如，飞机保险中的旅客责任保险和第三者责任保险，建筑工程保险和安装工程保险中的第三者责任险。

五、责任保险的主要险种

内容＼险种	产品责任保险	雇主责任保险	职业责任保险	公众责任保险
承保风险	生产者或制造者的产品责任	雇主责任	各种专业技术人员的职业责任	损害公众利益的民事赔偿责任
种类	未涉及	未涉及	医生、药剂师、会计师、律师、保险代理人及经纪人职业责任保险	场所责任保险；电梯责任保险；承包人责任保险；个人责任保险
保险期限	一年	一年	一年	未涉及
承保基础	期内发生式或期内索赔式	多为期内索赔式	通常采取期内索赔式	期内发生式
赔偿限额	规定两项：每次事故赔偿限额和累计赔偿限额	以雇员若干个月的工资额制定赔偿限额	累计的赔偿限额	1. 每次事故的赔偿限额 2. 保单的累计赔偿限额
保险责任及附加责任	1. 被保险人应负的经济赔偿责任和诉讼、抗辩费用	1. 同左 2. 附加责任：附加医疗费，附加第三者责任	同左	同左

续表

内容 险种	产品责任保险	雇主责任保险	职业责任保险	公众责任保险
被保险人	生产商、出口商、进口商、批发商、零售商、修理商	雇主	各类专业技术人员	公民、企事业单位、机关、团体
投保人	未涉及	雇主	提供专业技术服务的单位	未做严格规定

任务一　认识产品责任保险

知识目标

理解产品责任保险的含义；
掌握产品责任保险的基本内容。

任务引入

日常生活中，这些事件时有发生：手机电池设计不合理或者生产者"偷工减料"，引起爆炸；电熨斗短路引发火灾；空调压缩机设计缺陷，压缩机过热起火引发火灾……作为产品的制造者、销售者面临承担产品责任的风险，为转嫁风险，他们可以向保险公司购买产品责任保险。

任务分析

搜集产品责任有关的案例；
分析有关产品责任保险的案例。

相关知识

设计缺陷，是指产品在设计时，其结构、配方等方面存在的不合理的危险性。
制造缺陷，是指产品因原材料或配件存在缺陷或装配成成品时出现错误，使产品具有不合理的危险性。
经营缺陷，是指产品上没有必要和适当的警示与说明。

一、产品责任

产品责任又称产品侵权损害赔偿责任，是指产品存在可能危及人身、财产安全的不合理危险，造成消费者人身或者除缺陷产品以外的其他财产损失后，缺陷产品的生产者、销售者应当承担的特殊的侵权法律责任。根据我国《产品质量法》的规定,我国产品责任可以大致分为两类:一是生产者应当承担的产品责任,即产品存在缺陷,造成人身或者除缺陷产品以外的其他财产损失后,缺陷产品的生产者应当承担的赔偿责任;二是销售者应当承担的产品责任,即由于销售者的过错,使产品存在缺陷、造成人身或者除缺陷产品以外的其他财产损失后,销售者应当承担的赔偿责任。

二、产品责任的构成要件

1. 生产或销售了不符合产品质量要求的产品

即产品存在危及人身、他人财产安全的不合理的危险,或产品不符合保障人体健康和人身、财产安全的国家标准、行业标准。这里所说的产品是指经过加工、制作,用于销售的产品,建设工程、初级农产品等不包括在内;这里所说的产品缺陷包括设计缺陷、制造缺陷和警示说明缺陷。

2. 不合格产品造成了他人财产、人身损害

他人财产,是指缺陷产品以外的财产,至于缺陷产品自身的损害,购买者可以根据《合同法》的规定要求销售者承担违约责任,而非产品责任。遭受人身损害的受害者,可以是购买者、消费者,也可以是购买者、消费者之外的第三人。

3. 产品缺陷与受害人的损害事实之间存在因果关系

确认该种因果关系,一般应由受害人举证。受害人举证的事项为缺陷产品被使用或被消费、使用或者消费缺陷产品导致了损害的发生;但是对于高科技产品,理论上认为应有条件地适用因果关系推定理论。

产品责任的主体是产品的生产者或者销售者,产品的生产者不仅包括制造者,而且包括任何将自己的姓名、名称、商标或者可识别的其他标识体现在产品上,表示其为产品制造者的企业或者个人。对于产品责任的受害人而言,可以向产品的生产者要求赔偿,也可以向产品的销售者要求赔偿。产品的生产者或销售者在向受害人赔偿之后,可以向有责任的生产者或销售者追偿。但是,销售者不能指明缺陷产品的生产者,也不能指明缺陷产品的供货者的,销售者应当承担赔偿责任。如果产品的运输者、仓储者对产品质量不合格负有责任的,产品生产者、销售者在向受害者赔偿后有权要求运输者、仓储者赔偿。

阅读资料:产品责任的免责条件有:第一,未将产品投入流通领域。投入流通是指任何形式的出售、出租、租赁、抵押、质押等。第二,产品投入流通领域时不存在缺陷;但如果缺陷是因为仓储者或者销售者的过错所致,该缺陷产品所致的损害,制造者应当先行赔偿,然后向有过错的运输者、仓储者或销

售者追偿。第三,产品投入流通时的科技水平尚不能发现缺陷的存在,如果日后因为科技进步发现产品存在缺陷的,也不成立产品责任。

三、产品责任保险的含义

产品责任保险是指当产品的生产者、销售者(包括批发商和零售商)因其生产或销售的产品发生意外事故,造成第三者的人身伤亡或财产损失所应承担的法律赔偿责任,由保险公司予以赔偿。

生产商、出口商、进口商、零售商及修理商等一切有可能对产品事故造成的损失负有赔偿责任的人,都可以投保产品责任险。根据具体情况需要,可以由他们中间的任何一个投保,也可以由他们中间的几个人或全体联名投保。产品责任险的被保险人,除投保人本身外,经投保人申请、保险公司同意后,可将其他有关方也作为被保险人,必要时将增加保险费,并规定对各被保险人之间的责任互不追偿。各有关方中,制造商应承担最大风险,除非其他有关方已将产品重新装配、改装、修理、改换包装或使用说明书,以及其他行为,并因此引起产品事故,应由该有关方负责外,凡产品原有缺陷引起的问题,最后都要追溯至制造商。

> **阅读资料:**一些产品的主要风险
> (1)烟花。在搬运、燃放、储存时会发生爆炸事故造成较严重的人员伤亡。
> (2)轮胎。有缺陷的轮胎使用时会引起爆裂导致人身伤害及财产损失;下雨或下雪时,不适合路面驾驶的轮胎会造成交通事故。
> (3)玩具。吞食小玩具或玩具上可拆卸的部件会使儿童窒息,抛掷玩具会使其他儿童受伤,儿童咽下有毒化学品的玩具会遭受伤害,骑玩具车会发生碰撞造成儿童受伤,电动玩具若漏电会引起触电或烧伤事故。
> (4)家用电器。会引起触电、烧伤、火灾,或接触活动部件引起人身伤害或财产损失。
> (5)药物。接触或吞下有毒物质会引起人身伤亡,或造成对受孕胎儿的伤害。
> (6)化妆品。化妆品可能会引起烧伤、感染、皮疹、眼瞎、过敏反应、头发褪色。
> (7)服装。尤其是睡衣或内衣的燃烧引起人体严重烧伤或死亡。
> (8)重型机械。拖拉机或叉车等的事故、不良操作引起人身伤亡或财产

损失。

(9)发电机组。发生事故、火灾或不良操作造成人身伤亡、财产损失或营业中断。

(10)食品和糖果。咽下含有毒物质的食品和糖果会造成人身伤亡,果冻类食品幼儿食用可能会发生堵住喉咙引起窒息死亡。

(11)化肥和农药。错误的混合、标记和说明书不当会引起农作物损失。

(12)水泥制品。有缺陷的水泥预制品会引起楼房倒塌,造成人身伤亡或财产损失。

(13)钢瓶装气体或化学品。有毒素、易燃易爆,发生事故会造成严重的人身伤亡或财产损失,而钢瓶本身具有压力,若其本身或阀门有缺陷会使内含物质泄漏造成产品责任事故。

四、产品责任保险的保险责任和除外责任

(一)保险责任

在保险有效期内,由于被保险人生产、销售或维修的产品发生事故,造成使用者或其他人的人身伤害或财产损毁,依法应由被保险人承担赔偿责任时,保险人在保险单规定的赔偿限额内予以赔付。

被保险人因产品责任事故支付的诉讼、抗辩费以及其他经保险人事先同意支付的费用,可以单独在另外一个赔偿限额内计算,也可以由双方约定限额进行赔偿。

(二)除外责任

(1)被保险人根据与他人的协议应承担的责任,但即使没有这种协议,被保险人仍应承担的责任。

(2)根据《劳动法》,应由被保险人承担的责任。

(3)根据雇佣关系,应由被保险人对雇员所承担的责任。

(4)保险产品本身的损失。

(5)产品退换回收的损失。

(6)为被保险人所有、保管或控制的财产的损失。

(7)被保险人故意违法生产、出售的产品或商品,造成任何人的人身伤害、疾病、死亡或财产损失。

(8)保险产品造成的大气、土地及水污染及其他各种污染所引起的责任。

(9)保险产品造成对飞机或轮船的损害责任。

(10)由于战争、类似战争行为、敌对行为、武装冲突、恐怖活动、谋反、政变直接或间接引起的任何后果所致的责任。

(11)由于罢工、暴动、民众骚乱或恶意行为直接或间接引起的任何后果所致的责任。

(12)由于核裂变、核聚变、核武器、核材料、核辐射及放射性污染所引起的直接或间接的责任。

(13)罚款、罚金、惩罚性赔款。

(14)保险单明细表或有关条款中规定的应由被保险人自行负担的免赔额。

除责任保险一般不保的责任外,产品责任险的除外责任对另一些项目也不负责:产品仍在制造或销售场所,尚未转移至用户或消费者手中时所造成的损失;被保险产品本身的损失,以及被保险人因收回、更换或修理有缺陷产品造成的损失和费用;在规定的销售区域外使用产品发生的损害和费用;等等。

> **阅读资料:**期内发生式是指以保险事故发生为前提,即不论产品什么时候生产或销售,只要产品事故发生在保险期限内,不管受害人是否在保险期限内向被保险人提出索赔,只要在保险合同规定的追溯期内,保险人都必须履行赔偿责任。期内索赔式是指以索赔为前提,即不论产品事故是否发生在保险期限内,只要在保险合同规定的上溯期内,保险人对于保险期限内发生的受害人向致害人提出的索赔都必须履行赔偿责任。

五、产品责任保险的保险费率

产品责任保险的保险费率的高低取决于保险人所承担风险的大小。影响产品责任保险的保险费率的因素有:产品的特点及可能对财产或人体造成损害的风险大小;承保的范围大小;产品数量与产品价格;产品制造者的技术水平和质量管理情况;赔偿限额的高低;被保险人以往的赔偿记录等。

任务实施

一、巩固练习

(一)单项选择题

1. 关于产品责任保险,下列说法不正确的是(　　)。
   A. 产品责任保险是指以产品生产者或销售者等的产品责任为承保风险的责任保险
   B. 只有生产商和销售商可以投保产品责任保险
   C. 一切可能对产品责任事故造成的损害依法负有赔偿责任的人都可以投保
   D. 产品责任保险可以有一个或多个被保险人

2. 某一个制药厂在 2008 年投保了产品责任保险,保险期限为 1 年,以"期内发生式"为基础承保。在保险期限内,一患者服用该厂 2008 年生产的药物,因其配制上的过失致使该患者身体受到了潜在的伤害。该患者在 2011 年发现并提出索赔,法院判定制药厂要承担相应的经济赔偿责任。保险人是否要承担赔偿责任?( )。
    A. 否,因为索赔是在保险期满后提出的
    B. 是,因为患者的损害是在保险期内发生的
    C. 是,因为导致患者损害的被保险产品是在保险期限内生产的
    D. 否,因为患者的损害是在保险期满后发现的

3. 产品责任保险的承保地区范围是指( )。
    A. 产品的销售范围   B. 国家规定的范围
    C. 保险双方当事人商定的范围   D. 保险人确定的范围

(二)多项选择题

1. 下列可以作为产品责任保险投保人的是( )。
    A. 生产商   B. 出口商   C. 零售商   D. 修理商

2. 产品责任保险的保险责任包括( )。
    A. 被保险人的产品造成用户或消费者人身伤害或财产损失时依法应承担的赔偿责任
    B. 被保险人为产品责任支付的诉讼、抗辩费用及其他经保险人事先同意支付的费用
    C. 被保险产品本身的损失以及退还、回收有缺陷产品造成的费用及损失
    D. 被保险产品造成大气、土地、水污染及其他各种污染引起的责任

3. 在产品责任保险下,"期内发生式"下的责任期限是指( )。
    A. 产品责任事故必须发生在保险期限内
    B. 不论产品是否在保险期限内生产或销售
    C. 不论意外事故或损失何时发现
    D. 不论被保险人提出的索赔是在保险期限内还是期满之后

4. 影响产品责任保险费率的因素有( )。
    A. 产品特点   B. 赔偿限额   C. 产品价格   D. 承保地区

5. 关于产品责任保险赔偿限额的说法正确的是( )。
    A. 产品责任保险的保险金额就是赔偿限额
    B. 在产品责任保单中通常规定每次事故的赔偿限额和保单累计赔偿限额
    C. 赔偿限额是保险人承担赔偿责任的最高限额
    D. 诉讼和抗辩费用在赔偿限额以外赔付

二、阅读案例评析

[案情] 某年 7 月某日晚,李某在家就餐时被突然爆炸的啤酒瓶炸伤左眼,共花去各种费用 63 000 余元。李某向啤酒生产者甲厂索赔,因甲厂已向某保险公司投保了产品责任险,责任限额为 50 000 元,所以保险公司在责任限额内支付了赔偿金 50 000 元。后经

调查,啤酒瓶爆炸是因专门为甲厂提供啤酒瓶的乙厂产品质量不合格所致,甲厂遂要求乙厂承担责任。某保险公司则认为应由自己向乙厂提出赔偿请求。甲厂与保险公司为此发生纠纷,诉至法院。法院经审理后认为,乙厂作为啤酒瓶的供应商,对李某人身伤害承担最终赔偿责任。甲厂在向李某承担赔偿责任后,有权向乙厂追偿。但因甲厂的赔偿责任已经部分转嫁给了保险公司,保险公司依法在赔偿金额内代替甲厂取得向乙厂追偿的权利。甲厂仍可就未获保险公司赔偿的损失向乙厂追偿。法院判决:甲厂和保险公司可在各自的损失金额内向乙厂追偿。

〔评析〕 产品责任保险,是以投保人因其产品的质量缺陷致使产品使用者或消费者遭受人身伤亡或财产损失而依法应承担的赔偿责任为保险标的的保险。在保险有效期内,由于被保险人所生产、出售的产品或商品在承保区域内发生事故,造成使用、消费或操作该产品或商品的人或其他任何人的人身伤害、疾病、死亡或财产损失,依法应由被保险人负责时,保险人根据保险单的规定,在约定的赔偿限额内负责赔偿。对被保险人应付索赔人的诉讼费用以及经保险人书面同意负责的诉讼及其他费用,保险人亦负责赔偿,但本项费用与责任赔偿金额之和以保险单明细表中列明的责任限额为限。

本案中,李某因甲厂生产的啤酒瓶突然爆炸而受到伤害。依据我国《产品质量法》关于"因产品存在缺陷造成人身、缺陷产品以外的其他财产(以下简称他人财产)损害的,生产者应当承担赔偿责任"的规定,甲厂应当对李某承担赔偿责任。同时,根据产品责任保险合同的约定,甲厂在向李某承担赔偿责任后,可以向保险公司提出索赔。保险公司应在约定的赔偿限额内进行赔偿。

本案涉及的另外一个问题是责任险的代位追偿问题。

我国《保险法》规定:"因第三者对保险标的的损害而造成保险事故的,保险人自向被保险人赔偿保险金之日起,在赔偿金额范围内代位行使被保险人对第三者请求赔偿的权利。前款规定的保险事故发生后,被保险人已经从第三者取得损害赔偿的,保险人赔偿保险金时,可以相应扣减被保险人从第三者已取得的赔偿金额。保险人行使代位请求赔偿的权利,不影响被保险人就未取得赔偿的部分向第三者请求赔偿的权利。"可见,保险人的代位权以赔偿金额为限,被保险人就未获赔偿的部分仍可请求第三者进行赔偿。

本案中,导致李某受伤的啤酒瓶系乙厂向甲厂提供,乙厂是最终责任人,甲厂向李某承担赔偿责任后,依法可以向乙厂进行追偿。由于保险公司已经在赔偿限额内对甲厂承担了赔偿责任,保险公司依法在赔偿限额内取得向乙厂代位追偿的权利。甲厂对李某承担的超过赔偿限额的损失因未获保险公司赔偿,当然可以向乙厂追偿。

任务二 认识雇主责任保险

知识目标

理解雇主责任的含义;

理解雇主责任保险的含义；
了解雇主责任保险的基本内容。

任务引入

正当苹果 iPad、iPhone 在中国热卖之时，苹果公司发布报告称，137 名苹果中国供应商员工，因暴露在正己烷环境，健康遭受不利影响。在这一事件背后，除了呼吁完善职业病防治体系之外，许多企业对雇主责任险的需求也进一步增强。

任务分析

请同学们搜集有关"毒"苹果事件，并结合保险学中的责任保险谈谈你的看法。

请思考保姆、农民工等权益如何保障。

相关知识

1. 工伤保险是社会保险制度的重要组成部分，是指劳动者因工作原因受伤、患病、致残乃至死亡，暂时或永久丧失劳动能力时，从国家和社会获得医疗、生活保障及必要的经济补偿的社会保障制度。工伤保险保险费一般都由企业负担，待遇比较优厚，服务项目较多。而且由于工伤事故是劳动者在为企业工作期间发生的，劳动者不仅付出了劳动，而且可能为此付出健康甚至生命的代价。

2. 永久性的劳动能力丧失，无论是完全丧失还是部分丧失，都构成残废。

一、雇主责任

雇主责任是指国家通过立法，规定雇主对受雇佣人员在受雇期间执行任务时，因发生意外或职业病造成伤害或死亡依法应承担的经济赔偿责任。

二、雇主责任的构成要件

雇主对雇工在执行委托事务过程中造成的侵权损害承担赔偿责任，必须符合下列几项构成要件：

首先，在雇主与雇工之间必须存在雇佣关系。雇工必须是根据雇佣关系为雇主工作的辅助人。考察雇佣关系存在与否，首先要看双方当事人之间有无订立书面的雇佣合同。如果有书面合同，一般即可认定存在雇佣关系。如果没有订立书面合同，则要进一步考察双方当事人之间是否存在事实上的雇佣关系。

阅读资料：根据国际上流行的做法，确定雇佣关系的标准包括：(1)雇主具有选择受雇人的权力；(2)由雇主支付工资或其他报酬；(3)雇主掌握工作方法的控制权；(4)雇主具有中止或解雇受雇人的权力。

其次，雇工必须是在执行委托给他的事务过程中给他人造成损害的。雇工的侵权行为是不是在执行事务时所实施的，是认定雇主责任成立的关键因素，因为雇主只可能对雇工执行其所委托事务过程中造成的损害承担责任。

最后，雇主对雇工在执行委托事务过程中造成的侵权损害承担赔偿责任还必须具备一个要件，即雇工的行为必须是侵权行为。侵权行为的构成要件一般有四项，即侵害行为、损害事实、侵害行为与损害结果之间存在因果关系以及行为人的过错。

案例阅读：雇主派遣一个农业工人驾车去邻居家取工具，该工人途中因加油不慎引发火灾；一农场主派遣他的仆人去某户人家帮忙一天，仆人在回家途中因自行车无灯而撞伤行人；电影院的引座员将一名向他询问座次的女顾客引至偏僻处杀死。以上案例，雇主都应承担赔偿责任。

然而，某受雇司机在运货路上，将一烟蒂随手抛向车外，烟蒂未熄，将路边一农房点燃。农房的损失由司机负责，而雇主不承担责任。原因是司机的行为不是服务于雇主的目的或促进雇主的利益。

三、雇主责任保险的含义

雇主责任保险，是以被保险人即雇主的雇员在受雇期间从事业务时因遭受意外导致伤、残、死亡或患有与职业有关的职业性疾病而依法或根据雇佣合同应由被保险人承担的经济赔偿责任为承保风险的一种责任保险。保险人所承担的责任风险将被保险人(雇主)的故意行为列为除外责任，主要承保被保险人(雇主)的过失行为所致的损害赔偿，或者将无过失风险一起纳入保险责任范围。

阅读资料：以下情况通常被视为雇主的过失或疏忽责任：(1)雇主提供危险的工作地点、机器工具或工作程序；(2)雇主提供的是不称职的管理人员；(3)雇主本人直接的疏忽或过失行为，如对有害工种未提供相应的合格的劳动保护用品等即为过失。

> 凡属于这些情形且不存在故意意图的均属于雇主的过失责任，由此而造成的雇员人身伤害，雇主应负经济赔偿责任。

四、雇主责任保险的责任范围

雇主责任险的基本保险责任包括三方面：被保险人雇用的人员（包括长期固定工、短期工、临时工、季节工和学徒工），在保单有效期间，在受雇过程中（包括上下班途中），在保单列明的地点，从事保单列明的业务活动时，遭受意外而受伤、致残、死亡或患与业务有关的职业性疾病所伤残或死亡的经济赔偿责任；因患有与业务有关的职业性疾病而导致所雇用员工伤残或死亡的经济赔偿责任；被保险人应支付的有关诉讼费用。

但下列原因导致的责任事故通常除外不保：战争、暴动、罢工、核风险等引起雇员的人身伤害；被保险人的故意行为或重大过失；被保险人对其承包人的雇员所负的经济赔偿责任；被保险人的合同项下的责任；被保险人的雇员因自己的故意行为导致的伤害；被保险人的雇员由于疾病、传染病、分娩、流产以及由此而施行的内、外科手术所致的伤害等。

五、雇主责任保险与法定工伤保险

从责任范围来看，雇主责任保险与工伤保险都对雇员因工作原因受伤、患病、致残乃至死亡而导致暂时或永久丧失劳动能力的风险进行保障，但是它们的保险责任范围存在一定的不同。例如，雇主责任保险承保雇主应付索赔人的诉讼费用以及经保险公司书面同意负责的诉讼费用及其他费用，而工伤保险则不负责这些费用。又如，在抢险救灾等维护国家利益、公共利益活动中受到伤害的以及职工原在军队服役，因战、因公负伤致残，已取得革命伤残军人证，到用人单位后旧伤复发的，都是工伤保险承保的范围，而雇主责任保险则不承保。

从保障对象看，雇主责任保险适用于企业、有雇工的个体工商户、机关、事业单位和社会团体；而工伤保险适用于企业、有雇工的个体工商户。两者相比，雇主责任保险的承保对象要宽些。

从保障程度看，雇主责任保险的赔偿限额由雇主与保险人协商确定，赔偿不仅取决于月工资，还取决于赔偿限额。如果选择的限额高，则同等伤残等级下可以获得的补偿就越高。工伤保险由于政府保障需兼顾社会各层面的保障需求，保障程度有限，雇员只能在法律规定的尺度内获得赔偿，且补偿金的多少与月工资密切相关。

从雇主自负额看,商业雇主责任保险,雇主完全可以选择无免赔额的承保条件,以转移全部风险;工伤保险条例中规定了一些应由雇主自行承担的法定自负费用。

从投保角度看,雇主责任险作为一种商业保险,用人单位可以自愿选择参加与否;工伤保险作为一种社会保险是国家强制实行的,企业必须参加。

六、雇主责任保险的保险费和赔偿处理

雇主责任保险的保险费率,一般根据一定的风险归类确定不同行业或不同工种的不同费率标准,同一行业基本上采用同一费率,但对于某些工作性质比较复杂、工种较多的行业,还须规定每一工种的适用费率;同时,还应当参考赔偿限额。

雇主责任保险费的计算公式如下:

应收保险费＝A工种保险费(年工资总额×适用费率)＋B工种保险费(年工资总额×适用费率)＋…

式中,年工资总额＝该工种人数×月平均工资收入×12。

如果有扩展责任,还应另行计算收取附加责任的保险费,它与基本保险责任的保险费相加,即构成该笔业务的全额保险费收入。

雇主责任保险的赔偿限额,通常是以每一雇员若干个月的工资收入作为其发生雇主责任保险时的保险赔偿额度,每一雇员只适用于自己的赔偿额度。在我国,在保险期限内发生保险责任,保险人按下列标准赔偿:

若死亡,按保险单规定每人最高赔偿额度赔付;若伤残,要分永久丧失全部工作能力、永久丧失部分工作能力、暂时丧失工作能力等不同情况来区别赔付;另外,保险人赔偿包括挂号费、治疗费、手术费、床位费、检查费(以300元为限)、非自费药费部分,不承担陪护费、伙食费、营养费、交通费、取暖费、空调费以及安装假肢、假牙、假眼和残疾用具费用。保险人对被保险人所聘员工赔付的总赔偿金额,最高不超过保险单规定的每人的赔偿金额。死亡和伤残赔偿不可兼得,而且与医疗费用限额不能相互调剂使用。

阅读资料:根据某保险公司的雇主责任保险条款,永久丧失全部工作能力按保单规定的最高赔偿额度办理;永久丧失部分工作能力按受伤部位及受伤程度,参照保单所规定的赔偿比例乘以保单规定的赔偿额度确定;暂时丧失工作能力超过5天的,经医生证明,按被雇用人员的工资给付赔偿。

任务实施

一、巩固练习

(一)单项选择题

1. 雇主责任是指雇主对其雇员在受雇期间因发生意外或职业病而造成的（　　）依法应承担的经济赔偿责任。
   A. 人身伤残或死亡及财产损失　　B. 财产损失
   C. 人身伤残或死亡及收入减少　　D. 人身伤残或死亡

2. 我国开办的雇主责任保险是承保雇主根据（　　）对雇员人身伤害的损害赔偿责任。
   A. 保险合同　　B. 雇佣合同
   C. 有关法律或雇佣合同　　D. 劳动法律

3. 雇主责任保险的（　　）。
   A. 投保人和被保险人都是雇主
   B. 投保人是雇主,被保险人是雇员
   C. 投保人既可以是雇主又可以是雇员
   D. 被保险人既可以是雇主又可以是雇员

4. 下列费用中属于雇主责任保险基本责任的是（　　）。
   A. 医疗费用　　B. 有关诉讼费用
   C. 雇主自身伤亡的相关费用　　D. 以上所有费用

5. 在雇主责任保险单下,保险人不予赔偿的是（　　）。
   A. 被保险人的重大过失造成的雇员伤亡所负的经济赔偿责任
   B. 被保险人对雇员患职业性疾病所致伤残的经济赔偿责任
   C. 被保险人对雇员因从事其业务时遭受意外死亡的经济赔偿责任
   D. 被保险人的有关诉讼费用

6. 目前,我国雇主责任保险的赔偿限额是根据（　　）以雇员若干个月的工资额来制定的。
   A. 有关法律　　B. 雇佣合同的要求
   C. 保险条款　　D. 保险双方当事人协商

(二)多项选择题

1. 雇主责任保险（　　）。
   A. 是雇主因过失或疏忽产生的法律赔偿责任的保险
   B. 是以严格责任为归责原则的保险
   C. 投保人是雇主,由其支付保险费
   D. 受益人是雇主

2. 雇主责任保险的基本责任是（　　）。
   A. 被保险人对雇用人员在受雇期间的人身伤害的经济赔偿责任
   B. 被保险人对雇用人员在受雇期间的财产损失的经济赔偿责任

C. 被保险人的雇用人员对第三者人身伤害或财产损失应负的经济赔偿责任
D. 有关的诉讼费用
3. 影响雇主责任保险的保险费率因素有（　　）。
　　A. 工资总额　　　　B. 工作地址　　　　C. 职业性质　　　　D. 赔偿限额

二、阅读案例评析

（一）关于雇员为雇主的利益绕道的案例

［案情］　某单位采购员奉命前往甲单位采购产品。采购过程中，采购员发现乙单位同类产品的价格更为优惠，于是驾车前往乙单位，途中与行人相撞，致行人住院治疗。试问，行人的损失由谁承担？

［评析］　在我国，雇主一般要为雇员的职务相关行为承担责任，在认定是否构成雇主责任时，一般要考察雇员的行为是否发生在雇主授权的时间和地点内；如不在工作时间和地点内，就要考察其行为是否服务于雇主的目的或者促进了雇主的利益、其行为是否与雇主的事业具有内在关联；等等。此外，如果雇员的行为完全是为了自己的目的与利益，如进行不合理的绕道、嬉戏等，则雇主无须负担责任。本案例中，雇员的活动是在工作时间内为促进雇主利益进行的，因此雇主应承担责任。

（二）关于雇员工作期间被杀的案例

［案情］　某年11月5日上午，某城市居民楼内，一名自称快递员的男子敲开门后，将刀刃刺进保姆阿娣脖颈，阿娣经抢救无效，不幸死亡。据查，犯罪嫌疑人曹某是个惯犯，案发前10天刚刑满释放。因查明曹某无财产可供执行，死者家属毅然放弃提起刑事附带民事诉讼，转而将雇主马某告上法庭，索赔65万余元。在此案中，死者与马某是否为雇佣关系成为争议的焦点。中国工商银行某市某开发区支行代理人认为，上年9月，阿娣经人介绍，受雇于马某家，形成雇佣关系。根据最高人民法院《关于审理人身损害赔偿案件适用法律若干问题的解释》规定，保姆在雇主家工作时受到伤害，雇主应当赔偿。天安保险股份有限公司代理人认为，没有签订劳动合同，不是雇佣关系。后在法官的主持下，双方达成了调解协议，天安保险股份有限公司赔偿死者家属各项损失共计25万元。

［评析］　保姆与雇主之间应该是服务合同关系，即使没有签订正式的劳动合同，但已形成事实上的雇佣关系。保姆是一种特殊的劳动形式，不能和企事业单位的职员类比，它是以家庭为单位，给主人提供生活服务为目的。但即便只是服务合同关系，根据法律公平原则，当保姆为雇主服务时发生事故，雇主应承担无过错责任。

此外，根据最高人民法院《关于审理人身损害赔偿案件适用法律若干问题的解释》规定：雇佣关系以外的第三人造成雇员人身损害的，赔偿权利人可以请求第三人承担赔偿

> 责任,也可以请求雇主承担赔偿责任。雇主承担赔偿责任后,可以向第三人追偿。保姆阿娣在雇佣活动中因第三人侵权而死亡,其被抚养人及近亲属即享有选择权,既可以选择向第三人曹某请求赔偿,也可以选择向雇主请求赔偿;雇主承担赔偿责任后,享有对第三人的追偿权。

三、案例思考与讨论

保姆按照雇主要求,抱6个月大的宝宝去医院看病。途中,出租车和一辆小轿车相碰,坐在后排的保姆赶紧将宝宝紧紧搂在怀里,而自己的头则重重撞向了车门。雇主听闻,赶到后询问宝宝有没有事,得知无恙后便抱走了宝宝,留下轻度脑震荡的保姆。保姆向雇主索要赔偿,而雇主却以一句"这不关我们的事"漠然处之。请思考,雇主有没有责任?

任务三 认识职业责任保险

知识目标

理解职业责任的含义;
理解职业责任保险的含义;
了解职业责任保险的基本内容。

任务引入

每一种职业都有相应的风险和责任,如果在工作中存在过失或过错,给他人带来财产上的或人身的损失,这是需要赔偿的。随着保险业的发展,从20世纪末开始,我国保险市场上推出的职业保险产品越来越丰富。各种专业技术人员可以了解有关的职业保险产品,风险比较高的职业的人员,通过购买职业责任保险转嫁风险是一种不错的选择。

任务分析

结合自己父母或亲戚的职业,搜集有关的职业有哪些责任;
结合自己感兴趣的职业,搜集这些职业都有哪些责任;
搜集和分析职业责任有关案例。

相关知识

1. 专业技术人员。指人们把在某一领域具有专业技能或专业特长并依靠这些技能或特长为他人服务以获取生活来源的人,如会计师、律师、医师、药剂师、设计师等。

2. 索赔责任保险。指保险公司仅对保单有效期内发生的事故所引起的损失负责,而不论是否在保险有效期内提出了索赔。

3. 期限内索赔式责任保险。指保险公司仅对保单有效期内提出的索赔负责,只要导致责任的事件是发生在某一特定的有追溯力的日期之后。

4. 医疗事故。指在诊疗护理工作中,因医务人员诊疗护理过失,直接造成病员死亡、残疾、组织器官损伤、导致功能障碍及严重毁容等事件。

5. 医疗差错。指在诊疗护理工作中,因医务人员诊疗护理过失,直接造成病员机体损害,但未构成医疗事故的事件。

一、职业责任

职业责任是指从事各种技术工作的单位或个人因工作上的失误造成他人人身伤害或财产损失,依法应承担的经济赔偿责任。职业责任实际上是一种失职行为,仅与专业技术人员如会计师、律师、医师、药剂师、设计师等有关。

二、职业责任保险的含义

职业责任保险是指承保各种专业技术人员由于工作上的疏忽或过失所造成合同一方或他人的人身伤害或财产损失的经济赔偿责任的保险。如果把专业技术人员提供的服务视为产品,职业责任保险就类似于产品责任保险。

三、职业责任保险的种类

以投保人为依据,职业责任保险可以分为普通职业责任保险和个人职业责任保险两类。普通职业责任保险多以单位为投保人,以在投保单位工作的个人为被保险人;个人职业责任保险多以个人为投保人和被保险人,保障的也是投保人自己的职业责任风险。

以承保方式为依据,职业责任保险可以分为以事故发生为基础的职业责任保险和以期限内索赔为基础的职业责任保险。以事故发生为基础的职业责任保险称作发生式索赔责任保险。采用这种方式最大的一个问题是,保险公司在该保单项下承担的赔偿责任往往要拖很长时间才能确定,而且由于通货膨胀等因素,最终索赔的数额可能大大超过当时疏忽行为发生时的水平。在这种情况下,如果索赔数额超过保单的赔偿限额,超过部分应由被保险人自行负责。以期限内索赔为基础的职业责任保险称作期限内索赔式责任保险。如果不对时间作出限制,保险公司所承担的风险将非常大。为了避免此类问题的出现,保单一般均规定一个追溯时期,保险公司仅对从该追溯日期开始后发生的疏忽行为,并在保单有效期内对其提出的索赔负责。

以被保险人从事的职业为依据,职业责任保险可以分为医疗责任保险、律师责任保险、保险代理人责任保险、保险经纪人责任保险、会计师责任保险、建筑师责任保险、设计师责任保险、兽医责任保险、教师责任保险等诸多业务种类。这种划分是保险公司确定承保条件和保险费率的主要依据。

四、职业责任保险的责任范围

职业责任保险的责任范围因职业间的差异而有较大的不同,但归结起来,保险人主要负责以下方面的赔偿:赔偿金指专业人员由于职业上的疏忽、错误或失职造成的损失的赔偿金,且无论损失是否发生在保险合同的有效期内,只要受损害的第三人在合同有效期内提起索赔的应由被保险人承担的赔偿金都在此列;费用指事先经保险人同意支付的各项费用,一般包括诉讼费用及律师费用等。

职业责任保险中保险人的除外责任根据所承保职业类别的不同存在较大的差异,除了责任保险的一般除外责任外,通常规定保险人对下列事项不负责赔偿:被保险人与未取得相关专业技术任职资格的人员发生的业务往来导致的损失;超越代理权的行为导致的损失;泄露个人隐私或商业秘密等造成的损失等不负责任。

阅读资料:职业责任保险与其他责任保险的区别

1. 并非所有的职业都会成为职业责任保险的承保对象。职业责任保险的保险标的是专业技术人员的职业责任,只有具备一定专业技术含量,并以特定的专业技术为他人提供服务的职业才能成为职业责任保险所承保的对象。

2. 职业责任保险的投保人不一定是被保险人本人。当提供专业技术服务的人员隶属于某个单位时,一般由其所在单位作为投保人投保,如律师事务所、医院、会计师事务所、建筑设计公司等;当提供专业技术服务的人员以个体方式经营时,则投保人即是被保险人本人。

五、职业责任保险的保险费

各种职业都有自身的风险与特点,因此也需要不同的费率。职业责任保险的费率确定是一个非常复杂的问题。一般来说,厘定责任保险的费率或收取职业责任保险的保险费时,着重考虑下列因素:职业种类,指被保险人及其雇员所从事的专业技术工作；工作场所，指被保险人从事专业技术工作的所在地区；业务数量，指被保险人每年提供专业技术服务的数量、服务对象的多寡等；被保险人及其雇员的专业技术水平；被保险人及其雇员的工作责任心和个人品质；被保险人职业责任事故的历史统计资料及索赔、处理情况；赔偿限额、免赔额和其他承保条件等。

六、律师职业责任保险

律师责任保险承保被保险人作为一个律师在自己的能力范围内、职业服务中所发生的一切疏忽、错误或遗漏过失行为的责任风险。它包括一切侮辱、诽谤，以及赔偿被保险人在工作中发生的或造成的对第三者的人身伤害或财产损失。律师责任保险通常采用主保单（法律过失责任保险）和额外责任保险单（扩展限额）相结合的承保办法。此外，还有免赔额的规定，其除外责任一般包括被保险人的不诚实、欺诈犯罪、居心不良等。

> **案例阅读：**某年9月，上海某律师事务所律师朱某与上海A公司签订了一份盖有律师事务所印章的《聘请律师合同》，由朱某代理A公司的一起房屋买卖纠纷。然而，朱律师在接受委托后，竟然未在诉讼时效内起诉，致使A公司直接遭受了17.5万元人民币的损失。为此，A公司将律师事务所和朱某一起告上法院。鉴于朱某的重大过失，法院判决律师事务所和朱某共同赔偿A公司17.5万元。律师事务所很快作了赔付后，向保险公司申请律师执业责任险理赔。后保险公司赔付了17.5万元。

律师责任保险赔偿责任包括三项：第一，在保险单规定的期间，被保险人在中华人民共和国境内从事诉讼或非诉讼业务时，由于疏忽或过失给委托人造成经济损失，依法应承担的经济赔偿责任，由保险公司赔偿；第二，保险事故发生后，律师事务所和委托人上访不能通过协商解决，可能引起诉讼，如果在诉讼前，律师事务所征得了保险公司的书面同意，那么产生的有关费用由保险公司承担，包括案件受理费、鉴定费、律师费等；第三，发生保险责任事故后，被保险人为缩小或减少赔偿责任所支付的必要的、合理的费用，保险公司负责赔偿，如抢救费等。但对于因战争、自然灾害等不可抗力因素造成的损害，以及被保险人无有效执业证书和故意行为所产生的责任，保险人是不负责赔偿的。此外，精神损害也不属于保险责任。

阅读资料：平安保险公司律师执业责任保险规定，凡在中国境内依法设立的律师事务所均可作为被保险人向该公司投保律师职业责任保险。

1. 保险责任：

（1）被保险人的注册执业律师在中国境内（港、澳、台地区除外）以执业律师身份代表被保险人为委托人办理约定的诉讼或非诉讼律师业务时，在列明的追溯期开始后，由于过失行为，违反《中华人民共和国律师法》或律师委托合同的约定，致使委托人遭受经济损失，依法应由被保险人承担的经济赔偿责任，被保险人在保险期限内提出索赔的，本公司根据本条款的有关规定负责赔偿。

（2）被保险人事先经本公司书面同意支付的诉讼费用及其他必要、合理的费用，本公司负责赔偿。

2. 对下列行为或原因造成的委托人经济损失不予赔偿（除外责任）：

（1）非注册执业律师办理的委托业务；

（2）注册执业律师未经被保险人同意私自接受业务的；

（3）注册执业律师与对方当事人或对方律师恶意串通，损害当事人利益的；

（4）注册执业律师非职业行为或故意行为；

（5）以骗取保险赔偿金为目的的行为；

（6）国家法律政策、自然灾害等不可抗力；

（7）注册执业律师被指控对他人诽谤或恶意中伤，经法院判决指控成立的；

（8）不适用中华人民共和国法律的委托业务；

（9）非被保险人的注册执业律师办理的委托业务；

（10）在保险期限开始前已离开被保险人的注册执业律师办理的委托业务；

（11）注册执业律师加入被保险律师事务所之前办理的委托业务；

（12）任何被保险人在保险单生效之前已经知道或可以合理预见的责任事故。

责任限额：在保险期限内，被保险人累计赔偿限额在100万～350万元范围内，具体数额由被保险人与本公司另行约定。

七、医疗责任保险

医疗责任保险，承保医务人员由于医疗事故而致病人死亡或伤残、病情加剧、痛苦增加等,受害人或其亲属要求赔偿的责任风险。这是职业责任保险中占主要地位的险种。既可由医生个人投保,也可由医院投保,保险公司承担医疗机构及医务人员在从事与其资格相符的诊疗护理工作中,因过失发生医疗事故造成的依法应由医院及医务人员(即被保险人)承担的经济赔偿责任。

阅读资料: 某保险公司医疗保险

凡依照中华人民共和国法律(以下简称"依法")设立、有固定场所并取得"医疗机构执业许可证"的医疗机构,可作为本保险合同的被保险人。

保险责任:(1)在保险期间或保险合同载明的追溯期内,被保险人的投保医务人员在从事诊疗护理活动时,因过失造成患者人身损害,由患者或其近亲属在保险期内首次向被保险人提出损害赔偿请求,依照中华人民共和国法律(不包括港澳台地区法律)应由被保险人承担的经济赔偿责任,保险人按照本保险合同约定负责赔偿。(2)保险事故发生后,被保险人因保险事故而被提起仲裁或者诉讼的,对应由被保险人支付的仲裁或诉讼费用以及事先经保险人书面同意支付的其他必要的、合理的费用(以下简称"法律费用"),保险人按照本保险合同约定也负责赔偿。

责任免除。

1. 出现下列任一情形时,保险人不负责赔偿:

(1)未经国家有关部门认定合格的医务人员进行的诊疗护理工作;

(2)不以治疗为目的的诊疗护理活动造成患者的人身损害;

(3)被保险人或其医务人员从事未经国家有关部门许可的诊疗护理工作;

(4)被保险人或其医务人员被吊销执业许可或被取消执业资格以及受停业、停职处分后仍继续进行诊疗护理工作;

(5)被保险人的医务人员在酒醉或药剂麻醉状态下进行诊疗护理工作;

(6)被保险人或其医务人员使用伪劣药品、医疗器械或被感染的血液制品;

(7)被保险人或其医务人员使用未经国家有关部门批准使用的药品、消毒药剂和医疗器械,但经国家有关部门批准进行临床实验所使用的药品、消毒药剂、医疗器械不在此限;

(8)被保险人或其医务人员在正当的诊疗、治疗范围外使用麻醉药品、医疗用毒性药品、精神药品和放射性药品。

2. 下列原因造成的损失、费用和责任,保险人不负责赔偿:

(1)被保险人或其医务人员的故意行为和非执业行为；

(2)战争、敌对行为、军事行动、武装冲突、恐怖活动、罢工、骚乱、暴动、盗窃、抢劫；

(3)核反应、核子辐射和放射性污染，但使用放射器材治疗发生的赔偿责任，不在此限；

(4)地震、雷击、暴雨、洪水等自然灾害及火灾、爆炸等意外事故；

(5)大气污染、土地污染、水污染及其他各种污染；

(6)行政行为或司法行为。

3. 下列损失、费用和责任，保险人不负责赔偿：

(1)被保险人的医务人员或其代表的人身伤亡；

(2)罚款或惩罚性赔款；

(3)本保险单明细表或有关条款中规定的应由被保险人自行负担的免赔额；

(4)被保险人及其医务人员对患者在诊疗护理期间的人身损害无过失，但由于发生医疗意外造成患者人身损害而承担的民事赔偿责任；

(5)被保险人与患者或其近亲属签订的协议所特别约定的责任，但不包括没有该协议被保险人仍应承担的民事赔偿责任；

(6)自被保险人的医务人员终止在被保险人的营业处所内工作之日起，所发生的任何损失、费用和责任；

(7)其他不属于本保险责任范围内的损失、费用和责任。

八、其他职业责任保险

会计责任保险承保由于被保险人违反会计业务上应尽的责任和义务而使他人遭受损害，依法应负的赔偿责任。这种赔偿责任仅仅限于金钱损害，不包括身体伤害、残废及实质财产的损毁。

代理人及经纪人责任保险承保由于各种代理人、经纪人(股票、债券、保险等)业务上的错误、遗漏、疏忽或其他过失行为，致使他人遭受损害的经济赔偿责任。

承运人非典型性肺炎责任保险承保旅客在乘坐被保险人提供的交通工具的途中感染非典型性肺炎，依法应由被保险人承担赔偿责任，被保险人为在中华人民共和国(不包括中国的港、澳、台地区)提供航空、铁路、公路及水路客运服务的承运人。

建筑工程设计责任保险承保建筑工程设计人因设计的疏忽或过失引起工程质量事故造成损失或费用,依法应承担的经济赔偿责任。

职业责任保险的种类还有很多,如美容师责任保险、药剂师责任保险、董事责任保险等。

任务实施

一、巩固练习

(一)单项选择题

1. 职业责任保险是以各种专业技术人员的(　　)为承保风险的责任保险。
   A. 职业风险　　　B. 职业责任　　　C. 民事责任　　　D. 经济赔偿责任

2. 职业责任保险的保险期限通常为(　　)。
   A. 1年　　　　　　　　　　　　　B. 专业技术人员提供服务的期限
   C. 投保人对专业技术人员的雇用期间　D. 不一定

(二)多项选择题

1. 下列险种中属于职业责任保险的有(　　)。
   A. 雇主职业责任保险　　　　　　B. 医生职业责任保险
   C. 保险代理人职业责任保险　　　D. 会计师职业责任保险

2. 职业责任保险的赔偿限额(　　)。
   A. 是保单的保险金额　　　　　　B. 是保单的最高赔偿限额
   C. 包括有关的诉讼费用　　　　　D. 一般为累计的赔偿限额

二、阅读案例评析

[案情] 2004年6月,裴女士委托海峡律所办理继承丈夫的中国台湾遗产事宜,后她又作为委托人与上海市海峡律所律师、中国台湾律师签订了一份委托书,并进行了公证,委托中国台湾地区律师办理相关中国台湾地区法律事宜。后裴女士与上海市海峡律所发生纠纷,另案法院生效判决认定:由于上海市海峡律所在履行代理义务的过程中擅自同意中国台湾律师扣除裴女士实得遗产30%作为代理费,损害了裴女士的利益,具有明显过错;海峡律所应当赔偿裴女士系争遗产中被多扣的15%代理费。在根据生效判决向裴女士履行了赔付义务后,上海市海峡律所根据市律师协会为在册所有合法律师向保险公司统保的律师执业责任保险,向保险公司提出了理赔要求。保险公司却认为,法律事务发生在境外且属于代理费纠纷,而合同约定承保的是"在中国境内(港、澳、台地区除外)以执业律师身份代表被保险人为委托人办理约定的诉讼或非诉讼律师业务时由于过失行为致使委托人遭受经济损失"的情况。据此,保险公司拒绝理赔。

上海市海峡律所认为,该所是在大陆地区接受委托。办理委托公证、与中国台湾律师联系等非讼事务均发生在大陆地区,并非律师执业责任保险的除外范围。现生效判决确认,该所基于执业过程中的过错而应赔偿裴女士43 655元,是该所对外承担的赔偿金额,并非是有关代理费的纠纷。海峡律所履行生效判决后,有权向保险公司申请理赔。为此,海峡律所在一审法院起诉未获支持后,上诉至上海二中院。

〔案件焦点〕 本案的争议焦点主要在于"上海市海峡律所诉请给予理赔的款项是否属于海峡律所因执业中的过失向客户承担的赔偿责任"。庭审意见法院认为,本案主要争议焦点在于系争款项的性质是否属于"上海市海峡律所因执业中的过失向其客户承担的赔偿责任"。根据另案生效判决及本案补充查明的事实,上海市海峡律所擅自同意中国台湾律师多扣除裴女士实得遗产15%作为代理费,具有过失,该笔款项的性质属于海峡律所因执业中的过失向客户承担的赔偿款,赔偿的对象是客户因此所遭受的经济损失,并已实际赔付,符合本案律师责任保险理赔的范围。

另外,该非讼委托事务是海峡律所在大陆地区接受的,其在大陆所从事的相关法律事务是整个案件重要的组成部分,上海市海峡律所在执业过程中未征得客户同意擅自允许中国台湾律师多扣除15%代理费的过失行为,也发生在大陆地区,并不属于律师执业责任保险条款约定的例外情形。庭审中,一方当事人明确表示不同意调解。据此法院改判,保险公司应给付海峡律所保险赔偿金43 655元。

〔专家点评〕 华东师范大学方教授指出,律师责任险承保律师或其前任在自身能力范围内、在职业服务中发生的一切疏忽、错误或遗漏过失行为所致的民事赔偿责任。律所未经裴女士授权或同意,擅自同意中国台湾律师扣除实得遗产30%作为代理费,实属过失越权行为。责任险将重大过失和故意行为列为除外责任,若上述行为属于恶意串通、明知标准而故意多付等性质,保险公司可以拒赔。本案审理中保险公司未就此提出证据,且损失金额有限,应当认定为过失行为。此外,就中国台湾律师而言是代理费,就裴女士而言是财产损失,以代理费为由拒赔没有道理。律师受托,支付代理费的行为,均发生在大陆,亦非台湾律师处理在台事务时造成的损失,故属于保险合同规定的承保范围。(本文来源:《上海金融报》)

任务四 认识公众责任保险

知识目标

理解公众责任的含义;
理解公众责任保险的含义;
了解公众责任保险的基本内容。

任务引入

随着城市建筑的日益增高,电梯已成为人们日常"代步楼梯"的重要工具,然而北京、深圳等地的电梯事故,牵动大家的心;孩子的健康成长关系到千家万户,袭童事件的发生,学校有没有责任?全国动物园伤人事件也时有发生,动物园对有关的损失要不要赔偿?旅馆里遭遇被盗,旅馆有没有责任?

任务分析

关心热点,搜集公众责任有关的案例;
分析公众责任有关案例;
分析公众责任保险有关的案例;
讨论在某种具体的公众活动场所,如何注意安全。

相关知识

火灾公众责任保险是以被保险人因火灾造成的对第三者的伤害所依法应负的赔偿责任为保险标的的保险,其核心是保护第三方权益。

火灾公众责任险具有多方面优势:(1)可以及时化解火灾后经营者因履行民事赔偿责任而带来的经营不稳定,或因无力履行民事赔偿责任而带来的社会不稳定;(2)通过市场化的风险控制机制,提高经营者抵御火灾风险的能力;(3)通过费率调节,提高经营者整改自身隐患的积极性,从而改善消防安全环境;(4)通过保险人对投保人的监督,实现消防与保险的良性互动。

一、公众责任保险的含义和种类

(一)公众责任

所谓公众责任,是指致害人在公众活动场所的过错行为致使他人的人身或者财产遭受损害,依法应由害人承担的对受害人的经济赔偿责任。

(二)公众责任保险

国外的公众责任保险是指除了交通工具责任保险、雇主责任保险、产品责任保险、职业责任保险以外的所有责任风险。狭义上,公众责任保险仅以被保险人的固定场所作为保险区域范围,主要承保企业、机关、团体、家庭、个人及各种组织(单位)在固定的场所从事生产、经营等活动以及日常生活中因疏忽过失行为而致使公众利益受到损害,依法应由被保险人承担的各种经济赔偿责任。公众责任保险是责任保险中独立的、适用范围最为广泛的保险类别。

目前,我国公众责任保险主要针对工厂、商店、旅馆、展览馆、医院、影剧院、运动场、动物园等场所，或者旅游公司、航空公司、车队、运输公司、广告公司、建筑公司等企业，或者举行展览、表演、庆祝、游览、促销等有社会公众参加的活动，这些场所的所有者、经营管理者等均需要通过投保公众责任保险来转嫁其责任。

（三）公众责任保险的主要种类

1. 综合公共责任保险

综合公共责任保险是一种综合性的责任保险业务，它承保被保险人在任何地点因非故意行为或活动所造成的他人人身伤害或财产损失依法应负的经济赔偿责任。

从国外类似业务的经营实践来看，保险人在该种保险中除一般公众责任外还承担着包括合同责任、产品责任、业主及工程承包人的预防责任、完工责任及个人伤害责任等风险。

2. 场所责任保险

场所责任保险承保固定场所因存在着结构上的缺陷或管理不善，或被保险人在被保险场所进行生产经营活动时因疏忽发生意外事故，造成他人人身伤害或财产损失且依法应由被保险人承担的经济赔偿责任。

场所责任保险的险种主要有宾馆责任保险、展览会责任保险、电梯责任保险、车库责任保险、机场责任保险以及各种公众活动场所的责任保险。

> **阅读资料：** 2011年7月5日9:36，北京地铁4号线动物园站A出口上行自动扶梯发生故障，正在搭乘电梯的部分乘客出现摔倒情况。事故造成一名13岁男孩死亡、3人重伤、27人轻伤。北京地铁4号线是北京唯一一条投保了公众责任险的地铁。4号线公众责任险由太平洋产险牵头，太平洋产险和人保财险共同承保。按照合同规定，地铁4号线在运营过程中，因发生意外事故而造成他人（第三者）人身伤亡和财产损失，由保险公司承担相应的经济赔偿责任。

3. 承包人责任保险

承包人责任保险专门承保承包人的损害赔偿责任，它主要适用于承包各种建筑工程、安装工程、修理工程施工任务的承包人，包括土木工程师、建筑工、公路及下水道承包人以及油漆工等。

在承包人责任保险中，保险人通常对承包人租用或自有的设备以及对委托人的赔偿、合同责任、对分承包人应承担的责任等负责，但对被保险人看管或控制的财产、施工的对象、退换或重置的工程材料或提供的货物及安装了的货物等不负责任。

4. 承运人责任保险

承运人责任保险专门承保承担各种客、货运输任务的部门或个人在运输过程中可能发生的损害赔偿责任，主要包括旅客责任保险、货物运输责任保险等险种。依照有关法律，承运人对委托给他的货物运输和旅客运送的安全负有严格责任，除非损害货物或旅客的原因是不可抗力、军事行动及客户自己的过失等；否则，承运人均须对被损害的货物或旅客负经济赔偿责任。

承运人责任保险保障的责任风险实际上是处于流动状态中的责任风险，但因运行途径是固定的，从而亦可以视为固定场所的责任保险业务。

> **案例阅读**：2011年7月4日凌晨3：40，湖北境内随（州）岳（阳）高速229KM+400M处，发生一起货车追尾客车交通事故，造成客车上的旅客群死群伤。发生交通事故的客车（鄂AE3892）所属公司武汉市海龙旅游客运有限公司已向永安保险公司湖北分公司投保了"道路客运承运人责任险"。以每座180元投保30万元不保险金额。事发后，保险方面第一时间赔付800万元。

二、公众责任保险的责任范围

公众责任保险的保险责任，包括被保险人在保险期内、在保险地点发生的依法应承担的经济赔偿责任和有关的法律诉讼费用等。

> **阅读资料**：依据《国内航空运输承运人赔偿责任限额规定》："国内航空运输承运人应当在下列规定的赔偿责任限额内按照实际损害承担赔偿责任，但是《民用航空法》另有规定的除外：(1)对每名旅客的赔偿责任限额为人民币40万元；(2)对每名旅客随身携带物品的赔偿责任限额为人民币3 000元；(3)对旅客托运的行李和对运输的货物的赔偿责任限额为每公斤人民币100元。"

公众责任保险的除外责任包括：

(1) 被保险人故意行为引起的损害事故；
(2) 战争、内战、叛乱、暴动、骚乱、罢工或封闭工厂引起的任何损害事故；
(3) 人力不可抗拒的原因引起的损害事故；
(4) 核事故引起的损害事故；
(5) 有缺陷的卫生装置及除一般食物中毒以外的任何中毒；
(6) 由于震动、移动或减弱支撑引起的任何土地、财产或房屋的损坏责任；

(7)被保险人的雇员或正在为被保险人服务的任何人所受到的伤害或其财产损失,他们通常在其他保险单下获得保险;

(8)各种运输工具的第三者或公众责任事故,由专门的第三者责任保险或其他责任保险险种承保;

(9)公众责任保险单上列明的其他除外责任等。

三、公众责任保险的保险费

保险人在经营公众责任保险业务时,一般不像其他保险业务那样有固定的保险费率表,而是通常视每一被保险人的风险情况逐笔议订费率,以便确保保险人承担的风险责任与所收取的保险费相适应。

按照国际保险界的习惯做法,保险人对公众责任保险一般按每次事故的基本赔偿限额和免赔额分别订定人身伤害和财产损失两项保险费率,如果基本赔偿限额和免赔额需要增减时,保险费率也应适当增减,但又非按比例增减。

公众责任保险费的计算方式包括如下两种情况:

(1)以赔偿限额(累计或每次事故赔偿限额)为计算依据,即:

$$保险人的应收保险费 = 累计赔偿限额 \times 适用费率$$

(2)对某些业务按场所面积大小计算保险费,即:

$$保险人的应收保险费 = 保险场所占用面积(平方米) \times 每平方米保险费$$

四、公众责任保险的赔偿

公众责任保险赔偿限额的确定,通常采用规定每次事故赔偿限额的方式,既无分项限额,又无累计限额,仅规定每次公众责任事故的混合赔偿限额,它只能制约每次事故的赔偿责任,对整个保险期内的总的赔偿责任不起作用。

案例阅读:某日,商务人员赵某请孙某和刘某到一家酒店喝酒。席间,赵某声称去上厕所,离席。2分钟后,孙某和刘某在巨大爆炸声中倒地,刘某当场死亡,孙某被赵某送医院抢救后脱险,共花医疗费用4.5万元,后经鉴定,孙某属于8级伤残。经公安部门破案,赵某事先将一枚炸弹放在酒桌下,并引爆炸弹。赵某被判死刑。孙某家人向酒店提起索赔诉讼。

法院认为,孙某和酒店均无过错,按民法中的公平原则,判决酒店一次性补偿孙某7.4万元,此外,案件受理费由酒店承担,双方服判。

随后,酒店凭投保的公众责任保险单据(保险金额50万元)、法院判决书等向保险公司索赔,保险公司同意支付赔款。

任务实施

一、巩固练习

(一)判断题

1. 公众责任保单的基本责任不包括被保险人因意外事故对第三者的财产损失引起的法律赔偿责任。（   ）
2. 公众责任保险是责任保险中独立的、适用范围最为广泛的保险类别。（   ）
3. 场所责任保险的险种主要有宾馆责任保险、展览会责任保险、电梯责任保险、车库责任保险、机场责任保险以及各种公众活动场所的责任保险。（   ）

(二)多项选择题

1. 有关公众责任保险说法正确的是（   ）。
   A. 公众责任保险承保的民事赔偿责任可以是侵权责任，也可以是合同责任
   B. 公民、企业、机关团体均可投保公众责任保险
   C. 凡是被保险人对他人造成的人身伤害和财产损失，都可以在公众责任保险中得到赔偿
   D. 公众责任保险被保险人不只包括投保人，还可以是其他人

2. 公众责任保险的被保险人可以是（   ）。
   A. 投保人
   B. 被保险人死亡后应负赔偿责任的被保险人的个人代表
   C. 经被保险人的要求，被保险人的董事、合伙人、雇员，或被保险人经营机构的工作人员等
   D. 工程的承包人和委托人

3. 公众责任是（   ）因自身的疏忽或过失侵权行为，致使他人的人身或财产受到损害而依法承担的经济赔偿责任。
   A. 公民　　　　B. 企事业单位　　　　C. 机关　　　　D. 团体

二、阅读资料并撰写感想

1. 阅读《旅行社责任保险管理办法》，并写出感想或搜集有关资料。
2. 阅读《机动车交通事故责任强制保险条例》，并写出感想或搜集有关资料。

任务五　认识信用保险

知识目标

掌握信用保险的含义；
了解信用保险的分类；

理解国内信用保险的有关内容；

理解出口信用保险、投资保险的有关内容。

任务引入

在商品交换过程中，交易的一方以信用关系规定的将来偿还的方式获得另一方财物或服务，但不能履行给付承诺而给对方造成损失的可能性随时存在。比如，买方拖欠卖方货款，对卖方来说就是应收款项可能面临的坏账损失。然而，企业不能因为存在风险而放弃开拓市场，不能因为存在风险而放弃开发新客户。信用保险能满足企业的需要，能够降低风险，维持企业的正常经营。

任务分析

搜集和阅读有关信用保险的案例；

调查国内企业信用保险投保情况。

相关知识

1. D/P：Documents against Payment 的简称，指代理收款的银行必须在进口商付清货款后才能将货运单据交给进口商的一种结算方式。

2. D/A：Documents against Acceptance 的简称，指代理收款的银行在付款人承兑远期汇票之后，把货运单据交给付款人，于汇票到期时，由付款人履行付款义务的一种结算方式。

3. O/A：Open Account 的简称，指存在延期付款或分期付款，有时候通过记账方式进行。

4. L/C：Letter of Credit 的简称，基于银行信用的一种结算方式。

一、信用保险的含义

信用保险是指权利人向保险人投保义务人的信用风险的一种保险。其主要功能是保障企业应收账款的安全。其原理是把债务人的保证责任转移给保险人，当债务人不能履行其义务时，由保险人承担赔偿责任。例如，债权人因为担心债务人可能不还款而为债务人投保，即为信用保险。信用保险主要险别包括一般国内商业信用保险、投资保险和出口信用保险。

二、国内商业信用保险

商业信用保险主要是针对企业在商品交易过程中所产生的风险。国内商业信用保险一般承保批发业务，不承保零售业务。一般承保3~6个月的短期商业信用风险。保险标的是被保险人的商业信用。主要险种包括贷款信用保险、赊销信用保险和预付信用保险。

(一)贷款信用保险

它是保险人对金融机构的贷款信用风险承担保险赔偿责任的保险。在贷款信用保险中,贷款方(即债权人)是投保人。当保单签发后,贷款方即成为被保险人。当企业无法归还贷款时,债权人可以从保险人那里获得补偿。贷款人在获得保险人的补偿后,必须将债权转让给保险人,由保险人履行代位追偿权。例如,国家助学贷款信用保险中,银行作为投保人,向保险公司交纳一定比例的保费,就能获得相应的保险保障,在贷款学生不能按期归还国家助学贷款时,由保险公司先赔给银行,再向学生追偿。

该险种保险费率的影响因素包括:企业的资信情况;企业的经营管理水平与市场竞争力;贷款项目的期限和用途;不同的经济地区;等等。

(二)赊销信用保险

它是指为国内商业贸易中延期付款或分期付款行为提供信用担保的一种信用保险,其目的是保证被保险人(如制造商或供应商)能按期收回赊销货款,保障贸易的顺利进行。

(三)预付信用保险

预付信用保险是保险人为卖者交付货物提供信用担保的一种信用保险业务。投保人(被保险人)是商品的买方,保险人所承保的是卖者的信用风险。

阅读资料:国内商业信用保险的作用有许多。(1)通过对买方信用评估,帮助企业大胆拓展新市场,选择有偿付能力的优质客户,获得更多有付款保证的交易;(2)提升企业在贸易过程中的谈判能力,较其竞争对手为下游买家提供更有利的贸易条件(如赊销放账),把握销售良机,有效提高销售额;(3)保护企业经营业绩,保证资金周转(现金流)的稳定性和贸易业务的连续性;(4)提供有力的财务保证与及时赔付,有效降低企业坏账损失;(5)有助于建立稳健的财务体系,在提高企业内部信用管理水平的同时又可减少信用管理的成本。

案例阅读:上海某化工公司与上海某保险公司订立国内贸易信用保险的保险合同,保险金额为 260 万元,保险期限为 1 年。投保 5 个月后,贸易纠纷发生了。郑州某添加剂生产商在已经收到原料后 3 个月,合同规定的最后付

款日期已到，但上海某化工公司却迟迟未收到 320 万元的货物账款，经与郑州采购商联系后得知，郑州采购商以原料成分不符合合同要求为由故意拖欠该化工公司的账款。上海某化工公司与郑州采购商经过多次协商未果，最终向保险公司报了案。保险公司在接到报案后马上开始调查，经过数周的调查后得知，该化工公司销售的原料完全符合合同要求，因此断定郑州采购商属于故意拖欠账款，且此事故在保险责任的范围内。保险公司支付上海某化工公司 260 万元的赔款。

三、投资保险

投资保险又称政治风险保险，承保投资者的投资和已赚取的收益因承保的政治风险而遭受的损失。所谓政治风险，是指政府和其他政治组织的行为或恐怖主义者的行为造成外国投资者损失的可能性，主要包括东道国政府没收或征用外国投资者的财产，以及内战、绑架、外汇管制等。投资保险的投保人和被保险人是海外投资者。在我国，中国出口信用保险公司于 2002 年 12 月正式推出海外投资保险产品，产品包括股权保险和贷款保险两种，承保风险包括征收、汇兑限制、战争及政府违约四类。合格的投保人限于境内注册的由大陆境内企业、机构控股的金融机构、企业，也包括在港、澳、台及境外注册的由境内企业、机构控股 95％以上的企业及其他经批准的企业、机构和个人。

> **提醒您：** 当投保保险公司向投保人支付赔偿金以后，有权取代投保人的法律地位，转而向东道国政府实行代位索赔。

投资保险的保险责任是战争风险、征用风险和汇兑风险。

战争风险是指包括战争、类似战争行为、叛乱、罢工及暴动；征用风险，也称国有化风险，是投资者在国外的投资资产被东道国政府有关部门征用或没收的风险；汇兑风险即外汇风险，是投资者因东道国的突发事件而导致其在投资国及与投资国有关的款项无法兑换货币转移的风险。汇兑风险的产生有多种原因，如东道国实行外汇管制、停止或限制外汇，或由于其他突发事件致使无法在一定期间内进行外汇业务等。

投资保险的除外责任包括：被保险人投资项目受损后造成被保险人的一切商业损失；被保险人没有按照政府有关部门所规定的汇款期限汇出汇款而造成的损失；被保险人及其代表违背或不履行投资合同或故意违法行为导致政府部门征用或没收造成的损失；由于原子弹、氢弹等核武器造成的损失；投资合同范围外的任何其他财产的征用、没收所造成的损失。

特　点	承保对象一般是海外投资者。投资保险承担的是特殊的政治风险,责任重大,通常由政府设立保险机构办理
保险责任	战争风险;征用风险;汇兑风险
保险期限	短期为1年;长期的最短为3年,最长的为15年;长期保险3年后方可注销保单
保险金额	投资保险的保险金额以被保险人在海外投资金额为依据确定,一般是投资金额与双方约定比例的乘积
赔偿期限	战争风险为投资项目终止后6个月;征用风险为征用后6个月;汇兑损失为申请汇款后3个月

四、出口信用保险

出口信用保险,也叫出口信贷保险,是承保出口商在出口过程中因进口商的商业信用风险或进口国的政治风险而遭受损失的一种信用保险。它是各国政府为提高本国产品的国际竞争力,推动本国的出口贸易,保障出口商的收汇安全和银行的信贷安全,促进经济发展,以国家财政为后盾,为企业在出口贸易、对外投资和对外工程承包等经济活动中提供风险保障的一项政策性支持措施,属于非营利性的保险业务,是政府对市场经济的一种间接调控手段和补充,是世界贸易组织(WTO)补贴和反补贴协议原则上允许的支持出口的政策手段。

案例阅读:黄先生是一家民营棉制品企业的老板。某年末,黄先生与巴西一家小型外贸公司签订了出口合同,为其生产一批价值40万美元的棉袜。黄先生顺利完成袜子生产,但担心到了春节,货物出口会拖延,于是赶在春节前办理了货物出口手续。按照惯例,黄先生享受了国家鼓励出口而提供的出口信用保险。投保了该险种后,黄先生就放心给员工放假过春节了。过年期间,由于私人事务比较繁忙,黄先生打了几次电话询问对方货物收发情况和发收款事宜,对方以货物检验需要时间,以及资金需要周转等原因多次拖延了付款时间。黄先生虽然有所怀疑,但是,由于正处在春节期间,也就没有多做纠缠。等春节过完,工厂恢复了生产,突然传来了巴西方面没有办法付款的消息。黄先生经过多方交涉未果,才知道该贸易公司已经破产,无法支付货款。黄先生想到了出口信用保险,于是带着有关材料向保险公司提出了理赔申请。保险公司根据赔偿限额进行了赔付。

(一)投保要求

出口信用保险的被保险人必须是资信良好、具有相当出口经验和管理水平、会计账册健全的出口商。投保时,被保险人必须以投保申请书的形式,将其以前一个时期和预计保险年度出口货物的种类、出口金额、收汇方式、出口国家和地区以及过去和将来可能的损失情况向保险公司如实申报。

(二)承保范围

被保险人投保的出口货物应全部或部分是本国生产制造的产品,除另有约定外,非本国产品或转口货物不予承保。

出口信用保险承保的风险主要包括商业风险和政治风险两类。

商业风险主要有:买方由于破产或其他债务原因而无力支付货款的风险;买方收到货物后,长期拖欠货款的风险;买方违背贸易合同,在卖方发货后提出拒收货物并拒付罚金的风险。

政治风险主要包括:买方所在国发生战争、内战、暴乱、革命、敌对行为或其他骚扰;买方所在国颁布法律、命令或条约,阻止、限制买方汇出发票上规定的货币或其他自由兑换货币;买方所在国颁布法律、命令或条约,突然撤销了买方的进口许可证或禁止买方的货物进口;由于买方无法控制的其他政治事件,使买方无法履行合同。

(三)投保品种

出口信用保险按照不同的标准,可以分成不同的种类。按出口合同的信用期分类,可分为短期出口信用保险和中长期信用保险;按责任起讫的时间分类,可分为出运前保险和出运后保险;按出口信用险的承保风险分类,可分为商业风险和政治风险的出口信用保险;按出口合同性质分类,可分为货物出口、劳务输出和建筑工程承包的出口信用保险。其中,最基本的分类是按信用期分类。

短期出口信用保险中的短期是指贸易合同中规定的放账期不超过180天的出口信用保险,经公司书面同意,放账期有的可延长至360天。短期出口信用保险适用于被保险人按付款交单(D/P)、承兑交单(D/A)或赊账(O/A)等一切以商业信用为付款条件、产品全部或部分在中国制造、信用期为短期的出口合同。经保险公司书面同意,本保险也适用于信用证结算的合同。

中长期出口信用保险主要适用于资本性货物的出口,它保障1年以上、10年以内的,合同金额在卖方信贷项下不低于50万美元、在买方信贷项下不低于100万美元以上的出口。

(四)出口信用保险保险费率的确定

出口信用保险保险费率的影响因素有很多,例如,买方所在国的政治、经济及外汇收支状况;出口商的资信、经营规模和出口贸易的历史记录;出口商以往的赔付记录；贸易合同规定的付款条件；投保的出口贸易额的大小及货物种类；信用期限；国际市场的经济发展趋势。

阅读资料： 出口信用保险的一些注意事项

1. 理赔期问题。目前，我国的保险公司规定，对于买方无力偿还债务造成的损失，不得晚于买方被宣告破产或丧失偿付能力后的1个月告知保险公司。对于其他原因引起的损失，不得晚于保单规定的赔款等待期满后2个月内提出索赔，否则保险公司视同出口商放弃权益，有权拒赔。

2. 除了理赔期，还应注意出口信用保险申请限额问题。合同一旦签订，企业应立即向保险公司申请限额。因为调查资信需要一段时间，包括内部周转时间、委托国外资信机构进行调查的时间，有时长达1个月之久。在限额未审批之前，如果合同有变更，及时与保险公司联系。由于保险公司只承担批复的买方信用限额条件内的出口收汇风险，如果出口与保险公司批复的买方信用限额条件不一致，如出运日期早于限额生效日期、合同支付条件与限额支付条件不一致，保险公司将不承担赔偿责任。

任务实施

一、巩固练习

(一)单项选择题

1. 信用保险是指(　　)向保险人投保债务人的信用风险的一种保险。
   A. 保证人　　　　B. 被保证人　　　　C. 权利人　　　　D. 债务人
2. 商业信用保险承保的标的是(　　)。
   A. 权利人的债权　　　　　　　　B. 被保证人的债务
   C. 被保证人的商业信用　　　　　D. 权利人的商业信用
3. 出口信用保险是承保出口商在经营出口业务的过程中，因(　　)而遭受损失的一种信用险。
   A. 进口商的商业风险
   B. 进口国的政治风险
   C. 进口商的商业风险或进口国的信用风险
   D. 进口商的商业风险或进口国的政治风险

(二)多项选择题

1. 关于信用保险说法正确的是(　　)。
   A. 投保人是权利人　　　　　　　B. 被保证人是债务人
   C. 被保险人是债务人　　　　　　D. 保证人是保险人
2. 信用保险的主要险别包括(　　)。

A. 一般商业信用保险　　　　　　B. 投资保险
C. 出口信用保险　　　　　　　　D. 贷款信用保险
3. 一般商业信用保险的险种主要有（　　）。
A. 赊销信用保险　　　　　　　　B. 出口信用保险
C. 贷款信用保险　　　　　　　　D. 个人贷款信用保险
4. 投资保险中所指的政治风险是指（　　）。
A. 东道国政府没收或征用外国投资者的财产
B. 实行外汇管制
C. 发生内战
D. 撤销进出口许可证
5. 投资保险的保险责任主要包括（　　）。
A. 战争风险　　　B. 核风险　　　C. 征用风险　　　D. 汇兑风险
6. 下列损失，投资保险保单不予赔偿的是（　　）。
A. 因类似战争行为造成的有价证券的直接损失
B. 政府汇兑限制造成的损失
C. 被保险人投资项目受损后造成被保险人的其他商业损失
D. 投资合同之外的其他财产的征用或没收
7. 出口信用保险对各国贸易的发展有着巨大的推动作用，主要表现在（　　）。
A. 是国际公认的贸易促销手段之一
B. 是出口商获得银行贷款的前提条件
C. 是出口商采取灵活支付方式，开拓国际市场、增加出口安全的保证
D. 能促进资本输出
8. 根据政府支持程度的不同，出口信用保险的承保方式可以分为（　　）。
A. 政府直接承保方式　　　　　　B. 政府间接承保方式
C. 政府委托承保方式　　　　　　D. 混合承保方式

二、阅读并思考

利比亚工程项目承包企业获赔逾2亿元人民币

针对利比亚的局势，中国出口信用保险公司（以下简称"中国信保"）紧急启动专项"理赔绿色通道"，提高理赔响应速度，第一时间为国家分忧、为企业解难。2011年3月18日，中国信保举行"利比亚工程承包项目信用保险赔款仪式"，中国葛洲坝集团股份有限公司、中国建材集团进出口公司分别获得赔款1.62亿元人民币和4 815万元人民币。

海外工程承包项目具有前期投入大、工期长的特点，企业不仅要在工程前期垫付大额资金用于设备、原材料采购，在未来几年的施工过程中还可能遭遇战争、内战、叛乱、暴动等政治风险和买方破产、无力偿付、拖欠等商业风险，从而导致工程款项无法按期收回。

葛洲坝集团此次获得赔款的项目为利比亚住宅项目，该项目工程于2008年12月开工，属于利比亚政府规划、国家财政出资的百万家庭安居工程。葛洲坝集团于2009年9月就该

合同向中国信保投保了出口信用保险。中国建材此次获得赔款的项目则是 2010 年开工的水泥厂项目。中国建材于 2010 年 7 月就该项目向中国信保投保了出口信用保险。

葛洲坝集团和中国建材针对利比亚项目投保的出口信用保险均覆盖因政治风险和商业风险造成的"设备、原材料、设计运费等实际投入成本损失"和"工程进度款损失"。此次接到企业的报损通知后,中国信保依据两家企业的工程进展程度,按照保险合同的约定,对两家企业目前可核定的实际损失进行了赔付。(资料来源:《金融时报》)

三、搜集资料

请搜集中国出口信用保险公司的有关资料,最好结合保险学上的信用保险进行分析。

任务六 认识保证保险

知识目标

理解保证保险的含义;
理解保证保险和信用保险的区别;
理解产品质量保证保险和产品责任险的区别;
了解保证保险的种类。

任务引入

保证保险在我国的历史还不长,除了合同保证保险,还有产品质量保证保险,甚至还有雇员忠诚保证保险等。您也许会感叹,忠诚都可以保险!然而,保证保险是否一定有保障,还需要我们对此作深入的了解。

任务分析

搜集和阅读有关保证保险的案例;
分析具体的保证保险案例。

相关知识

1. 严格责任的原则。即只要不是受害人出于故意或自伤所致,便能够从产品的制造者或销售者、修理者等处获得经济赔偿,并受到法律的保护。

2. 先诉抗辩权。即在被保险人尚未向基础合同的对方当事人即被保证人提起诉讼并被依法强制执行的情况下,不得先向保证保险合同的保险人提起诉讼。

3. 反担保。是指为债务人担保的第三人，为了保证其追偿权的实现，要求债务人提供的担保。在债务清偿期届满，债务人未履行债务时，由第三人承担担保责任后，第三人即成为债务人的债权人，第三人对其代债务人清偿的债务，有向债务人追偿的权利。当第三人行使追偿权时，有可能因债务人无力偿还而使追偿权落空，为了保证追偿权的实现，第三人在为债务人作担保时，可以要求债务人为其提供担保，这种债务人反过来又为担保人提供的担保叫反担保。比如，甲为债务人乙向债权人丙提供了担保，同时可以要求乙向甲提供反担保。债务人本人当然可以提供反担保，但并不限于债务人，其他人也可以为债务人提供反担保。

保证保险首先出现于18世纪末19世纪初，它是随着商业信用的发展而出现的。最早产生的保证保险是忠实保证保险，由一些个人商行或银行办理。1852~1853年，英国几家保险公司试图开办合同担保业务，但因缺乏足够的资本而没有成功。1901年，美国马里兰州的忠实存款公司首次在英国提供合同担保，英国几家公司相继开办此项业务，并逐渐推向了欧洲市场。

保证保险是随着商业道德危机的频繁发生而发展起来的。保证保险新险种的出现，是保险业功能由传统的补救功能、储蓄功能，向现代的资金融通功能的扩展，对拉动消费、促进经济增长无疑会产生积极的作用。

一、保证保险的含义

保证保险是被保证人（债务人）根据权利人（债权人）的要求，请求保险人担保自己信用的保险，如果被保证人不履行合同义务或者有违法行为，致使权利人受到经济损失，由保险人负责赔偿。例如，借钱时债务人自己投保自己的信用风险就是保证保险。保证保险中的"保证"指的是保证保险业务所包含的确保相关消费借贷（买卖）合同履行的保证功能。根据承保风险和标的不同，保证保险有工程保证保险、许可证保证保险、贷款保证保险、司法保证保险、产品质量保证保险、雇员忠诚保证保险、公务员保证保险等多个险种。

> **案例阅读：** 建筑工程承包合同规定，承包人应在和业主签订承包合同后20个月内交付工程项目，业主（权利人）为能按时接收完工项目，要求承包人（被保证人）提供保险合同的履行保证，保证业主因承包人不能如期完工所受的经济损失由保险公司（保证人）赔偿。这就是保证保险的例子。

二、保证保险的特征

（1）保证保险承担的是一种信用危险，不论是权利人还是被保证人要求投保，保险人事先必须对被保证人的资信进行严格的审查，认为确有把握才能承保。

（2）在国外，保证保险必须由政府批准的保险人或者专门经营保证业务的保险人办理，禁止一般保险人承保这项业务。

（3）对承保被保证人自己信用的保证保险，保险人除严格审查外，通常还要采取某些反担保（如同银行要求提供实物或现金担保一样），以便在向权利人支付赔款后，能向被保证人追回赔款。

因此，对这种保证保险，保险人收取的保险费，实质上是一种手续费或服务费。但在向权力人提供承保被保证人信用的保证保险过程中，保险人一般难以得到被保证人的反担保，只能事后向被保证人追偿，这就要求对被保证人的资信进行严格的审查。

三、保证保险与信用保险

保证保险与信用保险的共同点在于：保险人都要事先了解被保证人的资信情况，否则不能承保；都是对权利人的担保；均由直接责任者承担责任，即保险人有追偿权，只是在信用保险中，追偿权往往难以实现。

保证保险与信用保险的比较

区别点	保证保险	信用保险
承保形式	出立保证书	出具保险单
涉及关系人（除保险人外）	权利人、义务人（被保证人）、反担保人	权利人（被保险人、投保人）、义务人
保险费性质	保险人服务被保证人	风险转嫁给保险人

案例阅读：在银行应用中，信用保险就是指贷款人以借款人的信用向保险人投保，当借款人不清偿或不能清偿债务时（如借款人失信不履行义务），由保险人代为补偿，其保险标的是投保人的合法权利因第三者不履行法定或约定的义务而受到的损失。

在银行应用中，保证保险是借款人以自己的信用向保险人投保（借款人既是投保人又是被保险人），因非自己主观意愿的原因（如失业）而不能如期偿还贷款时，由保险人代为偿还。这种保险在功能上类似于目前的住房或汽车消费贷款担保（或保险）。

四、保证保险与保证

（一）保证保险与保证的相同性

根据《担保法》给保证所下的定义，保证是以担保债权为目的，为确保债权效力所设的制度。而根据《保险法》对保证保险的定义，保证保险属于保险的一种，也具有保障作为消费借贷（或买卖）合同债权人债权实现的功能，当债务人不能按约定向债权人履行其债务时，保险人则应向债权人承担赔偿责任，两者在目的上存在相似性。

1. 保障功能相同

保证是保证人以其资信能力为债务人的债务提供担保，以保证债权人的债权得以实现。保证保险是保险人以其资信能力向债权人作保，当债务人不履行债务时，则由保险人依约履行保险责任来保护债权人所享有债权的实现。

2. 履行的或然性相同

被保证人和被保险人是否履行债务都具有不确定性，只有当保证合同的主债务人未履行债务或者保证保险合同所涉及的消费借贷（或买卖）合同的债务人未履行债务时，保证人或者保险人才需要向被保证人或者被担保的债权人履行保证责任或保险责任。

3. 债务人履行债务结果相同

被保证人债务履行完毕，被保证债务消灭，保证责任随之消灭，保证人的保证责任免除。被保险人债务履行完毕，被保险标的不存在，保险人保险责任免除。

4. 免责事由相同

保证人免责的事由一般为不可抗力和债权人的过错，如债权人与债务人恶意串通，骗取保证人为债务人提供保证的，应认定担保无效。在不可抗力或债权人过错的情形下，保险人不承担保险责任。

（二）保证保险与保证的相异性

虽然保证保险与保证存在上述诸多相似之处，但二者之间却存在本质的区别。

1. 主体资格不同

保险人为特殊主体，保险人是经过保险监管机关批准享有保证保险经营权的商业保险公司。保证人为一般主体，除了《担保法》规定禁止作保证人以外的一切自然人、法人或其他组织均可作为保证人。

2. 合同目的不同

保证保险合同作为一种保险手段，虽具有保障债权实现的功能，但它是以降低违约风险和分散风险为主要目的。而保证合同是以担保债权的实现为目的。

3. 合同内容不同

保证保险合同是双务性的有偿合同，其内容主要是由投保人交纳保费的义务和保险人承担保险责任构成。而保证合同通常是单务无偿合同，其内容由债权人的担保权利和保证人的保证义务构成。

4. 责任性质不同

在保证保险合同中，保险责任是保险人的主要责任，只要发生了合同约定的保险事由，保险人即应承担保险责任，这种责任在合同有效期未发生保险事由而消灭。在保证合同中，保证人承担的是保证责任，保证人履行了保证责任标志着合同目的的实现，若债务人履行债务，则保证责任消灭。

5. 与基础合同的关系不同

保证保险合同与作为其基础合同的借款合同、雇佣合同、建设工程承包合同等不具有主从关系，它们是两类分别独立的合同。保证保险甚至可以承保因基础合同无效、未成立而产生的赔偿责任。而保证合同相对于主债务合同为从合同，它依附于主合同而存在，主合同未成立或无效，从合同也就无效。

阅读资料：某年8月20日，甲银行与乙保险公司签订了《个人汽车消费贷款保证保险合作协议》。协议约定，乙保险公司负责向甲银行提供借款人（即投保人）购车资料（包括购车合同、发票、购车完税凭证等）并确保真实；乙保险公司应当对投保人的资信状况进行认真审查，并对其借款承担保证保险责任。除协议规定的不可抗力、政策变动、投保人与银行恶意串通等免责范围外，不论何种原因投保人连续3个月未能按照贷款合同约定按期供款，乙保险公司承诺在收到甲银行的书面索赔申请后10个工作日内确认保险责任并予以赔付。协议签订后，甲银行先后与借款人丙等20人签订了《个人汽车消费贷款合同》并依约发放贷款共500万元，乙保险公司在收取投保人支付的有关保费后向甲银行出具了以该20名借款人为投保人、以甲银行为被保险人的个人汽车消费贷款保证保险保单。

同年12月，丙等20名借款人先后连续3个月未按期供款，甲银行即依照协议约定向乙保险公司提出了索赔申请，但乙保险公司以有关借款人涉嫌诈骗正被立案侦查，是否属于保险责任尚不清楚为由予以推脱。

在多次索赔未果的情况下，甲银行以保证保险合同纠纷为由将乙保险公司诉诸法院。在审理过程中，合议庭出现两种不同意见：一种意见认为，保证保险合同的实质属于保证合同，乙保险公司充当的是保证人的角色，所提供的保险责任实质上是以保险形式体现的有偿保证担保,乙保险公司应承担的法律责任为保证担保责任,案件处理的法律依据应为《担保法》;另一种意见则认为,乙保险公司既然已经收取保费,并签订了合同,所以保证保险合同合法有效。按照合同约定,当投保人无法按期还款时,保险事故发生,乙保险公司应承担保证保险责任,应直接将赔款支付给贷款银行。故案件处理的法律依据应是《保险法》。

保证保险究竟是一种有偿保证还是一种保险?

虽然保证保险合同和保证担保合同存在着不少相似之处,但本质上存在着巨大的差别。

首先,保证保险作为一种保险手段,是以转嫁被保险人(即债权人)所面临的投保人(即债务人)不能履行债务的风险为目的的一种保险,保证保险合同以经营信用风险为合同的主要内容。而保证担保是指保证人和债权人约定,当债务人不履行债务时,保证人按照约定履行债务或者承担责任的一种法定担保形式。保证合同作为保证担保的法律形式,是以保证人承担保证责任作为合同的核心内容。

其次,保证保险合同中,保险人承担保险责任取决于合同约定的保险事故,即投保人未能按期履行约定的还款责任事实是否发生;保险人在履行赔偿义务时,对合同约定的免责事项如战争、行政执法行为以及保险人未对投保人做资信调查等情况均可免除保险责任。而根据《担保法》的规定,在一般保证的情况下,当债权人向保证人请求履行保证责任时,保证人在主合同纠纷未经审判或仲裁,并就债务人财产依法强制执行仍不能履行债务前,保证人可以拒绝承担保证责任,保证人享有检索抗辩权。除了法律或保证合同另有约定的情形外,保证人一般没有实体法上的免责事由。

保证保险合同的投保人要按照约定支付保险费,而保证担保合同当然是无偿的,根本就不存在有偿的保证。

需要指出的是,保证保险作为一种保险形式,其法律性质区别于保证担保,不属于担保的范畴。相应的,处理保证保险合同纠纷的法律依据当然是《保险法》。

综上,作为一个保险品种,保证保险合同显然不同于保证担保合同。法院在审理本案过程中合议庭的第二种意见是正确的,乙保险公司应当按照我国《保险法》承担保证保险责任,而不是按照《担保法》承担保证担保责任。

五、合同保证保险

（一）含义和种类

合同保证保险承保因被保险人不履行各种合同义务而造成权利人的经济损失，它主要用于建筑工程的承包合同，包括供应保证保险、投标保证保险、履约保证保险、预付款保证保险、维修保证保险。供应保证保险，承保供应方因违反合同规定的供给义务而使权利人（需求方）遭受的损失；投标保证保险，承保工程所有人因中标人不继续签订合约而遭受的损失；履约保证保险，承保工程所有人因承包人不能按时、按质、按量交付工程而遭受的经济损失；预付款保证保险，承保工程所有人因承包人不能履约而受到的预付款损失；维修保证保险，承保工程所有人因承包人不履行合同所规定的维修任务而受到的损失。

（二）承保考虑因素

在承保合同保证保险时，保证人既要考虑违约的风险，同时还要考虑汇率风险、政治风险，并要对各国政治制度、法律制度、风俗习惯进行判别。在确定风险程度时，被保证人的财务状况是一个决定性因素。在承保前，保证人往往要对被保证人的财务状况、资信度进行调查。调查的主要内容包括：有关被保证人基本情况的记录，包括被保证人的历史、在社会上的影响等；最近财务年度的财务账册及有关材料；合同业务的进展状况；反担保人的财务状况；与银行的往来信函；企业的组织、经营状况，信贷情况，财务审计及记账方法，附属企业的情况。

（三）合同保证保险的责任范围

保险人只负责工程合同中规定的因承包人方面的原因导致的工程延误的损失，不属于承包人方面的原因导致的工程延误的损失，保险人不负责赔偿；因人力不可抗拒的自然灾害或工程业主提供设备材料不能如期抵至工地等原因造成工期延误，属于除外责任。保险人在保险责任项下赔偿的数额以工程合同中规定的承包人应赔偿的数额为限。从法律意义上讲，保证人只有在被保证人无力支付时才有义务支付赔款，而保证人只对权利人有赔偿义务。

> **提醒您：** 不能将保证保险合同理解为是基础合同（民事合同如购销合同）的从合同。被保证人与被保险人之间的民事合同（又称基础合同）的权利义务虽然是保险人确定承保条件的基础，基础合同与保证保险合同有一定的牵连性，但其并不能改变两个合同在实体与程序上的独立性，它们之间并不存在主从关系。所以，在保证保险合同中，当被保证人逾期不履行合同义务时，被保险人不能同时要求作为基础合同一方当事人的被保证人和保证保险合

同的保险人互负连带责任,保险人只能按照保证保险合同的约定独立承担责任。

六、产品质量保证保险

(一)产品质量保证保险的含义

产品质量保证保险,是指承保制造商、销售商或修理商因制造、销售或修理的产品本身的质量问题而造成的致使使用者遭受的如修理、重新购置等经济损失赔偿责任的保险。

(二)产品质量保证保险的保险责任范围

1. 使用者更换或修理有质量缺陷的产品所蒙受的损失和费用。

2. 赔偿使用者因产品质量不符合使用标准而丧失使用价值的损失和由此引起的额外费用,如运输公司因汽车销售商提供的汽车质量不合格所引起的停业损失和继续营业而临时租用他人汽车所支付的租金等。

3. 被保险人根据法院的判决或有关政府当局的命令,收回、更换或修理已投放市场的存有缺陷的产品所承受的损失和费用。

> **案例阅读:** 2010年10月,某电器有限公司生产的55台WK-HX-1.8M/15太阳能热水器在河南省商丘市某太阳能超市的销售过程中,客户反映太阳能热水器有质量问题,水箱容积与所标容积有偏差。经河南省节能及燃气具产品质量监督检验站抽样检验,该太阳能热水器的贮热水箱容水量确实超出允许误差的标准值,其标志不符合GB/T19141-2003要求,产品质量检验为不合格。该电器有限公司于2010年9月向人保财险投保了产品质量保证保险。针对该公司提出的保险索赔,人保财险理赔人员随即开展事故调查,对产品出厂单、送货单、销售发票、运输协议、检验报告和产品质量事故赔偿证明等索赔材料进行了全面审核,在确认保险责任后,根据产品质量保证保险条款的相关规定,核定赔款金额为22 326.4元。

(三)产品质量保证保险与产品责任保险的比较

尽管产品责任保险与产品质量保证保险都与产品直接相关,其风险都存在于产品本身且均需要产品的制造者、销售者、修理者承担相应的法律责任,但作为两类不同性质的保险业务,它们仍然有着本质的区别。

第一,风险性质不同。产品责任保险承保的是被保险人的侵权行为,且不以被保险人是否与受害人之间订有合同为条件,它以各国的民事民法制度为法律依据。而产品质量保证保险承保的是被保险人的违约行为,并以合同法供给方和产品的消费方签订合同为必要条件。它以经济合同法规制度为法律依据。

第二,处理原则不同。产品责任事故的处理原则,在许多国家用严格责任的原则。即只要不是受害人出于故意或自伤所致,便能够从产品的制造者或销售者、修理者等处获得经济赔偿,并受到法律的保护。而产品质量保证保险的违约责任只能采取过错责任的原则进行处理。即产品的制造者、销售者、修理者等存在过错是其承担责任的前提条件。可见,严格责任原则与过错责任原则是有很大区别的,其对产品责任保险和产品质量保证保险的影响也具有直接的意义。

第三,责任承担者与受损方的情况不一样。从责任承担方的角度看,在产品责任保险中,责任承担者可能是产品的制造者、修理者、消费者,也可能是产品的销售者甚至是承运者。其中制造者与销售者负连带责任。受损方可以任择其一提出赔偿损失的要求,也可以同时向多方提出赔偿请求。在产品质量保证保险中,责任承担者仅限于提供不合格产品的一方,受损人只能向他提出请求。从受损方的角度看,产品责任保险的受损方可以是产品的直接消费者或用户,也可以是与产品没有任何关系的其他法人或者自然人,即只要因产品造成了财产或人身损害,就有向责任承担者取得经济赔偿的法定权益。而在产品质量保证保险中,受损方只能是产品的消费者。

第四,承担责任的方式与标准不同。产品责任事故的责任承担方式,通常只能采取赔偿损失的方式,即在产品责任保险中,保险人承担的是经济赔偿责任,这种经济赔偿的标准不受产品本身的实际价值的制约。而在产品质量保证保险中,保险公司承担的责任一般不会超过产品本身的实际价值。

第五,诉讼的管辖权不同。产品责任保险所承保的是产品责任事故,因产品责任提起诉讼的案件应由保险公司所在地或侵权行为发生地的法院管辖;产品质量保证保险违约责任的案件由合同签订地和履行地的法院管辖。

第六,保险的内容性质不同。产品责任保险提供的是代替责任方承担的经济赔偿责任,属于责任保险。产品质量保证保险提供的是带有担保性质的保险,属于保证保险的范畴。

阅读资料:汽车保险与产品质量保证保险、产品责任保险的区别主要有两点:第一,保险责任不同。产品质量保证保险是一种保证产品质量的保险,它的保险责任是负责赔偿由于产品质量原因造成产品本身的损失;产品责任保险是一种责任保险,它的保险责任是负责赔偿由于产品质量的原因造成第三者的损失;汽车保险是一种损失保险,它的保险责任是负责赔偿保险汽车

的拥有人或者驾驶员因驾驶保险汽车发生交通事故造成车辆损失和对第三方应付的赔偿责任。第二,投保对象不同。产品质量保证保险和产品责任保险是产品生产者、销售者或维修者向保险公司投保,而汽车保险是由汽车的使用者购买。

所以,就汽车这一产品而言,其发生事故造成车辆损毁的损失和对第三者财产、人身伤害的损失时,具体由哪个险种赔偿,完全取决于事故的原因,即近因原则。如果事故是使用者的疏忽或自然灾害引起的,则事故损失由汽车保险赔偿;如果事故是由汽车本身的质量问题或设计缺陷等引起的,则事故损失由产品质量保证保险赔偿;如果由于产品的原因造成第三者的损失,则由产品责任保险赔偿。

案例阅读 1:某年 3 月 19 日,辽宁省海城市兴海管理区 8 所小学近 4 000 名学生集体饮用了由鞍山市宝润乳业有限公司生产的"高乳营养学生豆奶",结果导致数千名学生出现腹痛、恶心、头晕等不同程度的中毒症状。在"海城豆奶事件"中,被豆奶厂拿来当作产品宣传的一大"卖点"便是保险。该企业在发放豆奶前致学生家长的一封信里曾明确提到,该豆奶"由保险公司承保"。

这家豆奶生产企业的确在保险公司投了"产品责任保险"。保险内容主要有:累计赔付金额为 100 万元人民币,每次事故最高赔付 25 万元人民币,每位人身伤亡最高赔付 5 万元;宝润乳业为此支付了保费 2 万余元。也就是说,尽管"海城豆奶事件"涉及众多的孩子和教师,但是按照合同,保险公司最多只赔付 25 万元人民币。

保险公司认为,赔付金额之所以只有 25 万元,是因为厂家投保的是"产品责任保险"。根据合同,如果出险,投保企业向保险公司提出申请,保险金将支付给企业而不是消费者,这与针对消费者进行赔付的"产品质量保证保险"有很大区别。如果这家企业当初投的是"产品质量保证保险",那么保险公司赔付的数目就会比较大,因为产品质量保证保险的理赔金额要比产品责任险高。

案例阅读 2:洪女士购买了某公司生产的防盗门。购买时销售人员说,该防盗门附带"10 万元产品质量保证保险"。没想到,1 年半后的一天,洪女士家突然被盗,被盗物品价值近 6 万元。经公安机关现场勘查发现,洪女士家防盗门被撬开并严重变形。当天,洪女士与防盗门生产公司人员到保险公司处理理赔事宜。不久,防盗门生产公司告知洪女士,保险公司认为已过保险期,不予赔偿。此后,防盗门生产公司在与保险公司交涉未果的情况下,为洪女士免费更换了防盗门,但拒绝赔偿洪女士的损失。但洪女士称,防盗门不能防盗,给自己造成重大财产损失和精神伤害,遂提起上诉。

而防盗门生产公司认为,它虽向洪女士承诺承担10万元产品质量保证保险,但该保险有效期为1年,洪女士购买产品已经超过了保险的有效期。

但是,法律最终认为,作为产品的生产和销售者,防盗门生产公司理应向购买使用其产品的消费者履行自己承诺的义务。在销售防盗门过程中,防盗门生产公司承诺赠送"10万元产品质量保证保险",因此它与洪女士之间形成了约定的权利义务关系,防盗门生产公司理应依约履行自己的义务。防盗门生产公司称其产品的保险期限为1年,但并未就此问题以合理的形式予以公示,且未在销售产品时随产品附送保险卡,因此防盗门生产公司以与保险公司约定保险期限为1年为由,拒绝履行对用户的承诺没有道理,洪女士最终获得了防盗门生产公司赔偿的近6万元的经济损失。

七、忠诚保证保险

(一)忠诚保证保险的含义

忠诚保证保险是指因被保证人(雇员)行为不诚实而使权利人(雇主)遭受经济损失时,由保证人(保险人)承担经济赔偿责任的一种保证保险。该保险的保险标的是雇员的诚实信用。雇员的盗窃、贪污、侵占、非法挪用、故意误用、伪造、欺骗等行为均属不诚实行为。忠诚保证保险的投保人既可以是被保证人,也可以是权利人。当由权利人投保时,该保险便具有信用保险的性质。

涉外忠诚保证保险一般承保在我国境内的外资企业或合资企业因其雇员的不诚实行为而遭受的经济损失,也可承保我国劳务出口中,因劳务人员的不诚实行为给当地企业业主造成的损失。

阅读资料:忠诚保证保险与合同保证保险的区别:忠诚保证保险涉及的是雇主与雇员之间的关系,而合同保证保险并不涉及这种关系;忠诚保证保险的承保危险是雇员的不诚实或欺诈行为,而合同保证保险承保的危险主要是被保证人的违约行为;忠诚保证保险可由被保证人购买,也可由权利人购买,而合同保证保险必须由被保证人购买。

由于商业技术机密很难取得司法举证,特别是老员工在跳槽到新单位之

> 后，往往会和新单位私下"串通"，加之商业机密属于无形资产（很难去量化），因此，保险公司无法承保这一赔付责任。换言之，商业技术机密不在承保范围之内。
>
> 被保险人的雇员进行与其职务无关的行为，导致被保险人的损失，保险公司则不负赔偿责任；未经保险公司认可，私自减少雇员的报酬和薪水而导致员工报复性质的"不忠"行为，保险公司不赔偿。

（二）忠诚保证保险的投保方式

雇员忠诚保证保险以雇主为被保险人（权利人），雇员为被保证人，保险标的是雇员的品德。投保方式有以下两种：

1. 不指名投保

即把所有雇员都列入保证范围，并按工种、直接或间接经管钱物的情况分类，对每类人员分别规定赔偿责任限额。赔偿责任限额可以根据企业的业务量和雇员经手钱物的数量由被保险人协商确定。

2. 指名方式

即指定某些雇员为保证对象，并对每个人单独约定赔偿责任限额。

（三）忠诚保证保险的保险责任和除外责任

对于雇主因雇员的不诚实行为而遭受的直接经济损失，保险人在下列条件下履行赔偿责任：雇员的不诚实行为发生在保险期内；雇员的不诚实行为发生在受雇佣期间（该期间连续未中断）；雇员的不诚实行为发生在从事雇佣工作的过程中，即与其职业或职责有关。但是，由于雇员的不诚实行为不易立即被发现，所以本保险对雇员的不诚实行为规定了一个发现期，即在保险期限内从雇员退休、离职、死亡、脱离工作岗位日期起或保单终止之日起6个月，在此期间发现的雇员的不诚实行为给雇主造成的损失也属于保险责任范围。

保险公司的除外责任主要包括：对被保险人雇用的员工的与其职务无关的行为所致被保险人的损失；对在保险期限6个月后或在雇员死亡、被解雇或退休6个月后发现的雇员的欺骗、不诚实行为造成的被保险人的损失；雇主的营业性质或雇佣的职责或条件发生变更；没有保险公司的认可而减少雇员的报酬；雇主保证账目准确性的预防措施和检查没有切实遵守导致的损失；从发生损失时起12个月后的损失，除非索赔尚在法院审理或仲裁中。

（四）忠诚保证保险中雇主应承担的义务

1. 查询义务

雇主应在雇用所有员工前先向其先前的雇主查询其诚实情况。这是保险公司在保单项下承担任何责任的先决条件。这项查询资料由雇主保存,索赔时提交保险公司。

2. 通知义务

一经得知导致或可能导致在保险单项下索赔的任何情况,雇主或其代表应立即通知保险公司,说明雇员的下落和当时所发现的不诚实行为的具体细节,并应在通知保险公司后3个月内提交索赔的全部细节,提供索赔的证据。

3. 接受检查的义务

如果发生索赔,雇主的所有账册及其任何有关的会计报告应公开由保险公司检查,雇主应给予一切信息和帮助,以便保险公司用以向雇员取得对保险公司在保险单项下已付或必须负责支付的任何金额的补偿。

4. 追究义务

保险公司需要时,雇主应恪守职责,对雇员所犯的导致索赔事件的任何犯罪行为进行追究。

案例阅读:某年初,广州一家合资公司策划在上海某百货商场举办护肤用品专柜特卖活动月。为组织好这次特卖活动,该公司通过某人才市场的招聘,雇用了5名小姐担任此次活动的推销员。

有一天,该公司急需将20箱护肤用品,价值5万多元人民币的货物从公司驻沪办事处运往商场。当时正值16:00,公司专用送货车辆均已外出未归,活动现场又急等要货。为此,负责这次活动的业务员便安排推销员A叫一辆出租车送货,并再三吩咐其随车押货到指定的商场,同时联系商场专柜售货组派人在商场门口接货。但数小时过后,在商场门口接货的人员却始终未见随车押货的推销员A的踪影。

业务员根据公司提供的手机号码与推销员A联系,可是一位回电话的男士声称是机主,却根本不认识业务员要找的推销员A。由于公司招聘资料只有推销员A的手机号码及一般个人资料,该公司一时无法找到推销员A的下落。发现这批货物已遭不测后,该公司立即向当地派出所报了案。公安刑侦人员根据该公司提供的情况和资料,通过调查,发现推销员A提供的手机号码与实际机主身份不符,同时,推销员A在人才市场所留下的身份证及姓名、地址也有不少疑点。

对于此案,公安部门虽然对所有的线索做了进一步的追查,但终究没有明确的结果。该公司事后根据投保的雇员忠诚保证保险向保险公司提出了索赔申请。

保险公司接到受损公司的索赔申请后,立即向该公司的有关人员进行了调查取证,并根据保险单所列明的条款,要求被保险人提供雇用推销员 A 对其受雇前情况进行查询所获得的证明资料。但事实表明,该公司在雇用推销员 A 时,未对其受雇前情况做必要的查询。由于被保险人在雇用其雇员前,未通过必要的查询来防范其雇员在忠诚信用方面所潜在的风险,因此,保险公司依据保单条款对此案作出了拒赔的决定。

任务实施

一、巩固练习

(一) 单项选择题

1. 保证保险涉及的反担保是指(　　)。
   A. 由其他人或单位向保险公司保证义务人履行义务
   B. 由其他人或单位向权利人保证义务人履行义务
   C. 由义务人向权利人保证履行自己的义务
   D. 由义务人向保险公司保证履行自己对权利人的义务

2. 合同保证保险是指因被保证人(　　)而造成权利人经济损失时,由保险人代为进行赔偿的一种保证保险。
   A. 商业风险　　　　　　　　　B. 所在国的政治风险
   C. 未履行合同义务　　　　　　D. 以上三者

3. 合同保证保险的保险责任是(　　)。
   A. 根据保险公司制定的条款确定　　B. 由保险人和被保险人协商
   C. 根据工程承包合同确定　　　　　D. 由被保险人申请

4. 保证保险中,由于产品质量风险难以估算和控制,保险人通常会在保险合同中制定(　　),要求被保险人共同承担损失。
   A. 赔偿限额　　　B. 赔偿百分比　　　C. 共保条款　　　D. 免赔额

5. 忠诚保证保险是指因(　　)的不法行为而使(　　)遭受损失时,由保险人承担赔偿责任的一种保证保险。
   A. 雇员,雇主　　　　　　　　B. 代理人,委托人
   C. 专业技术人员,当事人或其他人

6. 忠诚保证保险保单中,为避免保险人无限期地承担责任,通常会规定(　　)。
   A. 赔偿期限　　　B. 发现期　　　C. 追溯期　　　D. 赔偿等待期

(二) 多项选择题

1. 保证保险与信用保险的区别主要表现在(　　)。
   A. 保证保险通过出立保证书来承保,而不是保险单

B. 保证保险的被保险人是义务人,而信用保险的被保险人是权利人
　　C. 保证保险没有发生风险的转移,而信用保险人承担了被保险人的风险
　　D. 保证保险承保的标的是担保风险,而不是信用风险
2. 合同保证保险可以分为(　　)。
　　A. 供应保证保险　　B. 投标保证保险　　C. 履约保证保险　　D. 维修保证保险
3. 产品质量保证保险的保险责任为(　　)。
　　A. 制造者因产品不能达到合同标准造成使用者的人身伤害或财产损失而承担的经济赔偿责任
　　B. 使用者因产品质量不符合使用标准而丧失使用价值的损失和由此引起的额外费用
　　C. 使用者更换或修理有质量缺陷的产品所蒙受的损失和费用
　　D. 被保险人根据法院判决或有关政府命令,收回更换或修理已投放市场的存有缺陷的产品所承受的损失和费用
4. 产品质量保证保险与产品责任保险的区别在于(　　)。
　　A. 产品质量保证保险的保险标的是产品质量违约责任,而产品责任保险的保险标的是产品责任
　　B. 产品质量保证保险是承担依合同产生的经济赔偿责任,产品责任保险承担的是依法产生的经济赔偿责任
　　C. 产品质量保证保险是保险人针对产品质量违约责任提供的带有担保性质的保证保险,而产品责任保险是保险人针对产品责任提供的责任保险
　　D. 产品质量保证保险承保的是投保人因产品质量有缺陷而产生的对产品本身的赔偿责任,产品责任保险对产品本身的损失不予赔偿
5. 忠诚保证保险的保险责任范围包括(　　)。
　　A. 被保险人的货币和有价证券的损失
　　B. 被保险人拥有财产的损失
　　C. 被保险人有权拥有的财产或对其负责任的财产损失
　　D. 保单指定区域的可移动财产损失

二、阅读案例评析

(一)关于商品房按揭保证保险的案例

　　[案情]　某年3月1日中国工商银行某市区支行和某保险公司双方签订《综合保险业务代理协议书》,约定中国工商银行某市区支行可以在商品房按揭保证保险(乙种)范围内代该保险公司办理保险业务,代理方式为中国工商银行某市区支行接洽承揽的业务,由中国工商银行某市区支行提供投保单,在收取填具的投保单后,交与该保险公司,由该保险公司进行复核,并出具保险单;中国工商银行某市区支行应当根据保险条款的规定和该保险公司的要求,对保险标的进行严格审核,对不符合该保险公司规定的标的

不予承保。

同年 5 月 21 日,为购买该市区某路 788 号 43－901 室的商品房(总价为人民币 1 461 661元),投保人李某与中国工商银行某市区支行签订了《个人住房商业性借款合同》(以下简称《贷款合同》)和《抵押合同》,约定李某向中国工商银行该市区支行借款 102 万元,贷款期限 10 年;李某将该房屋抵押给中国工商银行该市区支行,作为偿还贷款的担保。同时,中国工商银行该市区支行为李某办理了商品房按揭保证保险的投保手续。同年 6 月 3 日,该保险公司向投保人李某出具了编号为 0005303 的《商品房按揭保证保险(乙种)保险单》,被保险人为中国工商银行该市区支行。合同约定保险金额为《贷款合同》项下贷款本金及利息总和,保险费为 6 670 元,保险期限与贷款期限一致;借款人无力履行《贷款合同》造成连续 3 个月未履行或未完全履行《贷款合同》约定的偿还贷款责任,该保险公司按保险条款规定向被保险人赔偿;由于被保险人没有按贷款审核的标准对借款人进行审核,导致借款人未履行《贷款合同》的,该保险股份有限公司不承担赔偿责任;若发生这种情况,该保险公司自书面通知被保险人之日起注销本保险,收回保险单正本,并向借款人按退保费率退还未到期保险费;投保单(包括投保人声明)、保险单、商品房贷款申请表、商品房贷款审批表及《贷款合同》作为保险附件是保险合同不可分割的部分。之后,中国工商银行该市区支行发放了贷款,投保人李某将房屋抵押给中国工商银行该市区支行并依约开始偿还贷款。但自 2001 年 4 月起李某未能按约还款,中国工商银行该市区支行遂依保险条款在李某出具了无力还款的情况说明后,多次向保险公司提出书面索赔申请。该保险公司于 2002 年 12 月 19 日以不如实告知为由在《劳动报》上向投保人李某发出解除保险合同的公告,同月 25 日告知中国工商银行该市区支行。

审理中查明,投保人李某为订立《贷款合同》向中国工商银行该市区支行提交了"个人住房借款申请书"。该申请书上记载李某家庭月均收入 65 000 元,每月可还款 11 000 元。该市 A 服务公司(以下简称 A 公司)向中国工商银行该市区支行出具了工资证明,证明李某在公司担任经理职务,每月收入 65 000 元,公司性质为投资咨询、注册资金 1 000 万元。在工资证明中,中国工商银行该市区支行工作人员签字注明"已经电话核实"。而实际上,A 公司的注册资本仅为 50 万元,法定代表人为李某。A 公司 1998 年、1999 年的财务会计报表显示,该公司的年营业收入为 50 余万元、年净利润不足 10 万元,其收入来源为租金。

后来,投保人李某因涉嫌贪污罪被 B 市检察院反贪污贿赂局逮捕,羁押于某市第二看守所。该保险公司委托代理人对李某进行询问。李某陈述其系 A 公司的法定代表人及股东,工资收入来源于该公司。A 公司仅靠租赁费维持,无其他经营收入。中国工商银行该市区支行在李某申请借款过程中曾要求其提供收入证明,但未进行调查核实便为其办理了投保手续。

法院的认定和判决。一审法院经审理后认为,本案的争议焦点为保证保险合同是否有效;投保人投保时是否如实告知了基本情况;中国工商银行该市区支行是否存在审贷不严的情况。

1. 保证保险合同的效力。尽管中国工商银行该市区支行在与保险公司签订《综合保险业务代理协议书》时并未取得相应的保险代理许可证，但根据《商业银行法》的规定，商业银行可以经营代理保险业务，中国工商银行该市区支行已具备了金融监管部门要求的资质。保险监督管理机构当时也没有开始对保险兼业代理人进行审核。因此，中国工商银行该市区支行不能以无资格证书为由对抗《综合保险业务代理协议书》之效力。中国工商银行该市区支行是商品房按揭保证保险的代理人，在保险代理协议中约定中国工商银行该市区支行负有按贷款审核标准对借款人进行审核的义务，并无不当。本案所涉保证保险合同系双方当事人真实意思表示，未违反法律、行政法规的强制性规定，未损害国家、集体或他人合法权益，属合法有效之合同。

2. 关于如实告知事项。尽管该保险公司未能提供其曾询问过投保人的书面证据，但根据《综合保险业务代理协议书》中关于中国工商银行该市区支行代理方式的约定，可以推定该保险公司对投保人的有关情况进行过询问。此外，保险条款约定投保单、保险单、商品房贷款申请表、商品房贷款审批表及贷款合同是保证保险不可分割的一部分，由此可以认定投保人对商品房贷款申请过程中的告知应当与投保单中的告知相互一致，订立贷款合同的告知对订立保险合同的告知具有约束力。投保人李某在订立贷款合同时，以其作为法定代表人的A公司出具的工资证明来证明其家庭月均收入为65 000元，而根据A公司的实际经营情况，其根本无力向李某支付65 000元的月工资。因此，法院认为李某在投保过程中故意不履行如实告知义务。保险合同是最大诚信合同，若投保人故意隐瞒事实，不履行如实告知义务，保险人有权解除合同。故而，该保险公司在知悉情况后通知中国工商银行该市区支行及投保人解除合同并无不妥。中国工商银行该市区支行认为《保险法》规定保险人解除合同的条件之一，应当是在投保人不履行如实告知义务，达到足以影响保险人决定是否同意承保或者提高保险费率的程度。法院认为，依据《保险法》规定，若投保人的未如实告知属故意隐瞒而非过失，无论该未如实告知的事实是否达到足以影响保险人决定是否同意承保或者提高保险费率的程度，保险人均有权解除合同。

3. 中国工商银行该市区支行是否存在审贷不严的情况。借款人的还贷能力是银行收回贷款的基础，作为被保险人的银行转嫁给保险人的是借款人在借款期间可能发生的还贷能力不足而导致损失的潜在风险。虽然《保险合同》与《贷款合同》分属两个不同的法律关系，审核投保与审核贷款也属不同的法律行为，但在本案所涉合同中，中国工商银行该市区支行具有多重身份，既是贷款人，又是被保险人，同时还是保险代理人。根据《综合保险业务代理协议书》和《保险条款》的约定，中国工商银行该市区支行应当按贷款审核的标准对借款人进行审核。换言之，通过对借款人的还贷能力进行必要的调查来防范其贷款信用方面潜在的风险是中国工商银行该市区支行的合同义务。中国人民银行颁布的《个人住房贷款管理办法》规定，借款人应当具有稳定的职业和收入，信用良好，有偿还贷款本息的能力。而本案中，中国工商银行该市区支行在贷款审核时，对李某提交的工资证明仅用电话核实，未进行实质性的调查；对A公司的注册资金，也未要求其提交相应的工商登记材料来证明。因此，法院认为中国工商银行该市区支行在贷款审核方面存在过失。

最后，根据《中华人民共和国合同法》第五十二条、第六十条，《中华人民共和国保险法》第十二条、第十七条之规定，判决如下：对中国工商银行该市区支行的诉讼请求不予支持。

判决后，中国工商银行该市区支行不服，提出上诉。

二审期间，该银行与保险公司合作，进行了大量的工作，使保险合同所涉的贷款本息得以收回，双方争议的前提已经不存在。在法院主持下，双方达成调解协议：(1)中国工商银行该市区支行因贷款本息已经收回而不得再向保险公司提出有关保险合同的理赔请求；(2)保险公司补贴中国工商银行该市区支行实现抵押权费用9 800元；(3)一、二审案件受理费10 562元，由中国工商银行该市区支行承担。

(二)关于汽车消费贷款保证保险的案例

[案情] 2003年4月，王某与A银行签订了汽车消费借款合同，合同约定王某从A银行借款18万元用于购买汽车，借款期限从2003年4月14日至2006年4月17日。同日，A银行与B公司签订保证合同。合同约定由B公司为王某借款合同的履行提供连带保证责任。保证期间从保证合同生效之日起至主合同项下的债务履行期限届满之日后两年止。同月24日，王某为贷款又在C保险公司办理了消费贷款保证保险，C保险公司对王某在银行的贷款进行保险，保险金额19万元，保险费王某已交纳。王某前期按约定履行了还款义务，后未按约定期限履行还款义务，C保险公司依据保证保险合同的约定向A银行实际支付11万元。2005年6月20日，A银行向C保险公司出具权益转让书，C保险公司取得对借款人王某的追偿权。现保险公司诉至法院，要求王某和B公司偿还垫付的借款11万元。

[评析] 关于本案，王某应承担给付责任没有异议，但B公司是否承担连带给付责任有两种处理意见。一种意见认为，B公司应承担责任，理由为：C保险公司与B公司为该笔借款的共同担保人，按照《担保法》第十二条规定："同一债务有两个以上保证人的，保证人应当按照保证合同约定的保证份额，承担保证责任。没有约定保证份额的，保证人承担连带责任，债权人可以要求任何一个保证人承担全部保证责任，保证人都负有担保全部债权实现的义务。已经承担保证责任的保证人，有权向债务人追偿，或者要求承担连带责任的其他保证人清偿其应当承担的份额。"最高人民法院《关于担保法若干问题的解释》第二十条第二款规定："连带共同保证的保证人承担保证责任后，向债务人不能追偿的部分，由各连带保证人按其内部约定的比例分担。没有约定的，平均分担。"依照上述规定，C保险公司作为共同保证人之一承担保证责任后，向债务人行使追偿权符合

法律规定，C保险公司应当就债务人不能清偿的部分与B公司平均分担。另一种观点认为，本案中B公司不是保险公司与王某之间保证保险合同履约的担保人，不应当承担责任。

要确定B公司是否承担责任，首先要明晰本案中所涉及的保证保险合同的法律性质。保证保险合同在本质上属于保险合同的一种，而本案中的消费信贷保证保险合同作为保证保险合同的表现形式之一，当然也属于保险合同的一种，应属于《保险法》调整的范畴。

《保险法》第二条规定："本法所称保险，是指投保人根据合同约定，向保险人支付保险费，保险人对于合同约定的可能发生的事故因其发生所造成的财产损失承担赔偿保险金责任。"第四十四条规定："保险事故发生后，保险人已支付了全部保险金额，并且保险金额等于保险价值的，受损保险标的的全部权利归于保险人。"结合本案，王某为保证其贷款的顺利实现，与保险公司签订了消费贷款保证保险合同，从合同内容来看，由保险公司对王某在A银行的贷款进行保险，保险金额19万元，王某不能还款时，由C保险公司承担赔偿保险金责任，合同签订后王某已全部交纳保险费，王某和C保险公司之间建立起保险法律关系。之后，C保险公司在保险事故发生，亦即王某不能履行还款义务时，依照保险合同的约定支付了保险赔偿金，取得对王某的代位求偿权。在C保险公司与王某之间只存在保险法律关系，并不涉及保证的内容。也就是说，C保险公司在该笔贷款中的身份是保险人。而对同一笔贷款，B公司与A银行签订了保证合同，B公司是保证人，并不存在上述第一种意见中认为的在该笔贷款中存在两个以上保证人的情况，因此不能适用《担保法》第十二条的规定。另外，从合同相对性的角度考虑，本案保险关系的当事人为C保险公司与王某，并不涉及B公司的任何权利义务，C保险公司承担保险责任，并不以王某是否有其他担保人为条件。综上，C保险公司代位求偿时，依照保险合同的约定，只能由王某承担责任。C保险公司与B公司之间无任何合同关系，不应承担给付责任。

三、扩展阅读并发表见解

（一）上海首例"忠诚保险"诉讼纪实

A公司通过一家境外保险经纪机构的撮合，与"平安保险"签订了雇员忠诚保证保险合同。殊不知，由此却引发了一场法律诉讼，全国首例因"雇员忠诚保证保险"产生的保险合同纠纷案就此产生。

保险合同规定："平安保险责任范围，其负责赔偿因被保险人所雇员工单独或合伙欺诈、背叛及违反公司制度而造成的损失，其中员工人数130人，责任限额：每次事故合计人民币20万元。"1998年6月，A公司发现本公司投保项下之员工周某携B银行支行巨额贷款计人民币40余万元失踪，即于数天后向当地派出所报案，现该案仍在侦查中。鉴于上述情况，A公司向平安保险公司索赔。

索赔有理，拒赔更有理。"A公司"寸步不让，"平安保险"亦据理力争，振振有辞。

争议焦点之一:周某的失踪是否意味着不忠?

"A公司"认为:"平安保险"同意,"对于雇主由于明细表中所述单个或多名雇员任何舞弊欺诈行为,或不忠诚行为而遭受的以下一切直接经济损失都将作出偿付"。而周某在保险期内携款潜逃,使 A 公司蒙受了 40 余万元的经济损失,其行为确属保单载明的欺诈和不忠诚行为,"平安保险"应给予"A 公司"20 万元赔偿。

"平安保险"则认为:雇员忠诚险承保的是雇员的人品,如雇员对雇主欺诈和不忠诚,并造成损失的,应当赔偿。但如今周某失踪,其可能性至少包括三种:一是本人携款潜逃后去向不明;二是被人谋害后埋尸荒野;三是与雇主恶意串通后藏匿骗钱。而公安机关至今未对周某的失踪作出侦查结论,故"平安保险"不能在情况不明之下承担赔偿责任。

争议焦点之二:投保的"风险地点"。

根据保单规定,投保的"风险地点"是(上海)青浦、杭州与无锡三地,但本案的出险地却在重庆,雇员忠诚险是无条件对雇员保险,还是要受地域等条件的限制?

A 公司认为:本公司的业务遍及全国,要求公司雇员只能去上述三地工作是没有道理的。公司将货物发往重庆,作为业务员的周某去重庆收取货款,在这期间他对公司有不忠诚行为,并导致公司经济损失,由于周某是被投保的雇员,保险公司理应赔偿,这是不能受地域限制的。话说回来,若要有地域限制,货是从上海发出了,这个地域应是上述三地之一,应该属于投保的"风险地点"。

而"平安保险"却认为:保单中双方约定,出险地点只有上述三地,"平安保险"会对 A 公司雇员在该三地范围内发生的欺诈行为负责。而且出险时,重庆办事处未登记注册,属非法经营,所获收益也属非法收益,"平安保险"只承保投保人的合法权益。根据《保险法》的规定,投保人未履行如实告知义务,而造成风险扩大,对保险事故的发生有直接影响,保险人有权不予赔偿。

争议焦点之三:保险时效如何认定?

根据保单规定,出险事故发生后 3 个月内,A 公司需通知"平安保险"。而过了 3 个月再提出,是否就丧失了"胜诉权"?

"平安保险"认为:周某失踪是在 1998 年 6 月,时隔 4 个半月后"A 公司"才发函要求索赔。这应被视为丧失了"胜诉权"。

而 A 公司认为:案发后公司即向公安机关报了案,本考虑公安机关能破案追回赃款,就不必向保险公司提出索赔,这不能被视为丧失"胜诉权"。且根据保单第十条规定,损失发生后 12 个月内都可提出理赔。

合议庭开庭审理了此案。在法庭调查中,法官们发现,整个投保过程中双方均存在许多过错。如保单的条款拟订与执行,漏洞颇多,存在大量语义不清的问题。如:对"忠诚"的含义及行为模式的约定不明;对"风险地点"的含义约定不明;对投保人现有雇员存在的资信缺陷约定不明;对损失每例赔偿限额的"每例"定义不清,举例按保单规定,损失赔偿为每例总额限定 20 万元,但这"一例"不知是指一人一例,还是多人一例,抑或一次一例?

在投保人问题上：A公司比实际的120人多保了10人。而"平安保险"在签约时也未对被保险人姓名、职业等具体情况认真履行核保职能。

另按保单规定，A公司应在投保前对其雇员做"忠诚调查"，但没有这样做，理由是"平安公司"没有当面提出此项要求，而提供的保单尽是英文版本，让人看不懂。对于这一切，"平安保险"仅在法庭上作了口头解释，而这种带有极大的随意性的规定，极易使双方产生歧义。

同时还存在"双方选择了未经国家许可的保险经纪人来作中介，订立该保险合同"，另外还有"保险公司违反行业惯例，擅自改变保单格式条款"等问题。

经认真反复审理后，合议庭认为："平安保险"与A公司订立的雇员忠诚险保险合同，是双方当事人之间真实意思的表示，合法有效。

对于争议之一，法院认为：雇员周某的失踪应被视为对"A公司"的不忠诚，"平安保险"对此有异议，但又无法举证，因此其免赔的理由不能成立。

至于第二、第三类争议，法院认为：A公司派周某去重庆工作，未按约定事先告知"平安保险"，出险后又未按合同约定在3个月内通知保险公司，故应负主要过错责任；再则A公司按合同约定在12个月之内提出索赔，并未丧失胜诉权，而"平安保险"对损失形成未尽审核之责，使自己处于不利地位，应承担举证不力的责任。鉴于此案当事人双方均有过错的事实，同时又有和解的愿望，在合议庭进行调解后，双方达成协议："平安平险"付给A公司7.5万元。

（二）关于雇员忠诚保证保险的案例

2007年9月20日，某银行盘点查账时发现，9月份应入账的公路规费1 832 684元不知所终！而现金对账明细表、银企对账单均表明，该银行驻点公路稽征所代征公路规费的某支行柜员曾某，于2007年8月30日至2007年9月20日分9笔挪用该资金，至今尚未归还。铁证如山，曾某不得不承认自己的罪行：早在2005年6月，曾某就开始挪用银行资金，借贷给亲戚使用至今。

但是，如此巨额挪用为何两年后才曝光？原来曾某在担任银行该支行柜员期间，被派驻到一家基层稽征所，提供上门收款服务，利用该职务便利，曾某采取了延迟入账时间的手段，并不断循环以后挪用的款项归还前次挪用的款项，一直将其擅自挪用造成的资金空当掩盖得严严实实。

2007年9月21日案发后，曾某在单位工作人员的陪同下，向市公安局经济犯罪侦查支队投案自首。直至2008年6月被判刑8年入狱，曾某仍无法归还该款项。这1 832 684元成了银行的坏账。

2007年3月20日，保险公司向银行发出一份保险建议书，建议银行投保因雇员不忠诚而造成的损失，随后银行接受建议，双方于2007年4月28日签订了雇员忠诚保证保险合同。

保险条款中约定,在银行提交的各营业网点、各 ATM 机及上门收款点清单范围内,雇员发生携款潜逃、贪污、职务侵占、单独或与他人共谋抢劫、盗窃现金等不忠诚行为,造成的经济损失由保险公司负责赔偿,保险期限自 2007 年 5 月 1 日零时至 2008 年 4 月 30 日 24 时止。因为有这样一份保单,所以银行认为,员工不忠造成的坏账该由保险公司买单。

　　2008 年 7 月 8 日,银行向保险公司提交了财产保险出险通知书及索赔申请书等相关资料,要求保险公司依法予以理赔。但保险公司却认为:该事故不属于"雇员忠诚保证保险"的承保责任范围。合同签订后,银行依约交纳了保险费,但在事故发生后却遭拒赔,银行只得将保险公司告上法院。

　　保险公司也列出了拒赔的三大理由。首先,银行雇员曾某犯下的是"挪用资金罪",并非保险条款规定的"携款潜逃、贪污和职务侵占",其行为性质与保险条款的约定不符。其次,本案事故地点是一家基层稽征所,并非保险合同约定清单所列的"稽征处"。再次,曾某在保险期间挪用的资金只是填补之前的资金空当,并没对银行造成损失;而早在 2005 年 6 月,曾某就挪用银行资金借贷他人,借钱的时间才是银行产生损失的时间,不在保险期间内。

　　但是,银行认为,条款中关于保险责任的陈述是对雇员不忠诚行为的描述,并非对刑法罪名的描述,例如刑法中也没有"携款潜逃罪"这样的罪名;而关于不忠诚行为,在保险学会的理解中包含了挪用等行为。而且,银行还认为,案发前银行并未发现曾某的不忠诚行为,2007 年 9 月 20 日案发时才造成损失,属于合同约定的保险期间范围。

　　主审法官认为,参照中国保险学会的定义,雇员的侵占和挪用等不诚实的行为均属于保险公司承保的雇员忠诚保证保险责任范围,本案合同中列举的保险责任,是指雇员的不忠诚行为,而不是雇员所犯刑法的罪名。而承保地点范围的问题,鉴于事故地点"稽征所"隶属于"稽征处",且在同一地点办公,应认定"稽征所"属于保险合同约定的"上门收款地点清单"范围内。最后,由于曾某在 2005 年起至案发时的不法行为具有连续性,且查实其自 2007 年 8 月 30 日至 2007 年 9 月 20 日分 9 笔挪用资金不能归还,故明确:发生保险事故的时间在保险期间内。

　　因此法院一审判决,扣除免赔金额后,保险公司应依约支付保险金 1 832 684 元。随后,保险公司不服上诉,中级人民法院二审最终维持原判。

下 篇

下篇

项目六 熟悉人身保险产品

俗话说得好,人有旦夕祸福。人的一生中无法避免疾病、年老和死亡,人身保险可以起到有备无患的作用,无论对家庭还是个人,都可以提供各种保障,解决经济上的困难,解除后顾之忧,使人民安居乐业。

一、人身保险的含义

人身保险是指以人的生命或身体为保险标的,当被保险人在保险期限内发生死亡、伤残、疾病、年老等事故,或生存至保险期满时,给付保险金的保险业务。

从这个定义中,我们可看出两点:(1)人身保险的保险标的是人的生命和身体;(2)人身保险的保险责任包括生、老、病、死、伤、残。

二、人身保险的特点

(一)保险标的的不可估价性

人身保险的保险标的是人的生命或者身体,其被保险人一般是在身体或者生命受到伤亡时,享有给付货币权利的自然人,而不是法人。人身保险的保险价值不能用货币加以计量。其保险金额是由投保人和保险人双方约定后确定的。一般从两个方面来考虑:被保险人对人身保险的需要程度;投保人交纳保费的能力。

(二)保险金额的定额给付性

人身保险是定额给付性保险(不包括健康保险中的医疗费用保险)。人身保险合同,尤其是人寿保险合同,保险金的给付是绝对的,这是由人身保险的性质决定的。人身保险事故的损失无法准确确定金额(除医疗费外),保险人给付的保险金不一定是对损失的补偿,保险金需要按合同中约定给付,不能考虑是否超过实际损失。

人身保险不适用补偿原则,所以也不存在比例分摊和代位追偿、超额投保和不足额投保。人身保险中的医疗保险可以采用定额给付方式,也可以采用补偿方式。

> **提醒您**：被保险人因第三者的行为而发生死亡、伤残或者疾病等保险事故的，保险人向被保险人或者受益人给付保险金后，不享有向第三者追偿的权利，但被保险人或者受益人仍有权向第三者请求赔偿。
>
> 例如，郑旺之子郑晓在上小学。学校集体为学生保险，是平安保险附加意外伤害医疗保险。某年5月12日下午，郑晓在学校操场上活动，被另外一个学生抛来的石子击中右眼睛，马上送医院抢救。医院多方医治，无奈眼球已被打坏，最后，只能将眼球摘除。保险公司根据合同，支付了保险金和医疗费。郑旺父子从保险公司得到赔偿后，仍然有权就全部损失要求事故责任方予以赔偿。

（三）保险利益的特殊性

财产保险与人身保险的保险利益相同之处是：订立保险合同时都需要以保险利益的存在为前提。然而，区别在于人身保险合同在保险事故发生时，无论投保人存在与否，也无论投保人是否具有保险利益，保险人均按合同中约定的条件给受益人支付保险金；而财产保险中保险利益必须在保险合同订立到损失发生时的全过程中存在，如果发生损失时，被保险人的保险利益已经终止或转移出去，则得不到保险人的赔偿。

（四）保险期限的长期性

人身保险的标的是人的生命和身体，因此，保险的责任期限一般较长，特别是人寿保险一般都长达十几年、几十年。人寿保险合同因长期性而具有特殊性，例如保险单的中止和复效问题等。而财产保险的保险期限大多数为1年或1年以下的短期业务。

（五）保险费率制定的因素不同

人身保险的保险费率与死亡、生存概率以及人的年龄等有关，并且因其保险责任期限的长期性，计算保险费的时候还要考虑利率、通货膨胀等因素。

三、人身保险的种类

人身保险的经营主体为了适应人们的保障需求而创造了许多新的保险险种。人身保险按不同的分类标准可以进行不同的划分。

（一）按保障范围分类

按保障范围分类，可分为人寿保险、人身意外伤害保险和健康保险。

人寿保险也称为生命保险，它是以人的生命为保险标的，保险人承担被保人在保险合同有效期限内发生约定的死亡或生存至某一时间,或者其他保险事故或事件为保险金给付责任的一种保险业务。

人身意外伤害保险是指被保险人因遭受意外伤害事故造成死亡或残疾等保险事故时,保险人按照保险合同约定,向被保险人或者受益人给付残疾金或者身故金的一种人身保险。

健康保险是指以人的身体为保险标的,保险人对被保险人因疾病或意外事故或生育等所致伤害时的医疗费用支出,或者因疾病、伤害丧失工作能力导致收入减少承担保险赔偿或保险金给付责任的一种人身保险。

(二)按投保主体分类

按投保主体分类,可分为个人人身保险和团体人身保险。

个人人身保险是以个人为投保人,根据个人不同的社会地位(包括生存环境和生活环境等)、不同的经济需求以及不同的经济承受能力所签订的各种责任范围的保险,一份保险单只承保一个被保险人或一个家庭成员的人身保险。个人人身保险在实际工作中又可以分为若干种类,例如,按保险金额给付的方式,可以分为一次性给付保险和年金给付保险;按承保的保险事故,可以分为生存保险、死亡保险和两全保险;按投保者是否参加分红,可以分为分红保险和不分红保险。

团体人身保险是以一份总的保险合同承保某一个企业、事业或机关团体的全部或大部分的人身保险,投保人为法人或社团组织,被保险人是团体中的在职成员。团体人身保险以保障劳动者的福利、健康和养老为目的。值得注意的是,团体人身保险合同的投保人是单位组织,被保险人一般是本单位的职工。团体人身保险合同的生存受益人一般是被保险人自己,身故受益人应当由被保险人或投保人指定。团体人身保险合同受益人无偿享有保险金,不承担交纳保险费的义务,保险公司也没有权利向受益人追索保险费。因此,认为单位出钱投保,单位就当然享有支配保险金的权利是错误的。

案例评析:黄先生和朋友一起开了一家有限责任公司,主要在各个生活社区设点出售直饮水。公司现有员工10人,其中4名机修工人,其他的是销售及财务人员。在保险公司工作的朋友建议黄先生购买团体人身保险,因为机修人员及推销人员经常在外面,若买团体人身保险后员工出事可以赔偿,会减轻小企业的负担。黄先生考虑到公司新成立,万一遭遇到意外事故,自己很难保证可以给员工足够的赔偿,同时,也考虑到团体人身保险确实有一些优势,即使公司人员流动比较频繁,团体人身保险还可以转给新员工,不会随着员工流失而损失,于是就为每位员工购买了年投入每人130元的团体人身保险。

2010年夏天,公司成立不到一年,机修工人小李出外作业时,遭遇了交通事故。通过保险公司,该员工获得了伤残赔偿。然而,由于身体伤残,小李需要休养,不能继续在公司工作,2011年初,黄先生就招聘了一名新员工顶替他。没想到新员工到公司工作没几天,外出作业的时候,再次出了交通事故。这一次,黄先生去保险公司为员工理赔时遭遇到了问题。保险公司以该员工没有参加团体人身保险为理由拒绝黄先生的理赔申请。黄先生纳闷了,团体人身保险不是可以在员工中转移吗?既然新员工顶了以前员工的职位,为什么团体人身保险就失效了?

[评析]　按照保险公司的规定,一般来说,在保险合同的有效期内,投保人只要按照相应程序告知保险公司后,退出该团体的人员就会失去承保资格,而新进员工也可以因为加入团体而获得保险资格。也就是说,如果单位里有员工离职,那么,单位要按照保险公司规定的程序向保险公司提出申请,离职的员工就失去了承保资格;同时,单位也需要把变更的新人员的资料提供给保险公司。也就是说,虽然团体人身保险的承保成员是可以流动的,但是,并不是自动流动的。作为单位,要承担向保险公司提出变更请求的责任。

从这个案例可以得出,黄先生如果在小李离职以及新员工进入公司后及时与保险公司取得联系,就能了解到保险公司关于人员能否变更的规定。如果保险公司在为小李进行理赔时,就提醒黄先生该保险已经不能再进行流动,黄先生对该保险的误解也可以避免。作为消费者,企业在购买团体人身保险时更应该关注细节,而保险公司也应该加强对容易产生误解的条款的解释。

(三)按被保险人的风险程度分类

按被保险人的风险程度分类,可分为标准体保险、次标准体保险。

标准体保险也称健康体保险,指被保险人的风险程度属于正常标准范围,或者指被保险人的身体、职业和道德等方面没有明显缺陷,保险人可以按照所订立的标准或者正常的费率来承保的人身保险。

次标准体也称次健康体,指与一般人相比,身体有缺陷的人或血压不正常的人,或者从事危险职业死亡率比较高的人,即死亡指数超过正常界限,因此也称弱体。它包含两个部分,即残体和病体。残体是指残疾、瘫痪以及身体的某些部位遗存显著运动障碍的人。病体是指患有某种疾病影响其生命延续或其正常学习和工作的人。次标准体保险是指被保险人所含有的风险程度超过了标准体的风险程度，不能按标准或者正常费率来承保，但可以附加特别条件来承保的人身保险。

> **阅读资料**：人寿保险产生之初，保险人对次标准体一概不予承保。后来，随着医学的发展，人们发现次标准体的寿命未必就短，于是弱体人寿保险出现了。它最早产生于英国，并于19世纪末传到美国，在美国得以完善。

（四）按是否可以分红分类

按是否可以分红分类，可分为分红保险和不分红保险。分红保险是指保险人将其经营成果的一部分，按照保险合同约定的时间，以一定的方式分配给被保险人的险种。不分红保险是指被保险人在保险费交纳后没有盈利分配的保险。

> **阅读资料**：分红保险产品红利的分配方式
> 1. 现金红利法
> 采用现金红利法，每个会计年度结束后，寿险公司首先根据当年度的业务盈余，由公司董事会考虑指定精算师的意见后决定当年度的可分配盈余，各保单之间按它们对总盈余的贡献大小决定保单红利。保单之间的红利分配随产品、投保年龄、性别和保单年限的不同而不同，反映了保单持有人对分红账户的贡献比率。一般情况下，寿险公司不会把分红账户每年产生的盈余全部作为可分配盈余，而是会根据经营状况，在保证未来红利基本平稳的条件下进行分配。未被分配的盈余留存公司，用以平滑未来红利、支付末期红利或作为股东的权益。现金红利法下盈余分配的贡献原则体现了红利分配在不同保单持有人之间的公平性原则。
>
> 在现金红利法下，保单持有人一般可以选择将红利留存公司累计生息、以现金支取红利、抵扣下一期保费等方法支配现金红利。对保单持有人来说，现金红利的选择比较灵活，满足了客户对红利的多种需求。对保险公司来说，现金红利在增加公司的现金流支出的同时减少了负债，减轻了寿险公司偿债的压力。但是，现金红利法这种分配政策较为透明，公司在市场压力下不得不将大部分盈余分配出去以保持较高的红利率来吸引保单持有人，这部分资产不能被有效地利用，使寿险公司可投资资产减少。此外，每年支付的红利会对寿险公司的现金流量产生较大压力，为保证资产的流动性，寿险公司会相应降低投资于长期资产的比例，这从一定程度上影响了总投资收益，保单持有人最终获得的红利也较低。现金红利法是北美地区寿险公司通

常采用的一种红利分配方法。

2. 增额红利法

增额红利法以增加保单现有保额的形式分配红利，保单持有人只有在发生保险事故、期满或退保时才能真正拿到所分配的红利。增额红利由定期增额红利、特殊增额红利和末期红利三部分组成。定期增额红利每年采用单利法、复利法或双利率法将红利以一定的比例增加保险金额；特殊增额红利只在一些特殊情况下，如政府税收政策变动时将红利一次性地增加保险金额；末期红利一般为已分配红利或总保险金额的一定比例，将部分保单期间内产生的盈余递延至保单期末进行分配，减少了保单期间内红利来源的不确定性，使每年的红利水平趋于平稳。

增额红利法赋予寿险公司足够的灵活性来对红利分配进行平滑，保持每年红利水平的平稳，并以末期红利进行最终调节。由于没有现金红利流出以及对红利分配的递延增加了寿险公司的可投资资产，同时不存在红利现金流出压力，寿险公司可以增加长期资产的投资比例，这从很大程度上增加了分红基金的投资收益，提升了保单持有人的红利收入。但是在增额红利法下，保单持有人处理红利的唯一选择就是增加保单的保险余额，并且只有在保单期满或终止时才能获得红利收入，保单持有人选择红利的灵活性较低，丧失了对红利的支配权。此外，在增额红利分配政策下，红利分配基本上由寿险公司决定，很难向投保人解释现行分配政策的合理性以及对保单持有人利益产生的影响，尤其在寿险公司利用末期红利对红利进行平滑后，缺乏基本的透明度。增额红利法是英国寿险公司采用的一种红利分配方法，这种分配方法必须在保险市场比较成熟的环境下运行。

本项目的后面部分按照保险范围的分类标准，介绍人寿保险、人身意外伤害保险和健康保险。

案例评析：

[案情] 某年8月31日，A大学(投保人)与Y保险公司(被告，保险人)签订学生团体短期健康保险和意外伤害保险合同一份，受益人为被保险人即包括X(原告，A大学学生)在内的7 000余名在校学生，保险期限1年，保费为每人30元，投保险种包括学生意外伤害保险、附加学生意外伤害医疗保险和学生幼儿住院医疗保险在内的3个险种，其中学生幼儿住院医疗保险保额为60 000元。保险条款规定，保险责任范围为保单生效30天后，被保

人因病住院所实际支出的合理医疗费用,按级距分段计算给付住院医疗保险金。该保险合同于同年9月1日零时起生效。

同年10月13日,X因"突发头痛伴呕吐7小时"住院,经诊断为左小脑动静脉畸形,X 3年前有左小脑动静脉畸形手术史。X经住院治疗,做了左小脑动静脉畸形切除手术,住院期间支付的医疗费合计36 719.9元。根据保险单的特别约定,核定出医疗费有效金额为27 668.86元。X向Y保险公司提出给付保险金申请遭拒绝,X遂诉至法院。

Y保险公司的投保单规定:"投保人、被保险人必须如实告知,否则保险人有权依法解除合同,并对保险合同解除前发生的保险事故不承担保险责任。所有告知事项以书面告知为准,口头告知无效。"保险条款中也规定,订立本合同时,保险公司应向投保人明确说明本合同的条款内容,特别是责任免除条款,并可以就投保人、被保险人的有关情况提出书面询问,投保人、被保险人应当如实告知。保险条款还规定,因未告知的既往症,造成被保险人发生医疗费用的,保险公司不负给付保险金的责任。A大学与Y保险公司订立保险合同时,Y保险公司未要求学校为参保学生进行保前体检,没有通过投保人向每名参保的被保险人提供书面合同条款说明的资料及询问其健康状况的询问单,也未要求A大学向保险公司提供的参加保险学生名单中设置每名学生包括既往病史在内的健康告知状况明细。

A大学在投保人声明栏盖章,并向Y保险公司出具一份声明,称其已向保险公司"如实告知"。投保单中投保人声明栏注明,告知声明书中填"√",即作为投保人"是"的答复,但该告知声明书的"被保险人健康告知栏"及"其他告知事项"的每一询问事项后的方框中均为空白,Y保险公司并未就告知栏中的事项对A大学提出一一询问。

法院认为,投保人A大学与Y保险公司签订的保险合同合法有效。X因病住院并实际支付了医疗费用,已构成保险事故。我国《保险法》采用询问告知主义原则,即投保人的告知范围,以保险人询问的事项为限,对保险人未询问的事项,不负有告知义务。投保人应当告知的事项,仅限于投保人或者被保险人知道或者应当知道的重要事实或事项。

Y保险公司提供的投保单、保险条款中规定了投保人、被保险人必须如实告知,且所有告知事项以书面告知为准,在订立保险合同时,Y保险公司就应采取书面询问的具体措施,如向每名参保学生发放询问单,或者通过要求学校在其提供的参保学生名单中,设置每名被保险人健康告知栏等方式,询问每名被保险人的身体状况,以及是否有与重大疾病有关而涉及保险人免责的既往症等内容。

虽然A大学在投保单的投保人声明栏盖了章,并向Y保险公司出具了已告知的声明,但这并不能证明Y保险公司向投保人A大学一一询问过7 000余名参保学生的身体状况及其是否有既往症。因Y保险公司未采取有效措施向投保人提出一一询问,使得作为被保险人之一的X,在对投保单和保险条款中所规定的询问内容和不履行告知义务的后果处于不知情的状况下,无法通过投保人A大学向Y保险公司告知其既往病史。而投保人A大学并非专业保险机构,也非兼业保险代理人,在Y保险公司未提出一一询问的情况下,并不承担对原告的既往症告知的义务。综上所述,Y保险人因未告知的既往症而免责的保险条款不发生效力,Y保险公司对原告在保险期限内住院所产生的合理医疗费用,应承担给付保险金的责任。根据保险单的特别约定,核定出医疗费有效金额为27 668.86元,在保险合同特别约定的60 000元保险保额范围内,依照保险条款规定的按级距分段计算法,算得应给付住院医疗保险金为22 751.97元。

据此,法院判决被告Y保险公司给付X保险金22 751.97元。

案例评析:

盛女士与某人寿保险公司签订了一份终身寿险合同,附加住院医疗、意外伤害和意外伤害医疗短期险。主险保险期限为终身,交费年限为10年,年付保险费共计2 346.80元。在投保书有关健康情况的各栏中,盛女士对"既往病史"作了"否"的回答,还签名确认。随后,盛女士在保险公司指定医院进行了体检,体格检查表记载"有腹部手术痕",原因为"绝育术后30年",保险公司体检专员在这份体检表上签了名。在盛女士交付保费后,寿险合同开始生效。

第二年5月15日,盛女士遭遇意外事故,因骨折住进医院治疗,并于5月20日手术。6月6日,盛女士伤愈出院,依据保险合同约定,她可获得5 000元意外事故医疗理赔金,同时从保险公司获得住院床位费460元、住院手术费1 500元以及住院杂项费2 000元,以上合计共8 960元。这对伤愈的投保人来说,也是一份安慰。但她向保险公司提出理赔申请后,对方生硬地告知:"不作理赔。"

原来，保险公司派出的理赔调查员在医院获得了一份会诊记录，其上反映："患者30年前有肾炎史……"因此保险公司认为盛女士在投保时"隐瞒了病史"。得知情况后，盛女士赶紧与医院进行交涉，经查，是一位外地来沪的医生对盛女士的方言发生误解，将30年前绝育手术疤痕当作了"30年前有肾炎史"，为此，医院医务处出具了会诊记录更正证明。

但是，保险公司仍不认可医院证明，作出了拒绝理赔、解除保险合同、退还保费的书面决定。法庭上，抓住投保人把柄的保险公司仍不松口，认为：医院出具的证明材料只是一个见证，该证据不具有可信性。

[审判结果] 一审判决认为：作为救急救难的保险合同，是一种最大的善意合同。原告盛女士按照投保程序填写表格做了体检，保险公司根据投保书及体检表等资料核保后出具了保单，意味着双方保险合同成立。盛女士出险后申请理赔，并为澄清事实提供了医院纠正错误的情况证明，上面有医院医务处及住院病区的公章，还有病区负责医生的签名，无论从形式还是内容上，该证据均表明盛女士投保前没有患肾炎疾病的事实。同时，被告保险公司拒绝理赔，却拿不出原告在投保前患有疾病的证据，这种拒绝理赔的理由法院不予认同。判决保险公司应赔付盛女士8 960元保险金，考虑到原告仅提出了8 860元赔付要求，判决保险公司赔付原告8 860元，双方达成的寿险合同继续履行。

任务一　认识人寿保险

知识目标

了解人寿保险的含义；
理解死亡保险、生存保险和两全保险；
理解年金保险的含义；
理解万能保险、变额人寿保险等；
理解人寿保险的有关法律条款。

任务引入

早期的人寿保险主要是指定期寿险，后来又出现了终身寿险。由于它们只能解决被保险人家属的经济需求，而不能满足被保险人本人的需要，因此又产生了生存保险。再后来,人们把两者结合,就产生了保障更为全面的生死两全保险。

任务分析

撰写周围人购买人寿保险的调查报告;

分析有关死亡保险、生存保险和两全保险的案例;

搜集和分析人寿保险有关法律条款有关的案例。

相关知识

1. 死亡保险下,为帮助克服安葬死者所遇到的经济困难而提供的物质帮助,一般称为丧葬补助金或丧葬费。

2. 死亡保险下,为保障死者生前供养亲属的基本生活而提供的物质帮助,一般称为抚恤金或遗属年金。

3. 保单现金价值,又称"解约退还金"或"退保价值",是指带有储蓄性质的人身保险单所具有的价值。保险人为履行合同责任通常提存责任准备金,如果中途退保,即以该保单的责任准备金作为给付解约的退还金,这是被保险人要求解约或退保时,寿险公司应该发还的金额。

4. 保单责任准备金,表示保险人估计的用于支付未来到期保险金所需的金额,保险公司必须保持资产超过其保单责任准备金,以便有足够的资金支付到期的索赔。另外,保单责任准备金必须足以支付索赔,并且其对应的基金必须进行安全投资。通常保监会会要求保险公司使用稳健的生命表以保证其具有较为准确的保证金。

5. 自然保费。按照各年龄死亡率计算而得的逐年更新的保费。

6. 均衡保费。指投保人在保险年度内的每一年所缴保费相等。

7. 生命表。根据以往一定时期内各种年龄死亡统计资料编制的一种统计表,其中包含每个年龄的死亡率。它分为国民生命表和经验生命表。国民生命表是根据全体国民或者特定地区的人口死亡统计数据编制的,资料主要来源于人口普查的统计资料;经验生命表是根据人寿保险或社会保险以往的死亡记录分析编制的。

一、人寿保险的含义

人寿保险是以人的生命为保险标的,以被保险人生存或死亡为给付条件的一种人身保险业务。即投保人向保险人交纳一定数量的保险费,当被保险人在保险期限内死亡或生存到一定年龄时,保险人向被保险人或其受益人给付约定的保险金。其风险因素主要有：年龄、性别、职业、健康状况、体格、居住环境、家族遗传史等。

> **提醒您**：生命风险有偶然和不可预料性，即发生与否的不可预料，发生时间的不可预料，发生的原因与结果的不可预料。

二、人寿保险的种类

（一）普通人寿保险

普通人寿保险的基本形态通常包括死亡保险、生存保险和两全保险。

1. 死亡保险

死亡保险是指以人的死亡作为保险事故，在事故发生时，由保险人给付一定金额的保险。按照死亡有无时间限制分为定期死亡保险和终身死亡保险。死亡保险的目的在于保障自身死亡后家庭经济生活的安全。

> **阅读资料**：我国《保险法》规定，父母为其未成年子女投保的人身保险，被保险人死亡给付的保险金总和不得超过监管机构规定的限额。按照2010年11月18日保监会发布的通知，未成年人死亡给付保险金的限额，全国统一调整为10万元，并于2011年4月1日起执行新限额。
>
> 对未成年人，如果父母对其投保死亡保险，无须经未成年人同意，但死亡保险之金额，受保监会规定的最高保险金额限制（除北京、上海、广州、深圳为10万元外，其余城市为5万元）。

（1）定期死亡保险。又叫定期寿险。定期死亡保险提供特定期间的死亡保障，即保险人只对被保险人在规定时期内的死亡负给付保险金的责任；如果被保险人期满生存，保险人不负给付保险金的责任。这个规定期限可以是5年、10年或20年等，有些保险单规定被保险人达到某个年龄时为止，如60岁、65岁或70岁等。定期死亡保险最大的优点是可以用极为低廉的保险费获得一定期限内较大的保险保障。只有被保险人在保险有效期内死亡，保险人才承担保险金给付责任。

定期寿险的特点有：第一，保险期限一定而且较长，如果其保险期限可以达到特定年龄70岁为保险期满，被保险人16岁投保，其保险期限可以达到54年。第二，保费不退还。如果保险期满，被保险人仍生存，保险人不承担给付责任，同时不退还投保人已交纳的保险费和现金价值。因为生存者在保险期内所交的保险费及保险费所产生的投资收入已作为死亡保险金的一部分，由保险公司支付给了死亡者的受益人。第三,定期寿险的保险费低廉。在相同保险金额、相同投保条件下,其保险费低于任何一种人寿保险。这是定期人寿险的最大优点。这是因为死亡保险提供的完全是危险保障,一年定期保险的纯保费就是根据被保险人死亡概率计算而来的危险保险费,没有储蓄的性质。第四,定期保险的低价和高保障,使得被保险人的逆选择增加,表现为人们在感到或已经存在着身体不适感有某种极度危险存在时,往往会投保较大金额的定期保险;而在自我感觉身体健康、状态良好的时候,往往退保或不再续保。

定期死亡保险适用对象很广泛。第一,年纪较轻的被保险人,如处于孕育期的学生,处于建设期、刚进入社会或刚结婚的年轻人。第二,收入有限但生计责任较重的被保险人,如正在建设期或成熟期的收入较不宽裕、但照顾家庭及子女的责任较重的被保险人。第三,暂时需要有死亡保障的被保险人,如正在偿还贷款或债务的被保险人;因为失业或其他原因,缴付保费能力暂时发生困难的被保险人。

(2)终身死亡保险。终身死亡保险又称终身寿险,即终身提供死亡保障,是一种不定期的死亡保险。保险单签发之后除非应交的保险费不交,否则被保险人在任何时候死亡,保险人都给付保险金。其最大的优点是可以得到永久性保障,而且有退费的权利。若投保人中途退保,可以得到一定数额的返还。

终身寿险的特点主要有:第一,每一张有效保险单必然发生给付。因为它是以被保险人在任何时候的死亡为给付保险金的条件,而人是固有一死的。第二,保险费率高于定期寿险的保险费率。第三,保障他人利益。因为保险金的给付是发生在被保险人死亡之后,只能由受益人领取。

终身保险按缴费方式可分为:①普通终身保险,又称终身缴费的终身寿险,即被保险人只要活着,就要缴付保险费。②限期缴费终身保险,即规定投保人在一定期限内缴费或被保险人在达到某个年龄前缴费,如规定缴费期为 10 年、15 年、20 年或缴费至 65 岁为止等。

> **提醒您:**《保险法》规定:"以死亡为给付保险金条件的合同,未经被保险人书面同意并认可保险金额的,合同无效。依照以死亡为给付保险金条件的合同所签发的保险单,未经被保险人书面同意,不得转让或者质押。父母为其未成年子女投保的人身保险,不受前款的限制。"

(3)联合人寿保险。是指用一张保险单承保几个被保险人(至少是两个人)的人寿保险,这是死亡保险的特殊险种。联合人寿保险分为联合终身寿险和最后生存者保险。

联合终身寿险,即两个或两个以上的人作为被保险人,若其中一个人死亡,生存的人就可以领取全部保险金。最后生存者保险,即被保险人为两个或两个以上,当被保险人中最后一个生存者死亡时,保险人才给付保险金。

> **案例阅读:** 国内首例捏造死亡骗赔案
>
> 1998年8月,35岁的曾某与邻居谢某及其独生子在长江游泳,大约游了一个小时后,谢家父子准备叫曾某一起回家,却怎么也找不到曾某。谢家父子大惊失色,寻找不着,只得通知了曾某的亲属并报了案。
>
> 出事前,曾某在保险公司投保了可以获得26万元身故赔偿金的人寿保险,交纳保险费4 485元。出事后,曾某的前妻张某和姐姐一同到保险公司要求索赔,保险公司告知他们索赔需要尸体的火化证明、注销户口的证明及居民死亡证明,并且还给他们留下了联系电话,让他们一接到公安机关的认尸通知就告诉理赔调查员一同去。但是,几个月后,曾某的前妻张某和姐姐第二次来到保险公司时,却带来了曾某的注销户口证明及居民死亡证明。保险公司的理赔人员当时就问,认尸时为什么没有通知我们去?但张、曾二人说他们也没有见到尸体。理赔员大感意外,按公安部门的规定,尸体未被水上公安部门打捞并确认身份之前,任何部门无权开具死亡证明。于是,保险公司决定调查此案。通过调查,发现此案至少有两个疑点:一是始终没有找到尸体;二是医院的死亡证明是仅凭一张有居委会盖章的小纸条而开出的,而且写这个小纸条的人还是曾某的前妻张某。随着调查的展开,保险公司发现疑点越来越多,于是保险公司作出了暂不理赔的决定。受益人张某一再索赔,双方僵持了5个多月,一个匿名电话戳穿骗局,"死者"仍活在世上,曾某骗赔案告破。2000年7月12日,法院作出一审判决,曾某因犯保险诈骗罪,被判处有期徒刑5年,并处罚金2.5万元;曾某的前妻张某和姐姐分别被判处有期徒刑3年,缓刑3年,并处罚金1.5万元。
>
> 本案是一起捏造被保险人遇难死亡的骗赔案。捏造遇难死亡常见的手法除本案曾某那样伪装溺死外,还有伪装失足跌落山崖、伪装落海遇难等。捏造遇难死亡一般的思路都是被保险人在水里游泳,或雪地滑雪,或海边游玩,忽然消失了踪影,同伴遍寻不找,于是报案,然后受益人出面向保险公司索赔。本案是我国发现的首例伪造被保险人遇难死亡诈骗案。
>
> 对于被保险人失踪索赔案,究竟是伪造被保险人失踪的保险欺诈案,还是真正的被保险人失踪索赔案,保险公司应加强核查,慎重对待。

2. 生存保险

生存保险是指以被保险人生存满一定时期为条件,由保险人负给付保险金的责任。在生存保险中,保险金的给付是以被保险人在期满时生存为条件的,如果被保险人中途死亡,则保险人既不给付保险金,也不退还已交纳的保险费。

> **案例阅读**:王力,某年6月在某人寿保险公司为儿子购买了5份少儿保险,条款中约定到孩子满15周岁的保单周年日时,可以领取一定数额的满期保险金。领取保险金的时候,带上户口本,以及以孩子名义开户的银行存折等相关资料到保险公司办理手续。

生存保险的一个分支就是年金保险。年金保险是以被保险人期满生存为保险金给付条件,但其保险金是按合同规定,在被保险人生存期间内,每隔一定的周期(通常是1年)支付一定的保险金给被保险人而非一次性给付的一种生存保险。生存保险设计为年金保险主要有几个优点:分期支付可以避免被保险人因使用不当而造成保险金不能充分保障其整个生存期间的生活需要;年金保险可以每年领取,能更好地保障老年生活。

> **案例阅读**:刘先生现年30岁,购买了"美满一生"年金保险,选择5年期交费,每年交费5万元。第一次交费合同生效后即可领回3 122元年金,相当于第一年保险费的6.24%,以后每年交费时都能领取3 122元年金,一直至74周岁;同时,每年还享受保险公司经营收益所带来的红利分配,且红利累积复利计息。75周岁期满时,刘先生还可以得到312 250元期满保险金。期间还为刘先生提供生命保障,即被保险人若在保险期内身故,可获得身故保险金34.347 5万元。

生存保险最常见的险种有以下几种:

(1)退休年金。它属于延期终身年金,一般分若干期缴费,年金受领人达到退休年龄时开始领取年金。在开始领取年金之前,年金受领人可以申请退保,领取退保金;如果被保险人在此期间内死亡,其受益人可以领取保险单的现金价值。到年金开始给付时,年金受领人有权选择领取年金的方式。

(2)联合生存者年金。是指两个或两个以上的人联合投保的年金保险。联合生存者年金在被保险人全部活着时,年金全数给付;如果有一个被保险人死亡,就终止年金给付。

(3)最后生存者年金。是指两个或两个以上的人联合投保,只要还有一个人活着,年金全数给付,直到被保险人全部死亡,保险金的给付才终止。

(4)变额年金保险。是指年金给付金额随投资收益而变动。保险人将该保险的资产另立专门账户,单独进行股票或债券投资,本保险的保险单持有人享受投资成果。

> **阅读资料:**
> 1. 延期年金。是指订约一定时期以后保险人才开始给付年金的年金保险。与之相对应的是即期年金,即在订约后立即开始给付年金的年金保险。
> 2. 终身年金。指保险人给付年金至被保险人死亡为止。与之相对应的是定期年金,即保险人在约定的期限内给付年金,约定期满给付终止。
> 3. 个人年金。以一个被保险人生存作为年金给付条件的年金。与之相对应的是联合年金,即两个或两个以上的被保险人均以生存作为年金给付条件。
> 4. 金额保证年金。如果被保险人死亡时,其所领年金数额低于年金现价,其差额将由受益人领取。
> 5. 联合及生存者年金。以两个或两个以上的被保险人中至少尚有一个生存作为年金给付条件,但给付金额随被保险人数的减少而进行调整的年金。
> 6. 期间保证年金。规定一个保证期间,如果被保险人在此期间死亡,他(她)的受益人可以继续领取年金,直到保证期届满时为止。

3. 两全保险

两全保险也称生死合险、储蓄保险、混合保险,是指将定期死亡保险和生存保险结合起来的保险形式。被保险人在保险期内死亡,其受益人可以领取保险金;被保险人在保险期满生存,本人可以得到保险金。两全保险不仅使受益人得到保障,同时也使被保险人本身享受其利益。在相同条件下,两全保险的保险费率比生存保险和死亡保险的费率高。两全保险的纯保费由危险保险费和储蓄保险费组成。危险保险费用于当年死亡给付;储蓄保险费则形成责任准备金,既可用于中途退保时支付退保金,也可用于期满生存时的生存给付。

(1)普通两全保险。这是一种单一保险金额的两全保险,即不论被保险人在保险期内死亡还是期满生存,保险人给付的保险金均相同。如果被保险人在约定的保险期间内死亡,保险人对受益人承担给付保险金的责任;如果被保险人在保险期满仍生存,保险人对被保险人也承担给付保险金的责任。

(2)两全保险附加定期寿险。这种保险如果被保险人生存到保险期限届满,保险人按保险金额进行给付;如果被保险人在期内死亡,保险人则按保险金额的多倍进行给付。

(3)联合两全保险。这种保险承保两人或两人以上的生命,在约定的期限内,任何一人先死亡,保险人给付全部保险金,保险合同终止。如果满期时联合投保人全部健在,也给付全部保险金。

(4)期满双赔两全保险。被保险人在保险期内死亡,保险人给付其受益人全额保险金;如果被保险人生存到保险期满,保险人给付被保险人两倍于保险金额的保险金。

(二)简易人寿保险

简易人寿保险是指用简易的方法所经营的人寿保险。划分普通人寿保险和简易人寿保险的标准是承保技术。简易人寿保险是两全性质的人寿保险,具有保障性和储蓄性双重作用。它是一种低保额、免体检、适应一般低工资收入职工需要的保险。低保额原因是简易人寿保险本身是为了满足只能负担少量保险费的低收入者设计的,保险金额因此比较低。免体检是为了充分体现投保此险种的方便性,但并不是说对所有的被保险人都不加选择地予以承保。它往往要求被保险人如实告知健康状况,对不符合健康标准的被保险人将拒绝承保。简易人寿保险的保险费略高于普通人寿保险的保险费,原因是:免验体格造成死亡率偏高;业务琐碎使得附加管理费高;失效比率较大,从而保险成本提高。

案例阅读:某日,彭女士向中国人寿保险股份有限公司某支公司投保10年期简易人身保险,中国人寿向彭女士出具了一份保险证。保险证记载:投保人每月向保险人交纳保费5元,交款期自2000年1月起至2010年12月止,受益人系彭女士本人,到期返还4 850元。此后,彭女士按照约定如期交纳保费,并且多交纳一年保费60元。2011年1月初,彭女士要求中国人寿履行合同义务,支付保险金4 850元。中国人寿以保险证上的数额是业务员笔误为由,只同意按照投保单上的保险金额715元给付彭女士。彭女士随即将中国人寿告上法院。

法院经审理后认为,保险合同关系合法有效。中国人寿保险有限公司《简易人身保险条款》第八条明确规定:"保险金额和保险费按份数计算。每份保险费不分年龄和期限,每月人民币一元。每份保险金额,按投保时被保险人的不同年龄和投保期限分别规定。"2000年1月,彭女士投保时的年龄为58岁,并投保了5份,符合所规定的51~60岁。满期时每份应获得保险金额为143元/份×5份=715(元)。虽然彭女士持有的保险缴费证所记载的金额为4 850元,但是中国人寿主张保险证系被告公司业务员的笔误、应予以更正的意见可以相信。且彭女士10年所交保险费600元,其保险证上记载的保险金额为4 850元,大大超出了中国人民银行对利率的调控标准。故彭女士主张按保险金额4 850元给付之诉请,法院不予支持。中国人寿多收取彭女士的保费60元,应当予以返还。

依照《中华人民共和国合同法》的有关规定,判决:被告中国人寿保险股份有限公司某支公司自本判决生效后5日内给付彭女士保险金715元;中国人寿保险股份有限公司某支公司自本判决生效后5日内退还原告彭女士保费60元;驳回彭女士的其他诉讼请求。

（三）团体人寿保险

1. 概念

用一张总的保险单对一个团体的成员及其生活依赖者提供人寿保险保障的保险。

2. 特点

（1）风险选择的对象是团体而不是个人。

阅读资料：团体人寿保险对风险选择控制的主要手段有：投保团体必须是合格的团体,有其特定的业务活动,独立核算;投保团体的被保险人必须是能够参加正常工作的在职人员;对投保人数的限制,一是对绝对数的要求(一般不少于50人),二是对参加保险人数比例的要求(一般不低于75%);保额的限制,或者整个团体的所有被保险人的保险金额相同,或者按照被保险人的工资水平、职位、服务年限等标准,分别制定每个被保险人的保险金额。

团体人寿保险成本低的原因有：手续简便,简化了承保、收费、会计等手续;减少了代理人佣金支出,节约了管理费用;免于体检,节约了体检费;采用团体投保的方法,减少了逆选择因素的消极影响,使平均死亡率、疾病率相对下降。

（2）使用团体保险单。

（3）成本低。

（4）保险计划的灵活性。

（5）采用经验费率的方法。团体保险也应按风险程度的不同分别制定费率。主要考虑投保团体所从事工作的性质、职业特点、以往的理赔记录等,其中理赔记录是决定费率的主要因素。

3. 团体人寿保险的种类

(1)团体定期寿险。以合法组织(如机关、事业单位、企业团体等)的多数员工为被保险人,保险人承担在保险期内被保险人死亡给付保险金的责任,其保险期限为1年,1年期满时可以续保。保险金额可以相同,也可以按不同标准确定。如果是按不同标准确定,通常要求最高保险金额不能高出团体平均保险金额的若干倍。保险费率大多采用按年龄段确定。保险责任主要是死亡和全残,部分保险公司将意外伤残也包括进去。

(2)团体长期人寿保险。把团体定期寿险作为基本形式,搭配有储蓄性的个人保险(如终身寿险、养老保险等)。它主要有团体定期保险加缴清保险、均衡保费式的团体终身保险、储金式团体终身保险和团体信用人寿保险。

团体定期保险加缴清保险:是由1年定期死亡保险和终身死亡保险相结合的险种,前者由投保团体负担保费,采取逐缴保费的方式。具体办法是:总的保额由雇主与雇员协商约定,雇主每年以逐缴保费方式为雇员投保1年定期死亡保险,其保额为总保额与终身死亡保险累积保额的差额。雇员每年则以逐缴保费的方式为自己投保一次终身死亡保险,雇员每年交付的保费相同,但因年龄的变化,每年购买的终身死亡保险的保额不同。由于终身死亡保险的累积保额逐年增加,因此1年定期死亡保险的保额逐年减少,雇主的保费负担也逐年减轻。终身死亡保险保单上具有现金价值,雇员无论何时死亡都可获得保单上总的保险金,脱离团体或退休时可继续享受保险保障,也可退保,领取退保金。

均衡保费式的团体终身保险:一般是由公司、企业为员工投保限期缴费的终身死亡保险,采用均衡保险费方法;保费既可由雇主(投保团体)独立负担,也可由雇主与雇员共同负担,雇员对其自付保费部分拥有其中的现金价值。

储金式团体终身保险:就是由保险人与企业共同设立一特别基金,每年由分红累积或企业划拨资金交由保险人运用,待到员工退休时则可以运用此基金购买定期险或由保险人直接提供给付以保障退休生活。

团体信用人寿保险:这是基于债权人与债务人之间的债权债务关系而签订的保险合同,是债权人以其现在和未来的债务人的生命作为保险标的,以保单持有人(债权人)为受益人(这与其他团体人寿保险有所不同,比如团体定期寿险的保单持有人——投保团体并不是受益人);被保险人死亡时,保险公司给付保险金来抵偿被保险人所负债务。其保费可以由投保人单方面负担,也可由债务人或双方共同承担。法律一般规定,债权人不得以要求参加团体信用寿险作为扩张信用的条件或手段,以防止道德风险的发生,保证保险人的利益。

(四)人寿保险的新发展

1. 变额寿险

变额寿险是一种保额随其保费分离账户的投资收益的变化而变化的终身寿

险。"变"体现在，变额寿险的保险金和退保金（现金价值）是变动的，它随着为保单持有人设立的分离账户的投资收益（包括资本升值、股息、利息等）的变动而变化。购买变额寿险，投保人支付保费以后，寿险公司扣除保险费用，将剩余资金放在以保单持有人名义设立的分离账户内，分离账户的资金用来购买一个或几个单位的投资基金，投资基金主要投资于各种证券。

变额寿险的保险金额可以随着金融市场上的投资收益变化而变动。

阅读资料：变额人寿保险在20世纪70年代初出现于欧洲和加拿大，1976年美国的保险公司也开始销售该险种。变额人寿保险是通货膨胀的产物。20世纪70年代初，整个西方国家都发生了严重的通货膨胀，传统的固定保险费、固定保险金额的险种受到极大挑战，整个保险业都受到威胁。在这种情况下，一种固定保险费但死亡给付金额不固定、有最低死亡给付金额保证的新险种就产生了，这就是变额人寿保险。

变额人寿保险投保的根本目的是希望受益人得到较大的死亡保险金数额，但最终结果如何完全取决于投资业绩。如果投资收益率高，现金价值和死亡保障都会增加；如果投资收益率低，只能保证最低现金价值和最低死亡给付金额。因此，保险单持有人承担了几乎全部的投资风险，但死亡率和费用率的变动风险仍由保险人承担。

2. 万能寿险

万能寿险是一种缴费灵活、保额可调整、非约束性的寿险，经营透明度高。万能寿险是指包含保险保障功能，并至少在一个投资账户拥有一定资产价值的人身保险产品。

万能寿险除了同传统寿险一样给予保户生命保障外，还可以让客户直接参与由保险公司为投保人建立的投资账户内资金的投资活动，将保单的价值与保险公司独立运作的投保人投资账户资金的业绩联系起来。万能寿险大部分保费用来购买由保险公司设立的投资账户单位，由投资专家负责账户内资金的调动和投资决策，将保户的资金投入到各种投资工具上，对投资账户中的资产价值进行核算，并确保投保人在享有账户余额的本金和一定利息保障前提下，借助专家理财进行投资运作的一种理财方式。

万能寿险具有较低的保证利率；保险合同规定交纳保费及变更保险金额均比较灵活，有较大的弹性，可充分满足客户不同时期的保障需求；既有保证的最低利率，又享有高利率带来高回报的可能性，从而对客户产生较大的吸引力。万能寿险，提供了一个人一生仅用一张寿险保单解决保障问题的可能性。弹性的保费交纳和可调整的保障,使它十分适合进行人生终身保障的规划。

> **阅读资料:** 万能险与分红险比较
> 1. 分设的账户不同。万能保险设有单独的投资账户,同时具有保底利率的功能;分红险不设单独的投资账户,每年的分红具有不确定性。
> 2. 收益分配方式不同。万能险每月为投资者提供结算利率,并提供年保证收益率;分红险是将分红保险可分配盈余的70%分配,通过增加保额、直接领取现金等方式给客户,分红险的分红收益率是不确定的。
> 3. 利润来源不同。万能险利润来自于投资收益;分红险红利来源于三差(利差、死差和费差)收益。
> 4. 缴费灵活度不同。万能险具有交费灵活、保额可调整、保单价值领取方便的特点;而分红险交费时间及金额固定,灵活度差。
> 5. 透明度不同。万能险会每月或者每季度公布投资收益率;分红险资金的运作不向客户说明,保险公司只是在每个保险合同周年日以书面形式告保单持有人该保单的红利金额,透明度较低。

3. 变额万能寿险

变额万能寿险是将万能寿险的缴费灵活性、死亡保险金的可变性和变额寿险的投资弹性相结合的寿险。变额万能寿险遵循万能寿险的保险费交纳方式,保险单持有人在规定限度内可自行决定每期交纳保险费的金额,或在具备可保性及符合保险单最低保额的条件下,任意选择降低或调高保险金额。与变额寿险一样,其资产由分立账户保存,其现金价值的变化与变额寿险现金价值的变化相同,直接由分立账户内投资单位的价格决定,也没有现金价值的最低承诺,即保单现金价值可能降至零。投资风险全部由保险单所有人承担。我国最早在市场上销售的该类保险单是中国太平洋保险公司于2000年推出的太平盛世长发两全保险(万能型)保单。

三、人寿保险的常用条款

(一)不可抗辩条款

1. 基本内容

不可抗辩条款又称为不可争议条款。该条款规定,在被保险人生存期间,从保险合同订立之日起满两年后,除非投保人停止交纳续期保险费,否则保险人不得以投保人在投保时的误告、漏告和隐瞒事实等为由,主张保险合同无效或拒绝给付保险金。保险合同生效两年内为可抗辩期,超过两年后就变成不可抗辩期。

不可抗辩条款也适用于失效后重新复效的保险单,即复效后的保险单经过两年后也成为不可抗辩的。人寿保险合同大都列有此条款。

"不可抗辩条款"的设立是为了防止保险公司滥用合同解除权,有效保护被保险人长期利益,此规则对于长期人寿保险合同项下的被保险人利益的保护具有重大意义。

2. 适用范围

只适用于一般的死亡给付,不适用于永久完全残废给付和意外伤害加倍给付。

(二)年龄误告条款

被保险人的年龄是确定保险费率的重要依据之一,也是承保时判断能否承保的条件。投保人在申请投保时提供被保险人年龄的,保险人在发生保险事故或年金保险在开始发放年金时对被保险人年龄进行核实。

年龄误告条款规定,如果投保人在投保时错误地申报了被保险人的年龄,保险金额将根据真实年龄予以调整。一般地,在被保险人生存期间发现年龄误报,则调整保险费而维持保险金额不变。真实年龄超过合同约定的年龄限制,则保险合同无效,保险人退还保险单的现金价值,但需要在可争辩期间之内完成;真实年龄符合合同约定的年龄限制,则少交保费的,补交保费或在给付保险金时按实付保费与应付保费的比例支付;真实年龄符合合同约定的年龄限制,多交保费的,退还投保人。在被保险人死亡时发现年龄误报,则只能按真实年龄调整保险金额。

案例阅读:某人为自己投保20年的定期寿险,保险金额为10万元,保险费的交付方式为10年限交,投保年龄为40岁,年交保险费2 540元。若干年后,保险单上的被保险人死亡。保险人在理赔时发现此被保险人投保时的真实年龄是42岁,而42岁年交保险费应该为2 760元。所以,实际保险金额应调整为100 000×2 540/2 760=92 028(元),即保险人给付受益人保险金92 028元。

如果理赔时发现被保险人投保时的真实年龄为37岁,而37岁的人年交保险费为2 220元。则实际保险金额应调整为100 000×2 540/2 220=114 414(元),即保险人给付受益人保险金114 414元。

(三)宽限期条款

宽限期条款规定,投保人在交纳续期保险费时保险人给予一定的宽限期,在宽限期内发生保险事故的,保险人承担给付保险金的责任,但是,要从保险金中扣除当期应交的保险费和利息。在我国,法定宽限期是 60 天,在宽限期内发生保险事故,保险人予以负责;过了宽限期后,合同效力中止或者按合同约定的条款减少保险金额。

人寿保险合同是长期性合同,交费期限有的长达几十年。在这个漫长的过程中,难免会出现一些影响投保人按时交费的因素,如遗忘、出差未归、经济暂时困难等。规定宽限期,不仅方便了投保人交费,也避免了轻易导致保险单失效的情况发生,同时也有利于维持较高的保险单续保率。

(四) 自杀条款

自杀条款指的是在保险合同生效(包括复效)后的一定时期内(一般为两年),被保险人因自杀死亡属于除外责任,保险人不给付保险金,仅退还相应的现金价值,但被保险人自杀时为无民事行为能力人的除外。保险合同生效一定时间之后被保险人因自杀死亡,保险人要按照约定的保险金额给付保险金。该条款的目的在于防止被保险人在高额投保后立即自杀。

在人寿保险产生之初的很长一段时间里,自杀一直被作为保险合同的除外责任。后来,随着人寿保险经营技术的逐步完善,保险人发现将自杀作为完全除外责任是很不合理的。原因是:第一,投保人寿保险的目的是保障受益人的权益,如果对自杀一概不付保险金将损害许多受益人的利益;第二,编制生命表时已经考虑了自杀的因素;第三,蓄意自杀、骗取保险金的行为可以被排除,因为人在特定的环境下,一时因挫折产生自杀的念头是很容易的,一般不大可能将此念头保持到两年后去实施。

总之,规定在两年内自杀保险人不赔,而两年后自杀保险人赔付是合理的。

案例思考:被保险人李某,2009 年 6 月 2 日投保了国寿重大疾病终身保险 15 万元,2010 年 6 月 7 日又投保了吉祥卡 30 万元,受益人均指定为其妻。2011 年 5 月 9 日,李某在家中死亡,经公安部门鉴定,系自杀死亡。2011 年 6 月 12 日,李某妻子向保险公司提出索赔申请,保险公司将支付保险金多少?

案例阅读:某年 4 月 28 日,严某为其 9 岁的女儿向某保险公司投保了 5 份少儿保险。次年 3 月 22 日晚,严某的妻子刘某携女儿从 11 层办公楼跳楼死亡。经认定,刘某及其女儿的死亡性质为自杀。事故发生后,受益人严某向保险公司申请赔付意外身故保险金。

> 严某之女，年仅9岁，属于未满10周岁的无民事行为能力人，因其智力状况和认知水平较低，无法正确理解其行为的性质、预见行为的后果，所以根据《保险法》的规定，将不构成故意自杀，保险公司应当赔付保险金。

（五）复效条款

投保人在人寿保险合同因逾期缴费失效后两年内向保险人申请复效，经保险人审查同意，投保人补交失效期间的保险费及利息，保险合同即恢复效力。复效条款所指的复效仅适用于因投保人欠交保险费而导致的失效，其他原因引起的保险合同的失效则不包含在复效范围内。保险合同复效后，对失效期间发生的保险事故保险人不予负责。

> **提醒您：** 复效优于重新投保，因为被保险人的年龄增长了，重新投保时保险费率会随之增加，而且，被保险人的身体状况可能发生较大变化，重新投保时会出现加费因素。
>
> 我国《保险法》规定，合同效力中止的，经保险人与投保人协商并达成协议，在投保人补交保险费后，合同效力恢复。但是，自合同效力中止之日起2年内双方未达成协议的，保险人有权解除合同。

（六）不丧失价值条款

不丧失价值条款也称为不没收条款，是指人寿保险合同的投保人享有保险单现金价值的权利，不因合同效力的变化而丧失。即当投保人无力或不愿意继续交纳保险费维持合同效力时，由其选择如何处理保险单项下积存的责任准备金。投保人处置失效保险单现金价值的三种方式为：(1)现金返还。(2)把原保险单改为缴清保险单，即将保险单上的责任准备金作为趸交保险费，在原保险单的保险期限和保险责任保持不变的情况下，重新确定保险金额。一般，比原保险单的保险金额小。(3)把原保险单改为展期保险单，即将保险单上的责任准备金作为趸交保险费，用于购买与原保险合同保险金额相同的死亡保险，其保险期限长短取决于保险单现金价值的多少，但最长不能超过原保险合同的保险期限。如果现金价值抵交后还有余额，其剩余部分可以购买生存保险。这样，如果被保险人生存至保险期满就可以获得生存保险金。

> **阅读资料：** 传统寿险的现金价值计算方法，如果一定要列出它的计算过程，那么可以简化地给出一个公式：保单的现金价值 = 投保人已交纳的保

> 费—保险公司的管理费用开支在该保单上分摊的金额—保险公司因为该保单向推销人员支付的佣金—保险公司已经承担该保单保险责任所需要的纯保费＋剩余保费所生利息。

(七) 贷款条款

人寿保险单经过两年之后，允许投保人以保险单为抵押向保险人申请贷款，贷款金额以低于该保险单项下积累的责任准备金或退保金（也称保险单的现金价值）为限度。贷款条款多见于两全保险或终身寿险合同中。保险单贷款的期限一般不超过1年，多以6个月为限，贷款利率略高于或等于金融机构的贷款利率，投保人应按时归还贷款并支付利息。如果投保人在还款前发生保险事故或退保，保险人则从保险金或退保金中扣还贷款本息。当贷款本息达到责任准备金或退保金数额时，保险合同即告终止。

(八) 自动垫缴保险费条款

该条款规定，投保人在保险合同有效期内已交足2年以上保险费的，若以后的续期保险费超过宽限期仍未交付，而当时的保险单现金价值足以垫缴应交保险费及利息的时候，除投保人事先另以书面作反对声明外，保险人将自动垫交其应交保险费及利息，使保险单继续有效。如果垫缴后，投保人续期保险费仍未交付，垫缴应继续进行，直到累计的贷款本息达到保险单上的现金价值时，保险合同的效力中止，此中止适用复效条款。在垫缴保险费期间，如果发生保险事故，保险人要从应给付的保险金中扣还垫缴的保险费及利息，当垫缴的保险费及利息达到退保金的数额时，保险合同即行终止。

此条款目的是为了减少保险单失效，维持较高的续保率。针对长期缴费的保险产品所存在的缴费风险，各家公司在产品设计时附带了自动垫缴保费功能。值得注意的是，自动垫交功能并非有利无害，特别对于中途有意退保的人士来说，自动垫交会将其保单现金价值消耗，影响其退保时的保单收益。

> **阅读资料**：夏先生于2006年12月22日投保了30万元人寿保险，在交纳了首期和2007年两期保费后，2008年的保费没有及时交，且在60天的宽限期过去后仍然没有交，但由于他投保时选择了自动垫缴保费功能，保险合同继续有效。
>
> 2009年5月2日，夏先生不幸发生交通意外，抢救无效死亡。保险公司扣除垫缴的保险费及利息后赔付夏先生的妻子29.3万元。值得一提的是，

夏先生的这份保险合同现金价值即将扣完，在2009年5月12日就将结束自动垫交、合同效力中止。而保险事故发生在垫缴保险费期间。

(九)意外事故死亡双倍给付条款

如果被保险人在规定年龄(60或者65周岁)前死亡，保险人死亡的近因是意外事故，并且在意外事故90日内死亡，保险人给付双倍或者3倍保险金，以弥补其家人受到的精神打击和经济损失。该条款之所以规定一个90天的时限，是因为如果在发生意外伤害很长的一段时间后死亡，则死亡原因中难免包含疾病的因素。所以在发生事故之后超过90天的死亡，就不算意外死亡，不给付意外死亡保险金。

《中华人民共和国保险法》并没有规定此条款，有些保险公司的一些条款规定了此款。

(十)保险单转让条款

保险单有现金价值，可作为金融资产，在一定条件下转让(不侵犯受益人的既得权利等情形)。通常，保单的转让分为绝对转让和抵押转让两种。绝对转让是把保单的所有权完全转让给一个新的所有人。绝对转让必须在被保险人生存时进行。在绝对转让的情况下，如果被保险人死亡，全部保险金将给付受让人。抵押转让是将一份具有现金价值的保单作为被保险人的信用担保或贷款的抵押品，即受让人仅享受保单的部分权利。在抵押转让的情况下，如果被保险人死亡，受让人收到的是已转让权益的那一部分保险金，其余的仍归受益人所有。人寿保险单的转让仅仅是一种民事权利义务关系的转移，并不改变被保险人。保险单转让时必须书面通知保险公司，否则转让不成立。

提醒您：按照以死亡为给付保险金条件的合同所签发的保险单，未经被保险人书面同意，不得转让或者质押。

(十一)受益人条款

受益人条款是在人身保险合同中关于受益人的指定、资格、顺序、变更及受益人的权利等内容的具体规定。受益人是人身保险合同中十分重要的关系人，很多国家的人身保险合同中都有受益人条款。

人身保险中的受益人通常分为指定受益人和未指定受益人两种。指定受益人按其请求权的顺序分为原始受益人与后继受益人。许多国家在受益人条款中都规定，如果受益人在被保险人之前死亡，这个受益人的权利将转回给被保险人，被保险人可以再指定另外的受益人。这个再指定受益人就是后继受益人。

当被保险人没有遗嘱指定受益人时，则被保险人的法定继承人就成为受益人，这时保险金就变成被保险人的遗产。

> **案例思考**：张某曾给退休的父亲投了一份人身保险，受益人为被保险人张父的孙子。投保三年后，张的父亲因患老年痴呆症出走，下落不明。家人四处寻找没有踪影。经张申请，其父先是被宣告失踪，后被宣告死亡。张的父亲被宣告死亡后，受益人张父的孙子从保险公司领到了保险金。后来，被保险人张父突然被一亲友在救助站发现并带了回来。根据张的申请，法院撤销了对张父的死亡宣告。请问，张父孙子领到的保险金该如何处理？

（十二）红利及保险金任选条款

红利任选条款规定，被保险人如果投保分红保险，便可享受保险公司的红利分配权利，且对此权利有不同的选择方式。分红保单的红利来源主要是三差收益，即利差益、死差益和费差益。利差益是实际利率大于预定利率的差额；死差益是实际死亡率小于预定死亡率而产生的收益；费差益是实际费用率小于预定费用率的差额。但从性质上讲，红利来源于被保险人多交的保费，因为与不分红保单相比，分红保单采取更保守的精算方式，即采取更高的预定死亡率、更低的预定利率和更高的预定费用率。

寿险的最基本目的是在被保险人死亡或达到约定的年龄时，提供给受益人一笔可靠的收入。为了达到这个目的，保单条款通常列有保险金给付的选择方式，供投保人自由选择。最为普遍使用的保险金给付方式有以下五种：

（1）一次支付现金方式。这种方式有两种缺陷：在被保险人或受益人共同死亡的情况下，或受益人在被保险人之后不久死亡的情况下，不能起到充分保障作用；不能使受益人领取的保险金免除其债权人索债。

（2）利息收入方式。该方式是受益人将保险金作为本金留存在保险公司，由其以预定的保证利率定期支付给受益人。受益人死亡后可由他的继承人领取保险金的全部本息。

（3）定期收入方式。该方式是将保险金保留在保险公司，由受益人选择一个特定期间领完本金及利息。在约定的年限内，保险公司以年金方式按期给付。

（4）定额收入方式。该方式是根据受益人的生活开支需要，确定每次领取多少金额。领款人按期领取这个金额，直到保险金的本息全部领完。该方式的特点在于给付金额的固定性。

（5）终身年金方式。该方式是受益人用领取的保险金投保一份终身年金保险。以后受益人按期领取年金，直到死亡。该方式与前四种方式存在一个不同点,就是它与死亡率有关。

(十三)共同灾难条款

共同灾难条款规定,只要第一受益人与被保险人同死于一次事故中,如果不能证明谁先死,则推定第一受益人先死。该条款可以最大限度满足被保险人的心愿,并保障其近亲属的利益,还可以避免许多理赔的纠纷,使问题得以简化。

案例阅读: 某年被保险人丁某由其母亲为其投保了"66鸿运保险(B)型",保险金额1万元,其母亲为指定受益人。在保险期限内,被保险人与其母、外婆在家中被杀。在该事故中,如果不能证明谁先死,则推定受益人丁母先死。案发后,被保险人的父亲向保险公司申请领取保险金,最后获赔1万元。

任务实施

一、巩固练习

(一)单项选择题

1. 人身保险的被保险人因第三者的行为而发生死亡、伤残或疾病等保险事故的,保险人向被保险人或受益人给付保险金后,(   )。
   A. 不得享有向第三者追偿的权利
   B. 可以享有向第三者追偿的权利
   C. 被保险人死亡、伤残时不得享有向第三者追偿的权利
   D. 被保险人发生疾病时不得享有向第三者追偿的权利

2. 宽限期内发生保险事故的,如果保险人没有交费,那么(   )。
   A. 保险人给付保险金,但要从保险金中扣除当期应交的保险费和利息
   B. 保险人不给付保险金,但退还保户已交纳的保险费
   C. 保险人给付保险金,而且不必从保险金中扣除当期应交的保险费和利息
   D. 保险人不给付保险金,也不退还保户已交纳的保险费

3. 标准体保险是指(   )。
   A. 被保险人的身体状况属于正常标准范围
   B. 投保人的收入水平达到一般收入水平
   C. 被保险人的风险程度属于正常标准范围
   D. 被保险人的年龄在一定的范围以内

4. 人寿保险是以(   )为保险标的的保险。
   A. 身体   B. 死亡   C. 生命   D. 生命或身体

5. 定期寿险是指(   )。
   A. 以被保险人生存满一定时期为条件给付保险金的保险

B. 被保险人在规定时期内发生死亡事故而由保险人支付保险金的保险
C. 在规定期限内分期缴付保险费的人寿保险
D. 在规定的期限一次交清保险费的人寿保险

6. 联合及生存者年金是指（　　）。
   A. 以两个或两个以上的被保险人均生存为给付条件的年金
   B. 以两个或两个以上的被保险人中至少有一个生存为给付条件且给付金额不变的年金
   C. 以两个或两个以上的被保险人中至少有一个生存为给付条件且给付金额随着被保险人数的减少而进行调整的年金
   D. 以两个或两个以上的被保险人均死亡为给付条件的年金

7. 简易人寿保险的保险费率（　　）普通人寿保险的保险费率。
   A. 低于　　　　B. 等于　　　　C. 高于　　　　D. 不确定

8. 变额寿险是一种（　　）随其分离账户的投资收益的变化而变化的终身寿险。
   A. 保险价值　　B. 保险金额　　C. 保险费　　　D. 保险费率

9. 万能寿险的非约束性是指分别计算（　　）。
   A. 保单现金价值和保险金额
   B. 纯保费和附加保费
   C. 保险费和保单的现金价值
   D. 保险费和保险金额

10. 在万能人寿保险中，基于交纳最低保费时的不失效承诺是指在（　　）的情况下，保单持有人交纳了保单规定的最低保费，保单就会继续有效。
    A. 保单具有现金价值
    B. 保单已无现金价值
    C. 在 A 死亡给付方式
    D. 在 B 死亡给付方式

11. 复效条款是指在投保人（　　）造成失效后一定时期内，投保人可申请复效。
    A. 未如实告知
    B. 被保险人年龄误告
    C. 不按期交纳保费
    D. 以上三者

12. 贷款条款是指投保人可以以保险单为抵押向保险人申请贷款，贷款金额以（　　）为限。
    A. 保险金额
    B. 所交保费总额
    C. 保险金额的一定比例
    D. 该保单项下积累的责任准备金

（二）多项选择题

1. 人寿保险合同的长期性使其具有的特殊性表现为（　　）。
   A. 人寿保险的长期合同中都有预定利率假设
   B. 长期过程中，通货膨胀会导致人寿保险实际保障水平的下降
   C. 长期性使保险公司对于未来因素的预测变得十分困难
   D. 长期过程中，生命风险具有相对稳定性

2. 人寿保险主要包括（　　）。
   A. 普通人寿保险
   B. 年金保险
   C. 简易人寿保险
   D. 团体人身保险

3. 终身死亡保险按交费方式可分为（　　）。
   A. 普通终身保险　　　　　　　　B. 限期缴费终身保险
   C. 定期缴费终身保险　　　　　　D. 趸缴终身保险
4. 按给付方式划分，年金保险可分为（　　）。
   A. 终身年金　　　　　　　　　　B. 最低保证年金
   C. 最后生存者年金　　　　　　　D. 短期年金
5. 简易人寿保险的保险费高于普通人寿保险的保险费是因为（　　）。
   A. 免体检造成死亡率偏高　　　　B. 业务琐碎使附加管理费高
   C. 失效比例大使成本增高　　　　D. 低收入人群的死亡率较高
6. 简易人寿保险是（　　）的保险。
   A. 低保额　　　　　　　　　　　B. 免体检
   C. 适应一般低工资收入职工的需要　　D. 用简易方法经营
7. 人寿保险发展中，出现的较适应市场需要及规避风险的新险种主要有（　　）。
   A. 变额年金　　B. 变额寿险　　C. 万能寿险　　D. 变额万能寿险
8. 变额寿险的死亡给付包括（　　）。
   A. 固定最低死亡给付额　　　　　B. 可变最低死亡给付额
   C. 可变的死亡给付额　　　　　　D. 保单的现金价值
9. 在变额人寿保险中，与分离账户投资收益有关的是（　　）。
   A. 最低死亡给付额　　　　　　　B. 保险金额
   C. 保单现金价值　　　　　　　　D. 死亡给付金额
10. 万能寿险的两种给付方式的异同在于（　　）。
    A. 两种方式下现金价值都是逐年增加的
    B. A方式下死亡给付金额是固定的，而B方式下则是变化的
    C. A方式下净风险保额是逐年减少的，而B方式下则是不变的
    D. A方式下净风险保费是逐年减少的，而B方式下则是不变的
11. 变额万能寿险与变额寿险、万能寿险相比（　　）。
    A. 融合了万能寿险缴费的灵活性和变额寿险投资的灵活性
    B. 其资产保存在一个或几个分离账户中，与变额寿险相同
    C. 其死亡给付不同于变额寿险，而和万能寿险相同
    D. 其缴费方式遵循万能寿险的缴费方式
12. 关于年龄误告条款下列说法正确的是（　　）。
    A. 凡真实年龄不符合合同约定的年龄限制的保单，保险人有权解除合同
    B. 合同签订两年之后的年龄误告保单，投保人无权解除合同
    C. 误告被保险人年龄可能会造成溢缴保费或少缴保费
    D. 真实年龄符合合同约定的年龄限制的年龄误告，保单可通过调整保费或保额来处理
13. 宽限期条款的基本内容是（　　）。

A. 在宽限期保险合同仍然有效
B. 宽限期是从应交纳保费之日起计算的
C. 宽限期内发生的保险事故,保险人予以赔偿,但要扣除欠缴保费
D. 在宽限期内投保人仍未缴费,保险合同自宽限期结束次日起失效

14. 复效条款的主要内容有(　　)。
A. 我国规定的复效有效期限是合同失效之日起两年以内
B. 投保人要补交失效期间的保费及利息
C. 合同复效后,对失效期间的保险事故不予负责
D. 复效期限后仍未恢复合同效力的,保险人有权解除合同

15. 下列保险事故中保险人不予赔偿的是(　　)。
A. 投保一年内被保险人自杀死亡
B. 宽限期后发生的保险事故
C. 失效期内发生的保险事故,但后经投保人申请合同复效
D. 投保两年后,发现真实年龄不符合合同约定的年龄限制的被保险人死亡

16. 不丧失价值条款处理责任准备金的方式有(　　)。
A. 现金返还   B. 红利留存
C. 原保单改为缴清保险单   D. 原保单改为展期保单

17. 自动垫缴保险费条款适用范围是(　　)。
A. 分期缴费的年金保险   B. 分期缴费的定期死亡保险
C. 分期缴费的终身死亡保险   D. 分期缴费的两全保险

18. 普通人寿保险可分为(　　)。
A. 死亡保险   B. 生存保险   C. 健康保险   D. 两全保险

二、案例思考与讨论

2008年1月,张女士为丈夫投保10万元人寿保险,交费方式是每年人工收取费用。2009年1月,交费期届满时,保险公司按保险合同规定的地址向张女士发出了催缴保险费通知书。由于张女士搬家,也没有将新地址和新电话及时通知保险公司,没有收到保险公司发出的催缴保险费通知书,最后,一直没有交付续期保险费。2011年3月,张女士丈夫遭抢劫,人被杀害,财物被抢。张女士向保险公司索赔。保险公司审查后认为保险单已经失效,保险公司不承担赔偿责任。张女士认为,保险单失效责任在保险公司,遂起诉于法院。你认为结果会怎样?

三、收集资料

1. 收集一家保险公司的某一人寿保险产品,并详细介绍该产品。
2. 国内主要人身保险公司有哪些?选其一介绍。

任务二　认识人身意外伤害保险

知识目标

理解意外伤害的含义；
理解意外伤害保险构成条件；
了解意外伤害保险的种类；
理解意外伤害保险的内容。

任务引入

在一起交通事故中，一辆宝马车和一头牛相撞，牛死了，开宝马车的司机也身亡。由于司机是肇事方，按照有关规定，养牛的老农得到司机家人给的1 000元补偿金，而司机却没有任何的补偿。牛居然比人还值钱！其实，人的生命价值是无法估量的。人生经常会遇到一些意外事件并导致受伤，甚至死亡，如果能够了解意外伤害保险的有关产品，并事先投保有关产品，则可以为自己或者有关的亲人提供一笔保障。

任务分析

结合保险基本原则，分析意外伤害保险的有关案例。

相关知识

1. 死亡即机体生命活动和新陈代谢的终止。在法律上发生效力的死亡包括两种情况：一是生理死亡，即已被证实的死亡；二是宣告死亡，即按照法律程序推定的死亡。

2. 残废包括两种情况，人体组织的永久性残缺（或称缺损）；人体器官正常机能的永久丧失。

3. 责任期限是意外伤害保险特有的概念，指从被保险人遭受意外伤害之日起开始计算的一定期限，通常为180天。如果被保险人在遭受意外伤害后在责任期限内身故或残疾，而且意外伤害是被保险人身故或残疾的直接原因，那么保险公司给付保险金。

一、意外伤害

意外伤害是指无意识的、意料之外的突发事件造成的人体损伤。意外伤害除了引起人体损伤外,也可能造成精神创伤或心理障碍,它包括意外和伤害两方面的意思。意外是指侵害行为是本人不能预见的,或违背本人主观意愿的;伤害是指身体受到侵害的事实。具体讲,意外伤害应满足下列条件:

1. 非预见性

即伤害的发生不是本人意愿的结果,是未预料到的。例如,某人正常行走在路上,被楼上掉下的花盆砸伤;某人在操作机器时不慎手指被割掉;某人乘坐飞机因飞机坠毁而死亡等。

2. 外来原因引起的

即伤害是被保险人自身以外的原因造成的,如车祸致伤、被砸伤、食物中毒等。但是,疾病引起的伤害不属于外来原因。

3. 突然性

意外伤害的直接原因是突然出现的,无法预防,如烫伤、飞机失事、爆炸等。但特殊职业中的汞中毒等,虽然是外来原因引起的,但不是突然发生的。

这三个条件必须同时具备,才构成意外伤害。

二、人身意外伤害保险的含义

人身意外伤害保险是以被保险人因遭受意外伤害造成死亡、残废为给付保险金条件的人身保险业务。意外伤害保险包括三个条件:必须有客观的意外事故发生,且事故原因是意外的、偶然的、不可预见的;被保险人必须有因客观事故造成人身死亡或残废的结果;意外事故的发生和被保险人遭受人身伤亡的结果两者之间有着内在的、必然的联系。

阅读资料:人身意外伤害保险适用群体

人身意外无处不在,人人都需要人身意外伤害保险。特别地,意外伤害保险是用于:

经常驾车出行的人,一定要为自己投保充足的人身意外伤害保险;

经常出差的人士,还应该投保一份交通工具综合意外险,能够额外增加乘坐飞机、火车、轮船、公共汽车及出租车的保障;

经常外出旅游人要特别关注旅游险;

此外,老年人可以选择意外险,如"老年人出行平安保险";

对于家庭责任重大而且意外风险较大的人士,更应该在购买了普通意外险后,还要根据自己的工作生活特性,再增加一些特殊的意外险保障。

三、人身意外伤害保险的种类

（一）个人意外伤害保险

个人意外伤害保险是以个人作为保险对象的各种意外伤害保险。一份保险单上只有一个被保险人。

1. 按保险责任分类

（1）意外伤害死亡残废保险，是指保险人仅以被保险人遭受意外伤害而致死亡或残疾为保险金给付条件的保险。

（2）意外伤害医疗保险，是指当被保险人由于遭受意外伤害需要治疗时，保险人给付医疗保险金的一种保险。

（3）意外伤害停工收入损失保险，是指当被保险人由于遭受意外伤害暂时丧失劳动能力不能工作时，保险人给付误工损失保险金的保险。目前该险种并不多见。

2. 按投保动因分类

（1）自愿意外伤害保险。投保人和保险人在自愿基础上通过平等协商订立保险合同的意外伤害保险，例如我国现行的中小学生平安险、投宿旅客意外伤害保险等。

（2）强制意外伤害保险，又称法定意外伤害保险，是国家通过颁布法律、行政法规、地方性法规强制施行的意外伤害保险。

3. 按保险危险分类

（1）普通意外伤害保险。在保险期限内发生的各种意外伤害，但不具体规定事故发生的原因和地点，例如，我国的个人人身意外伤害保险。这类险种主要特点是，保险费率低，承保一般可保风险。

（2）特定意外伤害保险。以特定时间、地点或原因发生的各种意外伤害。例如，旅行意外伤害保险、交通事故意外伤害保险、电梯乘客意外伤害保险、游泳者意外伤害保险、索道游客意外伤害保险、登山意外伤害保险等。这类险种的特点有：承保危险比较广泛，保险期限短，意外伤害的概率较大。

4. 按保险期限分类

（1）一年期意外伤害保险。保险期限为一年，在意外伤害保险中占大部分。

（2）极短期意外伤害保险。保险期限只有几天、几小时甚至更短。

（3）多年期意外伤害保险。保险期限超过一年。

5. 按险种结构分类

（1）单纯意外伤害保险，这是一般单独投保的意外伤害保险。

（2）附加意外伤害保险，这是人寿保险的附加险。当被保险人在保险期间因意外伤害死亡时,保险人给付死亡保险金。该险种投保时有最高保险金额的限制,如以主险保险金额的 3 倍为限。

(二)团体意外伤害保险

团体意外伤害保险是以团体方式投保的人身意外伤害保险,其保险责任、给付方式均与个人投保的意外伤害保险相同。与人寿保险、健康保险相比,意外伤害保险最有条件、最适合采用团体投保方式。意外伤害保险的保险费率与被保险人的年龄和健康状况无关,而是取决于被保险人的职业。

> **案例思考**:两年前,某工厂为单位所有职工投保了团体意外伤害保险,每人保险金额 2 万元,保险期限为 1 年。3 个月后,该厂职工孙某患急性化脓性梗阻性胆管炎。在医院进行手术治疗的时候,孙某突然出现心跳过速、呼吸骤停。经医生采取紧急措施使其复苏后,孙某一直处于脑缺氧状态,一个星期后死亡。医疗事故鉴定委员会对这一事故进行了鉴定,结论是属于医疗意外死亡。事后,孙某的家属持医院证明向保险公司提出索赔,保险公司以孙某并非遭受意外伤害、属于疾病死亡为理由拒绝赔付。那么,保险公司这样处理究竟合理不合理呢?

> **阅读资料**:团体人身意外伤害险和雇主责任险的比较
> 这两个险种都能给企业或单位的职工提供经济上的保障,但二者却属于不同范畴的保险。其区别主要体现在:(1)两者的被保险人不同。在雇主责任险中被保险人是雇主,而在团体人身意外伤害保险中被保险人是单位的职工。(2)两者的保险对象不同。雇主责任险的保险对象是雇主依法对雇员承担的损害赔偿责任,团体人身意外伤害保险的保险对象则是职工的身体或生命。(3)两者的赔偿依据不同。雇主责任险的赔偿依据是法律或雇佣合同,团体人身意外伤害保险的赔偿依据则是保险合同所约定的内容。(4)两者的法律后果不同。在雇主责任险中,保险人的赔偿是代替雇主履行了应尽的赔偿责任的一部分或全部。团体人身意外伤害险中,保险人根据条款对被保险人进行给付,得到团体意外险给付的职工仍可根据法律或雇佣合同再向雇主行使要求赔偿的权利。(5)保险金额不同。雇主责任险的保额一般确定为雇员年工资的一定倍数,而团体人身意外险的保额由投保方自行确定。

四、人身意外伤害保险的内容

(一)意外伤害保险的保险金额

意外伤害保险是以人的身体为保险标的,只能采用定值保险。具体由保险人结合生命经济价值、事故发生率、平均费用率以及当时总体工资收入水平,确定总保险金额,再由投保人加以认可。目前,在团体意外伤害保险中,保险金额最低为1 000元,最高为500 000元;在个人意外伤害保险中,保险金额最低为1 000元,最高为100万元。保险金额一经确定,中途不得变更。在特种人身意外伤害保险中,保险金额一般由保险条款或者法院规定。有些财产险公司推出的团体意外伤害保险,还增加了被保险人可中途更换的条款。

(二)意外伤害保险的保险责任

意外伤害保险的保险责任范围是除不可保意外伤害、特约承保意外伤害之外的其他意外伤害所致的死亡或残废,不负责疾病所致的死亡。由于意外伤害事故的情形很复杂,在实务中一般采取排除法判定,即将不可保意外伤害和特约承保意外伤害在保险单中列明。不可保意外伤害的例子有:被保险人从事犯罪活动所致的伤害;被保险人打架斗殴所致的伤害;被保险人其他自残所致的伤害;等等。特约承保意外伤害的例子有:被保险人从事拳击、赛车、摔跤、足球赛、爬山、滑雪、潜水等体育运动或风险较大的娱乐活动,发生意外伤害的可能性比较大,需要由被保险人申请,经保险人书面同意并交纳相应的额外保险费之后可以特约承保。

意外伤害保险的保险责任由以下三个必要条件构成:

(1)被保险人在保险期限内如责任期限90天、180天内遭受了意外伤害(首要条件)。

(2)被保险人在责任期限内死亡或残废。只要被保险人在保险期内发生意外事故,自发生意外伤害之日起的一定时期内(即责任期限内)造成死亡或残废,即使此时保险期已结束,保险人还要负保险责任。

(3)被保险人所受意外伤害是其死亡或残废的直接原因或近因。

阅读资料:如果责任期限结束时还不能确定最终是否造成残疾及残疾程度,那么就以这一时点的情况确定残疾程度,保险公司按这一残疾程度给付残疾保险金。这种情况,通常需要医疗专家小组作出鉴定。保险公司给付保险金后,保险责任终止。以后,即使被保险人经过治疗痊愈或残疾程度减轻,保险公司也不退回全部或部分残疾保险金。同理,即使被保险人加重了残疾程度甚至不幸身故,保险公司也不追加给付保险金。

(三)意外伤害保险的给付方式

(1)意外伤害保险属于定额给付性保险,当保险责任构成时,保险人按保险合同中约定的保险金额给付死亡保险金或残废保险金。

(2)死亡保险金的数额按保险合同规定的,当被保险人死亡时如数支付。

(3)残废保险金的数额由保险金额和残废程度两个因素确定。

$$残废保险金＝保险金额×残废程度百分率$$

在意外伤害保险中,保险金额同时也是保险人给付保险金的最高限额,即保险人给付每一被保险人死亡保险金、残废保险金累计以不超过该被保险人的保险金额为限。

任务实施

一、巩固练习

(一)不定项选择题

1. 意外伤害保险的含义包括(　　)。
   A. 必须有客观的意外伤害事故发生
   B. 意外伤害事故的原因是意外的、偶然的、不可预见的
   C. 被保险人必须有因客观事故造成的人身死亡或残废的结果
   D. 意外事故的发生和被保险人人身伤亡的结果有内在的、必然的联系

2. 意外伤害可分为(　　)。
   A. 不可保意外伤害　　　　　　　　B. 特约可保意外伤害
   C. 附加可保意外伤害　　　　　　　D. 一般可保意外伤害

3. 特约可保意外伤害包括(　　)。
   A. 战争使被保险人遭受的意外伤害
   B. 被保险人从事剧烈体育运动或比赛中遭受的意外伤害
   C. 核辐射造成的意外伤害
   D. 医疗事故造成的意外伤害

4. 保险人承担意外伤害保险责任的必要条件是(　　)。
   A. 被保险人在保险期限内遭受了意外伤害
   B. 被保险人在责任期限内死亡或残废
   C. 被保险人所受意外伤害是其死亡或残废的直接原因或近因
   D. 被保险人在保险期限内死亡或残废

5. 在意外伤害保险中,下列伤害属于不可保意外伤害的是(　　)。
   A. 战争使被保险人遭受的意外伤害
   B. 被保险人在剧烈的体育活动或比赛中遭受的意外伤害
   C. 自杀行为造成的伤害
   D. 核辐射造成的意外伤害

(二)判断题

1. 团体为被保险人购买人身意外伤害保险则为团体意外伤害保险。（　）
2. 猝死不属于意外伤害致死。（　）
3. 交通事故致死属于意外伤害保险承保责任范围。（　）
4. 意外伤害保险的责任不包含疾病所致的死亡。（　）

二、阅读案例评析

(一)关于"猝死"能否得到赔偿的案例

2006年5月12日至2007年2月14日，张某分3次在某保险公司投保了20万元的平安团体意外伤害保险和平安短期综合意外伤害保险，保险期限均为1年。

该保险条款中载明：意外伤害是指遭受外来的、突发的、非本意的、非疾病的使身体受到伤害的客观事件。

张某家人称，2007年4月的一天，张某睡觉时不慎从炕上摔下，左眼和左耳受伤。受伤后第四天，张某突然后仰摔倒，在送往医院途中死亡。医院诊断书说张某死亡原因是"猝死"，但没有说明是什么导致了张某"猝死"。

作为保险受益人，张某的妻子和女儿向保险公司提出了索赔。

保险公司在调查中了解到，张某曾因患冠心病、不稳定型心绞痛、心衰二度、阻塞性睡眠呼吸暂停综合征、预激综合征等疾病住院治疗。而冠心病往往能导致"猝死"。为此，保险公司认为，张某并不是意外伤害致死，因此拒绝理赔。

经过协商，保险公司与保险受益人签订了一份协议。协议规定，由保险受益人向公安机关申请对张某的尸体进行解剖以明确死因，若他们拒绝尸体解剖，被告将拒赔意外伤害保险金。协议签订后，保险受益人没有请求解剖尸体，而是直接将尸体火化。

焦点一：猝死：意外？因病？

庭审中，张某妻女作为原告，都没有到庭参加诉讼，原告的代理律师向法庭提交了医院门诊病历和公安部门出具的死亡证明。

原告代理律师分析认为，被保险人睡觉时，从炕上摔落，并与炕边的方凳相撞，因被保险人是睡眠中摔落，无自我保护能力，且其体形肥胖，着力点集中在左侧颞部、眼部，导致脑部内出血，以致被保险人于60小时后死亡。死亡原因是"外伤性迟延性脑出血"，可以认定猝死的原因是意外伤害。

对原告律师的举证，被告及其代理律师表示同意证据本身的真实性，但不同意原告要证明的事实。被告代理律师表示，从死亡证明上看死亡原因是猝死，而不是意外伤害死亡。诊疗记录的日期是2007年4月14日，该时间距被保险人张某摔伤已过去17个小时，并只显示该人左眼钝挫伤。而其诉状上写的是4月16日上午摔倒猝死，与4月13日的摔伤无关联性。同时，被告方出具了调查笔录和一份门诊病历，证明张某曾因患冠心病、不稳定型心绞痛、心衰二度、阻塞性睡眠呼吸暂停综合征、预激综合征等疾病在医院住院治疗。被告认为，冠心病是常见的致人猝死的疾病，张某的死亡是疾病所致。而保险条款明确载明：意外伤害是指遭受外来的、突发的、非本意的、非疾病的使身体受到伤害的客观事件。因为疾病所致的死亡，不是意外伤害保险所保障的范围。

对于"猝死"本身的定义，双方也给出了不同的解释，原告代理律师认为，猝死是急速意外的死亡，属于死亡的一种临床表现形式，并非死亡的原因。而被告方强调了"猝死"的原因是潜在的疾病，他认为"猝死"指外表貌似健康的人，由于潜在的疾病而发生突然、意外的死亡。

焦点二："尸检协议"有效吗？

张某死后，作为保险受益人的家属向保险公司提出理赔请求，而保险公司却提出张某是否属意外伤害致死还不能确定，拒绝理赔，并和张某家属签订了一份协议，协议载明：受益人应向当地公安机关申请尸体解剖鉴定明确死因，若受益人拒绝进行尸体解剖鉴定，被告将拒赔意外伤害保险金。

关于这份协议，原告代理律师称，作为具有专业医学知识的被告显然清楚，被保险人从受伤到死亡的过程，符合"外伤性迟延性脑出血"导致死亡的医学常识。被告根据原告提供的材料，结合相关医学常识就可得出被保险人是意外身故的结论。但被告却无视原告所提供的事实材料，在保险理赔的过程中，违背诚实信用原则，与原告签订了"不尸检就拒赔"的协议，该协议违背《保险法》强制性规定，应当是无效的，对原告无拘束力。原告没有履行协议，还有一个原因就是虽然尸检有利于确定被保险人的死因，但是由于本案是一般的民事案件，而非刑事案件，尸检并非处理纠纷的必经程序，而且按照风俗习惯，人死后再解剖尸体，死者的亲属在观念上难以接受，因而原告没有申请对其亲人的尸体进行解剖是合理的。况且保险合同中也没有约定被保险人死亡时，如果双方对死因产生争议，必须进行尸检。若在投保时，被告明确说明需要尸检以查明死因，张某就不会投保。

而被告代理律师则认为，协议是双方真实的意思表示，理应合法有效，原告违约在先。被告的另一代理人也反驳称，保险公司并不是专业的医疗机构。

法院判决：

意外猝死证据不足

经过法庭调查和双方激烈的辩论后，法院对基本事实作出认定。

法官认为，保险事故发生后，两原告在向被告报案提起索赔后，双方所签订的"受益人应向当地公安机关申请尸体解剖鉴定明确死因，若受益人拒绝进行尸体解剖鉴定，被告将拒赔意外伤害保险金"的协议是双方当事人的真实意思表示，没有违反法律规定，应当认定为合法有效。该协议订立后，两原告没有履行对被保险人张某的尸体进行解剖鉴定死因而予以火化的证据充分。

对于原告指出的张某是"因意外伤害致死"的说法，法院认为，被保险人张某经医院诊断为猝死，而猝死的医学概念为貌似健康的人因潜在性疾病（器质性或非器质性）意外死亡。而张某在死亡前患有多种疾病，其尸体在未经过解剖，无法证明其猝死与其自身潜在的疾病无关的情况下，如果要认定张某属于意外摔伤导致其猝死，两原告必须提供进一步证据。法官认为，两原告未能提供出证据证明张某死亡符合意外伤害保险赔偿范围，因此两原告请求被告按照意外伤害保险合同赔偿其保险金 20 万元没有依据，法院依法不予支持。当庭遂即判决驳回张某妻女的诉讼请求。

（二）关于投保人突然死亡的案例

[案情] 2010 年 3 月 4 日凌晨，某市村民张某突然因呼吸心跳骤停死亡。经市公安局刑警支队技术大队证明，张某为意外死亡。事后，张某的家人想起，张某曾在当地村委会的安排下，在某保险公司办理了团体人身意外伤害保险，并附加投保团体人身意外伤害医疗保险。因此，张某家人立即向保险公司报案。但该保险公司进行勘查后，并未要求进行尸检，也未在法定期限内作出拒绝赔付的决定，也没有进行理赔。无奈之下，张某家人将该保险公司告上了法庭，要求保险公司支付保险金。

法院一审认为，张某的死亡证明证实其死亡原因为呼吸心跳骤停，市刑警支队出具的证明佐证其系意外死亡。保险条款约定的意外是指外来的、突发的、非本意的、非疾病的使身体受到伤害的客观事件，属于赔付范围。因此，法院一审判决保险公司支付张某家人保险金 2 万元。

[评析] 问题一：保险公司为何会败诉？

律师：本案中，保险事故发生后，死者家属通知了保险公司，保险公司也派员勘查了现场，但并未要求进行尸检，也未在法定期限内作出拒绝赔付的决定。因此，保险公司的这一行为可视为放弃了对被保险人（投保人）死亡原因的异议主张，而认可被保险人（投保人）系意外伤害死亡。既然未对死亡原因提出异议，便符合保险合同约定的给付条件，保险公司给付保险金并无不当。

问题二："呼吸心跳骤停"是否属于意外伤害？

律师：保险条款中"意外伤害"的释义存在瑕疵，对与"呼吸心跳骤停"这种突发性的死亡是否属于意外伤害未作出界定。保险合同属于格式合同，在这个格式合同条款中约定的意外是指外来的、突发的、非本意的、非疾病的使身体受到伤害的客观事件。对合同条款有两种以上解释的，人民法院或者仲裁机构应当作出有利于被保险人和受益人的解释的规定，法院采纳投保人的主张，认定投保人的意外死亡属于保险事故，保险公司应承担给付保险金的义务。

三、扩充阅读并发表意见

阅读资料： 中暑了，能否获得保险金

1. 中暑导致摔伤，属意外事故，可获得意外险理赔

市民姚先生是快递员，某年7月26日，他送完邮件后，突然昏倒，从3楼楼梯上滚下来，摔得头破血流，被送往医院治疗，医生诊断由于中暑昏倒，小腿骨折。姚先生所在公司为员工都购买了意外伤害医疗保险，出院后姚先生便前去保险公司理赔。保险公司指出，中暑是身体对自然气温变化的不适应，属于生理反应，因此算疾病的一种，但并非外来突发的事故，不属于意外伤害事故。不过，姚先生因中暑而从楼梯上跌落摔伤，就属于意外事故，可以按照他购买的意外伤害医疗险得到相应的理赔。

2. 中暑急诊，并非意外事故，不能获得意外险给付

某年6月，市民葛女士下班乘坐地铁回家，突然晕倒了，送往医院，医生诊断为中暑，因中暑严重，需要住院治疗。保险公司指出，此案中葛女士中暑，并没有遭到意外伤害，即便是购买意外险，也不能得到赔付。如果她购买了住院医疗保险，后续的住院治疗费用会得到保险理赔。那么，葛女士是在下班途中中暑，是否可以算工伤而获得相应的工伤保险理赔？对此，我们从市劳动保障局了解到，在上下班途中，仅有受到机动车事故伤害的，可以算为工伤。而葛女士并非遭遇机动车事故，因此不属于工伤保险的理赔范围。

3. 中暑导致其他疾病，属医疗保险理赔范围

6月27日，65岁的朱先生高烧不退，被家人送往医院治疗，医生诊断为中暑引发心血管类旧病复发。朱先生因购买了某公司专门针对老年人的意外保险，便向保险公司提出理赔申请。但保险公司查证了实际情况，却作出了不予理赔的决定。

保险公司认为，分析是否属于意外保险的理赔范围，要看直接导致伤害的是不是意外情况。对李老先生直接造成伤害的是心脏病，这明显不属于意外险的理赔范围。而如果李老先生购买了住院医疗保险，就应该能得到相应的保险理赔金。单纯的中暑者一般不需要入院治疗，多是因引发了其他疾病才入院，如果投保住院医疗保险，就可获得给付。

4. 因工中暑死亡，则属工伤，可获得工伤保险给付

市民邓先生是一家不锈钢型材厂的工人，去年7月，他在连续高温工作3小时后昏倒，医生诊断为，因中暑导致肾衰竭和肺部感染，抢救无效，于7月6日凌晨去世。

针对邓先生的情况，市劳动保障局工作人员介绍说，要经市职业病防治诊断机构确认因工中暑，才能认定为职业病。职业病属工伤保险保障的范围。而且根据《工伤保险条例》规定，在工作时间和工作岗位，突发疾病死亡或者在48小时之内经抢救无效死亡的算工伤。如果超过48小时，将不属于工伤保险索赔范围，不予理赔。

四、思考与讨论

2008年11月7日，谭某向大连某保险公司投保人身意外保险——悠然人生翡翠卡，交

纳保费 168 元,保险期限 1 年,保额 10 万元,受益人为谭某妻子。

2009 年 1 月 3 日下午 1 时许,谭某驾驶客运车与另一客车司机发生争吵,(未有身体接触)而后死亡。医院为其出具了"居民死亡医学证明书",诊断谭某的死因为"猝死"。

谭某妻子于 2009 年 4 月 18 日向保险公司提出 10 万元的人身意外伤害死亡保险金索赔申请。保险公司于 2009 年 4 月 19 日向谭某妻子发出了书面的"拒赔通知书",认为谭某的死亡"不属于人身意外伤害"。根据保险条例的规定,保险公司"不承担保险责任"。谭某妻子认为丈夫因意外原因"猝死",理应得到保险公司的全额赔付,遂向大连市人民法院提起民事诉讼,请求法院判决保险公司给付 10 万元保险金。对此请谈谈你的看法。

任务三　认识健康保险

知识目标

了解健康保险的含义;
了解健康保险的分类;
理解医疗保险、残疾收入补偿保险、重大疾病保险的有关内容。

任务引入

人类曾经为了追求财富可以抛弃一切,但当人们开始比较财富与健康时,理智的人都会选择健康。健康的体魄是人们从事一切活动的基础,没有了健康就没有了生活的乐趣,也就丧失了创造新财富的一切机会。但是在现实生活中,没有人可以实现对所有疾病的终身免疫,也就是说每个人都面临疾病的危险;同样也没有人可以保证不会被疾病或者意外事故夺去自身健康且健全的身体,尤其是在患病时或妇女生育时。而一旦发生疾病就需要治疗,需要花费一定的医疗费用,这笔费用对每个人都可能是一种相当沉重的经济负担;更为不幸的是,疾病或遭受意外伤害致残还可能会导致人工作能力的完全或部分丧失,劳动收入也将因此减少。而保险正好提供了这样一个将这些不确定的费用支出或收入损失转变为日常一笔小金额的稳定开支(即保险费)的机制,这也就是健康保险。

任务分析

搜集和阅读与健康保险特殊法律条款有关的案例;
分析有关医疗保险的案例;
分析有关残疾收入补偿保险的案例;
分析有关重大疾病保险的有关案例。

相关知识

1. 基本医疗保险：就是当人们生病或受到伤害后，由国家或社会给予的一种物质帮助，即提供医疗服务或经济补偿的一种社会保障制度。

2. 部分残疾：指导致被保险人不能完全从事其原有职业的某些工作内容或全天从事其职业的残疾。

3. 完全残疾：指永久丧失全部劳动能力，不能参加工作（原来的工作或任何新工作）以获得工资收入。

一、健康保险的含义和特征

（一）健康保险的含义

健康保险是以人的身体为对象，保证被保险人在保险期限内因疾病或意外事故所致伤害时的费用或损失获得补偿的一种保险。我国保监会颁布的《健康保险管理办法》第二条规定："本办法所称健康保险，是指保险公司通过疾病保险、医疗保险、失能收入损失保险和护理保险等方式对因健康原因导致的损失给付保险金的保险。疾病保险，是指以保险合同约定的疾病的发生为给付保险金条件的保险。医疗保险，是指以保险合同约定的医疗行为的发生为给付保险金条件，为被保险人接受诊疗期间的医疗费用支出提供保障的保险。失能收入损失保险，是指因保险合同约定的疾病或者意外伤害导致工作能力丧失为给付保险金条件，为被保险人在一定时期内收入减少或者中断提供保障的保险。护理保险，是指因保险合同约定的日常生活能力障碍引发护理需要为给付保险金条件，为被保险人的护理支出提供保障的保险。"根据人身保险业界的习惯，往往把不属于人寿保险、意外伤害保险的人身保险业务全都归入健康保险中。

构成健康保险所指的疾病必须具备以下三个条件：

1. 必须是由于明显非外来原因所造成的，即健康保险要求的疾病必须是由人身体内部的某种原因引发的，即是由于某个或多个器官、组织甚至系统病变而致功能异常，从而出现各种病理表现的情况，比如肺炎会引起发烧，肠炎直接反映为腹泻等；而那些显然是缘由外来剧烈原因造成对身体健康的损害，应当视作伤害而非疾病。

2. 必须是非先天性的原因所造成的。健康保险要求疾病发生在保险合同的效力期间。根据这样的原则，一切先天存在身体上的缺陷，比如目盲、耳聋、内脏位置异常、器官性能残缺等，都不属于健康保险承保范围之内。一些潜伏性疾病，例如，遗传性结核病、性病等若无诱发因素引起发作，对人们的健康并无大碍，如果在保险效力有效期间发作，应当视作与普通疾病一样，在实务中一般列入可保范围之内。而且这种疾病与那些内脏机能自动发生变化或损伤等被当作是同一性质、同一类型的疾病，与先天残疾有着质的不同。

3. 必须是由于非长存的原因所造成的，带有偶然性。偶然性不但指被保险人是否会患上某种疾病应该是不确定的，而且还包括会患上哪一种疾病也是无法预测的，甚至何时会感染乃至发作也是不确定的。健康保险加入了偶然性疾病的限制，就排除了那些必然发生的人身方面有损健康的各种危险，比如死亡、年老衰弱等。对那些常年卧床、以各种药物维持生命的投保人，保险人通常不会接受。

阅读资料：健康保险与人身意外伤害保险的比较

健康保险与人身意外伤害保险同属于短期保险。区别主要有：第一，二者虽然都要对被保险人的意外伤害提供保障，但意外伤害保险的保险责任仅限于意外伤害造成的死亡、残疾，其他原因如疾病、生育等引起的残疾、死亡则不属于其保险责任范围，而属于健康保险的保险责任范围。第二，意外伤害保险是向被保险人或受益人给付死亡或残疾保险金，有些意外伤害保险品种可能还会给付医疗保险金，但对因意外伤害造成的其他损失（如劳动收入减少损失）则不属于意外伤害保险的保险责任，而属于健康保险的保险责任范围。

（二）健康保险的特征

1. 保险金额和保险期限

给付金额可固定也可不固定，保险期限有长期，但多为一年内短期。除重大疾病等保险以外，绝大多数健康保险尤其是医疗费用保险常为一年期的短期合同。

2. 代位求偿

健康保险中保险人拥有代位求偿权。代位求偿权主要是防止被保险人通过保险而获得额外利益。

3. 承保标准

健康保险经营的是伤病发生的风险，其影响因素远较人寿保险复杂，逆选择和道德风险都更严重。此外，健康保险的风险还来源于医疗服务提供者，医疗服务的数量和价格在很大程度上由他们决定，作为支付方的保险公司很难加以控制。因此，健康保险的承保条件比较严格，通常规定观察期。

4. 成本分摊

由于健康保险具有风险大、不易控制和难以预测的特性，因此，在健康保险中，保险人对所承担的疾病医疗保险金的给付责任往往带有很多限制或制约性条款。

5. 除外责任

健康保险的除外责任一般包括战争或军事行动，故意自杀或企图自杀造成的疾病、死亡和残废，堕胎导致的疾病、残废、流产、死亡等。

6. 健康保险的给付

关于"健康保险是否适用补偿原则"问题，不能一概而论，费用型健康保险适用该原则，是补偿性的给付；而定额给付型健康险则不适用，保险金的给付与实际损失无关。

7. 合同条款的特殊性

健康保险无须指定受益人，且被保险人和受益人通常为同一个人。健康保险合同中，除适用一般寿险的不可抗辩条款、宽限期条款、不丧失价值条款等外，还采用一些特有的条款，如既存状况条款、转换条款、协调给付条款、体检条款、免赔额条款、等待期条款等。

二、健康保险的种类

健康保险按照保险期限分为长期健康保险和短期健康保险。长期健康保险是指保险期间超过一年或者保险期间虽不超过一年但含有保证续保条款的健康保险；短期健康保险是指保险期间在一年及一年以内且不含有保证续保条款的健康保险。

健康保险按给付方式划分，一般可分为给付型健康保险、报销型健康保险和津贴型健康保险。

> **阅读资料：**
>
> 1. 给付型健康保险是指保险公司在被保险人患保险合同约定的疾病或发生合同约定的情况时，按照合同规定向被保险人给付保险金。保险金的数目是确定的，一旦确诊，保险公司按合同所载的保险金额一次性给付保险金。各保险公司的重大疾病保险等就属于给付型健康保险。
>
> 2. 报销型健康保险，是指保险公司依照被保险人实际支出的各项医疗费用按保险合同约定的比例报销。如住院医疗保险、意外伤害医疗保险等就属于报销型健康保险。
>
> 3. 津贴型健康保险，是指保险公司依照被保险人实际住院天数及手术项目赔付保险金。保险金一般按天计算，保险金的总数依住院天数及手术项

> 目的不同而不同。如住院医疗补贴保险、住院安心保险等就属于津贴型健康保险。

健康保险按照所包含的内容，可以分为医疗保险、残疾收入补偿保险、重大疾病保险和护理保险。下面按该种分类进行介绍。

(一) 医疗保险

1. 医疗保险的含义

医疗保险是提供医疗费用保障的保险，是健康保险的主要内容之一，其中医疗费用包括医生的门诊费用、药费、住院费用、护理费用、医院杂费、手术费用和各种检查费用等。医疗保险是以保险合同约定的医疗行为的发生为给付保险金条件，为被保险人接受诊疗期间的医疗费用支出提供保障的保险。医疗保险既可设计成主险，也可附加于寿险或意外险。

医疗保险的保险责任有两个特点，即在保险合同规定的有效期内，如果多次发生保险事故，保险公司可以多次给付医疗费；当保险公司累计给付的保险金额等于合同载明的保险金额时，保险责任终止。医疗保险的责任免除与人寿保险有较大不同，充分体现"医疗"的特色。

2. 医疗保险的险种

(1) 普通医疗保险。是指保险人对被保险人因意外事故或疾病所致的一般性医疗费用承担给付责任的保险。这些费用主要包括门诊费用、医药费用、检查费用等。由于医药费用和检查费用的支出难以控制，因此普通医疗保险都有免赔额和共保比例。

(2) 住院保险。又称住院费用保险，保险人承担被保险人因住院而发生的各项费用的医疗保险。住院费用主要包括每天住院床位费、住院期间的医生费用、使用医院设备费用、手术费用、医药费用等。一般该险种对每次住院的时间做限制，并且也有每日限额以及共保比例的规定。

(3) 手术保险。保险人承担的责任是被保险人因疾病或意外事故需要做必要的手术而发生的所有手术费用，一般都规定给付限额和给付时间。

(4) 综合医疗保险。综合医疗保险是保险人为被保险人提供的一种全面的医疗费用保险，其费用范围包括医疗和住院、手术等的一切费用。这种保单的保险费较高，一般都确定免赔额以及适当的分担比例。

(二) 残疾收入补偿保险

1. 残疾的含义

残疾是一种心身状态。处于这种状态的人，由于躯体功能或精神心理的障碍,不能或难以适应正常社会的生活和工作。残疾一般可分为全残或部分残疾。全残是指被保险人永久丧失全部劳动能力,不能参加工作以获得工作收入。部分残疾是指被保险人部分丧失劳动能力,只能进行原职业以外的其他职业,且新的职业可能会使收入减少。因此,收入的损失在数额上可能是全部或部分、在时间上可能是长期的或短期的。

　　残疾的等级分为一级到十级残疾。一级残疾划分的依据是:日常生活完全不能自理,全靠别人帮助或采用专门设施,否则生命无法维持;意识消失;各种活动均受到限制而卧床;社会交往完全丧失。二级残疾划分的依据是:日常生活需要随时有人帮助;各种活动受限,仅限于床上或椅上的活动;不能工作;社会交往极度困难。三级残疾划分的依据是:不能完全独立生活,需经常有人监护;各种活动受限,仅限于室内活动;明显职业受限;社会交往困难。四级残疾划分的依据是:日常生活能力严重受限,间或需要帮助;各种活动受限,仅限于居住范围内的活动;职业种类受限;社会交往严重受限。五级残疾划分的依据是:日常生活能力部分受限,偶尔需要监护;各种活动受限,仅限于就近的活动;需要明显减轻工作;社会交往贫乏。六级残疾划分的依据是:日常生活能力部分受限,但能部分代偿,条件性需要帮助;各种活动降低;不能胜任原工作;社会交往狭窄。七级残疾划分的依据是:日常生活有关的活动能力严重受限;短暂活动不受限,长时间活动受限;工作时间需要明显缩短;社会交往降低。八级残疾划分的依据是:日常生活有关的活动能力部分受限;远距离流动受限;断续工作;社会交往受约束。九级残疾划分的依据是:日常活动能力大部分受限;工作和学习能力下降;社会交往能力大部分受限。十级残疾划分的依据是:日常活动能力部分受限;工作和学习能力有所下降;社会交往能力部分受限。

阅读资料: 传统残疾收入补偿保险对全残所下的定义属于绝对全残,即要求被保险人由于意外事故或疾病而丧失从事任何职业的能力。但这一要求过于严格,它使得大多数被保险人不能领取残疾收入保险金。目前,国外大多数保险公司已经放宽了全残的限制条件。有关全残的定义,大致有如下几种:

1. 原职业全残

原职业全残是指被保险人丧失从事其原先工作的能力。依据此定义,只要被保险人因残疾不能从事其原职业,就可以领取约定的残疾收入保险金,而不论其是否从事其他有收入的职业。原职业全残定义是最广义的全残定义。

2. 现时通用的全残定义

美国大多数残疾收入保险单规定,如果在致残初期,被保险人不能完成其惯常职业的基本工作,则可认定为全残,领取全残收入保险金。致残以后的约定时期内(通常为2~5年)若被保险人仍不能从事任何与其所受教育、训练或经验相当的职业时,还可认定为全残,领取相应的保险金。也就是说,致残后但从事有收入职业的被保险人就不能认为是全残。因此,如果被保险人自愿重返任何一种有收入的职业,他就不能领取相应的保险金了。

3. 收入损失全残

20世纪70年代末,美国和加拿大产生了一种特殊的残疾收入补偿保险即收入保障保险,并受到高收入阶层的欢迎。它将全残定义为被保险人因病或遭受意外伤害致残而收入损失的情况。具体又分为两种情况:一是被保险人因全残而丧失从事工作的能力,并且无法从事任何可获取收益的(或合适的)职业;二是被保险人因尚能工作,但因残疾导致收入减少,也就是说,被保险人在因全残而丧失工作能力,或者即使尚能工作但因残疾致使收入减少时,均可从保险人处获得保险金的赔付。

4. 推定全残

残疾收入补偿保险单针对某些特殊情况还做出了推定全残定义。在实践中,推定全残有两种不同的定义:一是指被保险人患病或遭受意外伤害后,在短期内还无法确定其是否会残疾,为此,保险人在保险条款中规定了定残期限,即被保险人如果在定残期限届满时仍无明显好转的征兆时,将自动被推定为全残;第二种情况是被保险人发生了保单所规定的残疾情况时,将被自动作为全残,如完全永久失明、任意两肢失去活动能力、语言或听力丧失等。发生推定全残后,保险人将一次性给付全额保险金,即使该被保险人以后痊愈且恢复了原职业也不例外。

5. 列举式的全残定义

有的保险公司在残疾收入补偿保险单中列举了被保险人可被认定为"全残"的情况,并规定全残的鉴定应在治疗结束后由保险人指定或认可的医疗机构作出。但如果被保险人在治疗180天后仍未结束,则按照180天的身体状况进行鉴定。

显然,在上述这些有关全残的定义中,根据第一种定义(即原职业全残)可以提供最广泛的保障范围,但是根据这一定义进行的保险给保险人带来的损失可能也最大,因此目前保险公司多采用第二种定义。根据这种定义,如果被保险人无法从事其原先的职业,除非被保险人从事另一种职业,否则保险人都将负责给付保险金。

一般而言,导致残疾的原因有:(1)先天性疾病,如先天性聋哑、先天性畸形等;(2)患疾病后留下的后遗症,如中风后的瘫痪、乙型脑炎后的痴呆症等;(3)因遭受意外伤害致残,如肢体残缺、双目失明等。其中,先天性疾病导致的残疾不属于残疾收入补偿保险的保障范围。

2. 残疾收入补偿保险的含义

丧失工作能力的人将需要依靠其家庭其他成员的收入来维持生活,在某些方面的支出还可能要比以前增加许多;如果家庭其他成员没有收入来源,其后果将不堪设想。

残疾收入补偿保险,又称丧失工作能力收入保险、收入损失保险、收入保险等,是对被保险人因疾病或遭受意外事故而导致残疾、丧失部分或全部工作能力而不能获得正常收入或使劳动收入减少造成损失的补偿保险,它并不承保被保险人因疾病或意外伤害所发生的医疗费用。

阅读资料: 残疾收入补偿保险一般可分为两类,一类是补偿因疾病致残的收入损失,另一类是补偿因意外伤害致残的收入损失。因此,它并不承保被保险人因疾病或意外伤害所发生的医疗费用。

在这里,我们特别要区分一下残疾收入补偿保险与意外伤害保险中的意外伤害停工保险。虽然都要对意外伤害提供保障,但意外伤害停工保险是以被保险人因遭受意外伤害而暂时丧失劳动能力、不能工作为给付保险金的条件。这里的"停工"与"残疾"是有所区别的:停工是指暂时丧失完全劳动能力,在一定时期内不能从事有劳动收入的工作;而残疾是指永久丧失全部或部分劳动能力,即如果残疾是永久且完全性的,则被保险人永久不能从事有劳动收入的工作,而如果残疾只是部分丧失劳动能力,则被保险人还可以从事一定的有劳动收入的工作。因此,停工的发生是从被保险人遭受意外伤害时立即开始,而造成残疾与否则只有在被保险人治疗结束或病情稳定后才能确定。

3. 残疾收入补偿保险的特征

(1)残疾收入补偿保险的目的。其目的是对被保险人因病或意外伤害致残而导致的劳动收入减少损失提供经济保障,相当于对其收入中断的延续,因此它要求被保险人在投保时必须有固定的全职工作。若原来就没有固定的收入,也就没有保险的必要了。

(2)保险金额与保险金给付的确定。残疾收入补偿保险的目的不是维持被保险人丧失部分或全部工作能力前的收入不变，而是缓解被保险人因丧失工作能力给自身及家庭所带来的经济压力。一般地，保险人在确定保险金额时，要参考被保险人过去的专职工作收入水平或社会平均年收入水平。但一个人的收入来源总是多渠道的，如在专职收入之外还有兼职收入，有时兼职收入甚至要高于专职收入，按照专职收入确定最高赔付额显然满足不了这类人的保障需求，因此保险人在确定保险金额时的难度较大。

（3）保险责任。残疾收入补偿保险的保险责任是被保险人因病或遭受意外伤害而丧失的工作能力，丧失工作能力是指被保险人在最初的一段时间内(也称等待期，比如2年)无法从事其原有的工种，并且没有从事其他任何工作，并且在等待期后仍然无法从事任何与其以往接受的教育和培训合适的工作。

（4）保险费率的厘定。残疾收入补偿保险与医疗保险相比，受时间因素的影响程度更大。因此，在确定保险费率时，保险人还需要考虑货币的时间价值、通货膨胀状况等。为此，保险人在保单中往往要制定生活指数条款，规定保险人给付的保险金额按照生活指数进行调整。

（5）残疾收入补偿保险的形式多样。它既可以作为独立险种进行承保，也可以作为主险的附加险。从保险期限看，可长可短。在短期的残疾收入补偿保险中，保险人基本上把保险金额限制在被保险人每周收入的60%；在长期的残疾收入补偿保险中，保险人有时把保险金额限制在被保险人月收入的70%，但绝大多数的保险人是把月最大保险金给付额限制在某一限额上，规定这些限额的主要目的在于防止道德风险因素的发生。

4. 保险金的给付金额及给付方式

残疾收入补偿保险所提供的保险金并不是完全补偿被保险人因残疾所导致的收入损失。事实上，残疾收入保险金有一限额，一般该限额要低于被保险人在残疾前的正常收入。如果没有这一限制，就有可能导致残疾的被保险人失去重返工作岗位的动力，甚至有意延长残疾时间。因此，残疾收入保险金的目的仅在于保障被保险人的正常生活。

（1）收入损失保险金的给付金额。收入损失保险金的给付金额有定额给付和比例给付两种。

个人残疾收入补偿保险通常采取定额给付的方式。定额给付是指保险双方当事人在订立保险合同时根据被保险人的收入状况协商约定一个固定的保险金额(一般按月份定)。被保险人在保险期间发生保险事故而丧失工作能力时，保险人按合同约定的金额定期给付保险金。在这种方式下，无论被保险人在残疾期间是否还有其他收入来源及收入多少，保险人都要根据合同约定给付保险金。为了防止道德风险的出现，保险人在对每一个被保险人确定其最高残疾收入保险金限额时,需要考虑以下几个方面:被保险人税前的正常劳动收入;非劳动收入,如股利、利息等;残疾期间的其他收入来源,如团体残疾收入保险或政府残疾收入计划所提供的保险金;现时适用的所得税率,因为被保险人的正常劳动收入属于应税收入,而保险金不属于应税收入。

团体残疾收入补偿保险通常的比例给付是指保险事故发生后,保险人根据被保险人的残疾程度,给付相当于被保险人原收入一定比例的保险金。对于团体长期收入保险单,该比例通常在 60%～70% 之间;团体短期保险单所规定的比例通常会高一些。

比例给付的具体方法有:对于被保险人全残的,保险人给付的保险金额一般为被保险人原收入的一定比例,如 70% 或 80%;对于被保险人部分残疾的,保险人则给付被保险人全残保险金的一定比例,其计算公式一般为:

部分残疾给付金＝完全残疾给付金×(残疾前收入－残疾后收入)÷残疾前收入

(2)残疾收入补偿保险金的给付方式。一般有一次性给付和分期给付两种。

被保险人因病或遭受意外伤害导致全残,同时保单规定保险金的给付方式为一次性给付,那么保险公司通常按照合同约定的保险金额一次性给付被保险人;如果残疾收入补偿保险合同规定被保险人可以领取部分残疾收入补偿保险金,同时保单规定保险金的给付方式为一次性给付,那么保险公司一般根据被保险人的残疾程度及其对应的给付比例支付保险金。

分期给付包括:(1)按月或按周给付。保险人根据被保险人的选择,每月或每周提供合同约定金额的收入补偿。由保险公司在等待期末开始给付,直至最长给付期间。

(2)按给付期限给付。给付期限分为短期或长期两种。短期给付补偿是被保险人在身体恢复以前不能工作的收入损失补偿,期限一般为 1～2 年。长期给付补偿是被保险人因全部残疾而不能恢复工作的收入补偿,具有较长的给付期限,通常规定给付至被保险人年满 60 周岁或退休年龄;若此期间,被保险人死亡,保险责任即告终止。

(3)按推迟期给付。在被保险人残疾后的一段时期为推迟期,一般为 90 天或半年,在此期间,被保险人不能获得任何给付补偿。超过推迟期,被保险人仍不能正常工作的,保险人才开始承担保险金给付责任。推迟期的规定,是由于被保险人在短期内通常可以维持一定的生活;同时设定推迟期也可以降低保险成本,有利于为确实需要保险帮助的人提供更好的保障。

项目六　熟悉人身保险产品　　303

阅读资料：某保险公司人身保险残疾程度与保险金给付比例表

等级	项目	残疾程度	最高给付比例
第一级	一	双目永久完全失明者（注1）	100%
	二	两上肢腕关节以上或两下肢踝关节以上缺失者	
	三	一上肢腕关节以上及一下肢踝关节以上缺失者	
	四	一目永久完全失明及一上肢腕关节以上缺失者	
	五	一目永久完全失明及一下肢踝关节以上缺失者	
	六	四肢关节机能永久完全丧失者（注2）	
	七	咀嚼、吞咽机能永久完全丧失者（注3）	
	八	中枢神经系统机能或胸、腹部脏器机能极度障碍，终身不能从事任何工作，为维持生命必要的日常生活活动，全需他人扶助者（注4）	
第二级	九	两上肢，或两下肢，或一上肢及一下肢，各有三大关节中的两个关节以上机能永久完全丧失者（注5）	75%
	十	十手指缺失者（注6）	
	十一	一上肢腕关节以上缺失或一上肢的三大关节全部机能永久完全丧失者	
	十二	一下肢踝关节以上缺失或一下肢的三大关节全部机能永久完全丧失者	
第三级	十三	十手指机能永久完全丧失者（注7）	50%
	十四	十足趾缺失者（注8）	
	十五	双耳听觉机能永久完全丧失者（注9）	
	十六	一目永久完全失明者	
	十七	语言机能永久完全丧失者（注10）	
	十八	一上肢三大关节中，有两关节之机能永久完全丧失者	
第四级	十九	一下肢三大关节中，有两关节之机能永久完全丧失者	30%
	二十	一手含拇指及食指有四手指以上缺失者	
	二十一	一下肢永久缩短5公分以上者	
	二十二	十足趾机能永久完全丧失者	
	二十三	一上肢三大关节中，有一关节之机能永久完全丧失者	
	二十四	一下肢三大关节中，有一关节之机能永久完全丧失者	
	二十五	两手拇指缺失者	
第五级	二十六	一足五趾缺失者	20%
	二十七	两眼眼睑显著缺损者（注11）	
	二十八	一耳听觉机能永久完全丧失者	

	二十九	鼻部缺损且嗅觉机能遗存显著障碍者(注12)	
	三十	一手拇指及食指缺失，或者拇指或食指有三个以上手指缺失者	
第六级	三十一	一手拇指或食指有三个或三个以上手指机能永久完全丧失者	15%
	三十二	一足五趾机能永久完全丧失者	
第七级	三十三	一手拇指或食指缺失，或中指、无名指和小指中有两个或以上缺失者	10%
	三十四	一手拇指及食指机能永久完全丧失者	

注：

1. 失明包括眼球缺失或摘除，或不能辨别明暗，或仅能辨别眼前手动者。最佳矫正视力低于国际标准视力表0.02，或视野半径小于5度，并由有资格的眼科医师出具医疗诊断证明。

2. 关节机能的丧失是指关节永久完全僵硬，或麻痹，或关节不能随意识活动。

3. 咀嚼、吞咽机能的丧失是指由于牙齿以外的原因引起器质障碍或机能障碍，以致不能做咀嚼、吞咽运动，除流质食物外不能摄取或吞咽的状态。

4. 为维持生命必要的日常生活活动，全需他人扶助是指食物摄取、大小便始末、穿脱衣服、起居、步行、入浴等，皆不能自己为之，需要他人帮助。

5. 上肢三大关节是指肩关节、肘关节和腕关节；下肢三大关节是指髋关节、膝关节和踝关节。

6. 手指缺失是指近侧指间关节以上完全切断。

7. 手指机能的丧失是指自远侧指间关节切断，或自近侧指间关节僵硬或关节不能随意识活动。

8. 足趾缺失是指自趾关节以上完全切断。

9. 听觉机能的丧失是指语言频率平均听力损失大于90分贝。语言频率为500、1000、2000赫兹。

10. 语言机能的丧失是指构成语言的口唇音、齿舌音、口盖音和喉头音间的四种语言机能中，有三种以上不能构声，或声带全部切除，或因大脑语言中枢受伤害而患失语症，并须有资格的五官科(耳、鼻、喉)医师出具医疗诊断证明，但不包括任何心理障碍引致的失语。

11. 两眼眼睑显著缺损是指闭眼时眼睑不能完全覆盖角膜。

12. 鼻部缺损且嗅觉机能遗存显著是指鼻软骨全部或1/2缺损及两侧鼻孔闭塞、鼻呼吸困难，不能矫治或两侧嗅觉丧失。

所谓"永久完全丧失"是指自意外伤害之日起经过180天的治疗，机能仍然全丧失。但眼球摘除等明显无法复原的情况，不在此限。

(三)重大疾病保险

1. 重大疾病保险的含义

重大疾病保险，是指由保险公司经办的以特定重大疾病，如恶性肿瘤、心肌梗死、脑溢血等为保险对象，当被保险人患有上述疾病时，由保险公司对所花医疗费用给予适当补偿的商业保险行为。

重大疾病保险所保障的"重大疾病"通常具有以下三个基本特征：一是"病情严重"，会在较长一段时间内严重影响到患者及其家庭的正常工作与生活；二是"治疗花费巨大"，此类疾病需要进行较为复杂的药物或手术治疗，需要支付昂贵的医疗费用；三是不易治愈，会持续较长一段时间，甚至是永久性的。

> **阅读资料**：重大疾病保险于1983年在南非问世，是由外科医生马里优斯·巴纳德最先提出这一产品创意的。他的哥哥克里斯汀·巴纳德是世界上首位成功实施了心脏移植手术的医生。马里优斯医生发现，在实施了心脏移植手术后，部分患者及其家庭的财务状况已经陷入困境，无法维持后续康复治疗。为了缓解被保险人一旦患上重大疾病或实施重大手术后所承受的经济压力，他与南非一家保险公司合作开发了重大疾病保险。1986年后，重大疾病保险被陆续引入英国、加拿大、澳大利亚、东南亚等国家和地区，并得到了迅速发展。1995年，我国内地市场引入了重大疾病保险，现已发展成为人身保险市场上重要的保障型产品。
>
> 目前，为方便消费者比较和选择重大疾病保险产品，保护消费者权益，结合我国重大疾病保险发展及现代医学进展情况，并借鉴国际经验，中国保险行业协会与中国医师协会共同制定《重大疾病保险的疾病定义使用规范》。
>
> 根据规定："保险公司将产品定名为重大疾病保险，且保险期间主要为成年人（十八周岁以上）阶段的，该产品保障的疾病范围应当包括本规范内的恶性肿瘤、急性心肌梗死、脑中风后遗症、冠状动脉搭桥术（或称冠状动脉旁路移植术）、重大器官移植术或造血干细胞移植术、终末期肾病（或称慢性肾功能衰竭尿毒症期）；除此六种疾病外，对于本规范疾病范围以内的其他疾病种类，保险公司可以选择使用；同时，上述疾病应当使用本规范的疾病名称和疾病定义。"此外，"根据市场需求和经验数据，各保险公司可以在其重大疾病保险产品中增加本规范疾病范围以外的其他疾病种类，并自行制定相关定义"。

2. 重大疾病保险的特点

个人可以任意选择投保疾病保险，作为一种独立的险种，它不必附加于某个险种之上；疾病保险条款一般都规定了一个等待期或观察期（一般为180天）；疾病保险为被保险人提供切实的疾病保障，且程度较高；保险期限较长；疾病保险的保险费可以按年、半年、季、月分期交付，也可以一次缴清。

3. 重大疾病保险的种类

(1)定期重大疾病保险。以重大疾病保障为主险,在一定期限内给予保障,一般采用均衡保费。这类重大疾病保险最多保障期限是30年,多一天都不行。需要说明的是,这种保险虽然是主险,但是也属于消费型的,没有理赔则不能返还保费。

(2)附加额外给付重大疾病保险。需要同时购买其他主险,例如,同时投保终身寿险或养老保险,属于消费型险种,自然费率设计比较多见。也就是30岁这一年只需要三四百元,缴费至60岁后每年都要超过几千,且不发生理赔时保费不能返还。身故给付现金是按照主险的保额进行理赔的。

(3)附加提前给付重大疾病保险。需要同时购买其他主险,多数限定在同时投保终身寿险,属于消费型险种。身故给付现金同样是按照主险保额进行理赔。凡是看见有"提前给付"字样的附加重疾,需要了解它极为显著的特征——附加的重大疾病一旦发生理赔,主险的保额要相应减去理赔数额。例如,投保20万元终身寿险附加提前给付重大疾病10万元,如果发生重大疾病理赔得到10万元,终身寿险则要减去已理赔的10万元,由20万元变为10万元。如果终身寿险和附加提前给付各投保了10万元,一旦发生重大疾病理赔,主险减后为零,保险合同就会终止。

(4)两全主险捆绑附加重大疾病。多以生死两全保险为主险,捆绑附加重大疾病险。所谓两全保险就是保障期限内身故,保险公司要给钱;保障期限后没有身故,保险公司也要给钱的那种保险。这类保险的保险期限一般都在80岁期满,附加上重大疾病后就成为过去最常见的有病赔付、无病返钱的那种保险。在这种保险中,附加险是不标明费率的,已经计入两全主险费率中。但可以肯定的是,附加重大疾病是均衡费率,而且附加的重大疾病保险保障期等于两全保险的期限,一般都在80岁左右。

4. 重大疾病保险的保险责任和除外责任

身故、全残给付是指如果被保险人在保险的有效期内不幸身故或全残,保险公司将按照约定的金额理赔;重大疾病给付是指被保险人被确诊为首次患约定的重大疾病中的一种,保险公司将按照约定金额理赔;满期给付,通常会被人们理解为"保费返还",是指保险合同期满时,如果被保险人仍然健在,并且没有发生过重大疾病的理赔,保险公司将给付满期保险金,保单宣告结束。

保险公司按法律规定或合同约定,不承担的保险责任的范围,责任免除条款内容会在合同中以列举方式规定。例如,自残、犯罪、吸毒、先天性疾病、艾滋病、战争、核辐射等等。

> **提醒您**：长期健康保险中的疾病保险产品，可以包含死亡保险责任，但死亡给付金额不得高于疾病最高给付金额。长期健康保险中的疾病保险产品以外的健康保险产品不得包含死亡保险责任，但因疾病引发的死亡保险责任除外。医疗保险产品和疾病保险产品不得包含生存给付责任。

（四）护理保险

护理保险是指以因保险合同约定的日常生活能力障碍引发护理需要为给付保险金条件，为被保险人的护理支出提供保障的保险。护理保险主要指长期护理保险。长期护理保险是为因年老、疾病或伤残而需要长期照顾的被保险人提供护理服务费用补偿的健康保险。

长期护理保险的保险范围分为医护人员看护、中级看护、照顾式看护和家中看护四个等级，但早期的长期护理保险产品不包括家中看护。

典型长期看护保单要求被保险人不能完成下述五项活动之两项即可：(1)吃；(2)沐浴；(3)穿衣；(4)如厕；(5)移动。除此之外，患有老年痴呆等认知能力障碍的人通常需要长期护理，但他们却能执行某些日常活动，为解决这一矛盾，目前所有长期护理保险已将老年痴呆和阿基米得病及其他精神疾患包括在内。

长期护理保险保险金的给付期限有一年、数年和终身等几种不同的选择，同时也规定有20天、30天、60天、90天、100天或者说80天等多种免责期。免责期愈长，保费愈低。

长期护理保险的保费通常为平准式，也有每年或每一期间固定上调保费者，其年缴保费因投保年龄、等待期间、保险金额和其他条件的不同而有很大区别。一般都有豁免保费保障，即保险人开始履行保险金给付责任的60天、90天或180天起免缴保费。

三、健康保险的常用条款

在健康保险合同中，除适用一般人寿保险的宽限期条款、复效条款、不可抗辩条款等条款之外，由于健康保险的危险具有变动性和不易预测性、赔付危险大，保险人对所承担的保险金给付责任还规定了一些特殊的条款，即健康保险所独有的条款。

（一）一般特殊条款

一般特殊条款是指个人健康保险和团体健康保险共同采用的一些特别规定。

1. 年龄规定

不同年龄的人具有不同的健康状况,年龄过高或过低都存在较常人更高的健康方面的危险,因此年龄大小是保险人在决定是否承保时所要考虑的一个重要因素。一般地,健康保险的承保年龄多为3岁以上、60岁以下,个别情况下可以放宽到0~70岁。此外,人的性别也有很大关系。通常,女性的期望寿命要长于男性,健康状况也要好于男性,从而男性投保健康保险时的保险费率要较同龄女性高。

2. 体检条款

它允许保险人指定医生对提出索赔的被保险人进行体格检查,目的是使保险人对索赔的有效性做出鉴定。体检条款适用于残疾收入补偿保险。

3. 观察期条款

仅仅依据病历等有限资料很难判断被保险人在投保时是否已经患有某种疾病,为了防止已有疾病的人带病投保,保证保险人的利益,保单中要规定一个观察期(大多是半年)。但观察期一般只在第一次投保时才设立,第二年开始在同一保险公司续保则不存在免责期了。在此期间,被保险人因疾病支出医疗费或收入损失,保险人不负责,只有观察期满之后,保单才正式生效。也就是说,观察期内发作的疾病都假定为投保之前就已患有,保险人根据最大诚信原则可以拒绝承担责任。如果在观察期内因免责事由造成保险标的灭失的(如被保险人因病死亡),则保险合同终止,保险人在扣除手续费后退还保险费;如果保险标的没有灭失的,则由保险人根据被保险人的身体状况决定是否续保,也可以危险增加为由解除保险合同。

> **案例阅读**:3月26日,老王给自己买了一份终身寿险,附加终身重大疾病险。5个月后,老王发现自己罹患胃癌,便向保险公司索赔,但保险公司却告知不承担保险责任,因为老王的保单虽然在3月26日已生效,但还有180天的重大疾病观察期,对观察期内罹患重大疾病,保险公司不承担保险责任。

4. 等待期条款

所谓等待期,也称免赔期间,是指健康保险中由于疾病、生育及其导致的病、残、亡发生后到保险金给付之前的一段时间。健康保险的保险合同在"保险金的申请和给付"条款中一般都要加上"等待期"的约定,时间长短不一,短的只有3、5日,长的可达90日,比如疾病保险的保单中都明确规定,"被保险人自患病之日起,直到约定的等待期间届满以前,不能从保险人处获得任何给付"。一些意外伤害保险的保单中也有这种等待期间的约定,但一般等待的期限比疾病保险要短。等待期间的提出,既可为保险金申请人准备资料、申请保险金提供充足而有效的时间;对保险人而言,"等待期"的约定,可以防止被保险人借轻微的疾病或小的医疗费支出坐享给付,同时防止道德危险发生引起严重的自伤行为。在等待期内,一切经济上的负担要由被保险人自己承担,这就避免了被保险人以暂时性疾病或以其他不当手段制造保险事故假冒来骗取保险金,给保险人的经营带来不利的影响;同时,保险人可以充分利用等待期进行调查、核实,杜绝不良现象发生,以保证经营的需要。

此外,健康保险条款一般还会约定一旦发生投保人要求增加保险金额度的情况,要安排新的一段观察期(比如 90 天)。在增加保额后的这一段观察期内,如果发生责任范围内的保险事故,保险公司不承担所增部分的保险金的给付义务,这显然是出于杜绝"逆选择"的需要。等待期满,如果保险人调查后发现保险事故真实无误,则根据合同约定给付或补偿保额给受益人或被保险人本人。在被保险人全部领取保险给付后,保险责任终止。如果被保险人意欲再次投保此种健康保险,必须经过指定医院检查确认治疗康愈后才允许办理再保险手续。

5. 免赔额条款

在健康保险合同中,一般均对医疗费用采用免赔额的规定,即在一定金额下的费用支出由被保险人自理,保险人不予赔付。免赔额有两层含义:一是指规定一个固定额度(比如 100 元或 200 元),当被保险人在保险事故中遭受的损失没有达到此限额时,保险人不履行保险责任,只有当损失额达到这一限额时才予以全额赔偿,这叫"相对免赔额";二是指不管被保险人的实际损失多大,保险人都要在扣除免赔额之后才支付保险金,这叫"绝对免赔额"。在健康保险中多采用绝对免赔方式。免赔额条款,一方面可以促使被保险人加强自我保护、自我控制意识,减少因疏忽等原因导致的保险事故的发生和损失的扩大,避免不必要的费用支出,减少道德危险;另一方面由被保险人承担可以承担的较低的医疗费用支出,可以减少保险人大量的理赔工作,从而减少成本,对保险人和被保险人都有利。

6. 比例给付条款

比例给付条款又称为共保比例条款。比例给付是保险人采用与被保险人按一定比例共同分摊被保险人的医疗费用的方法进行保险赔付的方式。此种情形,相当于保险人与被保险人共同保险。例如,共保比例为 80%,意味着对被保险人的医疗费用,保险人负担 80%,被保险人要自负 20%;如果同一份健康保险合同既有共保条款又有免赔额条款,则是指保险人对超出免赔额以上部分的医疗费用支出,采用与被保险人按一定比例共同分摊的方法进行保险赔付。健康保险是以人的身体为标的,不存在是否足额投保的问题。但由于其承保的危险不易控制,因此,在大多数健康保险合同中,保险人对医疗保险金的支出有着比例给付的规定。当然,通常是保险人承担其中的大部分费用。这样,既有利于被保险人对医疗费用的控制,也有利于保障被保险人的经济利益,达到保险保障的目的。

7. 给付限额条款

在补偿性质的健康保险合同中,保险人给付的医疗保险金有最高限额规定,如单项疾病给付限额、住院费用给付限额、手术费用给付限额、门诊费用给付限额等。健康保险的被保险人的个体差异很大,其医疗费用支出的高低差异也很大。因此,为保障保险人和大多数被保险人的利益,规定医疗保险金的最高给付限额,可以控制总的支出水平。而对于具有定额保险性质的健康保险,如大病保险等,通常没有赔偿限额,而是依约定保险金额实行定额赔偿。

(二)个人健康保险特殊条款

个人健康保险是指以单个自然人为投保对象的健康保险。这类保险的被保险人不能选择保障范围,但可以就给付水平、可续保条款等与保险人进行协商。在医疗保险中,被保险人还可以选择自负额的计算方式,是每次保险事故自负额还是日历年度自负额;在残疾收入补偿保险中,被保险人可以选择免赔期间、观察期和给付期间的不同组合。

1. 续保条款

一般有两种不同的续保条款:一是条件性续保,即被保险人在符合合同规定条件的前提下,可以续保直至某一特定时间或年数;二是保证性续保,也称无条件续保,健康保险的"保证性续保"是指保险合同规定的在前一保险期满后,投保人提出续保申请,保险公司必须按照约定费率和原条款继续承保的合同约定。如果被保险人符合保证续保条件,那么保险公司不能因被保险人个人健康发生变化而拒绝续保,也不能提高保费、增加除外责任或延期承保,更不能拒绝续保。

> **阅读资料**:一般的健康保险都是一年期的。初次投保,无论对保险人还是投保人而言都意味着复杂的手续和各项杂费,对于希望长期投保健康险的客户,反复投保一年期保单显然是不方便的,也是不现实的。通过在保单条款中说明,使健康险保单变成连续有效的保单是解决这一问题的好办法。一般除了签订续保条款,也可以签订以下的条款:
>
> 定期条款。该条款规定了有效期限,如一年期保单。承诺在保险期内保险人不能提出解除或终止合同,也不能要求变更保费或保险责任。这就避免了被保险人被迫每年重复检查身体办理投保手续等程序,同时也在一定程度上延长了平均投保期限,保险人借此亦获得益处。

> 不可取消条款。这一条款同时针对被保险人和保险人双方,被保险人不能要求退费退保;当其无力继续交纳保费时,保险人可以自动终止合同。

2. 既存状况条款

既存状况条款规定,在保单生效的约定期间内,保险人对被保险人的既往病症不给付保险金。既往病症是指在保单签发之前被保险人就已患有但却未在投保单中如实告知的疾病或残疾。通常保单规定被保险人必须告知保单签发前 2 年或更多年内所患过的疾病。对被保险人因既往病症而发生属于保险责任范围内的损失时,保险人只在保单生效 2 年以后才给付保险金。既存状况条款有助于避免被保险人出现逆向选择,也避免那些得过某些疾病但有复发危险或未痊愈的人通过购买健康保险获得保险给付。

> **阅读资料:** 既存状况条款与不可抗辩条款之间的区别
>
> 在健康保险合同中,虽然二者都与投保人对被保险人的健康状况不实告知有关,但不可抗辩条款针对的是属于重大不实告知的病症,它保证保险人在保单生效未满 2 年期间可以以此终止合同;而既存状况条款针对的不实告知的事实属于小事,如被保险人有关节痛、有时厌食等等。

3. 职业变更条款

在健康保险中,被保险人的职业发生变动将会直接影响发病率、遭受意外伤害的危险,所以通常在职业变更条款中规定,如果被保险人的职业危险性提高,保险人可以在不改变保险费率的前提下降低保险金额。

4. 理赔条款

该条款规定,理赔申请人有及时将损失通知保险人的义务,保险人有迅速理赔的责任。我国《保险法》第二十三条规定:"保险人收到被保险人或者受益人的赔偿或者给付保险金的请求后,应当及时作出核定;对属于保险责任的,在与被保险人或者受益人达成有关赔偿或者给付保险金额的协议后 10 日内,履行赔偿或者给付保险金义务。"

5. 超额保险条款

由于健康保险的保险金具有补偿性质,因此为防止被保险人因疾病或残疾后获利,在合同中可规定超额保险条款,即对于超额保险,保险人可减少保险金额,但要退还超额保险的保费部分。

6. 防卫原因时间限制条款

防卫是指投保书上所列明的重大不实告知事项。根据此条款,保单生效经过一定时间后，除非被保险人有欺诈行为，否则保险人不得以重大不实告知为由决定保单无效或拒绝赔付。典型的防卫原因时间限制条款如下：

"保单生效2年后，仅限于欺诈性的不实告知，保险公司才可终止合同；否则，不能以保单生效前的既存状况而拒绝赔付，除非既存状况属于保单列举的除外责任。"该条款与不可抗辩条款具有相似之处；但不可抗辩条款规定，保单经过不可抗辩期后，即使投保书内重大不实告知属于欺诈行为，保险公司也不得拒赔。

（三）团体健康保险特殊条款

团体健康保险是保险公司与团体保单持有人（雇主或其他法定代表）之间订立的健康保险合同，它对主契约下的人群提供保障。为此，保险人可以在一份团体健康保险单中提供多种团体保障，也可以为每一种保险保障签发独立的团体保单。团体健康保险的特殊条款如下：

1. 既存状况条款

该条款的具体内容与个人健康保险有所不同。在团体险中，该条款规定除非被保险人享受保险保障已达到约定的期限，保险人不负对被保险人的既存状况给付保险金的责任；但被保险人如果对某一既存状况已连续3个月未因此而接受治疗，或者参加团体保险的时间已达12个月，则该病症不属于既存状况，由此而发生的医疗费用支出或收入损失可以向保险人提出赔付申请。

2. 转换条款

转换条款允许团体被保险人在脱离团体后将团体健康保单转化为个人健康保单。若购买个人医疗保险，可不提供可保证明。但是，被保险人不得以此进行重复保险。将团体健康保险转换为个人健康保险时，被保险人通常要交纳较高的保费，有关保险金的给付也有更多的限制。

3. 协调给付条款

该条款在美国和加拿大的团体健康保险中较常见，因为在这些国家，有资格享受多种团体医疗保险的被保险人较普遍，如双职工家庭可能享有双重团体医疗费用保险。该条款主要是为解决享有双重团体医疗费用的团体被保险人获得的双重保险金给付问题，而将两份保单分别规定为优先给付计划和第二给付计划。优先给付计划必须给付它所承诺的全额保险金；若其给付的保险金额不足被保险人所应花费的全部合理医疗费用，被保险人就可以要求第二给付计划履行赔付差额部分保险金的责任，同时告知保险人优先给付计划的给付金额，第二给付计划根据协调给付条款支付保险金。

关于优先给付计划的确定，协调给付条款规定：两份团体保单中不包含协调给付条款的作为优先给付计划，另一份则作为第二给付计划；如果两份保单都含有此条款，则以雇员身份而非受抚养者身份作为被保险人的那份团体保单是优先给付计划；如果受抚养者持有多份团体保单时，优先给付计划可按生日规则或性别规则确定，即以生日较早的雇员或男性雇员所享有的计划作为受抚养者的优先给付计划。

4. 调整保险金条款

调整保险金条款是指被保险人当受到不止一个团体健康保险单保障时，通过调整被保险人获得的保险金，使得被保险人获得的保险金不超过他的实际发生的损失的有关规定。调整保险金的主要目的，是防止被保险人从多个健康保单中获得超过他实际遭受的损失的额外利益，这个条款多在医疗费用保险中出现。

任务实施

一、巩固练习

(一)单项选择题

1. 健康保险的保险标的是( )。
   A. 被保险人的生命　　　　　　　B. 被保险人的身体
   C. 被保险人的疾病　　　　　　　D. 被保险人所受的伤害
2. 以保险合同约定的医疗行为的发生为给付保险金条件的保险是( )。
   A. 人寿保险　　B. 伤害保险　　C. 医疗保险　　D. 收入保障保险
3. 以保险合同约定的疾病或意外伤害导致工作能力丧失为给付保险金条件的保险是( )。
   A. 人寿保险　　　　　　　　　　B. 疾病保险
   C. 医疗保险　　　　　　　　　　D. 失能收入损失保险

(二)多项选择题

1. 健康保险承保的主要内容是( )。
   A. 因疾病或意外事故导致的医疗费用
   B. 由于疾病或意外事故导致的收入损失
   C. 因疾病或意外事故导致的死亡
   D. 由于疾病或意外事故导致的伤残
2. 健康保险所指的疾病应具备的条件是( )。
   A. 明显非外来原因所造成的　　　B. 非先天原因造成的
   C. 非常存原因造成的　　　　　　D. 衰老现象
3. 健康保险的种类主要有( )。
   A. 医疗保险　　　　　　　　　　B. 重大疾病保险
   C. 残疾收入补偿保险　　　　　　D. 特种疾病保险
4. 一般情况下，疾病保险具有的基本特点是( )。
   A. 可作为独立险种投保　　　　　B. 规定等待期或观察期
   C. 保障的程度较高　　　　　　　D. 保险期限较长

二、阅读案例评析

[案情] 2005年8月,刘先生向某人寿保险公司投保了一份重大疾病险,保险金为10万元。填写投保单时,刘先生没有在该投保单上的告知事项中表明自己有既往疾病。8月底,保险公司签发了保险单。2008年10月,刘先生因左肾多囊出血住院治疗,2009年1月,经医治无效死亡。

2009年3月,受益人提出理赔。保险公司在理赔查勘的过程中发现,刘先生在2004年曾因肾病(肾病属于重大疾病险承保的疾病)做过检查。于是,保险公司以刘先生在投保时未告知既往肾病病情,没有履行如实告知义务、带病投保为由拒赔,并解除合同。刘先生家人起诉保险公司,要求法院判决其支付保险金10万元。

[评析] 这起案件法院应如何处理呢?根据旧《保险法》规定:投保人故意隐瞒事实,不履行如实告知义务的,或者因过失未履行如实告知义务,足以影响保险人决定是否同意承保或者提高保险费率的,保险人有权解除保险合同。投保人故意不履行如实告知义务的,保险人对于保险合同解除前发生的保险事故,不承担赔偿或者给付保险金的责任,并不退还保险费。投保人因过失未履行如实告知义务,对保险事故的发生有严重影响的,保险人对于保险合同解除前发生的保险事故,不承担赔偿或者给付保险金的责任,但可以退还保险费。

本案中,无论刘先生是故意还是过失未履行如实告知义务,保险公司均有权解除该保险合同,并不承担给付保险金的责任。正是依据该规定,法院于2009年7月做出判决,驳回原告起诉,该人寿保险公司不用给付原告保险金。

但是,如果该案件发生在2009年10月1日修订后的新《保险法》生效之后,法院将会判决该人寿保险公司给付原告10万元保险金。为什么同样的案例,按照新、旧《保险法》的规定法院会做出截然相反的判决,就是因为新《保险法》引入了"不可抗辩条款"。

什么是"不可抗辩条款"呢?"不可抗辩条款"又称不否定条款、不可争议条款,系指投保人故意隐匿或因过失遗漏而不如实履行告知义务,即使其后果足以变更或减少保险公司对危险的估计,但经过一定期限后,保险公司不得据此解除合同。

从国际保险业来看,"不可抗辩条款"已成为寿险合同的固定条款。修订后新《保险法》"不可抗辩条款"第十六条规定:投保人故意或因重大过失未履行如实告知义务,足以影响保险公司决定是否同意承保或者提高保险费率的,保险公司有权解除合同。前款规定的合同解除权,自保险人知道有解除事由之日起,超过30日不行使而消灭。自合同成立之日起超过两年的,保险人不得解除合同;发生保险事故的,保险人应当承担赔偿或者给付保险金的责任。按照该条款的规定,上起案例中投保人刘先生虽然未履行如实告知义务,但其同人寿保险公司的保险合同成立已经超过了两年,保险公司不能行使合同解除权,应承担给付保险金的责任。

参考文献

1. 陈朝先、陶存文:《人身保险》,中国金融出版社 2009 年版。
2. 杜鹃:《保险学基础》,上海财经大学出版社 2007 年版。
3. 郑祎华:《保险学基础》,上海财经大学出版社 2008 年版。
4. 李国义:《保险概论》,高等教育出版社 2004 年版。
5. 王世军、卢海英:《国际贸易实务综合性课程设计指导》,清华大学出版社、北京交通大学出版社 2009 年版。